*MANUAL DIDÁTICO
DE DIREITO PROCESSUAL
DO TRABALHO*

Adalberto Martins

MANUAL DIDÁTICO DE DIREITO PROCESSUAL DO TRABALHO

8ª edição, atualizada e ampliada
de acordo com a Reforma Trabalhista (Lei 13.467/2017)
e com a Instrução Normativa 41/2018, do TST

MANUAL DIDÁTICO DE DIREITO PROCESSUAL DO TRABALHO

© Adalberto Martins

1ª ed., 2002; 2ª ed., 2005; 3ª ed., 2006; 4ª ed., 2008; 5ª ed., 2012; 6ª ed., 2014; 7ª ed., 2016.

Direitos reservados desta edição por
MALHEIROS EDITORES LTDA.
Rua Paes de Araújo, 29, conjunto 171
CEP 04531-940 – São Paulo – SP
Tel.: (11) 3078-7205 – Fax: (11) 3168-5495
URL: www.malheiroseditores.com.br
e-mail: malheiroseditores@terra.com.br

Composição: PC Editorial Ltda.
Capa
Criação: Vânia Lúcia Amato
Arte: PC Editorial Ltda.

Impresso no Brasil
Printed in Brazil
02.2019

Dados Internacionais de Catalogação na Publicação (CIP)

M386m	Martins, Adalberto. Manual didático de direito processual do trabalho / Adalberto Martins. – 8. ed., atual. e ampl. de acordo com a Reforma Trabalhista (Lei 13.467/2017) e com a Instrução Normativa 41/2018, do TST – São Paulo : Malheiros, 2019. 376 p. ; 21 cm. Inclui bibliografia. ISBN 978-85-392-0440-3 1. Justiça do trabalho - Brasil - Sínteses, compêndios, etc. 2. Direito do trabalho - Brasil. 3. Direito processual - Brasil. I. Título. CDU 349.2:347.9(81) CDD 344.81010269

Índice para catálogo sistemático:
1. Justiça do trabalho : Brasil : Sínteses, compêndios etc. 349.2:347.9(81)

(Bibliotecária responsável: Sabrina Leal Araujo – CRB 10/1507)

*À MARGOTH, esposa e companheira, sempre;
e aos nossos filhos (ANDRÉ, DIOGO e DAVID).*

*Aos meus alunos, que, com seus questionamentos,
me ajudam a pensar.*

*Aos amigos e professores que,
com suas críticas e sugestões, permitem que eu melhore,
merecendo destaque nesta edição o prezado amigo Bruno Narciso.*

SUMÁRIO

NOTA DO AUTOR À 8ª EDIÇÃO, 17

I – AS FORMAS DE SOLUÇÃO DOS CONFLITOS DE TRABALHO
1. **Introdução**, 19
2. **Formas de solução dos conflitos trabalhistas**, 20
   2.1 *A autotutela*, 20
   2.2 *A autocomposição*, 22
      2.2.1 Acordos e convenções coletivas de trabalho, 23
      2.2.2 A transação, 23
         2.2.2.1 As comissões de conciliação prévia
            a) *Considerações iniciais*, 24
            b) *A constitucionalidade da Lei 9.958, de 2000*, 24
            c) *A eficácia da conciliação perante as comissões*, 26
            d) *A composição das comissões*, 26
   2.3 *A heterocomposição*, 27
      2.3.1 A arbitragem, 28
      2.3.2 O processo, 30
         2.3.2.1 Características da jurisdição, 31
         2.3.2.2 Princípios fundamentais da jurisdição, 32
            a) *Princípio da investidura do juiz*, 32
            b) *Princípio da aderência ao território*, 32
            c) *Princípio da indelegabilidade*, 33
            d) *Princípio da inevitabilidade*, 33
            e) *Princípio da indeclinabilidade ou da inafastabilidade*, 33
            f) *Princípio do juízo natural*, 33
         2.3.2.3 A jurisdição voluntária, 34

II – Fontes do Direito Processual do Trabalho

1. Conceito de fonte do Direito, 38
2. Classificação das fontes (formais) do Direito, 39
   - 2.1 A lei como fonte do direito processual do trabalho, 40
   - 2.2 O negócio jurídico como fonte do direito processual do trabalho, 40
   - 2.3 Os costumes e a jurisprudência como fontes do direito processual do trabalho, 71
   - 2.4 Aplicação subsidiária e supletiva do Código de Processo Civil, 42

III – Eficácia da Norma Processual Trabalhista

1. A norma processual trabalhista no tempo, 48
2. A norma processual trabalhista no espaço, 52

IV – A Interpretação da Norma Processual Trabalhista

1. Conceito de interpretação, 53
2. Formas de interpretação, 53
   - 2.1 Métodos tradicionais de interpretação, 54
   - 2.2 Método teleológico, 54
   - 2.3 Efeitos do ato interpretativo, 54
3. Interpretação e integração, 55

V – Princípios de Direito Processual do Trabalho

1. Considerações iniciais, 56
2. Princípio da imparcialidade do juiz, 57
3. Princípio da igualdade, 57
4. Princípio do contraditório, 58
5. Princípio da ação, 58
6. Princípio do impulso oficial, 59
7. Princípio da persuasão racional do juiz, 59
8. Princípio da publicidade, 60
9. Princípio da lealdade processual, 60
10. Princípio da economia processual, 61
11. Princípio da instrumentalidade das formas, 62
12. Princípio do duplo grau de jurisdição, 63
13. Princípio da concentração, 64
14. Princípio da oralidade, 64
15. Princípio da identidade física do juiz, 64

VI – A Organização da Justiça do Trabalho

1. Considerações iniciais, 66

2. **Tribunal Superior do Trabalho**, 67
3. **Tribunais Regionais do Trabalho**, 69
4. **Varas do Trabalho**, 72

VII – O MAGISTRADO DO TRABALHO
1. **Considerações iniciais**, 73
2. **Poderes do magistrado**, 75
3. **Independência e garantias do magistrado**, 77
4. **Impedimentos e suspeição do magistrado**, 78

VIII – O MINISTÉRIO PÚBLICO DO TRABALHO
1. **Considerações iniciais**, 82
2. **Funções do Ministério Público**, 83
3. **Estrutura do Ministério Público**, 85
4. **Garantias dos membros do Ministério Público**, 86
5. **Impedimentos e suspeição dos membros do Ministério Público**, 87
6. **Atribuições do Ministério Público do Trabalho**, 87
7. **Jurisprudência**, 88

IX – A COMPETÊNCIA DA JUSTIÇA DO TRABALHO
1. **Conceito de competência**, 90
2. **Critérios determinativos da competência**, 91
   2.1 A competência objetiva da Justiça do Trabalho
      2.1.1   Em razão da matéria (*ratione materiae*), 91
      2.1.2   Em razão da pessoa (*ratione personae*), 94
      2.1.3   Em razão do valor, 96
   2.2 *Competência funcional*, 97
      2.2.1   Competência funcional por graus de jurisdição, 97
      2.2.2   Competência funcional por fase do processo, 98
      2.2.3   Competência funcional por objeto do juízo, 99
   2.3 *Competência territorial ("ratione loci")*, 99
3. **Competência absoluta e competência relativa**, 102

X – A AÇÃO TRABALHISTA
1. **Conceito de ação**, 105
2. **Natureza jurídica da ação**, 105
3. **Condições da ação**, 106
   3.1 *Legitimidade das partes*, 106
   3.2 *Interesse processual*, 107
4. **Carência de ação**, 108
   4.1 *Jurisprudência*, 108
5. **Elementos da ação**
   5.1 *Notas introdutórias*, 109

5.2   Partes, 109
5.3   Causa de pedir ("causa petendi"), 110
5.4   Pedido ("petitum"), 111
6. **Inépcia da petição inicial**, 113
   6.1   Jurisprudência, 114
7. **Classificação das ações**, 115
   7.1   Ações individuais, 115
   7.2   Ações coletivas, 116

XI – O PROCESSO TRABALHISTA

1. **Conceito de processo**, 118
2. **Natureza jurídica do processo**, 119
3. **Pressupostos processuais**, 119
   3.1   Pressupostos processuais objetivos, 119
      3.1.1   Petição inicial, 119
      3.1.2   Citação, 122
      3.1.3   Ausência de litispendência e coisa julgada, 124
      3.1.4   Ausência de convenção de arbitragem, 126
      3.1.5   Ausência de perempção, 127
      3.1.6   Ausência de acordo na comissão de conciliação prévia, 128
   3.2   Pressupostos processuais subjetivos, 128
      3.2.1   Jurisprudência, 130
4. **Classificação dos processos**, 130
5. **Diferença entre processo e procedimento**, 131
6. **O processo judicial eletrônico (PJ-e)**, 131

XII – AS PARTES E PROCURADORES

1. **Conceito de parte**, 133
2. **Capacidade processual**, 135
3. **Conceito de parte legítima**, 139
4. **Os deveres das partes e procuradores**, 140
   4.1   Honorários advocatícios de sucumbência, 140
5. **Sucessão das partes e procuradores**, 142
6. **A substituição processual**, 143
7. **A intervenção de terceiros**
   7.1   Considerações iniciais, 145
   7.2   A assistência, 146
      7.2.1   A assistência simples, 147
      7.2.2   A assistência qualificada, 147
      7.2.3   A assistência no processo do trabalho, 148

7.3 Oposição, 150
7.4 Nomeação à autoria, 151
7.5 Denunciação da lide, 151
7.6 Chamamento ao processo, 152
7.7 Incidente de desconsideração da personalidade jurídica, 152
7.8 "Amicus curiae", 153

XIII – Os Atos, Termos e Prazos Processuais

1. **Conceito de ato processual**, 154
2. **Sujeitos dos atos processuais**, 154
   2.1 Atos processuais das partes, 155
   2.2 Atos processuais do juiz, 157
   2.3 Atos processuais dos auxiliares da Justiça, 158
3. **Forma dos atos processuais**, 159
4. **Termos processuais**, 160
5. **Prazos processuais**, 160

XIV – A Audiência Trabalhista

1. **Considerações iniciais**, 163
2. **Presença do trabalhador reclamante**, 163
3. **Presença do empregador**, 165
4. **Proposta de conciliação**, 167
5. **Jurisprudência**, 167

XV – A Defesa no Processo do Trabalho

1. **Considerações iniciais**, 170
2. **Classificação das exceções**
   2.1 Quanto à natureza das questões, 171
   2.2 Quanto aos efeitos, 171
   2.3 Quanto ao conhecimento pelo juiz, 171
3. **A contestação no processo trabalhista**, 172
   3.1 A compensação, 175
   3.2 A retenção, 176
   3.3 A reconvenção, 177
4. **Jurisprudência**, 179

XVI – As Provas no Processo do Trabalho

1. **Conceito de prova**, 180
2. **Objeto da prova**, 181
   2.1 Fatos notórios, 182
   2.2 Fatos confessados, 182
   2.3 Fatos incontroversos, 183

2.4 Fatos que a lei presume existentes ou verdadeiros, 183
3. **A prova do direito**, 184
4. **Princípios norteadores da prova**, 185
    4.1 Necessidade da prova, 185
    4.2 Unidade da prova, 185
    4.3 Lealdade ou probidade da prova, 185
    4.4 Contradição, 186
    4.5 Igualdade de oportunidades, 186
    4.6 Legalidade, 186
    4.7 Imediação, 187
    4.8 Obrigatoriedade da prova, 187
5. **Sistemas de valoração da prova**, 187
6. **O ônus da prova**, 189
7. **Meios de prova**, 192
    7.1 Interrogatórios das partes, 193
    7.2 A prova documental, 195
    7.3 A prova testemunhal, 197
    7.4 A prova pericial, 201
    7.5 A inspeção judicial, 203
8. **A produção antecipada de prova**, 205
9. **A produção de prova no âmbito dos tribunais**, 209

XVII – A Sentença no Processo do Trabalho

1. **Considerações iniciais**, 210
2. **Requisitos essenciais da sentença**, 211
    2.1 Jurisprudência, 213
3. **Classificação das sentenças quanto aos efeitos**, 215
    3.1 Sentenças declaratórias, 215
    3.2 Sentenças constitutivas, 215
    3.3 Sentenças condenatórias, 216
4. **Limites objetivos da sentença**, 217
    4.1 Jurisprudência, 217
5. **A tutela provisória**, 218
    5.1 Cabimento no processo do trabalho, 219
    5.2 Requisitos para a concessão da tutela provisória de urgência, 220
    5.3 Momento para requerimento e concessão da tutela antecipada, 221
    5.4 Tutelas antecipadas específicas do Processo do Trabalho, 221
    5.5 Jurisprudência, 222
6. **Julgamento antecipado do mérito**, 223

XVIII – O Procedimento Sumaríssimo, 225
Jurisprudência, 228

XIX – O Sistema Recursal Trabalhista
1. **Conceito de recurso**, 229
2. **Os princípios do sistema de recursos trabalhistas**, 231
   2.1   Concentração, 231
   2.2   Manutenção dos efeitos da sentença, 232
       2.2.1   Jurisprudência, 233
   2.3   Unirrecorribilidade, 233
   2.4   Variabilidade, 234
   2.5   Fungibilidade, 235
       2.5.1   Jurisprudência, 236
   2.6   Intertemporalidade, 237
   2.7   Duplo grau de jurisdição, 237
   2.8   "Non reformatio in pejus", 240
3. **Pressupostos de admissibilidade dos recursos**, 240
   3.1   Pressupostos recursais subjetivos (intrínsecos), 241
       3.1.1   Legitimação, 241
       3.1.2   Capacidade, 242
       3.1.3   Interesse, 243
   3.2   Pressupostos recursais objetivos (extrínsecos)
       3.2.1   Recorribilidade do ato, 243
       3.2.2   Adequação, 243
       3.2.3   Tempestividade, 244
       3.2.4   Preparo, 244
       3.2.5   Sucumbência, 246
       3.2.6   Fundamentação, 247
       3.2.7   Regularidade procedimental, 248
4. **Juízo de admissibilidade dos recursos**, 249
5. **As modalidades de recursos trabalhistas**, 249
   5.1   Recurso ordinário, 249
       5.1.1   Recurso ordinário *ex officio*, 251
   5.2   Recurso de revista, 252
   5.3   Recurso de embargos, 258
   5.4   Agravo de instrumento, 259
   5.5   Agravo de petição, 261
   5.6   Recursos previstos na legislação processual civil e aplicáveis ao processo do trabalho, 261
       5.6.1   Recurso extraordinário, 261
       5.6.2   Recurso adesivo, 262

5.7 Embargos de declaração, 264
6. Considerações finais, 265

XX – A LIQUIDAÇÃO DE SENTENÇA

1. Conceito e natureza jurídica, 266
2. Modalidades de liquidação de sentença, 268
   2.1 Liquidação por cálculos, 268
   2.2 Liquidação por artigos, 269
   2.3 Liquidação por arbitramento, 270
   2.4 Liquidação mista, 271
3. A sentença de liquidação, 271

XXI – A EXECUÇÃO TRABALHISTA

1. Conceito e natureza jurídica da execução, 273
2. Modalidades de execução, 275
3. Fontes formais do processo de execução trabalhista, 277
4. Competência para a execução, 277
5. Princípios informativos da execução, 278
   5.1 Igualdade, 278
   5.2 Natureza real, 278
   5.3 Limitação expropriativa, 278
   5.4 Utilidade para o credor, 278
   5.5 Não prejudicialidade do devedor, 279
   5.6 Especificidade, 279
   5.7 Responsabilidade pelas despesas processuais, 279
   5.8 Não aviltamento do devedor, 280
   5.9 Livre disponibilidade do processo pelo credor, 280
6. Legitimidade de partes na execução trabalhista
   6.1 Legitimidade ativa, 281
   6.2 Legitimidade passiva, 282
        6.2.1 A responsabilização dos sócios, 283
7. A execução por quantia certa contra devedor solvente
   7.1 Citação, 286
   7.2 Penhora, 288
        7.2.1 Bens penhoráveis e bens impenhoráveis, 289
   7.3 Avaliação dos bens penhorados, 293
   7.4 Fraude à execução e fraude contra credores, 293
8. Embargos à execução, 295
9. Invalidação da arrematação e da adjudicação, 298
10. Embargos de terceiro
    10.1 Conceito e natureza jurídica, 299
    10.2 Legitimação ativa, 300

10.3 Prazo, 301
10.4 Competência, 301
10.5 A petição inicial dos embargos de terceiro, 301
11. Exceção de pré-executividade, 301
12. Execução contra a Fazenda Pública
    12.1 Execução por quantia certa, 303
    12.2 Embargos à execução ou impugnação à execução opostos pela Fazenda Pública, 303
    12.3 A expedição do precatório, 306
    12.4 O cumprimento do precatório, 308
    12.5 Execução de obrigações de pequeno valor contra a Fazenda Pública, 312
13. A execução das contribuições previdenciárias
    13.1 Breve histórico das contribuições previdenciárias perante a Justiça do Trabalho, 313
    13.2 As contribuições previdenciárias e a Lei 10.035/2000, 313
    13.3 Contribuições previdenciárias e sentença trabalhista, 315
    13.4 Contribuições previdenciárias e acordo judicial, 315
14. Execução das multas administrativas, 318
15. Suspensão e extinção da execução, 320

XXII – INQUÉRITO JUDICIAL PARA APURAÇÃO DE FALTA GRAVE

1. Antecedentes históricos, 322
2. Natureza jurídica, 323
3. Procedimento, 324
4. Provas, 325
5. Pagamento de custas, 325
6. Julgamento do inquérito, 326

XXIII – A AÇÃO RESCISÓRIA NA JUSTIÇA DO TRABALHO

1. Natureza jurídica, 327
2. Cabimento no processo do trabalho, 327
    2.1 Admissibilidade que decorre de dolo ou fraude à lei, 328
    2.2 Admissibilidade decorrente das questões de direito, 328
    2.3 Admissibilidade decorrente da figura do juiz, 329
        2.3.1 Prevaricação, 329
        2.3.2 Concussão, 330
        2.3.3 Corrupção, 330
        2.3.4 Impedimentos do juiz, 330
        2.3.5 Incompetência absoluta do juiz, 331
    2.4 Admissibilidade decorrente das questões de fato, 332
3. Cumulação do juízo rescindente com o juízo rescisório, 332

4. Prazo para ajuizamento da ação rescisória, 333
5. Efeitos da propositura da ação rescisória, 334

XXIV – O MANDADO DE SEGURANÇA NA JUSTIÇA DO TRABALHO

1. Origem e evolução histórica, 335
2. Natureza jurídica, 336
3. Cabimento na Justiça do Trabalho e competência funcional, 337
4. Petição inicial, 341
5. Possibilidade de concessão de liminar, 341
6. O problema das informações da autoridade coatora, 342
7. Recurso cabível, 343
8. Mandado de segurança coletivo na Justiça do Trabalho, 344
9. Prazo para impetração, 346

XXV – O "HABEAS CORPUS" NA JUSTIÇA DO TRABALHO

1. Origem e evolução histórica no Brasil, 347
2. Natureza jurídica, 348
3. O "habeas corpus" contra atos de juízes do trabalho, 349
  3.1 Prisão de testemunha, 351
  3.2 Prisão por desacato a autoridade, 352
  3.3 Prisão do depositário infiel, 353
4. A questão da competência, 354

XXVI – A AÇÃO DE CONSIGNAÇÃO EM PAGAMENTO NA JUSTIÇA DO TRABALHO

1. Conceito e natureza jurídica, 356
2. Cabimento na Justiça do Trabalho, 356
3. Contestação, 357

XXVII – A AÇÃO MONITÓRIA NA JUSTIÇA DO TRABALHO

1. Antecedentes históricos, 359
2. A ação monitória: objeto e natureza jurídica, 360
3. Cabimento da ação monitória na Justiça do Trabalho, 362
4. Fases do procedimento monitório
  4.1 Fase monitória, 363
    4.1.1 Competência funcional, 364
    4.1.2 Natureza jurídica da decisão que determina a expedição do mandado monitório, 365
  4.2 Fase executória, 365
5. A ação monitória e as contribuições previdenciárias, 367
6. Jurisprudência, 367

BIBLIOGRAFIA, 369

NOTA DO AUTOR À 8ª EDIÇÃO

Apresentamos aos leitores e estudantes a 8ª edição deste nosso manual de processo do trabalho, com as atualizações e acréscimos da Lei 13.467, de 13.7.2017 (Lei da Reforma Trabalhista) e da Instrução Normativa 41/2018, de 21.6.2018, do Tribunal Superior do Trabalho. As inovações trazidas pela Lei 13.467/2017 despertam interesse no âmbito do direito processual do trabalho e remetem a discussões acerca do acesso à Justiça e do devido processo legal, princípios consagrados na Constituição da República.

Com as inovações supramencionadas, o Incidente de Desconsideração da Personalidade Jurídica passou a ser admitido expressamente no processo perante a Justiça do Trabalho, demandando manifesta aplicação dos arts. 133 a 137 do Código de Processo Civil (art. 855-A da CLT), inclusive com a possibilidade de recurso imediato contra a decisão interlocutória que acolhe ou rejeita o mencionado incidente na fase de execução, representando perfeita mitigação do princípio da concentração (art. 893, § 1º, CLT), que inviabiliza o recurso autônomo contra decisões interlocutórias no processo do trabalho.

Digno de nota são os honorários advocatícios de sucumbência, agora também abrigados na Consolidação das Leis do Trabalho reformada, que passa a conviver com a possibilidade do *jus postulandi* das partes, que não foi revogado.

Em síntese, mantivemos propósito de apresentar, de forma simples e objetiva, a disciplina do processo do trabalho, à luz da jurisprudência dos tribunais e da legislação atualizada, com vistas a despertar o interesse pelos mecanismos que asseguram a efetivação do direito perante a jurisdição trabalhista.

Agradecemos a todos que colaboraram para o sucesso da edição anterior e que possibilitaram a presente edição, de forma especial ao nosso Editor, Dr. Álvaro Malheiros, ao prezado amigo Bruno Narciso e a todos os professores e amigos que ajudaram e estimularam a atualização deste trabalho. Esperando que haja a mesma acolhida das edições anteriores, colocamo-nos à disposição para receber as críticas necessárias ao aperfeiçoamento desta obra.

O Autor
adalb2002@uol.com.br

I
AS FORMAS DE SOLUÇÃO DOS CONFLITOS DE TRABALHO

1. Introdução. 2. Formas de solução dos conflitos trabalhistas: 2.1 A autotutela – 2.2 A autocomposição: 2.2.1 Acordos e convenções coletivas de trabalho – 2.2.2 A transação: 2.2.2.1 As comissões de conciliação prévia: a) Considerações iniciais – b) A constitucionalidade da Lei 9.958, de 2000 – c) A eficácia da conciliação perante as comissões – d) A composição das comissões – 2.3 A heterocomposição: 2.3.1 A arbitragem – 2.3.2 O processo: 2.3.2.1 Características da jurisdição – 2.3.2.2 Princípios fundamentais da jurisdição: a) Princípio da investidura do juiz – b) Princípio da aderência ao território – c) Princípio da indelegabilidade – d) Princípio da inevitabilidade – e) Princípio da indeclinabilidade ou da inafastabilidade – f) Princípio do juízo natural – 2.3.2.3 A jurisdição voluntária.

1. Introdução

Não há sociedade sem Direito (*ubi societas ibi jus*). E isto porque o Direito tem função ordenadora; vale dizer, visa à coordenação dos interesses que se manifestam na vida social, de modo a compor os conflitos que se verificarem entre seus membros.

A ordem jurídica visa a harmonizar as relações sociais intersubjetivas, pautando-se pelo critério do justo e do equitativo. Temos, pois, que, sob o aspecto sociológico, o Direito se apresenta como forma do chamado *controle social*.

Como ensina Amauri Mascaro Nascimento, "os conflitos trabalhistas são parte de um fenômeno maior, os conflitos sociais, próprios da vida em comunidade".[1] São espécies do gênero *conflitos de interesses*.

---

1. *Curso de Direito Processual do Trabalho*, 18ª ed., p. 3.

O conflito de interesses traduz-se no conflito intersubjetivo capaz de ameaçar a vida social e os valores humanos – vale dizer, juridicamente relevantes. Neste contexto, o "interesse" designa os desejos, as exigências e as pretensões que o ser humano busca satisfazer, individualmente ou em grupo, inclusive os decorrentes de mero capricho ou espírito de emulação.

Segundo Carnelutti recebe a denominação de *lide* o conflito de interesses qualificado por uma pretensão resistida. Vale dizer, é a tentativa resistida da realização de um interesse.

E diante da impossibilidade de superação é que as sociedades coexistem com referidos conflitos e concebem técnicas de solução.

2. Formas de solução dos conflitos trabalhistas

A solução dos conflitos pode se dar por obra de um terceiro, pessoa estranha ao próprio conflito – o que denominamos *heterocomposição*. São as hipóteses de *arbitragem* e *processo* – esta última forma, por meio do exercício da jurisdição.

Igualmente, a solução poderá se dar por obra de um ou de ambos os envolvidos no conflito. São as hipóteses de *autocomposição* e *autotutela* (*autodefesa*).

2.1 A autotutela

A autotutela foi a forma de solução de conflitos típica na Antiguidade (nos sistemas primitivos), onde a inexistência do Estado-juiz e de leis fazia com que prevalecesse o interesse do mais forte. Trata-se de modalidade de solução de conflitos que se caracteriza pela ausência de juiz distinto das partes e imposição da decisão por uma das partes à outra.

Nos dias atuais, mormente no direito positivo brasileiro, a autotutela é substituída pela autoridade do Estado, consistindo crime "fazer justiça com as próprias mãos".[2]

---

2. *Código Penal*:
"Art. 345. Fazer justiça pelas próprias mãos, para satisfazer pretensão, embora legítima, salvo quando a lei o permite:
"Pena – detenção, de 15 (quinze) dias a 1 (um) mês, ou multa, além da pena correspondente à violência.
"Parágrafo único. Se não há emprego de violência, somente se procede mediante queixa."

AS FORMAS DE SOLUÇÃO DOS CONFLITOS DE TRABALHO

Todavia, nosso ordenamento jurídico abriga algumas exceções à proibição de autotutela, quais sejam: direito de retenção (arts. 578, 643, 644, 1.219, 1.423 e 1.434 do CC);[3] desforço imediato (art. 1.210 do CC);[4] o penhor legal (art. 1.467 do CC);[5] a autoexecutoriedade das decisões administrativas; a greve.[6]

3. *Código Civil*:

"Art. 578. Salvo disposição em contrário, o locatário goza do direito de retenção, no caso de benfeitorias necessárias, ou no de benfeitorias úteis, se estas houverem sido feitas com expresso consentimento do locador."

"Art. 643. O depositante é obrigado a pagar ao depositário as despesas feitas com a coisa, e os prejuízos que do depósito provierem."

"Art. 644. O depositário poderá reter o depósito até que se lhe pague a retribuição devida, o líquido valor das despesas, ou dos prejuízos a que se refere o artigo anterior, provando imediatamente esses prejuízos ou essas despesas. Parágrafo único. Se as dívidas, despesas ou prejuízos não forem provados suficientemente, ou forem ilíquidos, o depositário poderá exigir caução idônea do depositante ou, na falta desta, a remoção da coisa para o Depósito Público, até que se liquidem."

"Art. 1.219. O possuidor de boa-fé tem direito à indenização das benfeitorias necessárias e úteis, bem como, quanto às voluptuárias, se não lhe forem pagas, a levantá-las, quando o puder sem detrimento da coisa, e poderá exercer o direito de retenção pelo valor das benfeitorias necessárias e úteis."

"Art. 1.423. O credor anticrético tem direito a reter em seu poder o bem, enquanto a dívida não for paga; extingue-se esse direito decorridos quinze anos da data de sua constituição."

"Art. 1.434. O credor não pode ser constrangido a devolver a coisa empenhada, ou uma parte dela, antes de ser integralmente pago, podendo o juiz, a requerimento do proprietário, determinar seja vendida apenas uma das coisas, ou parte da coisa empenhada, suficiente para o pagamento do credor."

4. *Código Civil*: "Art. 1.210. O possuidor tem direito a ser mantido na posse em caso de turbação, restituído no de esbulho, e segurado de violência iminente, se tiver justo receio de ser molestado. § 1º. O possuidor turbado, ou esbulhado, poderá manter-se ou restituir-se por sua própria força, contanto que o faça logo; os atos de defesa, ou de desforço, não podem ir além do indispensável à manutenção, ou restituição da posse. § 2º. Não obsta à manutenção ou reintegração na posse a alegação de propriedade, ou de outro direito sobre a coisa."

5. *Código Civil*: "Art. 1.467. São credores pignoratícios, independentemente de convenção: I – os hospedeiros, ou fornecedores de pousada ou alimento, sobre as bagagens, móveis, joias ou dinheiro que os seus consumidores ou fregueses tiverem consigo nas respectivas casas ou estabelecimentos, pelas despesas ou consumo que aí tiverem feito; II – o dono do prédio rústico ou urbano, sobre os bens móveis que o rendeiro ou inquilino tiver guarnecendo o mesmo prédio, pelos aluguéis ou rendas".

6. *Constituição Federal*:

"Art. 9º. É assegurado o direito de greve, competindo aos trabalhadores decidir sobre a oportunidade de exercê-lo e sobre os interesses que devam por meio dele defender.

Por outro lado, impõe-se observar que o direito penal não admite, sob hipótese alguma, a autotutela. Vale dizer, *não existe autotutela no direito penal brasileiro*.[7] Mas a autocomposição, mesmo no direito penal, poderá se fazer presente nas hipóteses da Lei 9.099, de 1995.

Na esfera trabalhista são exemplos de autodefesa a greve e o *lock-out*, sendo a primeira autorizada no ordenamento jurídico pátrio (art. 9º da CF) e a segunda expressamente proibida (art. 722 da CLT e art. 17 da Lei 7.783, de 1989). Estamos, ainda, concordes com Amauri Mascaro Nascimento quando arrola o "poder disciplinar do empregador" entre as manifestações autodefensivas,[8] cujo exercício pressupõe, certamente, a existência de um conflito.

2.2 A autocomposição

A autocomposição traduz-se na forma de solução dos conflitos trabalhistas realizada pelas próprias partes. Pressupõe concessões recíprocas (transação) ou a concessão de um dos sujeitos em torno do sacrifício total do próprio interesse (desistência e submissão), além de outras situações específicas. Vale dizer, pode ser bilateral ou unilateral.

Podemos afirmar que a autocomposição ainda persiste no Direito moderno, sob a forma de *desistência* (renúncia à pretensão), *submissão* (renúncia à resistência oferecida à pretensão) e *transação* – que pressupõe a *res dubia* e concessões recíprocas, mas não decorre, necessariamente, da conciliação entre as partes.

"§ 1º. A lei definirá os serviços ou atividades essenciais e disporá sobre o atendimento das necessidades inadiáveis da comunidade.
"§ 2º. Os abusos cometidos sujeitam os responsáveis às penas da lei."
"Art. 42. Os membros das Polícias Militares e Corpos de Bombeiros Militares, instituições organizadas com base na hierarquia e disciplina, são militares dos Estados, do Distrito Federal e dos Territórios.
"§ 1º. Aplicam-se aos militares dos Estados, do Distrito Federal e dos Territórios, além do que vier a ser fixado em lei, as disposições do art. (...), do art. 142, §§ 2º e 3º, (...)."
"Art. 142. (...). § 3º. (...): IV – ao militar são proibidas a sindicalização e a greve;"
V., também, a Lei 7.783, de 1989.
7. Não devemos confundir as excludentes de ilicitude (legítima defesa, estado de necessidade e exercício regular do direito) com hipóteses de autodefesa.
8. *Curso...*, 18ª ed., p. 6. Em sentido contrário: Eduardo Gabriel Saad, *Direito Processual do Trabalho*, 2ª ed., p. 42.

Na esfera trabalhista são exemplos de autocomposição bilateral a convenção coletiva, o acordo coletivo de trabalho e o acordo (judicial ou extrajudicial).

2.2.1 Acordos e convenções coletivas de trabalho

A *convenção coletiva de trabalho* é o acordo de caráter normativo celebrado entre dois ou mais sindicatos representativos de categorias econômicas e profissionais no qual se estipulam condições de trabalho aplicáveis no âmbito das respectivas representações (art. 611 da CLT). Trata-se, pois, de pacto intersindical, cujo âmbito de aplicação abarca toda a categoria econômica ali representada, bem como a categoria profissional composta pelos empregados de cada uma das empresas, excetuando-se as hipóteses de categoria profissional diferenciada cujo sindicato não tenha participado da negociação.

O *acordo coletivo*, por sua vez, é o acordo de caráter normativo celebrado entre sindicatos representativos de categorias profissionais e uma ou mais empresas no qual também se estabelecem condições de trabalho, mas que estarão restritas ao âmbito das empresas acordantes, não beneficiando empregados de empresas que não participaram da negociação (art. 611, § 1º, da CLT).

2.2.2 A transação

A transação é a forma de solução de conflitos trabalhistas que pressupõe concessões recíprocas entre as partes, podendo ser judicial ou extrajudicial.

No âmbito dos conflitos coletivos, os acordos e convenções coletivas de trabalho, muitas vezes, decorrem de transação extrajudicial. Frustradas as negociações coletivas e não havendo consenso para a arbitragem, os respectivos sindicatos poderão ajuizar o dissídio coletivo perante a Justiça do Trabalho, desde que o façam de comum acordo (art. 114, § 2º, CF), sem prejuízo de eventual acordo antes do julgamento.

Na esfera dos conflitos individuais verificamos a conciliação judicial em reclamação trabalhista, antes ou depois de proferida a sentença, e também a conciliação extrajudicial de que trata a Lei 9.958, de 2000, ao acrescentar os arts. 625-A até 625-H ao diploma consolidado. Quanto à conciliação judicial, somos forçados a admitir que não se trata de genuína forma autocompositiva, porque decorre da atuação jurisdicional.

2.2.2.1 As comissões de conciliação prévia

a) *Considerações iniciais* – A Lei 9.958, de 2000, acrescentou os arts. 625-A até 625-H à Consolidação das Leis do Trabalho, tendo facultado a instituição de comissões de conciliação prévia por empresas ou sindicatos. Podem ser criadas comissões por grupos de empresas ou até mesmo intersindicais.

Referidas comissões devem ter composição paritária, com representantes dos empregados e dos empregadores, e têm por atribuição a tentativa de conciliação de conflitos individuais. Observa-se que a atribuição de uma comissão de conciliação prévia não se confunde com a do árbitro, eis que funciona como conciliadora nos conflitos mencionados, sem poderes para arbitragem. Não se trata, propriamente, de mediação, pois não há impedimento legal a que os membros da comissão opinem ou sugiram a solução para as partes.

A existência de uma comissão de conciliação prévia é mera faculdade de empregadores e sindicatos. No entanto, uma vez existente, qualquer conflito individual de trabalho deveria ser submetido a essa comissão, conforme o art. 625-D da CLT, devendo o reclamante juntar, com a petição inicial trabalhista, a declaração da tentativa frustrada de conciliação, que deve ser fornecida pela comissão, ou mencionar a existência de motivo relevante que inviabilize a tentativa de solução extrajudicial preconizada por esta norma (art. 625-D, § 3º, da CLT). No entanto, referida exigência foi suprimida pelo Supremo Tribunal Federal, no julgamento de ações diretas de inconstitucionalidade, o que veremos na alínea seguinte.

b) *A constitucionalidade da Lei 9.958, de 2000* – A exigência mencionada anteriormente traduz, em nosso entendimento, um pressuposto processual objetivo, a exemplo da exigência de que inexistam coisa julgada, litispendência, perempção etc.

E neste tópico é necessário breve esclarecimento, haja vista as discussões entre os próprios doutrinadores. Afirmamos que a inexistência do termo de conciliação firmado perante a comissão de conciliação prévia traduziria pressuposto processual objetivo, pois inviabilizaria a reclamação trabalhista (processo de conhecimento), não obstante autorizasse a ação executiva no caso de não cumprimento do pactuado; contudo, a simples inobservância do art. 625-D, sem a existência de motivo relevante, implicaria ausência de condição da ação (interesse de agir).

Anteriormente ao pronunciamento soberano do Supremo Tribunal Federal, algumas vozes se levantaram contra o referido dispositivo legal, atribuindo-lhe a pecha de inconstitucionalidade por violação do art. 5º, XXXV, da Constituição da República ("a lei não excluirá da apreciação do Poder Judiciário lesão ou ameaça a direito").

Pessoalmente, não víamos a mácula da inconstitucionalidade nos dispositivos acrescentados à Consolidação das Leis do Trabalho pela Lei 9.958, de 2000. Isto porque o art. 5º, XXXV, da Constituição Federal externa apenas um princípio constitucional – qual seja, a indeclinabilidade da jurisdição –, mas nunca assegurou o direito de ação de forma ampla, genérica e incondicionada.

A tarefa de disciplinar o direito de ação sempre esteve a cargo do direito processual, e nunca se afirmou que as condições da ação ou pressupostos processuais indicados no Código de Processo Civil são exigências inconstitucionais ou descabidas. E no âmbito do direito material ainda podemos mencionar o instituto da *prescrição*, que tira do titular de um direito material a possibilidade de exigi-lo judicialmente em face da inércia por um determinado tempo.

Assim, não parece correta a afirmação em torno da inconstitucionalidade da lei. E, a propósito, nem acreditamos que os advogados tenham ficado com o mercado de trabalho mais restrito. Afinal de contas, nada obsta a que o empregado compareça perante a comissão de conciliação prévia com advogado devidamente constituído.

Em síntese, a tentativa de solução extrajudicial perante a comissão de conciliação prévia, desde que existente, coincide com o interesse de agir e, portanto, trata-se de condição da ação, aspecto que será melhor abordado no capítulo próprio; contudo, a ausência de submissão do conflito individual a referido órgão extrajudicial não deve acarretar a extinção do processo sem resolução do mérito, já que a tentativa de conciliação na comissão estaria suprida pela atividade judicial antes do julgamento e, como sabemos, a Lei 9.958, de 2000, não é um bom paradigma de elaboração legislativa, já que "obriga" o empregado a comparecer perante a comissão de conciliação prévia, mas não existe cominação ao empregador que se recusa a comparecer.

Por seu turno, a jurisprudência dos tribunais do trabalho afastou a obrigatoriedade da submissão da demanda individual de trabalho à Comissão de Conciliação Prévia. Neste sentido, a Súmula n. 2 do Tribunal Regional do Trabalho da 2ª Região: *"Comissão de Conciliação Prévia.*

Extinção do processo (RA n. 08/2002, *DJE* 12.11.2002, 19.11.2002, 10.12.2002 e 13.12.2002). O comparecimento perante a Comissão de Conciliação Prévia é uma faculdade assegurada ao obreiro, objetivando a obtenção de um título executivo extrajudicial, conforme previsto pelo art. 625-E, parágrafo único, da CLT, mas não constitui condição da ação, nem tampouco pressuposto processual na reclamatória trabalhista, diante do comando emergente do art. 5º, XXXV, da Constituição Federal".

Finalmente, as discussões foram encerradas com o julgamento, no dia 13.5.2009, das ADIs 2.139 e 2.160 pelo Supremo Tribunal Federal, no qual, por maioria de votos (7 Ministros), se entendeu que o art. 625-D deve ser interpretado conforme à Constituição, no sentido de estabelecer apenas uma faculdade da parte e nunca a obrigatoriedade de submeter a demanda ao órgão extrajudicial de conflitos individuais do trabalho.

c) *A eficácia da conciliação perante as comissões* – A conciliação celebrada perante a comissão de conciliação prévia tem natureza de título executivo extrajudicial, com eficácia liberatória geral, exceto quanto às parcelas expressamente ressalvadas (art. 625-E, parágrafo único, da CLT).

O referido título executivo extrajudicial poderá ser executado perante a própria Justiça do Trabalho, na hipótese de inadimplemento, consoante se infere do art. 877-A da Consolidação das Leis do Trabalho, dispositivo também acrescentado pela Lei 9.958, de 2000.

Contudo, não se concebe que haja o desvirtuamento do instituto, com vistas a burlar os direitos trabalhistas. As comissões de conciliação prévia não são órgãos que se prestam à homologação de rescisão contratual (que deve continuar a ser feita perante os órgãos mencionados no art. 477, § 1º, CLT: sindicatos e Superintendências Regionais do Trabalho), objetivando quitação ampla e geral das verbas decorrentes de um contrato de trabalho. A Justiça do Trabalho está atenta às homologações de rescisão contratual disfarçadas de "acordo", bastando ao trabalhador arguir a nulidade do "acordo" em reclamação trabalhista na qual postule outros direitos sonegados pelo empregador.

d) *A composição das comissões* – Como já afirmamos no início, as comissões de conciliação prévia têm composição paritária, tendo o mínimo de 2 e o máximo de 10 membros. A metade dos membros será indicada pelo empregador e a outra metade eleita pelos empregados, em escrutínio secreto, fiscalizado pelo sindicato da categoria profissional (art. 625-B), com mandato de 1 ano, permitida uma recondução.

O art. 625-B, § 1º, da Consolidação das Leis do Trabalho assegura aos representantes dos empregados na comissão de conciliação prévia a estabilidade até um ano após o final do mandato, salvo se cometerem falta grave, nos termos da lei. Trata-se de estabilidade provisória, estabelecida nos moldes daquela prevista no art. 8º, VIII, da Constituição Federal, e que se destina ao dirigente sindical – motivo pelo qual conclui-se que a despedida dos membros representantes dos empregados nas comissões de conciliação prévia também deve ser precedida de inquérito judicial para apuração de falta grave perante a Justiça do Trabalho.

E mais nos convencemos da necessidade do inquérito judicial quando verificamos a dicção do art. 494 do diploma consolidado ("O empregado acusado de falta grave poderá ser suspenso de suas funções, mas a sua despedida só se tornará efetiva após o inquérito em que se verifique a procedência da acusação") e o fato de que "justa causa" e "falta grave" não são expressões sinônimas, à luz do art. 493 da Consolidação das Leis do Trabalho.

E quanto ao termo inicial da estabilidade impõe-se a aplicação analógica do art. 8º, VIII, da Constituição Federal, diante da omissão da Lei 9.958, de 2000. Vale dizer, deve ser reconhecida a estabilidade dos membros representantes dos empregados nas comissões de conciliação prévia a partir do registro da candidatura, a exemplo do que ocorre com os dirigentes sindicais (art. 8º, VIII, da CF) ou mesmo com os representantes dos empregados nas comissões internas de prevenção de acidentes (art. 10, II, "a", do ADCT).

2.3 A heterocomposição

Todas as soluções mencionadas nos tópicos anteriores são parciais, porque dependem da vontade de um ou de ambos os sujeitos envolvidos no conflito. Denomina-se *heterocomposição* a forma de solução dos conflitos trabalhistas estabelecida por um terceiro. São espécies de heterocomposição o processo e a arbitragem.

Propositadamente não incluímos a mediação no rol de técnicas heterocompositivas de solução dos conflitos trabalhistas. Isto porque na mediação, um terceiro apenas facilita a comunicação entre as partes, com vistas à solução do conflito. Vale dizer, o mediador tem a atribuição de tentar conduzir as partes à autocomposição, e não a de impor uma solução para o conflito trabalhista.

2.3.1 A arbitragem

Pouco a pouco a solução dos conflitos por autotutela e autocomposição foi sendo substituída pela escolha de um árbitro, normalmente dentre os sacerdotes e anciãos, e que subsiste em nosso ordenamento jurídico por meio da Lei 9.307, de 1996. Todavia, impõe-se observar que em relação ao árbitro não há mecanismo idôneo para determinar o cumprimento de suas decisões, motivo pelo qual, diante da resistência de uma das partes em respeitar a decisão arbitral, o Poder Judiciário deverá ser acionado.

A arbitragem é forma de solução de conflitos pela qual uma terceira pessoa (árbitro) ou órgão (tribunal arbitral formado por grupo de árbitros), escolhidos pelas próprias partes, estabelece a solução, que obriga ambas as partes e não necessariamente estará pautada na lei, já que ao órgão arbitral poderá ser conferida maior possibilidade de julgar por equidade.

Dispõe o art. 1º da Lei 9.307, de 1996: "As pessoas capazes de contratar poderão valer-se da arbitragem para dirimir litígios relativos a direitos patrimoniais disponíveis" – a qual poderá ser de direito ou de equidade (art. 2º da Lei 9.307), a critério das partes, com a única ressalva de que não poderá existir violação aos bons costumes e à ordem pública. A lei da arbitragem sofreu algumas modificações, por meio da Lei 13.129, de 26.5.2015, facultando a solução arbitral aos órgãos da Administração Pública direta e indireta, desde que relativos a direitos patrimoniais disponíveis (art. 1º, § 1º, da Lei 9.307), mas não inovou quanto aos conflitos de trabalho.

Percebe-se, pois, que o legislador perdeu a oportunidade de enumerar as hipóteses em que a arbitragem poderá ser utilizada, deixando margem às interpretações e, consequentemente, às controvérsias.

Por força do art. 1º da lei disciplinadora do procedimento arbitral já é possível excluir de seu âmbito de aplicação as questões que envolvam o direito penal e previdenciário, ramos que não comportam "direitos patrimoniais disponíveis", e sim "direitos indisponíveis", nem sempre patrimoniais. As questões meramente patrimoniais em direito de família podem ser solucionadas pela via arbitral, desde que não haja interesses de menores.

Diante da ausência de distinção em seu art. 1º, torna-se também possível a conclusão de que a Lei 9.307, de 1996, abarca todas as hipóteses de contratos de adesão (aqueles que se caracterizam por permitir que o respectivo conteúdo seja pré-constituído por uma das partes, eliminando-se a livre discussão que precede a formação dos contratos – contratos de seguros, de transportes, de fornecimento de água e luz, são exemplos marcantes) e contratos comerciais os mais variados (inclusive crediários para aquisição de bens de consumo para o lar), conclusão reforçada pela leitura atenta do art. 4º da Lei 9.307, de 1996, mormente o § 2º, que estatui regras para a cláusula compromissória em contratos de adesão.

A Constituição Federal, em seu art. 114, § 1º, consagra a possibilidade de solução mediante arbitragem dos conflitos coletivos de trabalho, cumprindo assinalar que a própria Lei de Greve (Lei 7.783, de 1989) consagra a hipótese de solução arbitral e a Lei 10.101, de 19.12.2000, que disciplina a participação dos trabalhadores nos lucros ou resultados da empresa, também admite a solução pela via arbitral se frustradas as negociações. Todavia, trata-se de uma faculdade das partes, sendo certo que, diante da recusa de um dos interessados à arbitragem, é facultado aos respectivos sindicatos o ajuizamento de dissídio coletivo (art. 114, § 2º, da CF).

No que respeita aos conflitos individuais de trabalho, a Lei 13.467/2017 eliminou qualquer discussão a respeito da possibilidade de arbitragem ao acrescentar o art. 507-A à CLT, prevendo que nos "contratos individuais de trabalho cuja remuneração seja superior a duas vezes o limite máximo estabelecido para os benefícios do Regime Geral de Previdência Social, poderá ser pactuada cláusula compromissória de arbitragem, desde que por iniciativa do empregado ou mediante a sua concordância expressa, nos termos previstos na Lei n. 9.307, de 23.9.1996". Remanesce, no entanto, a discussão acerca da constitucionalidade do critério adotado, pois pressupõe que direitos trabalhistas vinculados a determinado patamar remuneratório perdem a indisponibilidade que inviabiliza a solução arbitral.

O teto dos benefícios previdenciários de 2018 foi majorado pela Portaria 15, do Ministério da Fazenda, em 16 de janeiro de mesmo ano, no valor de R$ 5.645,80. Desse modo, entendeu o legislador que o empregado que recebe remuneração superior a, atualmente, R$ 11.291,60 pode legalmente pactuar cláusula compromissória de arbitragem, desde que por sua iniciativa ou com sua concordância expressa.

Pensamos que a solução do impasse não foi adequada. O legislador parte da premissa, cremos, de que o empregado que percebe remuneração superior a duas vezes o limite máximo estabelecido para os benefícios do RGPS não pode ser considerado hipossuficiente e que pode negociar com o empregador em condições de igualdade.

Contudo, não acreditamos que a premissa *supra* seja verdadeira, não sendo difícil de imaginar as situações em que ele pode se ver compelido a mitigar sua autonomia por vários fatores, dentre eles a necessidade de obtenção ou manutenção do emprego para o sustento da família. Mais do que isso, na prática, como na maioria das vezes o contrato de trabalho se assemelha a um contrato de adesão, a cláusula compromissória de arbitragem já deverá constar do contrato na admissão do empregado, que se verá compelido a aceitá-la para não perder a oportunidade de emprego.

Ainda, o legislador, no final do art. 507-A, da CLT, acrescenta que a arbitragem se dará "nos termos previstos da Lei 9.307, de 23.9.1996". Se o legislador, de fato, aplicasse a arbitragem nos termos da Lei 9.307/1996, jamais teria redigido esse artigo, pois a referida Lei só se aplica a direitos patrimoniais disponíveis, o que claramente não é o caso dos direitos trabalhistas.

Com efeito, parece-nos inconcebível a inserção de cláusula compromissória no contrato de trabalho, da mesma forma que o seria uma cláusula de renúncia a direitos mínimos assegurados constitucionalmente. Assim, a cláusula compromissória prevista em contratos individuais de trabalho deveria ser reputada nula de pleno direito pelo órgão jurisdicional, por força do art. 9º da Consolidação das Leis do Trabalho, e não autorizada pelo mesmo diploma legal.

Ressaltamos, que não desconhecemos o fato de que o contrato de trabalho, na maioria das vezes, se traduz num verdadeiro contrato de adesão e que o § 2º do art. 4º da Lei 9.307, de 1996 prestigia a cláusula compromissória nesta modalidade contratual, mas o fato é que a Consolidação das Leis do Trabalho traduz legislação específica e o direito comum é fonte subsidiária do direito laboral apenas naquilo em que não for incompatível com os princípios fundamentais deste (art. 8º, parágrafo único, da CLT).

Com efeito, a Lei 9.307, de 1996, e o art. 507-A da CLT são incompatíveis com o direito individual do trabalho em face dos princípios que norteiam este ramo da ciência jurídica e seu caráter protetivo, pois o empregado nunca negociará com o empregador em iguais condições.

2.3.2 O processo

Finalmente, a solução de conflito por meio do *processo* pressupõe a atividade judicial (jurisdição), a qual só atua mediante provocação da parte interessada (inércia da jurisdição). Assim, o processo pode ser entendido como um conjunto de atos coordenados que objetivam solucio-

AS FORMAS DE SOLUÇÃO DOS CONFLITOS DE TRABALHO

nar a lide (conflito de interesses qualificado por uma pretensão resistida) por meio do exercício da função jurisdicional.

No capítulo próprio estudaremos o processo e seus pressupostos. Neste tópico entendemos oportuna uma digressão sobre a atividade jurisdicional.

A jurisdição pode ser entendida sob três enfoques, na medida em que se trata de uma função, um poder e uma atividade.

Apresenta-se como um poder decorrente da própria soberania nacional e é exercido pelos órgãos estatais competentes – quais sejam, os juízes e tribunais do trabalho, nos conflitos de trabalho. É o poder de dizer o Direito.

Na condição de função apresenta-se como o encargo que têm os juízes de promover a realização do Direito, por meio do processo.

Finalmente, como atividade traduz-se na movimentação do juiz no processo, exercendo o poder e cumprindo a função que a lei lhe comete.

2.3.2.1 Características da jurisdição

A característica essencial da jurisdição, segundo a doutrina consagrada, é a *substitutividade*, na medida em que o Estado, por uma atividade sua, substitui a atividade daqueles que estão envolvidos na lide, os quais estão proibidos de "fazer justiça com as próprias mãos", ressalvando-se as hipóteses legais de autotutela.

Registramos, ainda, o caráter de *definitividade* da jurisdição. Isto porque, ao se encerrar o desenvolvimento legal do processo, a manifestação do juiz torna-se imutável, não admitindo revisão por outro Poder. Já as decisões administrativas são sempre passíveis de revisão pelo Poder Judiciário quanto à legalidade.

Assim, concluímos que os atos jurisdicionais são suscetíveis de se tornar imutáveis, não podendo ser revistos ou modificados. A própria Constituição Federal estabelece que a lei não prejudicará o ato jurídico perfeito, o direito adquirido, nem a coisa julgada (art. 5º, XXXVI).[9]

Uma outra característica da jurisdição é o *escopo de atuação do Direito*, segundo o qual a jurisdição tem por objetivo a atuação das normas de direito material.

---

9. *Coisa julgada material* é a imutabilidade dos efeitos de uma sentença, em virtude da qual nem as partes podem propor novamente a lide em juízo, nem os juízes podem voltar a decidir a respeito e, igualmente, o legislador não pode emitir preceitos que contrariem, para as partes, o que já ficou definitivamente julgado.

Finalmente, ainda se apresentam como características da jurisdição a *existência de lide* e a *inércia*. Isto porque a atividade jurisdicional pressupõe a lide e só atua mediante provocação da parte interessada, ou seja, mediante provocação do titular da pretensão de direito material ou de quem se encontra legitimado extraordinariamente, salvo as exceções legais.[10]

2.3.2.2 Princípios fundamentais da jurisdição

Alguns princípios dominam a jurisdição e regem seu exercício, quais sejam: a) investidura do juiz; b) aderência ao território; c) indelegabilidade; d) inevitabilidade; e) indeclinabilidade (ou inafastabilidade); f) juízo natural.

a) *Princípio da investidura do juiz* – Segundo o princípio da investidura, a jurisdição só pode ser exercida por quem dela se ache legitimamente investido. São nulos de pleno direito os atos processuais praticados por quem não tenha sido ou não esteja legitimamente investido na condição de juiz.[11]

b) *Princípio da aderência ao território* – A aderência ao território consiste no fato de que a jurisdição pressupõe um território em que é exercida. Isto porque os juízes exercem a jurisdição nos limites da circunscrição que lhes é traçada pela lei.

Assim, fora da respectiva circunscrição territorial o juiz não exerce a jurisdição, não é juiz, mas simples cidadão particular. E na hipótese de necessitar praticar algum ato processual fora de sua área territorial o juiz deverá se valer da colaboração do juiz do lugar, o que se faz mediante carta precatória.[12] Se houver necessidade de praticar atos fora dos limi-

---

10. São exceções à característica da inércia da jurisdição: a) a execução trabalhista pode se instaurar *ex officio* nos casos em que as partes não estiverem representadas por advogado; b) execução penal (expedição da carta de guia para o cumprimento da pena).

11. O jornal *Tribuna da Magistratura*, órgão oficial da Associação Paulista de Magistrados, ano XI, n. 99, outubro de 1999, publicou a história de um cidadão que se apresentou como "Juiz Salvador Pacheco" e "assumiu" a comarca de Porto Murtinho (Mato Grosso do Sul) no dia 21.10.1958, e que só foi descoberto depois que abandonou a cidade, tendo deixado inúmeras dívidas. Segundo informação do periódico supramencionado, a história se encontra detalhada no livro de crônicas *A Fascinante Natureza Humana*, de autoria do Des. Heliophar Serra.

12. A carta precatória é também utilizada no processo do trabalho, principalmente na fase de execução da sentença (carta precatória executória). Na fase de conhecimento costuma-se utilizar a carta precatória para oitiva de testemunhas que se en-

tes territoriais do país o juiz se valerá da carta rogatória, na qual solicitará a cooperação do órgão jurisdicional estrangeiro.

c) *Princípio da indelegabilidade* – O princípio da indelegabilidade traduz-se no fato de que as atribuições do Poder Judiciário somente podem ser exercidas, segundo a discriminação constitucional, pelos órgãos do respectivo Poder, por meio de seus membros legalmente investidos, sendo proibida a abdicação dessas funções em favor de órgãos dos demais Poderes (Legislativo ou Executivo), ou até mesmo em favor de órgãos administrativos do próprio Judiciário.

A jurisdição apresenta, ainda, uma indelegabilidade interna, isto é, cada órgão tem suas funções, devendo exercê-las segundo as normas de processo, na oportunidade correta, não se permitindo a atribuição de funções de um para outro órgão. É o que denominamos *competência funcional*.

d) *Princípio da inevitabilidade* – O princípio da inevitabilidade traduz-se no fato de que a atividade dos órgãos jurisdicionais é incontrastável, não se permitindo a oposição juridicamente válida de qualquer instituto para impedir que a jurisdição alcance seus objetivos e produza seus efeitos. A autoridade dos órgãos jurisdicionais emana da soberania nacional e se impõe independentemente da vontade das partes.

e) *Princípio da indeclinabilidade ou da inafastabilidade* – O princípio da indeclinabilidade está expresso no art. 5º, XXXV, da Constituição Federal, segundo o qual "a lei não excluirá da apreciação do Poder Judiciário lesão ou ameaça a direito". Assim, o juiz não pode recusar-se a aplicar o Direito, nem mesmo sob alegação de lacuna ou do ordenamento jurídico (art. 140 do CPC/2015).

f) *Princípio do juízo natural* – O princípio do juízo natural[13] assegura que ninguém pode ser privado de julgamento por órgão jurisdicional independente e imparcial, indicado pelas normas legais e constitucionais.

contram domiciliadas em outro Município (carta precatória inquiritória). Geralmente é dispensável a carta precatória para citação do reclamado na fase de conhecimento, já que referido ato processual é realizado pelo Correio; mas se houver necessidade de citação por oficial de justiça (por exemplo, nas hipóteses em que o reclamado cria embaraços), e estando o reclamado domiciliado em Município fora da área correspondente à jurisdição do juízo natural, também deve ser expedida a carta precatória.

13. Alguns autores costumam dizer "juiz natural", mas pensamos que o correto seja "juízo natural", pois referido princípio se refere ao órgão jurisdicional, e não à pessoa do juiz.

2.3.2.3 A jurisdição voluntária

Tudo o que dissemos nos itens anteriores aplica-se à jurisdição que os autores denominam "contenciosa", que é a verdadeira jurisdição.

A jurisdição voluntária revela uma forma de atuação do Poder Judiciário, mas em situações em que não existe lide, processo nem partes.

Em verdade, a jurisdição voluntária não é, propriamente, jurisdição. Consiste na administração pública de interesses privados, a qual é realizada pelos juízes. São exemplos de atos de jurisdição voluntária: separação consensual, abertura e cumprimento de testamentos, curatela de interditos etc.

O art. 233 da Constituição Federal estabelecia um procedimento de jurisdição voluntária, perante a Justiça do Trabalho, em favor dos empregadores rurais que quisessem fazer a comprovação de observância dos direitos trabalhistas de seus empregados, a cada cinco anos. Contudo, referido dispositivo constitucional foi revogado pela Emenda Constitucional 28, com vigência a partir de 29 de maio de 2000.

Atualmente contamos com uma hipótese de jurisdição voluntária no art. 500 da Consolidação das Leis do Trabalho, cujo teor é o seguinte: "O pedido de demissão de empregado estável só será válido quando feito com a assistência do respectivo sindicato e, se não o houver, perante autoridade local competente do Ministério do Trabalho ou da *Justiça do Trabalho*" (grifamos).

Trata-se de atuação da Justiça do Trabalho, em jurisdição voluntária, de ocorrência remota, nas hipóteses de demissão de empregado que goza da estabilidade decenal. Isto porque são raros os trabalhadores que ainda gozam da referida estabilidade no emprego, e mesmo nas hipóteses que, em tese, seria possível a aplicação de referido diploma consolidado não será improvável a existência de sindicato da categoria profissional que prestará a devida assistência ao trabalhador.

A Lei 13.467/2017 acrescentou outra hipótese de jurisdição voluntária na CLT, prevista nos arts. 855-B até 855-E e art. 652, "f", todos do diploma consolidado. A referida alteração trata de hipótese em que as partes se compuseram extrajudicialmente, mas ingressam no Poder Judiciário para que a Justiça do Trabalho homologue essa composição.

Entendemos que referida alteração não representa propriamente uma inovação, pois esse procedimento já era previsto no CPC de 1973 e atualmente está previsto no CPC de 2015, em seu art. 515, III, de aplicação subsidiária ao processo do trabalho por força do art. 769 da CLT.

Conforme norma processual civil mencionada, o acordo extrajudicial homologado judicialmente torna-se título executivo judicial, conferindo às partes maior segurança jurídica.

Na jurisdição voluntária não há partes, e sim interessados. Não há processo, e sim um procedimento. Não há conflito, pelo que não se trata de autocomposição. Por esse motivo, criticamos o termo "processo" usado no *caput* do art. 855-B, da CLT, e o termo "partes", no § 1º do mesmo artigo.

A CLT disciplina os requisitos para que seja possível a homologação judicial de composição firmada extrajudicialmente.

A Justiça do Trabalho deve ser provocada por petição conjunta, sendo obrigatória a representação das partes por advogado (CLT, art. 855-B, *caput*). As partes não poderão ser representadas por advogado comum (CLT, art. 855-B, § 1º), facultando-se ao trabalhador ser representado por sindicato de sua categoria (CLT, art. 855-B, § 2º). Entendemos, aqui, que a proibição se estende a advogados diferentes, mas do mesmo escritório de advocacia.

Mesmo que as partes tenham entrado em acordo extrajudicialmente, o empregador não poderá, no exercício da jurisdição voluntária, deixar de pagar a multa pelo atraso no pagamento da rescisão contratual, prevista no art. 477, §§ 6º e 8º, da CLT.

Concordamos com Leonardo Dias Borges[14] que essa medida é inócua, pois as partes podem muito bem discriminar as referidas multas no acordo a ser homologado judicialmente, como parte do pagamento, o que, entendemos, não afasta a incidência da multa administrativa.

Conforme art. 855-D, da CLT, o juiz terá 15 dias, contados da distribuição da petição conjunta, para analisar o acordo, podendo designar audiência, se entender necessário, e em seguida proferir sentença. O procedimento, aqui, também não é nenhuma grande novidade. O juiz não é obrigado a homologar um acordo, nem extrajudicial, nem judicial. Por isso, mesmo para homologação de acordo, firmado por petição conjunta das partes, no curso do processo, já era praxe, em alguns casos, o juiz designar audiência para oitiva das partes, notadamente do trabalhador, por sua hipossuficiência.

A Reforma Trabalhista, no tocante à jurisdição voluntária, apenas positiva e regula procedimentos que já eram habituais. No entanto, con-

---

14. Vólia Bomfim Cassar e Leonardo Dias Borges, *Comentários à Reforma Trabalhista – De acordo com a Lei 13.467/2017 e a MP 808/2017*, 2ª ed., Rio de Janeiro, Forense/São Paulo, Método, 2018, p. 189.

II
FONTES DO DIREITO PROCESSUAL DO TRABALHO

1. Conceito de fonte do Direito. 2. Classificação das fontes (formais) do Direito: 2.1 A lei como fonte do direito processual do trabalho – 2.2 O negócio jurídico como fonte do direito processual do trabalho – 2.3 Os costumes e a jurisprudência como fontes do direito processual do trabalho – 2.4 Aplicação subsidiária e supletiva do Código de Processo Civil.

1. Conceito de fonte do Direito

A doutrina costuma classificar as fontes do Direito em formais e materiais.

As fontes materiais traduzem os fatos sociais, a conjuntura socioeconômica e aspectos históricos que motivam a elaboração da norma jurídica.[1] Vale dizer, compreendem o conjunto de fenômenos sociais que contribuem para a formação do Direito.

As fontes formais são os meios pelos quais se formam ou se estabelecem as normas jurídicas;[2] são os meios de exteriorização do Direito

1. "O Direito, como produto da vida social, tem a sua origem na vontade colectiva das organizações estaduais e, por fonte, o espírito popular, que faz com que seja reconhecida universalmente a necessidade das normas jurídicas. (...). Fonte do direito positivo é, pois, a consciência popular" (Roberto de Ruggiero, *Instituições de Direito Civil*, trad. da 6ª ed. italiana, v. I, "Introdução e Parte Geral – Direito das Pessoas", p. 85).

2. "Por fontes, em sentido técnico, significa-se as formas pelas quais o direito positivo se realiza, os modos pelos quais as normas de conduta recebem determinação concreta e carácter de coercibilidade" (Roberto de Ruggiero, *Instituições...*, v. I, p. 85).

e conferem à regra jurídica o caráter de direito positivo. É o conceito que mais nos interessa, e a elas faremos menção como fontes do Direito.

2. Classificação das fontes (formais) do Direito

No que respeita à classificação das fontes do Direito a doutrina não é unânime.

Durante muito tempo os juristas reduziram a duas as fontes formais do Direito: a *lei* e o *costume*. Vale dizer, somente a norma estabelecida pelo legislador e aquela formada espontaneamente pela convivência social tinham o *status* de fonte formal do Direito.

Para alguns a fonte imediata do Direito é a lei, e reservam ao costume a condição de fonte subsidiária. O costume, por sua vez, seria a observância constante de uma norma jurídica baseada em lei não escrita.[3]

Nas palavras de Roberto de Ruggiero, o costume traduz a forma espontânea de constituição do Direito, tratando-se de fonte que, historicamente, antecedeu a própria lei.[4]

Todavia, os estudos posteriores levaram à conclusão de que existe mais de uma ordem jurídica na sociedade, ou seja, nem todo Direito é legislado; e daí a teoria pluralista das fontes formais do Direito, e que autoriza a inclusão dos negócios jurídicos, atos unilaterais da vontade, convenções coletivas de trabalho, dentre outros, como fontes formais do Direito.

Em verdade, a questão das fontes do Direito revela uma aporia, sobre a qual não temos a pretensão de discorrer no presente trabalho.

Assim, para o objetivo a que nos propusemos, adotamos a classificação das fontes formais em diretas (imediatas) e indiretas (mediatas).[5]

As fontes diretas ou imediatas são aquelas que pela sua própria força são capazes de gerar a regra jurídica. São as leis, os negócios jurídicos e os costumes.

---

3. Cf. Clóvis Beviláqua, *Theoria Geral do Direito Civil*, p. 25.

4. O costume é a "observância constante e uniforme de uma regra de conduta, por parte dos membros de determinada comunidade social, convencidos da sua correspondência a uma necessidade jurídica" (Roberto de Ruggiero, *Instituições...*, v. I, p. 89).

5. Cf. Washington de Barros Monteiro, *Curso de Direito Civil*, 14ª ed., v. I, p. 12.

As fontes indiretas não têm a mesma virtude das anteriores, porém encaminham os espíritos, mais cedo ou mais tarde, à elaboração da norma. São a doutrina e a jurisprudência.

2.1 A lei como fonte do direito processual do trabalho

O direito processual do trabalho, a exemplo dos demais ramos do direito processual, sempre se exterioriza sob a forma de normas jurídicas. Assim, toda norma que regula juridicamente qualquer assunto, matéria ou questão de processo do trabalho é norma processual trabalhista.

As normas processuais encontram suas fontes formais na Constituição Federal e nas leis federais, sendo certo que os regimentos internos dos tribunais do trabalho também poderão trazer alguma regra processual.

Todavia, não podemos olvidar que as normas processuais constantes dos regimentos internos dos tribunais são aquelas relativas a questões *interna corporis*.

Ademais, a lei que disciplinar questão processual deverá ser de origem federal, vez que o art. 22, I, da Constituição Federal estabelece que "compete privativamente à União legislar sobre: I – direito civil, comercial, penal, processual, eleitoral, agrário, marítimo, aeronáutico, espacial e do trabalho"; salvo quando for de organização judiciária, no âmbito estadual, hipótese em que deverá ser formulada pelos órgãos estaduais, bem como criação, funcionamento e processo do juizado de pequenas causas (art. 24, X, da CF).[6]

Os "procedimentos em matéria processual" (art. 24, XI, da CF) devem ser entendidos como procedimentos administrativos de apoio, motivo pelo qual não contradizem o disposto no art. 22, I, da Carta Magna.

2.2 O negócio jurídico como fonte do direito processual do trabalho

Negócio jurídico é "toda declaração de vontade destinada à produção de efeitos jurídicos correspondentes ao intento prático do declarante, se reconhecido e garantido pela lei".[7] Traduz o instrumento da circulação

---

6. O legislador ordinário entendeu que a expressão "juizado especial de pequenas causas" é sinônima de "juizados especiais de causas cíveis e criminais", os quais se encontram disciplinados na Lei 9.099, de 1995.

7. Orlando Gomes, *Introdução ao Direito Civil*, 10ª ed., p. 280.

dos direitos, isto é, da modificação intencional das relações jurídicas,[8] e do qual são exemplos os contratos e declarações unilaterais de vontade.

O negócio jurídico apresenta-se como fonte do direito processual nas hipóteses de eleição do foro (art. 63 do CPC/2015), suspensão do processo por convenção das partes (art. 313, II, do CPC/2015), convenção sobre a distribuição do ônus da prova (art. 373, § 3º, do CPC/2015) etc.

Observamos, desde logo, que o direito processual do trabalho não é um campo propício ao negócio jurídico, cumprindo assinalar que não são compatíveis com o direito do trabalho o foro de eleição e a convenção sobre a distribuição do ônus da prova (art. 8º da CLT), nada obstando à possibilidade da suspensão do processo por convenção das partes, tendo em vista a aplicação subsidiária do processo comum (art. 769 da CLT). Neste mesmo sentido, afirmamos que as convenções e os acordos coletivos de trabalho são fontes formais do direito material, mas nunca do direito processual do trabalho. Em síntese, os negócios jurídicos são fontes do direito processual do trabalho, desde que devidamente autorizado pela legislação processual trabalhista.

2.3 Os costumes e a jurisprudência como fontes do direito processual do trabalho

Não é possível dissociar o costume da jurisprudência, na medida em que o primeiro, quando aceito nos tribunais, acaba se traduzindo na jurisprudência dominante.

Saliente-se, ainda, que não são poucos os autores que colocam a jurisprudência na condição de fonte formal do direito consuetudinário (costumeiro). E, neste contexto, Clóvis Beviláqua chegou a afirmar que o costume se forma de um modo refletido, pela jurisprudência dos tribunais, e que a prática judiciária tem por ponto de partida uma sentença que teve a ventura de provocar imitações.[9]

Dentre os vários exemplos de costumes já aceitos jurisprudencialmente podemos mencionar a apresentação de defesa escrita perante a

---

8. Idem, ibidem, p. 274.
9. *Theoria...*, pp. 30-31. Neste mesmo sentido Antônio Carlos de Araújo Cintra e outros, *Teoria Geral do Processo*, 29ª ed., p. 104: "No tocante à jurisprudência e aos usos e costumes como fontes da norma processual, basta anotar que os últimos na maioria das vezes resultam da própria jurisprudência (*praxe forense* ou *estilos do foro*)". V. tb. Cândido Rangel Dinamarco e Bruno Vasconcelos Carrilho Lopes, *Teoria Geral do Novo Processo Civil*, São Paulo, Malheiros Editores, 2016, p. 41.

Justiça do Trabalho, quando a Consolidação das Leis do Trabalho deixa implícito que a defesa seria oral e no prazo de 20 minutos (art. 847), e também a consignação de "protestos" em ata de audiência como sucedâneo do agravo retido, que é desconhecido no processo do trabalho.

Além disso, várias súmulas e orientações jurisprudenciais do Tribunal Superior do Trabalho estão relacionadas com matéria processual, a exemplo das Súmulas 74, 82, 83, 86, 99, 100, 122, das Orientações Jurisprudenciais 01 a 11 do Pleno do TST e Orientações Jurisprudenciais 26, 33, 75,104, 110 e 111 da SDI-1 (TST).

2.4 Aplicação subsidiária e supletiva do Código de Processo Civil

O art. 769 da CLT consagra a aplicação subsidiária do direito processual comum ao processo do trabalho, nos seguintes termos: "Nos casos omissos, o direito processual comum será fonte subsidiária do direito processual do trabalho, exceto naquilo em que for incompatível com as normas deste Título".

O dispositivo consolidado sempre amparou as teses contrárias à afirmação de que o Direito Processual do Trabalho goza de autonomia científica, na medida em que depende do processo comum para resolver várias situações. No entanto, é preciso lembrar que a autorização contida no art. 769 da CLT pressupõe a omissão da legislação processual trabalhista e a compatibilidade da disposição do processo comum às regras e aos princípios que norteiam o processo do trabalho, notadamente a celeridade processual e a simplicidade nos procedimentos,[10] os quais se apresentam com maior densidade do que no processo comum. Além disso, referida autorização mais acentua o fato de que o direito processual do trabalho está perfeitamente integrado ao ordenamento jurídico e reclama análise sistemática de seus institutos.

Torna-se oportuno mencionar, neste tópico, que ainda não fomos seduzidos pela tese de que o art. 769 da CLT autoriza a aplicação subsidiária do direito processual comum, também, nas situações de lacunas

---

10. João Humberto Cesário identifica sete colunas de sustentação do processo do trabalho, a que denomina "núcleo duro" da disciplina: protecionismo, inquisitividade, concentração dos atos processuais, imediação, oralidade, simplicidade procedimental e celeridade processual (cf. "O processo do trabalho e o novo Código de Processo Civil: critérios para uma leitura dialogada dos arts. 769 da CLT e 15 do CPC/2015", *Revista Trabalhista: direito e processo*, ano 14, n. 53, jan.-mar./2015, p. 144).

axiológicas e ontológicas, e não apenas nas situações de lacunas normativas.[11] Não desconhecemos que a partir do tridimensionalismo jurídico de Miguel Reale,[12] e da concepção de que, ao contrário dos estudos de Hans Kelsen, o Direito não é apenas norma, foi possível a intensificação de estudos em torno das lacunas, que, no Brasil, foram capitaneados por Maria Helena Diniz, que se dedicou às diversas classificações de autores europeus e sintetizou seu estudo da seguinte forma:

> No nosso entender, ante a consideração dinâmica do direito e a concepção multifária do sistema jurídico, que abrange um subsistema de normas, de fatos e de valores, havendo quebra da isomorfia, três são as principais espécies de lacunas: 1ª) normativa, quando se tiver ausência de norma sobre determinado caso; 2ª) ontológica, se houver norma, mas ela não corresponder aos fatos sociais, quando, p. ex., o grande desenvolvimento das relações sociais, o progresso técnico acarretarem o ancilosamento da norma positiva; e 3ª) axiológica, no caso de ausência de norma justa, ou seja, quando existe um preceito normativo, mas, se for, aplicado, sua solução será insatisfatória ou injusta.[13]

O fato é que o art. 769 da CLT autoriza a aplicação subsidiária do direito processual comum "nos casos omissos", expressão que remete apenas às lacunas normativas.[14] Não vemos razão lógica para se despre-

11. Em sentido contrário: João Humberto Cesário (ob. cit., pp. 144-146); Carlos Eduardo Oliveira Dias, in "O novo CPC e a preservação ontológica do processo do trabalho", *Revista Síntese Trabalhista e Previdenciária*, v. 27, n. 315, outubro/2015, p. 84, e muitos autores que costumam invocar a existência de lacuna axiológica no direito processual do trabalho para permitir a aplicação de disposições inovadores do processo comum, a exemplo do art. 475-J do CPC/1973, revogado pela Lei 13.105/15 (atual Código de Processo Civil).

12. "Desse modo, pela primeira vez, em meu livro *Fundamentos do Direito* eu comecei a elaborar a tridimensionalidade. Direito não é só norma, como quer Kelsen, Direito não é só fato como rezam os marxistas ou os economistas do Direito, porque Direito não é economia. Direito não é produção econômica, mas envolve a produção econômica e nela interfere; o Direito não é principalmente valor, como pensam os adeptos do Direito Natural tomista, por exemplo, porque o Direito ao mesmo tempo é norma, é fato e é valor" (cf. *Teoria tridimensional do direito*, 5ª ed., revista e reestruturada, São Paulo, Saraiva, 1994, p. 119).

13. Cf. *As lacunas no direito*, 2ª ed., aumentada e atualizada, São Paulo, Saraiva, 1989, p. 97.

14. Neste sentido, manifesta-se a jurisprudência do Tribunal Superior do Trabalho: "Inaplicabilidade do artigo 475-J do CPC ao Processo do Trabalho – Existência de regra própria no processo trabalhista. 1. O art. 475-J do CPC dispõe que o não pagamento pelo devedor em 15 dias de quantia certa ou já fixada em liquidação a que tenha sido condenado gera a aplicação de multa de 10% sobre o valor da conde-

zar a norma processual trabalhista sob o fundamento de que se tornou obsoleta em face das modernidades do processo comum. Nosso desafio é vivificar os princípios que são peculiares ao processo do trabalho, imprimindo a necessária efetividade da jurisdição trabalhista com os instrumentos colocados à disposição pelo legislador e não desprezá-los ao menor sinal de que a grama do vizinho parece mais verde.

Com a adoção do entendimento delineado no parágrafo anterior, não desprezamos as concepções pós-positivistas do Direito, e reputamos exagerada a afirmação de que se trata de concepção dogmática ou meramente positivista, pois reconhecemos que o Direito não se restringe às normas jurídicas,[15] e não desconhecemos a redação do art. 140 do

nação e, a pedido do credor, posterior execução forçada com penhora. 2. A referida inovação do Processo Civil, introduzida pela Lei 11.232/05, não se aplica ao Processo do Trabalho, já que tem regramento próprio (arts. 880 e seguintes da CLT) e a nova sistemática do Processo Comum não é compatível com aquela existente no Processo do Trabalho, onde o prazo de pagamento ou penhora é apenas 48 horas. Assim, inexiste omissão justificadora da aplicação subsidiária do Processo Civil, nos termos do art. 769 da CLT, não havendo como pinçar do dispositivo apenas a multa, aplicando, no mais, a sistemática processual trabalhista. 3. Cumpre destacar que, nos termos do art. 889 da CLT, a norma subsidiária para a execução trabalhista é a Lei 6.830/80 (Lei da Execução Fiscal), pois os créditos trabalhistas e fiscais têm a mesma natureza de créditos privilegiados em relação aos demais créditos. Somente na ausência de norma específica nos dois diplomas anteriores, o Processo Civil passa a ser fonte informadora da execução trabalhista, naqueles procedimentos compatíveis com o Processo do Trabalho (art. 769 da CLT). 4. Nesse contexto, merece reforma o acórdão recorrido, para que seja excluída da condenação a aplicação do disposto no art. 475-J do CPC. Recurso de revista parcialmente conhecido e provido". **(TST-RR-2/2007-038-03-00.0, 7ª T., Ives Gandra Martins Filho, j. 14.5.2008, pub. 23.5.2008)**; "Recurso de Revista do banco reclamado. Multa do art. 475-J do CPC. Inaplicabilidade no Processo do Trabalho. A aplicação subsidiária do Código de Processo Civil ao Direito Processual do Trabalho, de acordo com a doutrina e com a jurisprudência unânimes, exige dois requisitos para permitir a aplicação da norma processual comum ao Processo do Trabalho: a ausência de disposição na CLT e a compatibilidade da norma supletiva com os princípios do Processo do Trabalho. Observa-se que o fato preconizado pelo art. 475-J do CPC possui disciplina própria no Processo do Trabalho, pelos arts. 880, 882 e 883 da CLT, que preveem o prazo e a garantia da dívida por depósito ou a penhora de bens quantos bastem ao pagamento da importância da condenação, acrescido das despesas processuais, custas e juros de mora (...). Recurso de Revista parcialmente conhecido e provido" **(TST-RR 1411.85.2010.5.15.0131, 4ª T., Maria de Assis Calsing, j. 30.4.2014. pub. 9.5.2014)**.

15. Em trabalho anterior, cuja espinha dorsal reside em nossa dissertação de Mestrado apresentada perante banca examinadora da PUC/SP de São Paulo, sob orientação do professor Amauri Mascaro Nascimento (A embriaguez habitual ou em serviço: uma lacuna axiológica no direito do trabalho), defendemos que a justa causa

CPC/2015 ("O juiz não se exime de decidir sob a alegação de lacuna ou obscuridade do ordenamento jurídico"), expressão que faz justiça ao fato de que o ordenamento jurídico é formado por regras e princípios e que a normatividade destes últimos não pode ser ignorada pelo aplicador do direito, ao contrário do art. 126 do revogado CPC/1973, que fazia menção apenas às lacunas da lei.[16]

Parece-nos que, quando o legislador teve a intenção de se referir às lacunas, o fez expressamente, permitindo ao intérprete identificar, na mencionada expressão, todo o leque de classificação correspondente, situação não verificada no art. 769 da CLT nem no art. 15 do CPC/2015, cuja leitura apenas reforça nossa afirmação: "*Na ausência de normas* que regulem processos eleitorais, trabalhistas ou administrativos, as disposições deste Código lhes serão aplicadas supletiva e subsidiariamente"[17] (grifamos).

Temos, pois, que a redação do art. 15 do atual Código de Processo Civil não permite tergiversações, na medida em que alude a "ausência de normas", expressão que remete a lacuna normativa. No entanto, rema-

consagrada no art. 482, "f", da CLT, não deve ser aplicada por constituir lacuna axiológica, haja vista tratar-se de uma situação de dependência química do trabalhador, reconhecida pela Organização Mundial de Saúde (OMS) e relacionada em mais de um código da Classificação Internacional de Doenças (CID) (cf. *A embriaguez no direito do trabalho*, São Paulo, LTr, 1999).

16. Na redação do art. 126 do revogado CPC/1973, a menção se dava a "lacuna ou obscuridade da lei", restringindo o alcance da expressão, com a possibilidade de o juiz recorrer à analogia, aos costumes e aos princípios gerais de direito apenas se não houvessem normas legais: "O juiz não se exime de despachar alegando lacuna ou obscuridade da lei. No julgamento da lei caber-lhe-á aplicar as normas legais; não as havendo, recorrerá à analogia, aos costumes e aos princípios gerais de direito".

17. Defendemos que o art. 769 da CLT não foi derrogado pelo art. 15 do CPC/2015, pois aquele é norma especial, aplicando-se a regra de que "a lei geral posterior não derroga a especial anterior" (*Lex posterior generalis non derogat legi priori speciali* – cf. Carlos Maximiliano, *Hermenêutica e aplicação do direito*, 10ª ed., Rio de Janeiro, Forense, 1988, p. 360). Isto porque o art. 769 da CLT não alude apenas à aplicação subsidiária do Código de Processo Civil e sim do "direito processual comum", e a compatibilidade com as normas de direito processual do trabalho é requisito que não pode ser desprezado pelo aplicador do direito, apesar do silêncio do art. 15 do CPC/2015, pois conduziria a situações de incongruências e paradoxos incontornáveis. A legislação processual trabalhista é omissa, por exemplo, quanto ao cabimento dos embargos de divergência nas hipóteses do art. 1.043, IV, do CPC/2015, mas este fato não é suficiente para que passemos a adotar referida modalidade de recurso, o qual não se harmoniza com o sistema recursal trabalhista. Em síntese, milita em favor da plena vigência do art. 769 da CLT o art. 2º, § 2º, da Lei de Introdução às Normas do Direito Brasileiro: "A lei nova, que estabeleça disposições gerais ou especiais a par das já existentes, não revoga nem modifica a lei anterior".

nesce a dúvida na autorização para que haja a aplicação supletiva, que não se encontra no art. 769 da CLT, e pode gerar discussão.

Somos de opinião que a aplicação supletiva pressupõe o fato de que a norma processual trabalhista não se revela completa, enquanto a aplicação subsidiária fica reservada às situações de total ausência de norma.[18] Na verdade, o legislador apenas chancelou o entendimento que já vinha sendo adotado pela jurisprudência trabalhista, notadamente porque a expressão "aplicação subsidiária" pode funcionar como gênero, enquanto a "aplicação supletiva" pode ser entendida como espécie daquela.

Basta lembrarmos, por exemplo, das inúmeras invocações que sempre foram feitas ao art. 333 do CPC/1973,[19] em detrimento do art. 818

18. Neste mesmo sentido, Salvador Franco de Lima Laurino, in "O artigo 15 do novo Código de Processo Civil e os limites da autonomia do processo do trabalho", *Revista Jurídica da Escola da Associação dos Magistrados do Trabalho da 2ª Região*, ano 3, n. 6, 2º semestre/2015, p. 67.

19. "Agravo de Instrumento. Prova. Art. 333 do CPC. As regras do art. 333 do CPC dizem respeito à repartição do ônus da prova, hipótese não tratada nos autos. Destarte, não se vislumbra ofensa ao dispositivo legal supra na decisão que, sopesando os depoimentos testemunhais, concluiu pela comprovação da tese defensiva. Incidência do Enunciado 221 desta Corte. Agravo de instrumento a que se nega provimento" **(TST-AIRR-40966/2002-900-02-00.2, 3ª T., Wilma Nogueira de Araújo Vaz da Silva, 2.6.2004)**; "I – Agravo de Instrumento – Fato impeditivo do direito do autor – Ônus probatório – Art. 333, II, do CPC – Potencial violação. Hipótese em que as Reclamadas, ao alegarem que os empregados substituídos pelo sindicato Reclamante não exerciam atividades jornalísticas, integrando a categoria profissional dos radialistas, apontaram fato impeditivo do direito do Autor, assumindo o ônus probatório, nos exatos termos dos arts. 818 da CLT c/c 333, II, do CPC. Assim, consignando o Tribunal Regional que o ônus da prova competia ao sindicato Reclamante, merece provimento o agravo de instrumento, para destrancar o recurso de revista interposto pelo Autor, em face da potencial violação do art. 333, II, do CPC, consoante o disposto na alínea 'c' do art. 896 da CLT" **(TST-RR 94540-85.2003.5.07.0011, 6ª T., Douglas Alencar Rodrigues, j. 28.10.2009)**; "Recurso de Revista. Salário pago por fora. Ônus da prova. Fato constitutivo. Afronta aos arts. 333, I, do CPC e 818 da CLT configurada. Na forma do art. 333, I, do CPC, é ônus do Reclamante comprovar o fato constitutivo de seu direito. Por sua vez, o inciso II do art. 333 do CPC, prevê que incumbe ao réu a comprovação da existência de fato impeditivo, modificativo ou extintivo do direito do Autor. No caso dos autos, verifica-se que o Reclamante alegou a existência de salário pago por fora. Por sua vez, constata-se que a Reclamada afirmou ter havido o correto pagamento dos valores devidos a título de salário, negando, assim, a existência de qualquer pagamento efetuado 'por fora' a título de salário. Ora, tendo a Empresa simplesmente negado a existência do alegado salário pago 'por fora', cabia ao Reclamante a prova da efetiva existência do aludido direito, por ser fato constitutivo de seu direito. Não se pode transferir o encargo probatório à parte ré, tal como feito pela Corte de origem, pois, caso contrário, lhe seria exigida a prova de um fato negativo, qual seja,

da CLT, restando superadas as objeções de outrora,[20] e até mesmo as matérias passíveis de alegação nos embargos à execução, que não se restringem àquelas do art. 884, § 1º, da CLT, sempre se permitindo a invocação daquelas indicadas no art. 475-L do CPC revogado, entre outras situações. Enfim, sempre se fez a aplicação supletiva do direito processual comum ao processo do trabalho, restando apenas a esperança de que o art. 15 do CPC/2015 tenha trazido alguma novidade para os processos eleitorais e administrativos

Finalmente, o próprio Tribunal Superior do Trabalho, preocupado com a segurança jurídica e eventuais nulidades processuais, posicionou-se sobre a aplicação subsidiária e supletiva do novo Código de Processo Civil, por meio da Resolução 203, de 15 de março de 2016, que aprovou a Instrução Normativa 39/2016, na qual se evidencia, de forma não exaustiva, as normas do novo Código de Processo Civil aplicáveis e inaplicáveis ao processo do trabalho, sob a ótica da mais alta Corte Trabalhista.

---

o não pagamento de salário pago 'por fora'. Dessarte, tendo a Corte de origem atribuído à parte reclamada a prova quanto à inexistência do pagamento do salário pago 'por fora', sua decisão acabou por violar a regra inserta nos arts. 333, I, do CPC e 818 da CLT. Recurso de Revista conhecido em parte e provido" **(TST-RR-35900-09.2009.5.17.0009,4ª T., Maria de Assis Calsing, j. 20.6.2012).**

20. Manoel Antonio Teixeira Filho sempre defendeu a não aplicação do art. 333 do CPC/1973 ao processo do trabalho, sob o fundamento de ausência de omissão na legislação processual trabalhista (cf. *A prova no processo do trabalho*, 5ª ed., São Paulo, LTr, 1991, pp. 79-80.

III
EFICÁCIA DA NORMA PROCESSUAL TRABALHISTA

1. A norma processual trabalhista no tempo. 2. A norma processual trabalhista no espaço.

1. A norma processual trabalhista no tempo

As normas processuais são de aplicação imediata, mas não podem prejudicar a validade dos atos praticados sob a égide da lei anterior. Vale dizer, a lei processual em vigor terá efeito imediato e geral, respeitados o ato jurídico perfeito, o direito adquirido e a coisa julgada (art. 5º, XXXVI, da CF).[1]

As leis processuais brasileiras estão sujeitas às normas relativas à eficácia temporal das leis, constantes da Lei de Introdução às Normas do Direito Brasileiro (atual ementa da Lei de Introdução ao Código Civil – Decreto-lei 4.657/1942, a teor da Lei 12.376, de 30.12.2010). Assim, salvo disposição contrária, a lei processual trabalhista começa a vigorar, em todo o país, 45 dias depois de publicada (*vacatio legis*). Se antes de entrar em vigor ocorrer nova publicação de seu texto, destinada a correção, aquele prazo começará a correr da nova publicação; e as correções a texto de lei já em vigor consideram-se lei nova (Decreto-lei 4.657, de 1942, art. 1º, §§ 3º-4º); e se não se destinar a vigência temporária a lei continuará em vigor até que outra a modifique ou revogue (art. 2º do

---

1. *Ato jurídico perfeito* é aquele já consumado segundo a lei vigente ao tempo em que se efetuou. *Direito adquirido* é aquele que já integrou o patrimônio do respectivo titular. *Coisa julgada* é a decisão judicial de que já não caiba recurso.
V. também o art. 6º do Decreto-lei 4.657, de 1942 (Lei de Introdução às Normas do Direito Brasileiro).

Decreto-lei 4.657, de 1942). Como o processo é constituído por uma série de atos, a lei nova, ao entrar em vigor, incide sobre o procedimento e só atinge os atos que ainda não foram praticados e que, no futuro, irão integrar a relação processual. Os atos processuais que ficam para trás permanecem intangíveis, porquanto se acham regulados pela norma revogada. Não se trata de retroatividade da normal processual, e sim de aplicação imediata.

Neste particular há certa controvérsia quanto à aplicação de algumas inovações da Reforma Trabalhista a processos ajuizados anteriormente ao início de vigência da Lei 13.467/2017, quais sejam, necessidade de indicação dos valores dos pedidos na petição inicial, condenação em honorários periciais e de sucumbência. Analisaremos com mais vagar essas alterações em capítulo próprio. Por enquanto, a análise será somente em relação à aplicação desses institutos a processos anteriores à vigência da Lei mencionada.

Estabelece a CLT reformada, em seu art. 840, § 1º, que a petição inicial, se escrita, deverá conter pedido "certo, determinado e com indicação de seu valor". A CLT já previa essa exata necessidade para as ações distribuídas no rito sumaríssimo, conforme art. 852-B, I. No rito ordinário, era praxe da advocacia atribuir como valor da causa uma quantia que não necessariamente refletia a realidade dos pedidos, mas que servia apenas para fins de alçada, ou seja, para fins de tramitação no rito ordinário. Com a alteração da Lei 13.467/2017, não há mais que se falar em valor de alçada e o valor da causa deverá refletir o real valor dos pedidos, mesmo no rito ordinário.

A Lei 13.467/2017 foi publicada em 14.7.2017, com *vacatio legis* de 120 dias, entrando em vigor no dia 11.11.2017. Havia, no entanto, nesta data, diversas ações trabalhistas em curso, distribuídas, portanto, antes da entrada em vigor da Reforma Trabalhista, mas que ainda não tiveram sua primeira audiência. A controvérsia, então, é se, com fulcro no art. 14 do CPC e ao fundamento que a lei processual em vigor tem efeito imediato e geral, poderia o juiz, na primeira audiência, determinar a emenda da petição inicial para que nela conste o valor da causa de acordo com a liquidação dos pedidos.

Outra novidade da Reforma Trabalhista foi a previsão de honorários advocatícios de sucumbência (CLT, art. 791-A) e periciais (CLT, art. 790-B). Em linhas gerais, ao advogado, ainda que atue em causa própria, serão devidos honorários de sucumbência, fixados entre 5% e 15% sobre o valor que resultar da liquidação da sentença, do proveito econômico obtido ou, não sendo possível mensurá-lo, sobre o valor atualizado da causa. Lembramos que, nos termos do art. 322, § 1º, do CPC, os honorários advocatícios compreendem-se no pedido, independentemente de requerimento expresso. A responsabilidade pelo pagamento dos honorários periciais passa a ser da parte sucumbente na pretensão objeto da perícia, ainda que beneficiária da justiça gratuita.

Mais uma vez, há controvérsia em relação à condenação em honorários advocatícios de sucumbência e periciais em ações ajuizadas antes de 11.11.2017, os adeptos da teoria da sucumbência entendem que as leis processuais produzem efeitos imediatos. Então, pelo princípio do *tempus regit actum*, com fulcro no art. 14 do CPC, a nova norma deveria ser aplicada aos processos em andamento e não somente àqueles que se iniciaram a partir da vigência da nova lei. Há respaldo para essa teoria em jurisprudência do STJ, no tocante à aplicação dos honorários advocatícios previstos no CPC de 2015:

• Processual Civil. Agravo Interno no Recurso Especial. Enunciado Administrativo n. 3/STJ. Honorários advocatícios. Marco temporal para a aplicação do CPC/2015. Prolação da sentença. Precedente. Impugnação do valor fixado a título de verba honorária. Majoração. Óbice da Súmula 7/STJ. Agravo não provido. 1. O recorrente alega que não há falar em direito adquirido a fim de conclamar incida o novo Código de Processo Civil apenas às demandas ajuizadas após a sua entrada em vigor (conforme decidido pelo Tribunal *a quo*), porquanto, consoante estabelecido no art. 14 do NCPC, o novel diploma normativo processual incidirá imediatamente aos processos em curso. 2. A jurisprudência desta Corte tem entendido que o marco temporal que deve ser utilizado para determinar o regramento jurídico aplicável para fixar os honorários advocatícios é a data da prolação da sentença, que, no caso, foi na vigência do Código de Processo Civil de 1973. Precedente: REsp 1.636.124-AL, rel. Min. Herman Benjamin, 2ª Turma, j. 6.12.2016, *DJe* 27.4.2017. **(2ª T., AgInt no REsp 1657177-PE Ag no REsp 2017/0045286-7, Mauro Campbell Marques, *DJe* 23.8.2017)**

Portanto, o fato gerador da sucumbência ocorreria na sentença e, por isso, ainda que o processo tenha sido distribuído antes da vigência da Reforma Trabalhista, se a sentença foi prolatada na vigência da CLT reformada, seriam devidos os honorários de sucumbência. O mesmo entendimento poderia ser aplicado aos honorários periciais. O fato gerador da sucumbência pericial seria a prolação do laudo pericial. Portanto, ainda que a ação tenha sido distribuída antes da vigência da Reforma Trabalhista, se o laudo foi prolatado já na vigência da CLT reformada, seria possível a condenação do reclamante à sucumbência, ainda que beneficiário da justiça gratuita.

Com a devida vênia a esses entendimentos diversos, preferimos a posição da teoria da causalidade, para a qual o marco temporal para aplicação das novas normas processuais seria a da distribuição da ação. Como dissemos, a lei processual em vigor terá efeito imediato e geral, respeitados o ato jurídico perfeito, o direito adquirido e a coisa julgada (art. 5º, XXXVI, da CF). Entendemos que a distribuição da ação é um ato jurídico perfeito, mesmo porque o art. 14 do CPC alude à aplicabilidade imediata das normas processuais aos processos em curso desde que "respeitados os atos processuais praticados e as situações jurídicas consolidadas sob a vigência da norma revogada".

Além disso, não entendemos que os honorários (sucumbenciais ou periciais) possuam natureza eminentemente processual. As normas de direito processual servem de instrumento para que o postulante pleiteie, em juízo, determinado direito material. Nesse contexto, não vemos o pedido de honorários advocatícios como instrumento para se pleitear algum direito material. Por isso perfilhamos da posição de que os honorários possuam natureza híbrida. Trata-se de direito subjetivo, com contornos nítidos de direito material.

Pelos mesmos motivos entendemos ser inaplicável a determinação para que o reclamante emende a inicial para liquidação de seus pedidos, se ingressou com a ação antes da Lei 13.467/2017. É muito claro que o protocolo da petição inicial é um ato jurídico perfeito, realizado e consolidado sob a égide da norma processual antiga, sendo inviável pretender que a norma processual nova retroaja para modificar um ato já consolidado. Ainda, a emenda da inicial serve para que o autor corrija alguma formalidade em sua peça, sendo incabível determinar uma correção de algo que, à época do fato, estava correto.

Nossos posicionamentos estão consonantes com a recente jurisprudência trabalhista sobre o tema:

• Mandado de Segurança. Emenda da petição inicial. Liquidação dos pedidos. Ajuizamento da ação anterior a vigência da Lei n. 13.467/2017. Caso em que a impetrante, no momento da propositura da ação, não estava sujeita aos termos da atual redação do art. 840, § 1º, da CLT, pelo que a decisão que determina a emenda da petição inicial com indicação de valores ou liquidação dos pedidos fere seu direito líquido e certo previsto no art. 6º da Lei 4.657/42 e 14 do CPC. **(TRT-4, 1ª Seção de Dissídios Individuais, MS 00225055620175040000, j. 15.3.2018)**

• Honorários sucumbenciais. Artigo 791-A da CLT. Aplicação às ações ajuizadas a partir da vigência da Lei 13.467/2017. Diante da natureza híbrida dos honorários advocatícios, a teoria do isolamento dos atos processuais não pode ser aplicada. Logo, o art. 791-A, § 3º, da CLT somente se aplica em relação às ações ajuizadas a partir da vigência da Lei 13.467/2017, vez que se reportam aos atos processuais com efeitos diferidos e além da órbita processual. **(TRT-3, 9ª T., RO 0011057572017503014 8, Antonio Carlos R. Filho)**

É de se destacar, também, o Enunciado 98, aprovado na 2ª Jornada de Direito Material e Processual do Trabalho promovido pela Associação Nacional dos Magistrados Trabalhistas: "Enunciado 98 – Anamatra: Honorários de sucumbência. Inaplicabilidade aos processos em curso. Em razão da natureza híbrida das normas que regem honorários advocatícios (material e processual), a condenação à verba sucumbencial só poderá ser imposta nos processos iniciados após a entrada em vigor da Lei 13.467/2017, haja vista a garantia de não surpresa, bem como em razão do princípio da causalidade, uma vez que a expectativa de custos e riscos é aferida no momento da propositura da ação".

Finalmente, também se harmoniza com nosso entendimento o disposto no art. 6º da Instrução Normativa TST n. 41, de 21.6.2018: Na Justiça do Trabalho, a condenação em honorários advocatícios sucumbenciais, prevista no art. 791-A, e parágrafos, da CLT, será aplicável apenas às ações propostas após 11.11.2017 (Lei 13.467/2017). Nas ações propostas anteriormente subsistem as diretrizes do art. 14 da Lei 5.584/1970 e das Súmulas 219 e 329 do TST.

2. A norma processual trabalhista no espaço

As leis processuais são eminentemente territoriais, na medida em que são reguladas pela lei do Direito interno. Vale dizer, prevalece a *lex fori*, e isto por uma razão de ordem política e por um motivo de ordem prática.

A razão de ordem política reside na soberania nacional, vez que as normas processuais regulam a atividade jurisdicional, a qual não poderia ser disciplinada por leis estrangeiras.

A territorialidade da aplicação da lei processual é expressa pelo art. 16 do CPC/2015 ("A jurisdição civil é exercida pelos juízes e pelos tribunais em todo o território nacional, conforme as disposições deste Código") e pelo art. 1º do Código de Processo Penal ("O processo penal reger-se-á, em todo o território brasileiro, por este Código, ressalvados...").

No entanto, o art. 13 da Lei de Introdução às Normas do Direito Brasileiro consagra uma exceção à regra da territorialidade: "A prova dos fatos ocorridos em país estrangeiro rege-se pela lei que nele vigorar, quanto ao ônus e aos meios de produzir-se, não admitindo os Tribunais Brasileiros provas que a lei brasileira desconheça". E não deve causar estranheza a possibilidade da Justiça do Trabalho brasileira ser instada a resolver um conflito trabalhista ocorrido em país estrangeiro, desde que se trate de empregado brasileiro e não haja convenção internacional ratificada pelo Brasil, com disposição em sentido contrário, nos exatos termos do art. 651, § 2º, CLT.

IV
A INTERPRETAÇÃO DA NORMA PROCESSUAL TRABALHISTA

1. Conceito de interpretação. 2. Formas de interpretação: 2.1 Métodos tradicionais de interpretação – 2.2 Método teleológico – 2.3 Efeitos do ato interpretativo. 3. Interpretação e integração.

1. Conceito de interpretação

A interpretação de uma norma processual consiste em se determinar seu significado e fixar seu alcance. É a operação que tem por objeto precisar o exato conteúdo da norma jurídica.

2. Formas de interpretação

Dependendo da origem, a interpretação se diz autêntica, doutrinária e judiciária.

A *interpretação autêntica* é aquela que emana do próprio legislador, por meio de uma lei interpretativa; a *interpretação doutrinária* é conferida aos juristas, nos artigos de revistas especializadas, livros jurídicos e outras formas de comunicação; a *interpretação judiciária* é aquela realizada por juízes e tribunais. Entendemos, por outro lado, que a denominada *interpretação jurisprudencial* seria uma espécie de interpretação judiciária, na medida em que a interpretação não está a cargo exclusivo dos tribunais, no exercício da uniformização de sua jurisprudência, mas compete a todo magistrado.

2.1 Métodos tradicionais de interpretação

Os métodos tradicionais de interpretação são aqueles que objetivam descobrir a vontade do legislador. São eles: a) gramatical, literal ou filológico; b) lógico-sistemático; c) histórico.

No *método gramatical* buscam-se o sentido de cada palavra e demais pormenores do texto, buscando a vontade do legislador.

O *método lógico-sistemático* parte da premissa de que o ordenamento jurídico é um edifício sistematicamente concebido, e estuda-se o texto normativo em conjunto com outras normas, de forma a evitar o conflito.

Finalmente, a *interpretação histórica* pressupõe o exame dos fatores que influenciaram a elaboração da norma (conjuntura econômica e social, entre outros), bem como dos trabalhos e discussões que precederam a elaboração da norma, na tentativa de descobrir a efetiva vontade do legislador. Em verdade, não se trata propriamente de um método de interpretação, e, sim, de um mecanismo auxiliar na interpretação da norma.

2.2 Método teleológico

Os métodos tradicionais de interpretação (gramatical, lógico-sistemático e histórico) apresentam alguns inconvenientes, na medida em que a lei disciplina relações que se estendem no tempo e florescerão em condições necessariamente desconhecidas do legislador.

Pelo motivo supramencionado, a doutrina moderna tece algumas críticas àqueles métodos de interpretação, porquanto na interpretação da norma não se pode buscar apenas a intenção do legislador.

Diante disto, sem abandonar completamente os métodos tradicionais, surgiu a ideia de se procurar interpretar a lei de acordo com o fim a que ela se destina, e nisto consiste a *interpretação teleológica*.

Assim, o intérprete, na procura do sentido da norma, deve inquirir qual o efeito que ela busca, qual o problema que almeja resolver.

2.3 Efeitos do ato interpretativo

Quanto aos resultados, a interpretação pode ser declarativa, extensiva e restritiva.

A interpretação é *declarativa* quando se afirma que a letra da lei corresponde ao exato pensamento do legislador.

A interpretação é *extensiva* quando se considera que a lei abrange casos não expressamente previstos (o legislador disse menos do que queria).[1]

Finalmente, a interpretação é *restritiva* quando se considera que a lei abrange um círculo mais estrito de casos do que aqueles expressamente previstos na letra da lei (o legislador disse mais do que queria).

3. Interpretação e integração

A interpretação não se confunde com a integração da norma jurídica. A *interpretação* consiste em se descobrir o alcance da norma preexistente, enquanto a *integração* se traduz no meio para suprir as lacunas. E isto porque "o juiz não se exime de decidir sob alegação de lacuna ou obscuridade do ordenamento jurídico" (art. 140 do CPC/2015). É a proibição do *non liquet* em nosso ordenamento jurídico, também expressa no art. 4º da Lei de Introdução às Normas do Direito Brasileiro.

O preenchimento das lacunas da lei se faz com o uso da analogia e dos princípios gerais de Direito.

A *analogia* consiste em resolver uma determinada hipótese de conflito, não prevista em lei, mediante a aplicação de regra jurídica relativa a um caso semelhante.

Quando a analogia não permite a solução do conflito, podemos recorrer aos *princípios gerais de Direito*, que se traduzem naqueles princípios constantes do próprio ordenamento jurídico e naqueles que lhe são anteriores, tais como: a) a má-fé deve ser provada; b) o ordinário se presume, o excepcional deve ser provado; c) ninguém pode transferir mais direitos do que possui; d) o acessório segue o principal.

A equidade, no sentido pretoriano, é um dos meios de integração do direito do trabalho, mas só pode ser usada quando há previsão legislativa (art. 140, parágrafo único, do CPC/2015). É o que se denomina "julgamento por equidade". No entanto, a equidade no sentido aristotélico deve ser usada a todo momento, competindo ao magistrado adequar a norma ao caso concreto, atenuando os rigores da lei, o que consiste no julgamento com equidade.

---

1. As leis penais e tributárias não comportam interpretação extensiva.

V
PRINCÍPIOS
DE DIREITO PROCESSUAL DO TRABALHO

1. Considerações iniciais. 2. Princípio da imparcialidade do juiz. 3. Princípio da igualdade. 4. Princípio do contraditório. 5. Princípio da ação. 6. Princípio do impulso oficial. 7. Princípio da persuasão racional do juiz. 8. Princípio da publicidade. 9. Princípio da lealdade processual. 10. Princípio da economia processual. 11. Princípio da instrumentalidade das formas. 12. Princípio do duplo grau de jurisdição. 13. Princípio da concentração. 14. Princípio da oralidade. 15. Princípio da identidade física do juiz.

1. Considerações iniciais

Algumas diretrizes orientam o direito processual e o legislador na elaboração das leis processuais. São os princípios de direito processual, e muitos dos quais têm sede constitucional. O CPC/2015 valorizou os princípios, tendo incorporado, expressamente, vários princípios constitucionais aplicáveis à teoria geral do processo, conforme veremos adiante.

No que respeita ao direito processual do trabalho não existe unanimidade entre os doutrinadores. Constata-se que alguns princípios de direito processual do trabalho são, verdadeiramente, princípios gerais de direito processual, os quais no processo do trabalho adquirem maior intensidade, mormente em face das peculiaridades que norteiam este ramo do direito processual.

De qualquer sorte, a despeito das controvérsias, ousamos destacar alguns princípios nas linhas seguintes.

2. Princípio da imparcialidade do juiz

Trata-se de um princípio, ao mesmo tempo em que é um pressuposto processual subjetivo.

É uma garantia de justiça para as partes e consequência do princípio do juízo natural. A lei exige que o magistrado seja imparcial, e a Consolidação das Leis do Trabalho, na sua costumeira falta de técnica, indicou no art. 801 que o juiz "é obrigado a dar-se por suspeito" nas seguintes hipóteses: a) inimizade ou amizade pessoal com um dos litigantes; b) parentesco por consanguinidade ou afinidade até o 3º grau civil; c) interesse particular na causa.

Contudo, referido dispositivo consolidado não esgota a questão, mesmo porque mistura hipóteses de suspeição com impedimento, e daí a necessidade de aplicação subsidiária dos arts. 144 e 145 do CPC/2015. O art. 144 do atual Código de Processo Civil contempla hipóteses de impedimento, nas quais o magistrado é obrigado a se afastar do processo, sob pena de arguição de nulidade a qualquer tempo; e mesmo depois do trânsito em julgado (estamos falando de *coisa julgada material* e não da meramente *formal*) existirá a possibilidade de ação rescisória para sua desconstituição. O art. 145 do diploma processual civil arrola as hipóteses de suspeição, nas quais o juiz não está obrigado a se afastar do processo (não obstante possa e deva fazê-lo, quando for o caso), podendo haver arguição pela parte interessada na primeira oportunidade que tiver para falar em audiência ou nos autos, após a ciência do motivo da suspeição (art. 795 da CLT), sob pena de preclusão – cumprindo assinalar que a sentença proferida por juiz suspeito não autoriza a propositura de ação rescisória.

3. Princípio da igualdade

O art. 5º da Constituição Federal estabelece a igualdade perante a lei, e daí nasce o princípio da igualdade processual. O atual Código de Processo Civil consagra referido princípio no art. 7º: "É assegurada às partes paridade de tratamento em relação ao exercício de direitos e faculdades processuais, aos meios de defesa, aos ônus, aos deveres e à aplicação de sanções processuais, competindo ao juiz zelar pelo efetivo contraditório".

Todavia, não ferem o princípio da igualdade algumas prerrogativas processuais que visam a compensar eventual desigualdade econômica ou conceder tratamento diferenciado a determinadas pessoas.

E isto porque o princípio da isonomia não pode ser entendido em termos absolutos, e sim sob a ótica de que os desiguais devem ser tratados desigualmente, na medida de suas desigualdades.

Assim, não viola o princípio da igualdade a regra *in dubio pro reo* (direito processual penal), ou mesmo o fato de que a Fazenda Pública e o Ministério Público têm o prazo em dobro para interpor recursos.

No processo do trabalho podemos verificar que o trabalhador, geralmente hipossuficiente, goza de algumas vantagens no âmbito processual, motivo pelo qual alguns autores chegam a assinalar a existência do princípio protecionista no direito processual do trabalho.

Assinalemos alguns exemplos: a gratuidade do processo, com a isenção do pagamento de custas, beneficia o empregado e não o empregador; a ausência do trabalhador-reclamante à audiência inicial importa o arquivamento da reclamação (art. 844 da CLT), produzindo a coisa julgada formal – ou seja, poderá ajuizar novamente a demanda –, enquanto a ausência do empregador-reclamado acarreta revelia e confissão quanto à matéria de fato, dentre outros efeitos.

Observa-se, pois, que, ao contrário do que se costuma imaginar, é o sistema processual trabalhista que é protecionista em relação ao trabalhador, sendo injusta a afirmação de que a Justiça do Trabalho é paternalista.

4. Princípio do contraditório

Trata-se de uma garantia fundamental de justiça, segundo a qual ambas as partes da relação jurídica processual devem ter a oportunidade de apresentar suas razões ao juiz, com o objetivo de influir no seu convencimento. Tem assento no art. 5º, LV, da Constituição da República e no art. 7º do CPC/2015, que também alude ao princípio da igualdade.

Por conta deste princípio, a parte deve ter ciência dos atos praticados pelo adversário, a fim de que possa se contrapor, querendo.

A parte terá sempre ciência de eventuais documentos juntados pelo *ex adverso*, sem o quê o processo será nulo, salvo a inocorrência de prejuízo.

5. Princípio da ação

O princípio da ação decorre da inércia da jurisdição, segundo o qual compete à parte a iniciativa de provocar o exercício da função jurisdicional. Todavia, no processo do trabalho este princípio sofre restrições, na medida em que a execução trabalhista pode ser iniciada pelo próprio juiz do trabalho, nos casos em que as partes não estiverem representadas por advogado, com fundamento no art. 878 da Consolidação das Leis do Trabalho,[1] e que se harmoniza com o art. 2º do CPC/2015: "O processo começa por iniciativa da parte e se desenvolve por impulso oficial, salvo as exceções previstas em lei".

6. Princípio do impulso oficial

É o princípio segundo o qual compete ao juiz mover o processo de fase em fase até a conclusão da função jurisdicional, cumprindo assinalar que no processo do trabalho tem aplicação bastante acentuada, a teor do art. 765 da Consolidação das Leis do Trabalho.[2]

E até mesmo o direito processual civil, que se abeberou no direito processual do trabalho por muito tempo, concebeu o mesmo princípio no art. 262 do CPC revogado: "O processo civil começa por iniciativa da parte, *mas se desenvolve por impulso oficial*" (grifamos), agora reproduzido no art. 2º do CPC/2015, já transcrito no item anterior. Não há, pois, contradição entre o princípio da ação e o do impulso oficial.

7. Princípio da persuasão racional do juiz

Trata-se de princípio destinado ao juiz, segundo o qual deve formar livremente seu convencimento, desde que o faça com base na prova dos autos. Não se trata de princípio exclusivo do processo do trabalho, já que no ordenamento jurídico pátrio não vigora o princípio da convicção íntima do magistrado.

Assinale-se, ainda, que, por força do princípio em epígrafe, o juiz tem ampla liberdade na valoração da prova, cumprindo assinalar que a prova não se mede pela quantidade, e sim pela qualidade. Trata-se de princípio que decorre do art. 371 do CPC/2015: "O juiz apreciará a prova constante dos autos, independentemente do sujeito que a tiver promovido, e indicará na decisão as razões da formação de seu convencimento".

---

1. "Art. 878. A execução será promovida pelas partes, permitida a execução de ofício pelo juiz ou pelo Presidente do Tribunal apenas nos casos em que as partes não estiverem representadas por advogado".

2. "Art. 765. Os juízos e tribunais do trabalho terão ampla liberdade na direção do processo e velarão pelo andamento rápido das causas, podendo determinar qualquer diligência necessária ao esclarecimento delas."

8. Princípio da publicidade

Trata-se de princípio segundo o qual o processo do trabalho é público, da mesma forma que públicas são as audiências, à luz do art. 770 da Consolidação das Leis do Trabalho, salvo nos casos em que o interesse social aconselhe que não haja divulgação.

Todavia, a exemplo de outros princípios já mencionados, a publicidade traduz princípio geral do direito processual, com sede constitucional. A restrição da publicidade dos atos processuais só pode ocorrer na hipótese de defesa da intimidade ou quando o exigir o interesse social, nos termos do art. 5º, LX, da Constituição Federal.

9. Princípio da lealdade processual

É o princípio que impõe a todos aqueles que participam do processo que ajam com lealdade, impondo-lhes os deveres de moralidade e probidade.

A Reforma Trabalhista tratou de incluir na CLT os arts. 793-A até 793-D, que tratam do litigante de má-fé. Com as alterações legislativas, passa a responder por perdas e danos aquele que litigar de má-fé como reclamante, reclamado ou interveniente (art. 793-A, da CLT). O art. 793-B da CLT reputa litigante de má-fé aquele que: a) deduzir pretensão ou defesa contra texto expresso de lei ou fato incontroverso; b) alterar a verdade dos fatos; c) usar do processo para conseguir objetivo ilegal; d) opuser resistência injustificada ao andamento do processo; e) proceder de modo temerário em qualquer incidente ou ato do processo; f) provocar incidente manifestamente infundado; e g) interpuser recurso com intuito manifestamente protelatório.

O juízo, de ofício ou a requerimento, condenará o litigante de má-fé a pagar multa, que deverá ser superior a 1% e inferior a 10% do valor corrigido da causa, a indenizar a parte contrária pelos prejuízos que esta sofreu e a arcar com os honorários advocatícios e com todas as despesas que efetuou (art. 793-C da CLT). Quando forem dois ou mais os litigantes de má-fé, o juízo condenará cada um na proporção de seu respectivo interesse na causa ou solidariamente aqueles que se coligaram para lesar a parte contrária (art. 793-C, § 1º, da CLT). Quando o valor da causa for irrisório ou inestimável, a multa poderá ser fixada em até duas vezes o limite máximo dos benefícios do Regime Geral de Previdência Social (art. 793-C, § 2º, da CLT) O valor da indenização será fixado pelo juízo ou, caso não seja possível mensurá-lo, liquidado por arbitramento ou pelo procedimento comum, nos próprios autos (art. 793-C, § 3º, da CLT).

Aplica-se a multa prevista no art. 793-C da CLT à testemunha que intencionalmente alterar a verdade dos fatos ou omitir fatos essenciais ao julgamento da causa. A execução dessa multa ocorrerá nos mesmos autos (art. 793-D, da CLT).

Os dispositivos da Consolidação das Leis do Trabalho, acrescentados pela Reforma Trabalhista, são praticamente idênticos aos previstos nos arts. 79, 80 e 81 do CPC.

Uma diferença é que, na norma processual civil, quando o valor da causa for irrisório ou inestimável, a multa poderá ser fixada em até 10 vezes o valor do salário-mínimo (CPC, art. 81, § 2º). No entanto, a maior diferença é que a norma processual trabalhista admite a multa por litigância de má-fé à testemunha, permitindo a execução nos próprios autos.

Acreditamos que, para não haver ofensa ao princípio do contraditório, o juiz não deve aplicar a multa por litigância de má-fé à testemunha na audiência. Deve constar na ata que analisará o cabimento da multa na sentença e deferir prazo para manifestação prévia da testemunha. Caso, em sentença, seja aplicada a multa, a testemunha poderá recorrer ordinariamente. A CLT reformada foi omissa a esse respeito, mas entendemos que a testemunha, para qualquer manifestação referente à multa, poderá se pronunciar por meio do advogado da parte para a qual testemunhou ou constituindo advogado próprio, caso que configuraria verdadeira intervenção manifestação de terceiro juridicamente interessado.

10. *Princípio da economia processual*

O princípio da economia processual preconiza o máximo de resultado na atuação do Direito com o mínimo de atividades processuais. Um exemplo de aplicação do princípio da economia processual, em face de comando legal, seria a reunião de várias reclamações trabalhistas num único processo nos casos em que exista identidade de matéria, a teor do art. 842 da Consolidação das Leis do Trabalho.[3]

Igualmente, por força do princípio epigrafado, compete ao juiz do trabalho evitar diligências e adiamentos desnecessários, a fim de que o

---

3. "Art. 842. Sendo várias as reclamações e havendo identidade de matéria, poderão ser acumuladas num só processo, se se tratar de empregados da mesma empresa ou estabelecimento."

processo tenha a desejável celeridade, conforme expressamente prevista no art. 5º, LXXVIII, CF.

11. Princípio da instrumentalidade das formas

O princípio da instrumentalidade das formas traduz-se na regra de aproveitamento dos atos processuais, a teor do art. 794 da Consolidação das Leis do Trabalho, tratando-se de princípio também abrigado no direito processual civil (arts. 188 e 283 do CPC).[4] O ato processual será válido, ainda que realizado sem observância da formalidade exigida em lei, desde que tenha atingido os objetivos desejados e não tenha causado prejuízo à parte contrária.

Trata-se do princípio que rege a nulidade dos atos processuais, que tem assento em cinco artigos da Consolidação das Leis do Trabalho (arts. 794-798). Em síntese, o art. 794 da CLT assegura que não há nulidade sem prejuízo, enquanto o art. 795 consagra que as nulidades serão declaradas mediante provocação da parte interessada, que tem o encargo processual de argui-las na primeira oportunidade que tiver para se manifestar em audiência ou nos autos, sob pena de preclusão.

A nulidade fundada em incompetência absoluta (material ou funcional) deve ser declarada *ex officio*, ou seja, independentemente de provocação, a teor do § 1º do mesmo art. 795 da CLT, cuja interpretação literal – nada recomendável neste caso – poderia levar à conclusão de que se trataria da incompetência em razão do lugar (relativa), pois alude a "incompetência de foro", o que seria um despropósito, já que se distancia, totalmente, da Teoria Geral do Processo. Vale dizer, mesmo no processo do trabalho, a incompetência em razão do lugar deve ser arguida pela parte interessada, no momento oportuno, sob pena de preclu-

---

4. *Código de Processo Civil*:
"Art. 154. Os atos e termos processuais não dependem de forma determinada senão quando a lei expressamente a exigir, reputando-se válidos os que, realizados de outro modo, lhe preencham a finalidade essencial."
"Art. 250. O erro de forma do processo acarreta unicamente a anulação dos atos que não possam ser aproveitados, devendo praticar-se os que forem necessários, a fim de se observarem, quanto possível, as prescrições legais.
"Parágrafo único. Dar-se-á o aproveitamento dos atos praticados, desde que não resulte prejuízo à defesa."
Consolidação das Leis do Trabalho: "Art. 794. Nos processos sujeitos à apreciação da Justiça do Trabalho só haverá nulidade quando resultar dos atos inquinados manifesto prejuízo às partes litigantes".

são, enquanto a incompetência absoluta, por envolver matéria de ordem pública, passível de conhecimento de ofício pelo órgão julgador, não se sujeita à mesma regra de preclusão, podendo ser arguida a qualquer momento, em qualquer instância ou tribunal, desde que não transitada em julgado a decisão. Após o trânsito em julgado de decisão proferida por juiz absolutamente incompetente, ainda será possível o ajuizamento de ação rescisória (art. 966, II, do CPC/2015), desde que tenha havido o exame de mérito, assuntos que serão tratados em capítulo próprio.

Nos termos do art. 796 da CLT, a nulidade não será pronunciada: a) quando for possível suprir-se a falta ou repetir-se o ato; b) quando arguida por quem lhe tiver dado causa. E, ainda, caberá ao juiz ou tribunal que pronunciar a nulidade, declarar os atos a que ela se estende (art. 797 da CLT), a qual prejudicará apenas os atos posteriores, que dependam ou sejam consequência do ato declarado nulo (art. 798 da CLT).

12. Princípio do duplo grau de jurisdição

Trata-se de princípio que indica a possibilidade de revisão, por via de recurso, das causas julgadas pelo juiz de primeiro grau.

No entanto, não se trata de uma garantia constitucional, mas, tão somente, um princípio processual. Vale dizer, não obstante a Constituição Federal assegure o amplo direito de defesa no art. 5º, LV,[5] o fato é que a norma processual poderá restringir o acesso ao duplo grau de jurisdição.

Assim, no processo do trabalho não se admite recurso das sentenças prolatadas nas reclamações cujo valor da causa não seja superior a dois salários-mínimos, a teor do art. 2º, § 4º, da Lei 5.584, de 1970, salvo se versarem sobre matéria constitucional. Lembre-se que o valor a ser considerado é o do salário-mínimo vigente à época do ajuizamento da ação.

Igualmente, não se cogita de inconstitucionalidade na exigência do prévio pagamento de custas e depósito recursal como condição para o processamento dos recursos no âmbito judicial, cumprindo assinalar que a Súmula Vinculante 21 se refere apenas aos recursos administrativos ("É inconstitucional a exigência de depósito ou arrolamento prévios de dinheiro ou bens para admissibilidade de recurso administrativo").

---

5. "Art. 5º. (...); LV – aos litigantes, em processo judicial ou administrativo, e aos acusados em geral são assegurados o contraditório e ampla defesa, com os meios e recursos a ela inerentes; (...)".

13. Princípio da concentração

Alguns autores incluem o princípio da concentração no rol de princípios do direito processual do trabalho, na medida em que se busca concentrar a produção das provas em audiência – princípio que se encontra mitigado nos dias atuais em face do fracionamento das audiências (inicial, instrução e julgamento) e da possibilidade de juntada de documentos supervenientes.

Trata-se, em verdade, de um corolário do princípio da economia processual, e que foi resgatado com o advento do procedimento sumaríssimo na Justiça do Trabalho, onde os atos processuais, salvo exceções, devem se concentrar em audiência. É certo, no entanto, que referido princípio só tem aplicação durante a fase de conhecimento do processo, não se aplicando às execuções que têm curso na Justiça do Trabalho.

14. Princípio da oralidade

Segundo as diretrizes do próprio diploma consolidado, é possível identificar o princípio da oralidade no processo do trabalho. Isto porque a manifestação verbal ganha especial relevo, na medida em que o próprio ajuizamento da reclamação trabalhista pode ser feito "verbalmente", segundo consta do art. 840 da Consolidação das Leis do Trabalho.

Além disso, a contestação pode ser ofertada oralmente (art. 847 da CLT), e o mesmo se diga das razões finais (art. 850 da CLT). Contudo, a exemplo do princípio da concentração, a oralidade resta mitigada nos dias atuais, mormente em decorrência do fracionamento das audiências, pelo costume, agora positivado com a Reforma Trabalhista, de se ofertar defesa escrita e pela rara ocorrência de reclamações "verbais".

15. Princípio da identidade física do juiz

Referido princípio não se encontra na CLT, mas tinha previsão no art. 132 do Código de Processo Civil revogado ("O juiz, titular ou substituto, que concluir a audiência julgará a lide, salvo se estiver convocado, licenciado, afastado por qualquer motivo, promovido ou aposentado, casos em que passará os autos ao seu sucessor"). A jurisprudência cristalizada na Súmula 136 do TST sempre afirmou a incompatibilidade deste princípio com o processo do trabalho, certamente inspirada nas dificuldades que decorriam da composição paritária da Justiça do Trabalho – que consistia na existência de juízes classistas temporários, representantes de empregados e empregadores – e que deixou de existir com a Emenda Constitucional 24, de 9.12.1999. Contudo, o próprio Tribunal Superior do Trabalho, por ocasião da revisão de suas Súmulas, por meio da Resolução 121, de 28.10.2003, atribuiu nova redação à Súmula 136 ("Não se aplica às Varas do Trabalho o princípio da identidade física do juiz") que, finalmente, foi cancelada pela Resolução 185, de 14.9.2013. O cancelamento da súmula mencionada possibilita aos próprios Tribunais Regionais que recomendem a prolação de sentença pelo juiz que tenha instruído o feito – pois é razoável supor que estará mais bem inteirado dos fatos e circunstâncias que cercam o conflito e mais habilitado a um julgamento justo. Contudo, reputamos apressada a conclusão que obriga a plena aplicação da identidade física do juiz ao processo do trabalho, sob pena de nulidade da sentença, notadamente quando se considera o fato de que referido princípio não foi sequer abrigado no CPC/2015.

VI
A ORGANIZAÇÃO DA JUSTIÇA DO TRABALHO

1. Considerações iniciais. 2. Tribunal Superior do Trabalho. 3. Tribunais Regionais do Trabalho. 4. Varas do Trabalho.

1. Considerações iniciais

A Justiça do Trabalho, no Brasil, foi inspirada no modelo fascista italiano, o qual contemplava a existência de um representante do Estado (juiz togado), bem como representantes da classe trabalhadora e da categoria econômica (juízes classistas temporários); e daí justificar-se a denominação de *justiça paritária*.

Trata-se de modelo abandonado na própria Itália após a II Guerra Mundial e que persistiu no ordenamento jurídico brasileiro até a promulgação da Emenda Constitucional 24, de 9.12.1999.

As críticas mais severas sempre foram dirigidas à representação classista, seja pelo elevado custo que acarretava, seja pela não exigência de formação jurídica do juiz classista e, principalmente, porque não se verificava o pressuposto processual da imparcialidade – aspectos que, se não justificavam a extinção da instituição, ao menos justificavam mudanças na forma de remuneração e nos critérios de seleção de referidos juízes temporários.

A Justiça do Trabalho foi instituída pela Constituição Federal de 1934[1] (art. 122), e se encontrava subordinada ao Poder Executivo, situação que foi repetida no art. 139 da Constituição de 1937.[2]

1. Constituição Federal de 1934:

A inclusão da Justiça do Trabalho como órgão do Poder Judiciário só ocorreu com a promulgação da Constituição Federal de 1946 (art. 122), o que foi reprisado pelas Constituições posteriores, inclusive a atual.

Nos termos do art. 111 da Constituição Federal de 1988, já com a redação da Emenda Constitucional 24, de 1999, são órgãos da Justiça do Trabalho o Tribunal Superior do Trabalho, os Tribunais Regionais do Trabalho e os juízes do trabalho. Tem-se, pois, que se encontra derrogado o disposto no art. 644, "c", da Consolidação das Leis do Trabalho, segundo o qual os juízos de direito também seriam órgãos da Justiça do Trabalho, ao lado das Juntas de Conciliação e Julgamento (atuais Varas do Trabalho).

Em verdade, os juízes de direito poderão exercer atribuições que são acometidas às Varas do Trabalho naquelas localidades não compreendidas na jurisdição destas últimas, nos termos dos arts. 668 e ss. da Consolidação das Leis do Trabalho – hipótese que não foi vedada pela atual Constituição Federal, a teor de seu art. 112.

2. *Tribunal Superior do Trabalho*

Trata-se de órgão máximo da Justiça do Trabalho, composto por 27 juízes – denominados Ministros – togados e vitalícios (um quinto escolhido dentre advogados com mais de dez anos de efetiva atividade profissional e membros do Ministério Público do Trabalho com mais de dez anos de efetivo exercício e os demais dentre juízes do trabalho dos Tribunais Regionais do Trabalho, oriundos da magistratura da carreira, indicados em lista tríplice elaborada pelo próprio TST), a teor do art. 111-A da Constituição Federal, acrescentado pela Emenda Constitucio-

---

"Art. 122. Para dirimir questões entre empregadores e empregados, regidas pela legislação social, fica instituída a Justiça do Trabalho, à qual não se aplica o disposto no Capítulo IV do Título I.

"Parágrafo único. A constituição dos tribunais do trabalho e das comissões de conciliação obedecerá sempre ao princípio da eleição de membros, metade pelas associações representativas dos empregados, e metade pelas dos empregadores, sendo o presidente de livre nomeação do Governo, escolhido entre pessoas de experiência e notória capacidade moral e intelectual."

2. "Para dirimir os conflitos oriundos das relações entre empregadores e empregados, reguladas na legislação social, é instituída a Justiça do Trabalho, que será regulada em lei e à qual não se aplicam as disposições desta Constituição relativas à competência, ao recrutamento e às prerrogativas da Justiça Comum."

nal 45/2004. Tem sede na Capital Federal e jurisdição em todo o território nacional (art. 92, § 2º, da CF).

Os ministros do Tribunal Superior do Trabalho são escolhidos dentre brasileiros com mais de 35 e menos de 65 anos e nomeados pelo Presidente da República após aprovação pelo Senado Federal. E quanto aos integrantes do Ministério Público do Trabalho e advogados que devem compor o que já se convencionou denominar "quinto constitucional" dos tribunais, se exige que já contem mais de 10 anos de carreira em relação aos primeiros e mais de 10 anos de efetiva atividade profissional – além de reputação ilibada e notório saber jurídico – em relação aos últimos, à luz do art. 111, § 2º, c/c o art. 94, da Constituição Federal.

O fato de a Constituição Federal não fazer menção expressa ao requisito da reputação ilibada e notório saber jurídico dos membros do Ministério Público do Trabalho se deve ao fato de que o exercício do cargo implica presunção da existência de tais requisitos, sem os quais não teriam ingressado ou permanecido na carreira.

No que respeita à estruturação interna, o Tribunal Superior do Trabalho é constituído pelo Tribunal Pleno, Órgão Especial, Seção Especializada em Dissídios Coletivos (SDC), Seção Especializada em Dissídios Individuais, dividida em duas subseções (SDI-I e SDI-II), e Turmas, nos termos da Lei 7.701, de 1988, e art. 59 de seu Regimento Interno.

O Órgão Especial é composto pelo presidente e vice-presidente do Tribunal, corregedor-geral da Justiça do Trabalho, os setes ministros mais antigos, incluindo os membros da direção, e sete ministros eleitos pelo Tribunal Pleno, cumprindo assinalar que os integrantes do Órgão Especial comporão também outras Seções do Tribunal (art. 63 do Regimento Interno).

Dentre os membros das Seções Especializadas encontramos o presidente do Tribunal, o vice-presidente e o corregedor-geral da Justiça do Trabalho.

O Pleno do Tribunal Superior do Trabalho é composto por todos os ministros da Corte (art. 62 do Regimento Interno) e funciona com a presença de, no mínimo, 14 ministros.

Finalmente, as Turmas são constituídas, cada uma, por três ministros, sendo presididas pelo ministro mais antigo integrante do Colegiado (art. 66 do Regimento Interno).

Neste tópico não vamos detalhar a competência funcional de cada órgão isoladamente considerado, mas assinalamos que a atribuição de competência ao Tribunal Superior do Trabalho está a cargo de lei ordinária, à luz do art. 111, § 3º, da Constituição Federal.

Cabe, no entanto, mencionar que a Reforma Trabalhista acrescentou uma competência funcional ao Tribunal Pleno do TST ao incluir o art. 702, "f", à CLT. Trata-se do estabelecimento e da alteração de súmulas e outros enunciados de jurisprudência uniforme, o que deverá ocorrer "pelo voto de pelo menos dois terços de seus membros, caso a mesma matéria já tenha sido decidida de forma idêntica por unanimidade em, no mínimo, dois terços das turmas em pelo menos dez sessões diferentes em cada uma delas, podendo, ainda, por maioria de dois terços de seus membros, restringir os efeitos daquela declaração ou decidir que ela só tenha eficácia a partir de sua publicação no Diário Oficial".

As sessões de julgamento sobre estabelecimento ou alteração de súmulas e outros enunciados de jurisprudência deverão ser públicas, divulgadas com, no mínimo, 30 dias de antecedência, e deverão possibilitar a sustentação oral pelo Procurador-Geral do Trabalho, pelo Conselho Federal da Ordem dos Advogados do Brasil, pelo Advogado-Geral da União e por confederações sindicais ou entidades de classe de âmbito nacional (art. 702, § 3º, da CLT).

Não se ignora que a alteração legislativa teve como objetivo restringir a atividade hermenêutica dos Tribunais, pois havia muita crítica às inserções aparentemente legiferantes das Súmulas que, para os críticos, muitas vezes criavam ou restringiam direitos, excedendo de suas funções meramente interpretativas. A Reforma Trabalhista deixa isso bem claro quando acrescenta o § 2º ao art. 8º da CLT, estabelecendo que "Súmulas e outros enunciados de jurisprudência editados pelo Tribunal Superior do Trabalho e pelos Tribunais Regionais do Trabalho não poderão restringir direitos legalmente previstos nem criar obrigações que não estejam previstas em lei". Contudo, caberá aos próprios tribunais a interpretação da mencionada inovação legislativa, notadamente porque não se pode desconsiderar o fato de que, muitas vezes, se constata a necessidade da interpretação extensiva ou restritiva, com vistas a corrigir distorções da própria norma positivada.

3. *Tribunais Regionais do Trabalho*

Na antiga redação do art. 112 da Constituição Federal se encontrava estabelecido que cada Estado da Federação, bem como o Distrito Federal, teria pelo menos um Tribunal Regional do Trabalho – exigência que motivou a criação de vários tribunais a partir de outubro de 1988 e que acabou contribuindo para que os cofres públicos fossem mais onerados.

Passados alguns anos, percebeu-se o exagero do dispositivo constitucional, em face da instalação de tribunais sem qualquer justificativa na demanda de trabalho (que era pequena) se comparada com a média nacional.

E daí a existência dos seguintes Tribunais Regionais do Trabalho:

1ª Região: Estado do Rio de Janeiro;

2ª Região: Capital do Estado de São Paulo e os Municípios de Arujá, Barueri, Biritiba-Mirim, Caieiras, Cajamar, Carapicuíba, Cotia, Cubatão, Diadema, Embu, Embu-Guaçu, Ferraz de Vasconcelos, Francisco Morato, Franco da Rocha, Guararema, Guarujá, Guarulhos, Itapecerica da Serra, Itapevi, Itaquaquecetuba, Jandira, Juquitiba, Mairiporã, Mauá, Moji das Cruzes, Osasco, Pirapora do Bom Jesus, Poá, Praia Grande, Ribeirão Pires, Rio Grande da Serra, Salesópolis, Santa Isabel, Santana do Parnaíba, Santo André, Santos, São Bernardo do Campo, São Caetano do Sul, São Vicente, Suzano e Taboão da Serra (conforme Lei 7.520 de 15.7.1986);

3ª Região: Estado de Minas Gerais (Lei 6.241, de 1975);

4ª Região: Estado do Rio Grande do Sul (Lei 6.241, de 1975);

5ª Região: Estado da Bahia (Lei 6.241, de 1975);

6ª Região: Estado de Pernambuco (Lei 6.241, de 1975);

7ª Região: Estado do Ceará (Lei 6.241, de 1975);

8ª Região: Estados do Pará e Amapá (Lei 6.241, de 1975), com sede em Belém;

9ª Região: Estado do Paraná (Lei 6.241, de 1975);

10ª Região: Distrito Federal (Lei 6.927, de 1981);

11ª Região: Estados do Amazonas e Roraima (Lei 6.915, de 1981), com sede em Manaus;

12ª Região: Estado de Santa Catarina (Lei 6.928, de 1981);

13ª Região: Estado da Paraíba (Lei 7.324, de 1985);

14ª Região: Estados de Rondônia e Acre (Lei 7.523, de 1986), com sede em Porto Velho;

15ª Região: Estado de São Paulo (área não abrangida pela jurisdição estabelecida na 2ª Região – criada pela Lei 7.520, de 1986), com sede em Campinas;

16ª Região: Estado do Maranhão (Lei 7.671, de 1988);

17ª Região: Estado do Espírito Santo (Lei 7.872, de 1989);
18ª Região: Estado de Goiás (Lei 7.873, de 1989);
19ª Região: Estado de Alagoas (Lei 8.219, de 1991);
20ª Região: Estado de Sergipe (Lei 8.233, de 1991);
21ª Região: Estado do Rio Grande do Norte (Lei 8.215, de 1991);
22ª Região: Estado do Piauí (Lei 8.221, de 1991);
23ª Região: Estado de Mato Grosso (Lei 8.430, de 1992);
24ª Região: Estado do Mato Grosso do Sul (Lei 8.431, de 1992).

Observa-se, pois, que após a promulgação da atual Constituição Federal foram criados nada menos que oito novos Tribunais Regionais do Trabalho, de tal sorte que, atualmente, só não possuem Tribunais Regionais do Trabalho os Estados do Amapá (8ª Região), Roraima (11ª Região), Acre (14ª Região) e Tocantins (que pertence à 10ª Região), situação que persistirá, já que a Emenda Constitucional 45, de 8.12.2004 atribuiu nova redação ao art. 112 da Constituição Federal, deixando de consagrar a exigência de, pelo menos, um tribunal por Estado, limitando-se a afirmar que "a lei criará varas da Justiça do Trabalho, podendo, nas comarcas não abrangidas por sua jurisdição, atribuí-la aos juízes de direito, com recurso para o respectivo Tribunal Regional do Trabalho".

Nos termos do art. 115 da Constituição Federal, com a redação da Emenda Constitucional 45, de 8.12.2004, os Tribunais Regionais do Trabalho compõem-se de, no mínimo, sete juízes, recrutados, preferencialmente, na respectiva região, cujas nomeações são feitas pelo Presidente da República, cumprindo assinalar que um quinto das vagas é composto por membros oriundos da Advocacia e do Ministério Público do Trabalho, com mais de dez anos de efetivo exercício, e idade superior a trinta e inferior a sessenta e cinco anos, sendo os demais, mediante promoção de juízes do trabalho por antiguidade e merecimento, alternadamente.

Quanto aos juízes de carreira que integram os Tribunais Regionais do Trabalho observamos que são escolhidos por promoção, pelos critérios de merecimento e antiguidade, alternadamente (art. 115, II, da CF), sendo obrigatória a promoção do juiz que figurar três vezes consecutivas ou cinco alternadas em lista de merecimento, consoante se infere da leitura do art. 93 da Constituição Federal. Na promoção por antiguidade, o tribunal só poderá recusar o juiz mais antigo pelo voto fundamentado de dois terços de seus membros, conforme procedimento próprio, sempre assegurando a ampla defesa do magistrado (art. 93, II, "d", da CF); e não será promovido o juiz que, injustificadamente, retiver autos em seu poder além do prazo legal, ficando vedada a devolução à secretaria da Vara sem o devido despacho ou decisão (art. 93, II, "e", da CF).

E quanto aos membros do Ministério Público e advogados que devem compor os respectivos quintos constitucionais dos Tribunais Regionais do Trabalho, devem ser observados os requisitos do art. 94 da Constituição Federal, quais sejam, mais de 10 anos na carreira ou atividade profissional, além de reputação ilibada e notório saber jurídico, em relação aos últimos.

A organização dos Tribunais Regionais varia de acordo com o número de seus membros. No entanto, haverá sempre um presidente e um vice, escolhidos dentre os juízes, cumprindo assinalar que nos Tribunais maiores poderão existir corregedores e vice-corregedores, além de Sessões Especializadas em Dissídios Coletivos naqueles em que o número de Turmas não é inferior a quatro.

Finalmente, cabe destacar que, por alteração da Reforma Trabalhista, o estabelecimento e a alteração de súmulas e outros enunciados de jurisprudência pelos Tribunais Regionais do Trabalho também deverão observar o disposto no art. 702, I, "f", da CLT, e o § 3º desse mesmo artigo.

4. Varas do Trabalho

As Varas do Trabalho – atual denominação das Juntas de Conciliação e Julgamento – foram criadas pelo Decreto 22.132, de 1932, e estavam subordinadas ao Ministério do Trabalho, Indústria e Comércio, sendo integradas por dois juízes classistas (à época eram denominados *vogais*) e um juiz presidente, todos nomeados pelo Ministério do Trabalho. Somente a partir da promulgação da Constituição de 1946 é que adquiriram o *status* de órgãos da Justiça do Trabalho, enquanto Poder Judiciário.

Com o fim da representação classista a jurisdição nas Varas do Trabalho passou a ser exercida por um juiz togado, o juiz do trabalho. Por outro lado, já não vigora o disposto no art. 649 da Consolidação das Leis do Trabalho, segundo o qual a "Junta" poderá conciliar, instruir e julgar com qualquer número, sendo, porém, indispensável a presença do juiz presidente, cujo voto prevalecerá em caso de empate, na medida em que a Emenda Constitucional 24, 9.12.1999, assegurou o término dos mandatos de juízes classistas em curso na época de sua promulgação. Atualmente, todas as Varas do Trabalho funcionam monocraticamente, por meio de juiz do trabalho (titular ou substituto), e isto desde meados do segundo semestre de 2002.

VII
O MAGISTRADO DO TRABALHO

1. Considerações iniciais. 2. Poderes do magistrado. 3. Independência e garantias do magistrado. 4. Impedimentos e suspeição do magistrado.

1. Considerações iniciais

O Brasil é um dos países que adota a tripartição do poder do Estado concebida pelo Barão de Montesquieu[1] no livro *O Espírito das Leis*, obra situada entre as mais importantes do século XVIII.

Segundo a teoria deste grande filósofo e jurista, o poder se divide em três funções distintas e que, em nosso ordenamento jurídico, ousamos denominar Poder Legislativo, Poder Executivo e Poder Judiciário.[2]

Em linhas gerais, ao Poder Legislativo compete a elaboração das leis, ao Poder Executivo fiscalizar o cumprimento das leis e governar (administrar a coisa pública) e ao Poder Judiciário a função de julgar. São as funções típicas de cada Poder.

Ainda nas palavras de Montesquieu, este poder de julgar se traduz na jurisdição, uma das manifestações da soberania do Estado, e que, por sua importância, não poderia ser confiada a órgãos do Executivo ou do Legislativo.[3]

Na linguagem corrente, "juiz" e "magistrado" são expressões sinônimas, e assim o consideraremos, muito embora Montesquieu, na sua

---

1. Escritor e filósofo francês que viveu de 18.1.1689 a 10.2.1755. Realizou sólidos estudos de Direito, chegando à Magistratura em 1716.
2. *Constituição Federal*: "Art. 2º. São Poderes da União, independentes e harmônicos entre si, o Legislativo, o Executivo e o Judiciário".
3. Montesquieu, *O Espírito das Leis*, p. 53.

teoria, tivesse reservado o termo "magistrado" para algumas autoridades do Poder Executivo. Justificamos a escolha para que não pairem dúvidas de que estamos tratando de todos os integrantes da Magistratura Trabalhista, e não restritos à figura do juiz do trabalho enquanto órgão de primeira instância.

A Magistratura é a forma de exteriorização do Poder Judiciário. O poder de julgar, conferido ao Poder Judiciário, é exercido na pessoa dos magistrados. E daí a afirmação de que os juízes se confundem com o próprio Poder que os acolhe.

Os juízes estão para o Poder Judiciário assim como os deputados e senadores estão para o Poder Legislativo e os prefeitos e governadores estão para os respectivos Poderes Executivos.

Não são funcionários públicos *stricto sensu*, na medida em que são regidos por leis especiais, e não pelo Estatuto dos Servidores, muito embora percebam subsídios dos cofres públicos, a exemplo dos deputados, senadores, governadores e até mesmo o Presidente da República. E, a exemplo destes mencionados, bem como dos membros do Ministério Público, os magistrados são agentes políticos.[4]

Por este motivo gozam de independência para o exercício de suas funções, condição que não se traduz em privilégio pessoal. Trata-se de uma prerrogativa conferida aos juízes com o firme propósito de que não se sintam tolhidos no seu convencimento, nem receosos de julgar desta ou daquela forma. É, na verdade, uma garantia àqueles que se socorrem do Poder Judiciário, objetivando a realização de justiça, a despeito de interesses de quem quer que seja (ainda que integrantes de altos escalões da Administração Pública).

Não obstante o fato de que os magistrados são agentes políticos, a forma de ingresso na carreira é diversa daquela verificada em relação aos integrantes dos Poderes Legislativo e Executivo, já que estes são eleitos mediante voto direto, universal e secreto, enquanto os integrantes do Poder Judiciário são nomeados e empossados depois de aprovação em concurso público de provas e títulos, salvo exceções expressamente previstas no texto constitucional (art. 101 – membros do STF; art. 104, parágrafo único – membros do STJ), e também os integrantes do "quinto constitucional".

Observamos, ainda, que o exercício da Magistratura pressupõe a conclusão do curso de Direito – grau de escolaridade dispensável entre

---

4. Hely Lopes Meirelles, *Direito Administrativo Brasileiro*, 40ª ed., p. 79.

aqueles que integram os demais Poderes – e se pauta pelos princípios que se encontram insculpidos no art. 93 da Constituição Federal e Lei Complementar 35, de 1979 (Lei Orgânica da Magistratura Nacional), e dentre eles encontramos a forma de ingresso na carreira, critérios de promoção, aposentadoria.

Por tudo o que dissemos, já é possível concluir que o Poder Judiciário é o mais técnico dentre os três Poderes que integram a República e é aquele em que a ingerência política não se coaduna com as funções que lhe são acometidas. Não vai aqui crítica alguma aos demais Poderes. Trata-se apenas de uma constatação, e se traduz num fato que decorre da própria diferença de atribuições.

O compromisso do juiz é com a Constituição Federal, com as leis que não forem contrárias a esta mesma Constituição e com sua própria consciência.

2. Poderes do magistrado

Os poderes do magistrado são de duas ordens: jurisdicionais e de polícia.

Os *poderes jurisdicionais* traduzem-se no poder de direção, instrução e julgamento do processo, bem como aqueles inerentes à execução de seus julgados. E isto porque o juiz é o *dominus processus*, competindo-lhe a condução suprema do processo.[5]

O fato de o juiz ser o dono do processo não implica afirmar que possui algum poder disciplinar sobre os demais profissionais do Direito que poderão atuar na mesma relação processual (advogado, membro do Ministério Público). Em verdade, o juiz não exerce poder disciplinar, nem se encontra em posição hierárquica superior aos demais técnicos do Direito, muito embora, no exercício da sua atividade jurisdicional, ordene, mande, revogue e pratique todos os atos inerentes ao processo que possam ajudá-lo na formação de seu

---

5. *Código de Processo Civil/2015*: "Art. 170. Caberá ao juiz, de ofício ou a requerimento da parte, determinar as provas necessárias ao julgamento do mérito".
Consolidação das Leis do Trabalho: "Art. 765. Os juízos e tribunais do trabalho terão ampla liberdade na direção do processo e velarão pelo andamento rápido das causas, podendo determinar qualquer diligência necessária ao esclarecimento delas".
Código de Processo Penal: "Art. 251. Ao juiz incumbirá prover à regularidade do processo (...)".

convencimento, até mesmo contra a vontade de advogados e membros do Ministério Público.

Ora, se o juiz não exerce poder disciplinar sobre os advogados, qual o fato que o autoriza a determinar a apresentação de um determinado documento, ou mesmo o comparecimento do advogado à sua presença, para prestar esclarecimentos sobre aspectos relacionados com a causa? E a resposta é simples. O processo assegura ao juiz os poderes inerentes à sua atividade jurisdicional, sendo certo que o advogado poderá não atender à determinação judicial; mas, se não tiver um motivo razoável para fazê-lo, suportará as consequências na órbita processual, inclusive com o prejuízo do controvertido direito material de seu cliente, e podendo ser responsabilizado civilmente pela omissão.

Quando dizemos que o juiz não se encontra em posição hierarquicamente superior aos demais profissionais do Direito é porque cada qual integra uma carreira diferente e tem sua própria função na relação jurídica processual. E não se pode cogitar de hierarquia em situações como esta. Afinal de contas, não se pode dizer que um empregado da empresa "A" esteja em posição hierarquicamente inferior ao empregado da empresa "B".

Os poderes de polícia prestam-se a assegurar ao juiz sua condição de autoridade[6] e a eficácia de seu poder jurisdicional.

No exercício do poder de polícia, compete ao juiz reprimir qualquer ato contrário à dignidade da justiça (art. 139, II, do CPC/2015), bem como manter a ordem e o decoro na sala de audiências. Pode, inclusive, determinar a retirada da sala de audiências de quem não estiver se portando convenientemente.[7]

Neste mesmo diapasão, compete ao juiz em relação ao processo, especialmente, assegurar às partes igualdade de tratamento e velar pela rápida solução do litígio.

---

6. *Código de Processo Penal*: "Art. 794. A polícia das audiências e das sessões compete aos respectivos juízes ou ao presidente do tribunal, câmara ou turma, que poderão determinar o que for conveniente à manutenção da ordem. Para tal fim, requisitarão força pública, que ficará exclusivamente à sua disposição".
7. *Código de Processo Civil/2015*: "Art. 360. O juiz exerce o poder de polícia, incumbindo-lhe: I – manter a ordem e o decoro na audiência; II – ordenar que se retirem da sala de audiência os que se comportarem inconvenientemente; III – requisitar, quando necessário, a força policial; IV – tratar com urbanidade as partes, os advogados, os membros do Ministério Público e da Defensoria Pública e qualquer pessoa que participe do processo; V – registrar em ata, com exatidão, todos os requerimentos apresentados em audiência".

Dentre as hipóteses que devem ser reprimidas pelo juiz encontra-se, por exemplo, a do uso de expressões injuriosas pelas partes, a prática de atos como litigantes de má-fé (arts. 793-A a 793-D, da CLT), os atos de devedor considerados atentatórios à dignidade da justiça (fraude à execução, oposição maliciosa à execução – por meio de ardis e meios artificiosos), a resistência injustificada às ordens judiciais e a ocultação de seus bens à execução (arts. 772 e 774 do CPC/2015).[8]

Registramos, finalmente, que o juiz tem o poder e o dever de impedir a colusão entre as partes, ou seja, o conluio para obtenção de um fim ilícito. É possível que autor e réu queiram servir-se do processo para praticar ato simulado, em desacordo com a lei; e, neste caso, o juiz deverá, convencendo-se dessa circunstância, proferir sentença que obste aos objetivos das partes (uma sentença extintiva do processo sem resolução do mérito e que conterá também providências complementares e até punitivas, visando a obstar à intenção maliciosa das partes), com fundamento nos arts. 142 e 485, IV, CPC/2015.

3. Independência e garantias do magistrado

A Constituição Federal assegura aos juízes algumas garantias que nada mais objetivam senão resguardar a independência e imparcialidade dos membros do Poder Judiciário, já que ocupam posição de guardiães das liberdades e dos direitos individuais. Insistimos, pois, em que não se trata de privilégios da Magistratura, e sim de prerrogativas que objetivam dar segurança à prestação jurisdicional.

As garantias mencionadas objetivam assegurar a independência política do Poder Judiciário e a independência jurídica dos magistrados.

Por força do art. 95 da Constituição Federal, os juízes gozam das seguintes prerrogativas: 1) *vitaliciedade* – garantia que se traduz na impossibilidade de o magistrado perder o cargo, senão por sentença judicial transitada em julgado, garantia que no primeiro grau de jurisdição é adquirida após dois anos de exercício no cargo; 2) *inamovibilidade* – a qual traduz a impossibilidade de remoção do magistrado de um local para outro sem seu consentimento, salvo motivo de interesse público,

---

8. *Código de Processo Civil*: Art. 774, parágrafo único. "Nos casos previstos neste artigo, o juiz fixará multa em montante não superior a vinte por cento do valor atualizado do débito em execução, a qual será revertida em proveito do exequente, exigível nos próprios autos do processo, sem prejuízo de outras sanções de natureza processual ou material".

nos termos do art. 93, VIII;[9] e 3) *a irredutibilidade de subsídios*, observado o disposto nos arts. 37, XI, 150, II, 153, III, e 153, § 2º, I, da Constituição Federal.[10]

E, ainda, para assegurar a independência dos magistrados, acrescentamos que os juízes não podem ser responsabilizados civilmente pelos erros judiciários, ainda que cometidos com culpa, ressalvando-se as hipóteses de dolo ou fraude, bem como nos casos em que recusar, omitir ou retardar, sem justo motivo, alguma providência jurisdicional.[11] Se assim não fosse a justiça ficaria comprometida, porquanto o juiz teria receio de julgar.

4. Impedimentos e suspeição do magistrado

A imparcialidade do juiz é pressuposto da atividade jurisdicional. Trata-se, em verdade, de um pressuposto processual subjetivo.

Para que a imparcialidade se verifique na atuação do juiz, torna-se necessário que seja verdadeiramente um estranho à causa e às partes, sob pena de comprometimento de seu julgado.

Os motivos que comprometem ou, pelo menos, colocam em risco a imparcialidade do juiz são as razões de impedimento e suspeição, nos termos da legislação processual.

Nos casos em que a lei considera o juiz impedido estará ele proibido de atuar no processo, sob pena de nulidade da sentença que proferir – argumento que poderá ser utilizado, inclusive, em ação rescisória (art. 966, II, do CPC/2015).

Por outro lado, os casos de suspeição não implicam proibição de atuação do poder jurisdicional do juiz, mas suscitam dúvidas quanto à imparcialidade, o que é suficiente para afastá-lo do processo, mas não

---

9. *Constituição Federal*, art. 93: "VIII – o ato de remoção, disponibilidade e aposentadoria do magistrado, por interesse público, fundar-se-á em decisão por voto da maioria absoluta do respectivo tribunal ou do Conselho Nacional de Justiça, assegurada a ampla defesa; (...)".

10. Os subsídios dos magistrados poderão ter um teto estabelecido em lei, e não têm direito a tratamento privilegiado em relação aos tributos a que se sujeitam todos os cidadãos.

11. *Código de Processo Civil/2015*: "Art. 143. O juiz responderá, civil e regressivamente, por perdas e danos quando: I – no exercício de suas funções, proceder com dolo ou fraude; II – recusar, omitir ou retardar, sem justo motivo, providência que deva ordenar de ofício ou a requerimento da parte. Parágrafo único. As hipóteses previstas no inciso II somente serão verificadas depois que a parte requerer ao juiz que determine a providência e o requerimento não for apreciado no prazo de 10 (dez) dias".

para tornar a sentença nula. A suspeição deve ser arguida e resolvida no curso do processo, não podendo ser alegada após o trânsito em julgado da sentença.

Os casos de impedimento do juiz encontram-se arrolados no art. 144 do Código de Processo Civil/2015: "Art. 144. Há impedimento do juiz, sendo-lhe vedado exercer suas funções no processo: I – em que interveio como mandatário da parte, oficiou como perito, funcionou como membro do Ministério Público ou prestou depoimento como testemunha; II – de que conheceu em outra grau de jurisdição, tendo proferido decisão; III – quando nele estiver postulando, como defensor público, advogado ou membro do Ministério Público, seu cônjuge ou companheiro, ou qualquer parente, consanguíneo ou afim, em linha reta ou colateral, até o terceiro grau, inclusive; IV – quando for parte no processo ele próprio, seu cônjuge ou companheiro, ou parente, consanguíneo ou afim, em linha reta ou colateral, até o terceiro grau, inclusive; V – quando for sócio ou membro de direção ou de administração de pessoa jurídica parte no processo; VI – quando for herdeiro presuntivo, donatário ou empregador de qualquer das partes; VII – em que figure como parte instituição de ensino com a qual tenha relação de emprego ou decorrente de contrato de prestação de serviços; VIII – em que figure como parte cliente do escritório de advocacia de seu cônjuge, companheiro ou parente, consanguíneo ou afim, em linha reta ou colateral, até o terceiro grau, inclusive, mesmo que patrocinado por advogado de outro escritório; IX – quando promover ação contra a parte ou seu advogado".

O art. 252 do Código de Processo Penal também relaciona as hipóteses de impedimento do juiz, com poucas alterações em relação ao diploma processual civil.

As hipóteses de suspeição encontram-se no art. 145 do Código de Processo Civil/2015, e são as seguintes: 1) amizade íntima ou inimizade do juiz com alguma das partes; 2) quando alguma das partes for credora ou devedora do juiz, de seu cônjuge ou de parentes destes, em linha reta ou na colateral até o 3º grau; 3) quando o juiz receber presentes de pessoas interessadas na causa, antes ou depois de iniciado o processo, aconselhar alguma das partes acerca do objeto da causa ou subministrar meios para atender às despesas do litígio; 4) quando o juiz for interessado no julgamento da causa em favor de uma das partes. E, a exemplo dos casos de impedimento, o Código de Processo Penal também disciplina as hipóteses de suspeição do juiz, em seu art. 254.

No processo trabalhista, por sua vez, o legislador acabou misturando as hipóteses de impedimento e suspeição, no art. 801 da Consolidação das Leis do Trabalho: "Art. 801. O juiz, presidente ou juiz classista, é obrigado a dar-se por suspeito, e pode ser recusado, por algum dos seguintes motivos, em relação à pessoa dos litigantes: a) inimizade pessoal; b) amizade íntima; c) parentesco por consanguinidade ou afinidade até o 3º grau civil; d) interesse particular na causa". Infelizmente, o legislador da Reforma Trabalhista perdeu uma ótima oportunidade de modificar esse artigo, fazendo distinção entre as situações de impedimento e suspeição, as quais comportam tratamento diferenciado, e que continua na dependência de uma aplicação subsidiária do Código de Processo Civil.[12]

Convém, ainda, salientar que o juiz poderá se dar por suspeito por motivo íntimo, não estando obrigado a decliná-lo (art. 145, § 1º, CPC/2015); e que a amizade íntima não se confunde com a simples relação amistosa do juiz com alguma das partes.

Por último, registramos que o juiz deve se declarar suspeito ou impedido, afastando-se do processo, nas hipóteses legais. Todavia, se o juiz não o fizer poderá qualquer das partes arguir a suspeição ou impedimento por meio de exceção, nos termos do art. 799 da CLT, direito que será exercido na primeira oportunidade que a parte tiver para falar em audiência ou nos autos, a partir da ciência do fato que gerou a suspeição ou impedimento (art. 794 da CLT, não se aplicando, portanto, o disposto no art. 146 do CPC/2015) ou por ocasião da audiência inaugural, sob pena de preclusão[13] – afirmação que é reforçada pela dicção do parágrafo único do art. 801 da Consolidação das Leis do Trabalho.

Ao oferecer a exceção a parte deverá declinar os motivos, bem como juntar documentos e arrolar testemunhas se for o caso, devendo o órgão jurisdicional designar audiência dentro de 48 horas para instrução e julgamento da exceção. Atente-se para o fato de que o próprio órgão jurisdicional é competente para julgamento do incidente, a teor dos arts. 653, "c", e 802 da Consolidação das Leis do Trabalho. Não defendemos

12. "Art. 769. Nos casos omissos, o direito processual comum será fonte subsidiária do direito processual do trabalho, exceto naquilo em que for incompatível com as normas deste Título."

13. A preclusão temporal traduz-se na perda de uma faculdade processual pelo não exercício no momento ou prazo oportuno. Em verdade, a preclusão mencionada no texto só se aplica às hipóteses de suspeição, porquanto as hipóteses de impedimento envolvem matéria de ordem pública, podendo ser reconhecidas até mesmo de ofício pelos tribunais.

que o próprio juiz arguido de suspeito (na hipótese de Vara do Trabalho) julgue a exceção, na medida em que isto contraria a lógica e o bom senso, e sim que um juiz substituto deve ser convocado para instruir e julgar a exceção. Nos tribunais, a arguição de impedimento ou suspeição será disciplinada pelo regimento interno (art. 14, § 3º, do CPC/2015).

VIII
O MINISTÉRIO PÚBLICO DO TRABALHO

1. Considerações iniciais. 2. Funções do Ministério Público. 3. Estrutura do Ministério Público. 4. Garantias dos membros do Ministério Público. 5. Impedimentos e suspeição dos membros do Ministério Público. 6. Atribuições do Ministério Público do Trabalho. 7. Jurisprudência.

1. Considerações iniciais

O Ministério Público é uma instituição concebida na França, no século XIV, mas tinha atribuições totalmente diversas daquelas que conhecemos nos dias atuais. Em verdade, foi criada para defender os interesses do soberano na esfera judicial, e não para a defesa dos interesses da sociedade.

No Brasil, até as vésperas da promulgação da atual Constituição Federal, os membros do Ministério Público também tinham o encargo de defender os interesses do Poder Executivo em juízo, resquício dos moldes franceses nos idos do século XIV, e que comprometia a independência da Instituição.[1] E, neste sentido, torna-se oportuno lembrar que os procuradores da República só deixaram de atuar na defesa dos interesses da União em face da criação da Advocacia-Geral da União pela atual Constituição Federal.

O art. 127 da atual Constituição Federal assim define o Ministério Público: "O Ministério Público é instituição permanente, essencial

---

1. Nos termos do art. 126 da Constituição Federal de 1967, com redação determinada pela Emenda Constitucional 7, de 13.4.1977: "A lei poderá permitir que a ação fiscal e outras sejam promovidas, nas comarcas do Interior, onde tiver domicílio a outra parte, perante a Justiça do Estado ou do Território, e com recurso para o Tribunal Federal de Recursos, bem como atribuir ao Ministério Público local a representação judicial da União".

à função jurisdicional do Estado, incumbindo-lhe a defesa da ordem jurídica, do regime democrático e dos interesses sociais e individuais indisponíveis". E, por força do § 1º do mesmo dispositivo constitucional mencionado: "São princípios institucionais do Ministério Público a unidade, a indivisibilidade e a independência funcional".

Observamos, pois, que o grau de autonomia e as prerrogativas do Ministério Público lhe atribuem características de um autêntico Poder. Contudo, não integra nenhum dos Poderes concebidos pelo art. 2º da Constituição Federal.

Efetivamente, a atual Carta Magna atribuiu ao Ministério Público um papel extremamente relevante, sem precedentes nas Constituições anteriores, em face das atribuições que lhe são acometidas.

Os princípios estampados no art. 127 da Constituição são definidos por Hugo Nigro Mazzilli: "(...) unidade é o conceito de que os promotores de um Estado integram um só órgão sob a direção de um só chefe; indivisibilidade significa que seus membros podem ser substituídos uns pelos outros, não arbitrariamente, porém, sob pena de grande desordem, mas segundo a forma estabelecida em lei (TJSP, Rec. crim. 128.587, São Paulo)".[2]

2. Funções do Ministério Público

O Ministério Público está inserido no Capítulo IV do Título IV ("Da Organização dos Poderes") da Constituição Federal (art. 127), ao lado da Advocacia-Geral da União, da Advocacia e da Defensoria Pública. Vale dizer, o Ministério Público é função essencial à Justiça.

Trata-se de Instituição responsável, perante o Judiciário, pela defesa da ordem jurídica e dos interesses indisponíveis da sociedade, pela fiel observância da Constituição e das leis.[3] E isto porque já sabemos que a jurisdição, enquanto atividade exercida pelo Poder Judiciário, se pauta pela inércia, a qual não é quebrada nem mesmo quando o interesse agredido diga respeito a toda a coletividade; e, assim, torna-se necessária a existência de um órgão que tenha legitimidade para defender os interesses da coletividade. Também não podemos olvidar que existem direitos individuais que são indisponíveis, e ao Ministério Público cumpre zelar por eles.

2. In Celso Ribeiro Bastos, *Curso de Direito Constitucional*, 17ª ed., 1996.
3. Antônio Carlos de Araújo Cintra, Ada Pellegrini Grinover e Cândido R. Dinamarco, *Teoria Geral do Processo*, 29ª ed., p. 238.

Assim, já é possível concluir que o Ministério Público pode atuar como parte e como fiscal da lei. Funciona como parte com o objetivo de fazer atuar a ordem jurídica e não a deixar estática e inerte, dependendo sempre da legitimação atribuída por lei.

Podemos relacionar os seguintes exemplos em que o Ministério Público atua como parte: a) ação de nulidade de casamento, prevista no art. 1.549 do Código Civil; b) ação rescisória, nos casos do art. 967, III, do Código de Processo Civil/2015;[4] c) ações diretas de inconstitucionalidade, e declaratória de constitucionalidade;[5] d) ações penais públicas, nos termos da lei; e) ações civis públicas para a defesa do patrimônio público e social, do meio ambiente, dos interesses difusos e coletivos, entre outros.[6]

O direito de ação será exercido pelo Ministério Público, em conformidade com suas atribuições constitucionais (art. 177 do CPC/2015), e terá direito ao prazo em dobro para manifestar-se, nos termos do art. 180 do Código de Processo Civil/2015.[7] Atente-se para o fato de que a prerrogativa do dispositivo legal mencionado não alcança a esfera criminal, já que o ordenamento jurídico dispõe de um Código de Processo Penal, com regras próprias.

A intervenção do Ministério Público como fiscal da lei (*custos legis*) no processo ou em procedimento de jurisdição voluntária tem por objetivo assegurar a tutela dos interesses privados ou o interesse público em face da natureza de determinados litígios,[8] objetivando assegurar a supremacia da lei.

---

4. A legitimação do Ministério Público para a propositura de ação rescisória se dá em duas hipóteses: a) se não foi ouvido no processo em que lhe era obrigatória a intervenção; b) quando a sentença é o efeito de colusão das partes, a fim de fraudar a lei.

5. Não são todos os membros do Ministério Público que podem ajuizar referidas ações, mas somente o chefe do Ministério Público da União, ou seja, o procurador-geral da República (v. art. 103, VI, da CF).

6. O art. 6º da Lei Complementar 75, de 20.5.1993, arrola, taxativamente, a competência do Ministério Público da União; e o art. 25 da Lei 8.625, de 12.2.1993, o faz em relação ao Ministério Público dos Estados. No mais, o art. 129 da Constituição Federal estatui as funções institucionais do Ministério Público.

7. "Art. 180. O Ministério Público gozará de prazo em dobro para manifestar-se nos autos, que terá início a partir de sua intimação pessoal, nos termos do art. 183, § 1º."

8. José Frederico Marques, *Manual de Direito Processual Civil*, 12ª ed., v. I, p. 318.

Nos termos do art. 178 do Código de Processo Civil/2015, o Ministério Público será intimado para, no prazo de 30 dias, intervir como fiscal da ordem jurídica nas hipóteses previstas em lei ou na Constituição Federal e nos processos que envolvam: "I – interesse público ou social; II – interesse de incapaz; III – litígios coletivos pela posse de terra rural ou urbana".

Os motivos que levaram o legislador a dispor a obrigatoriedade de intervenção do Ministério Público nas hipóteses supramencionadas foi o fato de que ao Estado compete suprir a possível inferioridade processual do incapaz (inciso II do art. 178) e o fato de que causas declinadas nos incisos I e III do art. 178 poderão envolver direitos indisponíveis e interesses de ordem pública, a exemplo da ação popular, do mandado de segurança e da falência.

E, ao contrário do CPC revogado, o art. 180 do CPC/2015 estabelece o prazo em dobro ao Ministério Público, independentemente da condição de parte ou de fiscal da ordem jurídica, salvo a existência de prazo específico na lei.

3. Estrutura do Ministério Público

Como já tivemos a oportunidade de mencionar no início deste capítulo, o Ministério Público não é órgão do Poder Judiciário, e também não é um quarto Poder, a despeito da posição de relevo que lhe foi reservada pelo legislador constituinte.

Trata-se, em verdade, de um órgão da Administração Pública, gozando de posição especial, em face das nobres funções que lhe foram acometidas e da autonomia e independência que possui.

A própria Constituição Federal disciplina, em linhas gerais, o Ministério Público, em seu art. 128: "O Ministério Público abrange: I – o Ministério Público da União, que compreende: a) o Ministério Público Federal; b) o Ministério Público do Trabalho; c) o Ministério Público Militar; d) o Ministério Público do Distrito Federal e Territórios; II – os Ministérios Públicos dos Estados".

Desta forma, observamos que o Ministério Público, a despeito de ser uno e indivisível, encontra-se estruturado em corpos ou entidades autônomas (*Parquet*). E cada *Parquet* se traduz numa unidade autônoma em relação aos demais.

O procurador-geral da República é o chefe do Ministério Público Federal, nos termos do art. 45 da Lei Complementar 75, de 1993, acumula as funções de chefe do Ministério Público da União, nos termos do § 1º do art. 128 da Constituição Federal, e é nomeado pelo Presidente da República dentre integrantes da carreira, maiores de 35 anos, após a aprovação de seu nome pela maioria absoluta dos membros do Senado Federal, para mandato de dois anos, permitida a recondução (§ 1º do art. 128 da CF). E os membros do Ministério Público Federal são denominados *procuradores da República*.

O procurador-geral do trabalho é o chefe do Ministério Público do Trabalho, nos termos do art. 87 da Lei Complementar 75, de 1993, sendo nomeado pelo procurador-geral da República dentre os integrantes da carreira, nos termos do art. 88 da lei já mencionada. Os membros do Ministério Público do Trabalho são denominados *procuradores do trabalho*.

O procurador-geral da Justiça Militar é o chefe do Ministério Público Militar, sendo nomeado pelo procurador-geral da República, nos termos dos arts. 120 e 121 da Lei Complementar 75, de 1993. Os membros do Ministério Público Militar são denominados *procuradores da Justiça Militar*.

E quanto aos Ministérios Públicos dos Estados e Ministério Público do Distrito Federal e Territórios, cumpre informar que são integrados por promotores de justiça e procuradores de justiça e possuem como chefe o respectivo procurador geral de justiça, que é nomeado pelo chefe do respectivo Poder Executivo dentre os integrantes de uma lista tríplice, formada por integrantes da carreira (§ 3º do art. 128 da CF e art. 156 da Lei Complementar 75, de 1993).

4. Garantias dos membros do Ministério Público

Os membros do Ministério Público gozam das mesmas prerrogativas destinadas aos magistrados, objetivando assegurar a independência da Instituição. Vale dizer, gozam de vitaliciedade após dois anos de exercício, não podendo perder o cargo senão por sentença judicial transitada em julgado; inamovibilidade, salvo motivo de interesse público, mediante decisão do órgão colegiado competente do Ministério Público, por voto da maioria absoluta de seus membros, assegurada ampla defesa; irredutibilidade de subsídios, não traduzindo redução os descontos fiscais e previdenciários, tudo nos termos do art. 128, § 5º, I, CF.

5. Impedimentos e suspeição dos membros do Ministério Público

Por força do art. 148 do Código de Processo Civil/2015, aplicam-se aos membros do Ministério Público todos os motivos de impedimento e suspeição dos magistrados (arts. 144 e 145 do CPC/2015), independentemente de atuar como parte ou fiscal da ordem jurídica.

No que respeita ao processo penal o membro do Ministério Público também não poderá funcionar nas causas em que o juiz for seu cônjuge ou parente, consanguíneo ou afim, em linha reta ou colateral, até o 3º grau, sem prejuízo das demais hipóteses de impedimento e suspeição destinadas ao próprio juiz e que também lhe são aplicáveis.

6. Atribuições do Ministério Público do Trabalho

Nos exatos termos do art. 83 da Lei Complementar 75, de 20.5.1993, o Ministério Público do Trabalho possui as seguintes atribuições:

1) promoção das ações que lhe sejam atribuídas pela legislação trabalhista ou Constituição Federal;

2) funcionar como fiscal da lei em qualquer fase do processo trabalhista, seja por solicitação do juiz ou por sua própria iniciativa, sempre que, no seu entender, houver interesse público justificador da intervenção;

3) promover a ação civil pública no âmbito da Justiça do Trabalho, na defesa de direitos coletivos, sempre que desrespeitados os direitos sociais assegurados constitucionalmente;

4) propor ações anulatórias de cláusulas de contrato, acordo coletivo ou convenção coletiva sempre que houver violação das liberdades individuais ou coletivas, ou quando houver violação de direitos indisponíveis dos empregados;

5) propor ações necessárias na defesa de interesses de crianças e adolescentes, incapazes e índios, desde que decorrentes de relações de trabalho;

6) recorrer de decisões proferidas pela Justiça do Trabalho nos feitos em que funciona como parte ou fiscal da lei, sempre que entender necessário;

7) solicitar a revisão das súmulas de jurisprudência do Tribunal Superior do Trabalho;

8) funcionar nas sessões dos tribunais trabalhistas, podendo se manifestar verbalmente sobre a matéria em debate e até solicitar vista dos processos em julgamento, sempre que entender necessário;

9) suscitar o dissídio coletivo de greve sempre que o movimento paredista puder acarretar dano à ordem jurídica ou ao interesse público;

10) promover ou participar da instrução e conciliação em dissídios coletivos decorrentes de paralisação de serviços de qualquer natureza (dissídios coletivos de greve), podendo concordar ou discordar dos termos avençados, com possibilidade de recorrer à instância superior sempre que, no seu entendimento, houver violação à lei ou à Constituição Federal;

11) promover o mandado de injunção quando a competência for da Justiça do Trabalho;

12) funcionar como árbitro, quando solicitado pelas partes, nos dissídios de competência da Justiça do Trabalho;

13) requerer as diligências que julgar convenientes para o correto andamento dos processos e para a melhor solução dos conflitos trabalhistas;

14) intervir, obrigatoriamente, em todos os processos que se encontram em segundo e terceiro graus de jurisdição da Justiça do Trabalho quando for parte pessoa jurídica de direito público, Estado estrangeiro ou organismo internacional.

E, para que seja assegurado o pleno exercício da sua função institucional, o art. 84 da lei mencionada assegura as seguintes incumbências e prerrogativas ao Ministério Público do Trabalho:

1) instaurar inquérito civil e outros procedimentos administrativos para assegurar a observância dos direitos sociais dos trabalhadores;

2) requisitar à autoridade administrativa federal competente, dos órgãos de proteção ao trabalho, a instauração de procedimentos administrativos, podendo acompanhá-los e produzir provas;

3) ser cientificado pessoalmente das decisões proferidas pela Justiça do Trabalho nas causas em que o órgão tenha intervindo ou emitido parecer escrito;

4) exercer outras atribuições que lhe sejam conferidas por lei, desde que compatíveis com sua finalidade.

7. Jurisprudência

• Recurso de revista. Legitimidade e interesse do Ministério Público para recorrer. O art. 127, *caput*, da Constituição da República estabelece que o Ministério Público é instituição permanente, essencial à função jurisdicional do Estado, incumbindo-lhe a defesa da ordem jurídica, do regime democrático e dos interesses sociais e individuais indisponíveis. O art. 83, VI, da Lei Complementar n. 75/93 dispõe sobre a competência do Ministério Público para recorrer das decisões da Justiça do Trabalho, quando entender necessário, tanto nos processos em que for parte, como naqueles em que oficiar como fiscal da lei, bem como pedir revisão de Súmulas de Jurisprudência do Tribunal Superior do Trabalho. No presente caso, o Ministério Público sustenta a nulidade do contrato sem o prévio concurso público celebrado com o Município-Reclamado e indica afronta literal ao art. 37, inciso II, da atual Carta Política, matéria que evidencia o seu interesse público, à luz dos mencionados dispositivos. Recurso conhecido e provido. **(TST, 3ª T., RR 814881-98.2001.5.04.5555, Carlos Alberto Reis de Paula, j. 2.3.2005)**

• Ministério Público – Legitimidade para recorrer – Aposentadoria espontânea. Ao contrário do entendimento dos Reclamantes, a pretensão revelada pelo Ministério Público não está afeta à defesa de interesse meramente patrimonial do Reclamado, ou seja, aos efeitos financeiros decorrentes do eventual reconhecimento da irregularidade do contrato mantido após a aposentadoria espontânea dos obreiros. O Ministério Público pretende ver preservado interesse público ligado diretamente à coletividade, indisponível e inderrogável pela vontade das partes, pertinente à necessidade de se observar o princípio previsto no art. 37, inciso II, da Constituição da República, junto a outros princípios constitucionais, como, por exemplo, os da igualdade, legalidade, moralidade e impessoalidade, que devem sempre nortear os atos da Administração Pública. Recurso de Embargos não conhecido. **(TST, Subseção I Especializada em Dissídios Individuais, ED-RR 587918-78.1999.5.05.5555, Carlos Alberto Reis de Paula, j. 21.11.2005)**

IX
A COMPETÊNCIA DA JUSTIÇA DO TRABALHO

1. Conceito de competência. 2. Critérios determinativos da competência: 2.1 A competência objetiva da Justiça do Trabalho: 2.1.1 Em razão da matéria ("ratione materiae") – 2.1.2 Em razão da pessoa ("ratione personae") – 2.1.3 Em razão do valor – 2.2 Competência funcional: 2.2.1 Competência funcional por graus de jurisdição – 2.2.2 Competência funcional por fase do processo – 2.2.3 Competência funcional por objeto do juízo – 2.3 Competência territorial ("ratione loci"). 3. Competência absoluta e competência relativa.

1. Conceito de competência

Já tivemos a oportunidade de afirmar que a jurisdição é una e indivisível, na medida em que uma é a atividade jurisdicional do Estado, e que decorre da soberania. Cada juiz ou tribunal se encontra plenamente investido da jurisdição, mas seu exercício se encontra distribuído dentre os diversos órgãos, divisão que é feita pela Constituição Federal e também por leis ordinárias.

Couture, citado por Vicente Greco Filho, afirmou que "a competência é o poder da jurisdição para uma determinada parte do setor jurídico: aquele especificamente destinado ao conhecimento de determinado órgão jurisdicional. Em tudo aquilo que não lhe foi atribuído, um juiz, ainda que continuando a ter jurisdição, é incompetente".[1]

Em síntese, "competência é a medida da jurisdição, uma vez que determina e demarca o campo de atribuições dos órgãos que a exercem".[2]

---

1. Vicente Greco Filho, *Direito Processual Civil Brasileiro*, 7ª ed., v. I, p. 176.
2. José Frederico Marques, *Manual de Direito Processual Civil*, 12ª ed., v. I, p. 210.

A distribuição da competência entre diversos órgãos da jurisdição objetiva dar maior segurança à prestação jurisdicional, na medida em que é manifestamente inviável atribuir a um juízo único o poder de decidir a imensa gama de lides que assolam a vida em sociedade. Assim, é de todo aconselhável que cada lide seja decidida pelo órgão que tem maior aptidão para fazê-lo, e daí a distribuição de competência pelo legislador, pautando-se pelo princípio da especialidade.

Observamos, pois, que o legislador se utiliza de critérios na atribuição de competência para determinados órgãos jurisdicionais, em face da natureza das lides, e daí podermos cogitar da existência de Justiças especializadas (Justiça do Trabalho, Justiça Militar e Justiça Eleitoral), e o remanescente é da competência da Justiça Comum (competência residual). A Justiça Federal é também Justiça Comum, mas guarda um grau de especialidade em relação à Justiça Estadual Comum, na medida em que sua competência se pauta pelo critério da pessoa (art. 109 da CF).

2. Critérios determinativos da competência

Para a determinação da competência o legislador extrai elementos da própria lide, das funções que o juiz exerce no processo, ou elementos relacionados com o território. Na primeira hipótese dizemos que se trata de *competência objetiva*, no segundo caso, de *competência funcional*; e de *competência territorial* em relação ao último.

Por sua vez, a competência objetiva divide-se em: competência em razão da matéria (*ratione materiae* ou material), competência em razão da pessoa (*ratione personae*) e competência em razão do valor.

2.1 A competência objetiva da Justiça do Trabalho

2.1.1 Em razão da matéria (*ratione materiae*)

A competência material (*ratione materiae*) é aquela que decorre da natureza da lide em face do direito material ou da natureza da infração penal.

No que respeita à Justiça do Trabalho a competência material se encontrava estabelecida no art. 114 da Constituição Federal, e foi significativamente ampliada com a nova redação, atribuída pela EC 45/2004.

Essa Emenda Constitucional deu nova redação ao *caput* do art. 114 da Constituição, atribuindo-lhe nove incisos e dando nova redação aos § 2º e 3º – e daí podermos afirmar que, finalmente, a Justiça do Trabalho faz jus à própria denominação, pois sua competência material deixou de estar basicamente centrada na relação de emprego, abarcando, agora, todas as ações oriundas da relação de trabalho. Passa a abranger, portanto, o trabalho eventual, autônomo, voluntário e contratos de estágio, ficando apenas excepcionadas as relações mantidas com a Administração Pública direta e indireta (da União, dos Estados, Municípios e do Distrito Federal, incluindo respectivas autarquias e fundações), tendo em vista a liminar concedida pelo Presidente do STF nos autos da ADI 3.395-6, ajuizada pela Associação dos Juízes Federais (AJUFE), suspendendo "*ad referendum*, toda e qualquer interpretação dada ao inciso I do art. 114 da CF, na redação dada pela EC 45/2004, que inclua, na competência da Justiça do Trabalho, a 'apreciação de causas que sejam instauradas entre o Poder Público e seus servidores, a ele vinculados por típica relação de ordem estatutária ou de caráter jurídico-administrativo'". Referida decisão liminar foi confirmada no julgamento do mérito da ação, ocorrido em 5.4.2006, em votação unânime pelos ministros do Supremo Tribunal Federal.

Além disso, a nova redação recepcionou os dispositivos legais que já consagravam a competência da Justiça do Trabalho para dirimir conflitos decorrentes de relações de trabalho diversas da empregatícia, a exemplo dos litígios entre trabalhador avulso e seu tomador de serviços (art. 643 da CLT), entre trabalhador temporário e a empresa de trabalho temporário (art. 19 da Lei 6.019, de 1974), bem como aqueles decorrentes de contratos de empreitada, nos quais o empreiteiro é operário ou artífice (art. 652, III, da CLT).

Registre-se, ainda, que será competente a Justiça do Trabalho para dirimir as controvérsias entre empregadores e sindicatos profissionais nas hipóteses legais em que estes últimos figuram como substitutos processuais dos trabalhadores (art. 872, parágrafo único, e art. 195, § 2º, ambos da CLT), bem como nas hipóteses em que o sindicato, atuando em nome próprio, pleiteia a condenação no pagamento de contribuições assistenciais ou confederativas previstas em sentenças normativas (art. 114, VIII, da CF) ou acordos e convenções coletivas (art. 1º da Lei 8.984, de 1995), bem como ações sobre representação sindical, entre sindicatos, entre sindicatos e trabalhadores, e entre sindicatos e empregadores (art. 114, III, da CF), restando superada a restrição que se estabelecia na Lei 8.984/1995); e, ainda, ações de indenização por dano moral ou patrimonial decorrentes de relação de trabalho (art. 114, VI, da CF) e ações relativas às penalidades administrativas impostas aos empregadores pelos órgãos de fiscalização das relações de trabalho (art. 114, VII, da CF).

Em relação a estas últimas, que eram de competência da Justiça Federal, já podemos vislumbrar a ampliação do rol de possibilidades de mandados de segurança no âmbito da Justiça do Trabalho, cuja competência originária não é dos Tribunais, e sim das Varas do Trabalho.

Todavia, não é da Justiça do Trabalho a competência para processar e julgar demandas que envolvam acidentes do trabalho, consoante remansosa jurisprudência, que não foi superada com a EC 45/2004, salvo aquelas que envolvam pedido de reparação de dano em face do empregador ou tomador dos serviços.

Igualmente, entendemos que a Justiça do Trabalho não é competente para processar e julgar as demandas que decorrem de conflitos oriundos das relações de consumo, pois não são propriamente relações de trabalho. Isto porque se de um lado temos, por exemplo, um profissional liberal (fornecedor do serviço, tais como advogado, médico, arquiteto etc.), que pode reclamar o pagamento pelo serviço prestado, de outro, temos o consumidor que pode se opor ao pagamento, sob alegação de serviço mal executado (erro médico, por exemplo), pretendendo inclusive a devida reparação por meio da reconvenção, discussão que refoge ao âmbito de uma relação de trabalho; e neste sentido se posicionou o colendo Superior Tribunal de Justiça, por meio da Súmula 363: "Compete à Justiça Estadual processar e julgar a ação de cobrança ajuizada por profissional liberal contra cliente".

Finalmente, nenhuma dúvida deve pairar em relação à competência da Justiça do Trabalho para a ação de reintegração de posse, desde que decorrente da relação de trabalho, a exemplo do automóvel cedido ao empregado para a execução dos serviços ou do imóvel cedido ao zelador ou caseiro, quando aquele que detém a posse se recusa a devolvê--la após a rescisão do contrato.

• Súmula 15 do STJ: Compete à Justiça Estadual processar e julgar os litígios decorrentes de acidente do trabalho.

O art. 109 da Constituição exclui expressamente da competência da Justiça Federal as causas fundadas em acidente de trabalho, ainda que delas participe a União ou outro ente federal com exclusividade de foro naquela esfera judiciária, de sorte que a denunciação da lide a qualquer desses entes há de ser decidida pelo próprio juízo estadual, competente para julgar a ação principal. **(STJ, CComp 8.049--5-PE, Sálvio de Figueiredo)**

• Competência da Justiça do Trabalho – Complementação de pensão requerida por viúva de ex-empregado (Orientação Jurisprudencial, SDI, TST).

O direito pretendido emana do contrato de trabalho que existia entre as partes; logo, não há como afastar-se a competência desta Justiça Obreira para apreciar a matéria. **(TST, RR 67.112/93.9, Ac. 1ª T. 3.321/94, Lourenço Prado)**

- O direito à complementação de aposentadoria, vinculado ao contrato de trabalho, por encontrar-se inserido em seu contexto, atrai a competência da Justiça do Trabalho, pois é direito que dele, contrato de trabalho, se projeta. A terminação do contrato e a aposentadoria são os fatos geradores do direito. **(TST, ERR 2.855/89.0, Ac. SDI 2.845/94, Hylo Gurgel)**
- Em se tratando de obrigação decorrente do próprio contrato de trabalho, a competência é da Justiça do Trabalho para apreciar a lide. **(TST, ERR 3.670/82.3, Ac. SDI 2.623/94, José Calixto Ramos)**
- A reclamação, embora formulada por servidores aposentados, pretende o reconhecimento de parcelas referentes ao período em que estiveram em atividade e submetidos ao regime da CLT. Caso venham a ser reconhecidas, repercutem sobre os proventos. A natureza da pretensão é trabalhista e como tal deve ser processada e julgada pela Justiça especializada. **(STJ, CComp 6.710-3-PE, Jesus Costa Lima)**

2.1.2 Em razão da pessoa (*ratione personae*)

A competência em razão da pessoa (*ratione personae*) decorre da qualidade da parte, que exemplificamos com o fato de que as ações que envolvam a União, suas empresas públicas ou autarquias têm curso na Justiça Federal,[3] com exceção daquelas que decorrem da relação de emprego, envolvendo empregado e empregador.

Com a promulgação da Constituição Federal de 1988 a competência da Justiça do Trabalho deixou de sofrer restrições em face da qualidade de uma das partes. O próprio art. 114 da Carta Magna espanca todas as dúvidas neste sentido.

Qualquer pessoa jurídica, pública ou privada – inclusive os entes de direito público externo (embaixadas, consulados, organismos internacionais etc.) que contratem trabalhadores sob o regime da legislação trabalhista ou regime que não seja estatuto próprio, e que não se trate de cargo em comissão –, se sujeitará à jurisdição da Justiça do Trabalho.

Contudo, a competência para dirimir as controvérsias em relação aos entes de direito público externo não abarca a possibilidade de execução direta, tendo em vista a impenhorabilidade dos bens que guarnecem os consulados e embaixadas, sendo imprescindível a expedição de carta rogatória. E mesmo a competência para o processo de conhecimento depende de renúncia à imunidade de jurisdição, tendo

---

3. *Constituição Federal*: "Art. 109. Aos juízes federais compete processar e julgar: I – as causas em que a União, entidade autárquica ou empresa pública federal forem interessadas na condição de autoras, rés, assistentes ou oponentes, exceto as de falência, as de acidentes de trabalho e as sujeitas à Justiça Eleitoral e à Justiça do Trabalho; (...)".

em vista o disposto na Convenção de Viena (1961 e 1963), promulgada pelo Decreto 56.435, de 8.6.1965. Neste mesmo sentido, os Decretos 27.784, de 16.2.1950, e 52.288, de 24.7.1963, que promulgaram, respectivamente, a convenção que tratam dos privilégios e imunidades da Organização das Nações Unidas-ONU e de suas agências especializadas (Organização Internacional do Trabalho-OIT; Organização das Nações Unidas para a Educação, a Ciência e a Cultura-UNESCO; Fundo Monetário Internacional-FMI; Organização Mundial da Saúde-OMS; Programa das Nações Unidas para o Desenvolvimento-PNUD, entre outras), em que se estabelece a imunidade de jurisdição, salvo se houver expressa renúncia, em caso específico, a qual nunca poderá ocorrer na fase de execução.

Com efeito, não é crível que o art. 114 da Constituição Federal tenha rompido o princípio que proclama a "igualdade entre os Estados". Afinal, como bem lembra Valentin Carrion,[4] a Constituição anterior atribuía à Justiça Federal a competência genérica para julgar as ações em face de Estados estrangeiros (art. 122, II), e nunca se afirmou que o princípio não deveria subsistir – situação que não mudou com a promulgação da atual Carta Magna. A diferença é que agora a Justiça do Trabalho tem jurisdição para processar e julgar reclamações trabalhistas em face de Estado estrangeiro, inclusive para decidir sobre a preliminar de imunidade de jurisdição, restando superado a Súmula 83 do extinto Tribunal Federal de Recursos. Vale dizer, a Justiça do Trabalho tem competência para declarar se há ou não imunidade, o que poderá ocorrer quando não se tratar de atos negociais do agente estrangeiro ou quando houver renúncia expressa da imunidade do Estado-réu.

Contudo, o entendimento do Supremo Tribunal Federal é no sentido de que não há imunidade de jurisdição para o Estado estrangeiro em causas trabalhistas, consoante se infere da seguinte ementa de acórdão: "Estado estrangeiro – Reclamação trabalhista ajuizada por empregados de embaixada – Imunidade de jurisdição – Caráter relativo – Reconhecimento da jurisdição doméstica dos juízes e tribunais brasileiros" (1ª R., AgRg 139.671.8-DF, Celso de Mello).

Ainda, à guisa de ilustração, cumpre-nos a transcrição das seguintes ementas de jurisprudência:

• Ação trabalhista ajuizada por professora universitária contra fundação federal, visando à sua promoção para a classe de professor titular; como sobreveio

---

4. *Comentários à Consolidação das Leis do Trabalho*, 25ª ed., p. 978.

modificação no seu *status* jurídico, posto que a partir da Lei n. 8.112/90 passou à condição de funcionária pública, falece a esta Justiça competência para apreciar a matéria, nitidamente de natureza administrativa. **(TST, RR 90.135/93.2, Ac. 4ª T. 3.432/94, Rider Nogueira de Brito)**

• A suposta violação ocorreu no período em que os reclamantes ainda eram celetistas. Portanto, até a mudança do Regime Jurídico Único com o advento da Lei n. 8.112, de 12.12.1990, há a competência residual da Justiça do Trabalho, pois, nos termos do art. 114 da CF, em se tratando de servidor público que pleiteia reajustes salariais da época em que vigia o regime celetista, é competente a Justiça do Trabalho para julgar os dissídios originários dessa relação. Ademais, o excelso STJ corroborou com este entendimento através da edição da Súmula n. 97 – *DJU* 10.3.1994. **(TST, RR 88.708/93.4, Ac. 4ª T. 2.912/94, Galba Velloso)**

• Compete à Justiça do Trabalho apreciar reclamatória quando a pretensão deduzida refere-se a período anterior ao Regime Jurídico Único advindo da Lei n. 8.112/90. **(STJ, CComp 5.386-2-RJ, reg. 93.0019471-2, Anselmo Santiago)**

• Quando a inicial narra relação trabalhista a competência para processar e julgar é da Justiça do Trabalho. Irrelevante figurar, em um dos polos do vínculo processual, pessoa jurídica de direito público. **(STJ, CComp 6.884-3-PE, reg. 93.0033306-3, Luiz Vicente Cernicchiaro)**

• Embora o STF tenha considerado inconstitucionais as alíneas "d" e "e" do art. 240 da Lei n. 8.112/90, permanece a competência residual da Justiça do Trabalho nas hipóteses em que os pleitos formulados na ação sejam oriundos do extinto contrato de trabalho existente entre as partes. **(TRT/PA, RO 2.283/93, Ac. 1ª T. 2.247/94, Haroldo Alves)**

• A Justiça do Trabalho é incompetente, em razão da pessoa, para julgar as ações ajuizadas entre o Poder Público e o servidor que lhe seja vinculado por relação jurídico-estatutária, entendida esta como a relação de cunho jurídico-administrativo originada de investidura em cargo efetivo ou em cargo em comissão. **(TRT-6, RO 948542010506 PE 0000948-54.2010.5.06.0371, Rogério Freyre Costa)**

2.1.3 Em razão do valor

Finalmente, a *competência em razão do valor* pauta-se pelo critério do valor da causa, cujos exemplos encontramos nos Juizados Especiais de Causas Cíveis e nas Varas Distritais da Justiça Comum dos Estados,[5] e que na Justiça do Trabalho carece de maior relevância. Isto porque o critério do valor da causa presta-se a estabelecer, na Justiça do

5. Os Juizados Especiais de Causas Cíveis têm competência para julgar as causas cujo valor não exceda a 40 vezes o salário-mínimo, nos termos do art. 3º, I, da Lei 9.099, de 1995.

No Estado de São Paulo os juízes de direito das Varas Distritais da comarca da Capital têm competência para o julgamento de ações cíveis e comerciais cujo valor não exceda a 50 vezes o salário-mínimo quando o réu for domiciliado no território do juízo, ou quando versarem sobre imóveis situados no Distrito ou Subdistrito, bem como as conexas de qualquer valor, por força do art. 26, I, "a", da Resolução de 29.12.1971 do Tribunal de Justiça.

Trabalho, se a demanda deve seguir pelo rito sumariíssimo (Lei 9.957, de 2000 – valor até 40 salários-mínimos) ou se estamos diante de uma demanda trabalhista de alçada exclusiva da Vara do Trabalho, nos termos da Lei 5.584, de 1970 (demanda cujo valor não supera 2 salários-mínimos).

Com efeito, nas hipóteses em que o valor da causa não exceder o dobro do salário-mínimo não se admitirá qualquer tipo de recurso da sentença prolatada em primeira instância, salvo se a discussão envolver matéria constitucional (art. 2º, § 4º, da Lei 5.584, de 1970), hipótese em que caberá recurso extraordinário (Súmula 640 do STF).

Além disso, as demandas sujeitas ao rito sumariíssimo deverão observar com maior intensidade a concentração das provas em audiência e a celeridade processual. Em síntese, o valor da causa, na Justiça do Trabalho, não é critério determinativo de competência, pois todas as Varas do Trabalho têm a mesma competência funcional.

2.2 Competência funcional

A *competência funcional*[6] é aquela que se estabelece com base nas funções exercidas pelo juiz no processo. Os juízes do trabalho possuem a competência funcional disciplinada, basicamente, no art. 659 da Consolidação das Leis do Trabalho.

A doutrina costuma mencionar três espécies de competência funcional:

2.2.1 Competência funcional por graus de jurisdição

A lei disciplina a competência para julgamento das ações dentre os órgãos do Poder Judiciário, que são escalonados em graus, estabelecendo que devem ser ajuizadas perante os órgãos de primeiro grau de jurisdição (juízos de direito ou Varas, Varas do Trabalho, juízes federais), com direito a recurso perante os órgãos de segunda instância (tribunais). No entanto, há casos em que a lei suprime determinadas demandas dos juízos de primeiro grau, estabelecendo a *competência originária* dos tribunais (órgãos de segunda instância), e dentre elas podemos citar as ações rescisórias e mandados de segurança contra atos de juízes de primeira instância, e até mesmo a competência normativa

---

6. *Código de Processo Civil*: "Art. 93. Regem a competência dos tribunais as normas da Constituição da República e de organização judiciária. A competência funcional dos juízes de primeiro grau é disciplinada neste Código".

dos Tribunais Regionais do Trabalho e do Tribunal Superior do Trabalho, em dissídios coletivos (art. 114, § 2º, da CF). Trata-se de competência também denominada *hierárquica* – denominação absolutamente imprópria, na medida em que não se vislumbra hierarquia entre os diversos órgãos do Poder Judiciário.[7]

2.2.2 Competência funcional por fase do processo

Dizemos que a competência se dá por fase do processo quando decorre de algum ato praticado pelo próprio juiz ou quando decorre de um processo anterior no qual tenha funcionado determinado juiz. São exemplos desse tipo de competência: aquela que decorre do *princípio da identidade física do juiz*, ou seja, o juiz que iniciou a instrução deve concluir o julgamento (art. 132 do CPC revogado);[8] a competência por prevenção do juízo (art. 59 do CPC/2015).

No que respeita à competência funcional que se estabelece em decorrência da fase processual, mencionamos, à guisa de ilustração, as seguintes ementas de jurisprudência:

• É competente para o processo de execução o órgão judicante que proferiu a sentença exequenda. A alteração na organização judiciária não afeta a competência na espécie, visto que os atos de execução foram iniciados pela JCJ que proferiu a decisão. **(TST, CComp 76.795/93.1, Ac. SDI 1.147/94, Guimarães Falcão)**
• A teor do art. 87 do CPC, a competência se firma no instante da propositura da ação. Logo, ainda que pouco antes do início da execução da sentença venha ser criada nova Junta de Conciliação e Julgamento, com competência territorial sobre o local em que o laborista prestava serviços, persiste sendo da competência da MM. JCJ prolatora da decisão exequenda a condução do respectivo processo de execução. **(TST, CComp 82.982/93.6, Ac. SDI 3.517/93, Vantuil Abdala)**
• Conflito negativo de competência. Anulação da sentença. *Perpetuatio Jurisdictionis*. Uma vez distribuída a reclamação trabalhista, o juízo suscitado tornou-se o juízo natural para apreciação da lide. A anulação, em segunda instância, da sentença inicialmente ali proferida não tem o condão de modificar a competência fixada no momento da distribuição do feito. Incidência do art. 43 do CPC. Declarada a competência do Juízo suscitado. **(TRT-6, Tribunal Pleno, CC 0000602-42.2016.5.06.0000, Gisane Barbosa de Araujo, j. 8.11.2016)**
• Conflito negativo de competência. Pedidos reiterados. Prevenção. Constatando que a primeira ação foi extinta sem resolução de mérito e que os pleitos nela formulados foram reiterados na segunda ação, reconhece-se a prevenção, com base no inciso II do art. 286 do CPC/2015. **(TRT-18, Tribunal Pleno, CC 0010442-43.2016.5.18.0000 GO, Aldon do Vale Alves Taglialegna, j. 30.9.2016)**

---

7. O próprio legislador fez menção à competência em razão da hierarquia no art. 111 do Código de Processo Civil.
8. Referido princípio não foi reproduzido no CPC/2015.

2.2.3 Competência funcional por objeto do juízo

Trata-se de competência que decorre do tipo de julgamento que deve ser proferido, e ocorre quando numa única decisão funcionam dois órgãos jurisdicionais. Exemplo clássico deste tipo de competência é aquele que encontramos no processo penal em relação ao Tribunal do Júri. E isto porque os jurados resolvem as questões de fato, respondendo aos quesitos formulados pelo juiz togado, no que respeita à materialidade e autoria do crime, circunstâncias agravantes etc., e compete ao juiz togado a aplicação da pena, com observância da manifestação dos jurados. Não se verifica essa modalidade de competência funcional na Justiça do Trabalho.

2.3 Competência territorial ("ratione loci")

Por último, a *competência territorial* (*em razão do lugar* ou *"ratione loci"*), também conhecida como *competência de foro*,[9] é, nas palavras de José Frederico Marques, uma espécie de competência material, na medida em que "a fixação da sede do litígio ou causa se opera tendo em vista elementos destes".[10]

De qualquer sorte, não parece ser esta a posição do legislador, tanto que o Código de Processo Civil se apresenta de forma detalhada no que respeita à competência territorial. E, como veremos adiante, do ponto de vista didático é aconselhável separar a competência territorial da material, já que a primeira é relativa e a segunda é absoluta.

Nosso Código de Processo Civil disciplina a competência territorial, quando estabelece os seguintes critérios: a) domicílio do autor da herança (art. 48 do CPC/2015); b) local em que está situado o imóvel, nas ações a ele relativas (art. 47 do CPC/2015); c) local em que ocorreu o fato ou foi praticado o ato (art. 53, IV e V, do CPC/2015).

Em relação à competência territorial, inexistindo critério específico na lei, prevalecerá sempre o local do domicílio do réu (art. 46 do CPC/2015).[11]

---

9. O *foro* é o limite territorial onde o juiz exerce a jurisdição. Na Justiça Estadual o foro de cada juiz é denominado *comarca*, enquanto na Justiça Federal comum recebe a denominação de *seção judiciária*.

10. *Manual...*, 12ª ed., v. I, p. 213.

11. Para maiores detalhes sobre a competência territorial, v. arts. 94-101 do Código de Processo Civil.

Finalmente, no *processo do trabalho* também se cogita da *competência em razão do lugar*, que se encontra disciplinada pelo art. 651 da Consolidação das Leis do Trabalho,[12] pautando-se, em linhas gerais, pelo local da prestação dos serviços. A jurisprudência que abaixo transcrevemos bem elucida a questão:

• A competência em razão do local no processo trabalhista se rege, como regra genérica, pelo lugar da prestação do serviço. Todavia, na hipótese de ter havido vários locais de trabalho a lei – § 3º do art. 651 da CLT – faculta ao empregado ajuizar a reclamação onde lhe for mais fácil. Isto é, pode propor a ação no foro da celebração do contrato ou no da prestação do serviço, visto que a regra sobre o foro da ação, na Justiça do Trabalho, se destina a beneficiar o empregado e não o empregador. **(TST, RR. 33.482/91.9, Ac. 3ª T. 4.443/93, Francisco Fausto)**

• Em se tratando de empregador que promova a realização de atividades fora do lugar do contrato de trabalho, é assegurado ao empregado apresentar reclamação no foro da celebração do contrato ou no da prestação dos respectivos serviços. A inteligência do texto legal revela a existência de uma faculdade do empregado de escolher o foro para apresentar a reclamação. A interpretação da lei deve observar os fins sociais a que ela se destina. Se o trabalhador prestou serviços em diversas localidades, pode, no uso da prerrogativa legal, ajuizar a reclamação no foro de sua residência atual, desde que nele haja prestado os respectivos serviços. **(TST, CComp 82.090/93.9, Ac. SDI 1.146/94, Guimarães Falcão)**

• O reclamante, ao optar por um dos locais de prestação de serviço, uma vez que esta se deu em vários, o faz tendo em vista o escopo do art. 651-CLT, que é facilitar o ajuizamento ao hipossuficiente. **(TST, CComp 74.786/93.1, Ac. SDI 1.827/94, Armando de Brito)**

• Em se tratando de empregador que promova a realização de atividades fora do lugar do contrato de trabalho, é assegurado ao empregado o direito de reclamar em qualquer das localidades onde haja prestado serviços. **(TST, ERR 5.303/87.0, Ac. SDI 2.981/94, Guimarães Falcão)**

• A opção concedida ao empregado prevista no § 3º do art. 651 consolidado é devida, ainda que o foro escolhido não tenha sido o último local da prestação dos

---

12. "Art. 651. A competência das Varas do Trabalho é determinada pela localidade onde o empregado, reclamante ou reclamado, prestar serviços ao empregador, ainda que tenha sido contratado noutro local ou no Estrangeiro.

"§ 1º. Quando for parte no dissídio agente ou viajante comercial, a competência será da Vara ou localidade em que a empresa tenha agência ou filial e a esta o empregado esteja subordinado e, na falta, será competente a Vara da localização em que o empregado tenha domicílio ou a localidade mais próxima.

"§ 2º. A competência das Varas do Trabalho, estabelecida neste artigo, estende-se aos dissídios ocorridos em agência ou filial no Estrangeiro, desde que o empregado seja brasileiro e não haja convenção internacional dispondo em contrário.

"§ 3º. Em se tratando de empregador que promova realização de atividades fora do lugar do contrato de trabalho, é assegurado ao empregado apresentar reclamação no foro da celebração do contrato ou no da prestação dos respectivos serviços."

serviços. A regra geral para a fixação da competência, no processo trabalhista, é a da prestação dos serviços, isso porque – entendimento contrário – se estaria propiciando ao empregador quase que a totalidade do direito de escolha do foro, já que é este detentor, em tese, do direito de transferência do empregado. **(TST, RO-MS 85.676/93.1, Ac. SDI 2.248/94, Francisco Fausto)**

• A regra inserida no § 3º do art. 651 da CLT deve ser observada quando o empregado, que prestava serviços em vários locais onde a empresa mantinha atividades, ajuíza ação na cidade onde residia e na qual estava localizada a sede da empresa e onde provavelmente foi firmado o contrato. **(TST, CComp 107.651/94.8, Ac. SDI 2.817/94, Afonso Celso)**

• É competente a Justiça Brasileira para dirimir conflitos trabalhistas entre trabalhadores contratados no país para prestar serviços no Estrangeiro. **(TST, CComp 48.367/92.8, Ac. SDI 1.224/94, Afonso Celso)**

• Recurso de revista. Viajante comercial. Competência territorial. Art. 651, § 1º, da CLT. 1. Em regra, a competência territorial trabalhista é determinada pela localidade onde o empregado prestar serviços ao empregador, ainda que tenha sido contratado noutro local ou no estrangeiro (CLT, art. 651, *caput*). Tratando-se de dissídio em que a parte é viajante comercial aplica-se a exceção prevista do § 1º do art. 651 da CLT, hipótese em que a competência da Vara do Trabalho será a da localidade em que a empresa tenha agência ou filial e, na falta desta, da Vara da localidade em que o empregado tenha domicílio. 2. Na espécie, a Corte de origem manteve a sentença que acolheu a exceção de incompetência em razão do lugar e determinou a remessa dos autos para uma das Varas do Trabalho de Chapecó/SC, local em que o reclamante prestou serviços e estava subordinado, além de ser o local onde reside sua família e estão seus negócios. 3. A decisão do Tribunal Regional foi proferida em observância à regra específica contida no art. 651, § 1º, da CLT, não havendo margem para divisar violação do art. 651, § 3º, da CLT, notadamente porque a opção concedida ao empregado de ajuizar a reclamação trabalhista no foro da celebração do contrato de trabalho ou no local da prestação dos serviços deve ser interpretada de forma sistêmica com o *caput* e § 1º do art. 651 da CLT. Recurso de revista de que não se conhece. **(TST, 1ª T., RR 10868420125040022, Walmir Oliveira da Costa, j. 17.2.2016)**

• Recurso de revista. Competência em razão do lugar (art. 651, CLT). Prestação de serviços fora do local da contratação para empregador que tem atividades em distintas localidades (art. 651, § 3º, CLT). Esta Corte tem entendido que o Reclamante somente pode optar pelo ajuizamento da demanda no local de seu domicílio desde que coincida com o local da contratação ou da prestação de serviços. No caso concreto, observa-se das informações descritas no acórdão recorrido que o Reclamante prestou serviços na cidade do Rio de Janeiro/RJ e ajuizou a reclamação trabalhista na cidade de Juiz de Fora/MG, local da celebração do contrato de trabalho e foro de sua residência. O TRT de origem, reformando a sentença, entendeu que a competência territorial é da 2ª Vara do Trabalho do local da contratação do Obreiro (Juiz de Fora/MG). Ademais, ficou registrado no acórdão recorrido que o Reclamante laborou em prol do 1º Reclamado em diversos Estados. Tal circunstância revela que a atividade econômica do 1º empregador alcançava distintos pontos do território nacional, autorizando a incidência da exceção perfilada pelo art. 651, § 3º, da CLT (foro da celebração do contrato ou da prestação de serviços). Assim, não há como se alterar o acórdão recorrido, tendo em vista que, de seu detido cotejo com as razões de recurso, conclui-se não haver a demonstração de jurisprudência dissonante específica sobre o tema, de interpretação divergente de normas regulamentares ou de violação direta de dispositivo de lei federal ou da Constituição da República, nos moldes do art. 896 da CLT. Recurso de revista não conhecido. **(TST, 3ª T., RR 8814020125030036, Mauricio Godinho Delgado, j. 19.11.2014)**

A exceção de incompetência territorial está regulada no art. 800 e parágrafos da CLT. Deve ocorrer antes da audiência, em peça própria, apresentada no prazo de cinco dias a contar da citação do réu. Protocolada a peça, será suspenso o processo e não se realizará a audiência até que se decida a exceção. Os autos serão imediatamente conclusos ao juiz, que intimará o reclamante e, se existentes, os litisconsortes, para manifestação no prazo comum de cinco dias. Se entender necessária a produção de prova oral, o juízo poderá designar audiência, garantindo o direito de o excipiente e de suas testemunhas serem ouvidos, por carta precatória, no juízo que este houver indicado como competente. Decidida a exceção de incompetência territorial, o processo retomará seu curso, com a designação de audiência, a apresentação de defesa e a instrução processual perante o juízo competente.

Das decisões sobre exceções de incompetência, salvo, se terminativas do feito, não caberá recurso, podendo, no entanto, as partes alegá-las novamente no recurso que couber da decisão final (art. 799, § 2º, da CLT e Súmula 214 do TST).

3. Competência absoluta e competência relativa

Dizemos que a competência é absoluta quando não pode ser modificada pela vontade das partes ou por fatos processuais como a conexão ou a continência, conforme art. 62 do CPC/2015, enquanto a competência relativa pode ser prorrogada ou derrogada pela vontade das partes (cláusula contratual) ou pela inércia do réu, ao deixar de alegá-la em preliminar da contestação (art. 337, II, do CPC) ou, no processo do trabalho, em relação à incompetência territorial, por meio de exceção.

A competência absoluta pode e deve ser conhecida pelo juízo de ofício, ou seja, independentemente de provocação da parte, e sua inobservância poderá acarretar a nulidade do processo.[13]

São exemplos de competência absoluta a competência em razão da matéria, em razão da pessoa e a funcional. Assim, numa ação de des-

---
13. Súmula 33 do Superior Tribunal de Justiça: "A incompetência relativa não pode ser declarada de ofício".

pejo que seja ajuizada perante a Justiça do Trabalho, o juiz do trabalho deverá reconhecer sua incompetência, independentemente de alegação da parte contrária, na medida em que se trata de competência *ratione materiae*; e o mesmo poderíamos dizer de uma ação trabalhista que fosse ajuizada perante Vara da Fazenda Pública.

Por outro lado, são exemplos de competência relativa a competência territorial e aquela que diz respeito ao valor da causa. Isto porque, no processo comum, serão prorrogadas se o réu não as alegar em preliminar de contestação (art. 64 do CPC/2015), mas também poderão ser derrogadas pela vontade das partes, nos casos de foro de eleição ou modificadas pela continência ou conexão (art. 54 do CPC/2015).

Quanto ao processo do trabalho é importante assinalar que a alegação de incompetência absoluta deve ser apresentada em audiência, e que não se admite o foro de eleição no direito do trabalho, já que incompatível com o princípio da proteção ao trabalhador. Todavia, devemos lembrar que a competência em razão do valor pode se modificar em favor de um juiz que tem competência para causas de maior valor, nunca podendo ocorrer o inverso. Mas referido critério não existe no âmbito da Justiça do Trabalho, já que não existem Varas especializadas, vale dizer, todas as Varas do Trabalho possuem a mesma competência funcional, conforme já mencionado anteriormente.

Oportuna, ainda, é a observação de que a coisa julgada pode sanar o vício da incompetência absoluta, e isto porque, ao contrário do que se poderia imaginar, a sentença prolatada por juiz absolutamente incompetente produz efeitos e não prescinde da anulação por meio do remédio processual cabível. Nas sentenças prolatadas com vistas à solução de lides não penais a anulação no caso de incompetência absoluta do juiz poderá se dar no prazo de dois anos após o trânsito em julgado, com o ajuizamento de ação rescisória (art. 966, II, c/c o art. 975, do CPC/2015), enquanto no processo penal o remédio cabível será a revisão criminal, nos termos do art. 621 do Código de Processo Penal, havendo quem admita o *habeas corpus*, com fundamento no art. 648, III, do Código de Processo Penal.[14]

Finalmente, afirmamos que incompetência mencionada no art. 795, § 1º, da Consolidação das Leis do Trabalho ("Deverá, entretan-

---

14. A revisão criminal só cabe quando a sentença for condenatória. É o que se infere do art. 621, I, do Código de Processo Penal. Assim, não se admitirá a revisão criminal em favor do Ministério Público ou do querelado quando a sentença prolatada por juiz absolutamente incompetente tenha absolvido o réu.

to, ser declarada *ex officio* a nulidade fundada em incompetência de foro...."), não é a incompetência em razão do lugar – conclusão que se poderia extrair de uma interpretação literal do texto consolidado. Trata--se, na verdade, de incompetência em razão da matéria ou funcional – e, portanto, absoluta.

X
A AÇÃO TRABALHISTA

1. Conceito de ação. 2. Natureza jurídica da ação. 3. Condições da ação: 3.1 Legitimidade das partes – 3.2 Interesse processual. 4. Carência de ação: 4.1 Jurisprudência. 5. Elementos da ação: 5.1 Notas introdutórias – 5.2 Partes – 5.3 Causa de pedir ("causa petendi") – 5.4 Pedido ("petitum"). 6. Inépcia da petição inicial: 6.1 Jurisprudência. 7. Classificação das ações: 7.1 Ações individuais – 7.2 Ações coletivas.

1. Conceito de ação

Ação[1] é o direito público subjetivo de pleitear a tutela jurisdicional do Estado-juiz. Trata-se de direito autônomo, na medida em que não depende da existência do direito material e, ao mesmo tempo, instrumental, porquanto sua finalidade é o julgamento de uma pretensão de direito material.

2. Natureza jurídica da ação

Após vários estudos, a doutrina dominante (inclusive processualistas brasileiros contemporâneos) entendeu que a ação tem a natureza jurídica de *direito público subjetivo*, direito que é exercido contra o Estado, não obstante vá produzir efeitos na esfera jurídica de outra pessoa (o réu).

Na verdade, o que se dirige contra o réu é a pretensão de direito material, e não a ação, que será sempre voltada contra o Estado.

1. As denominações *demanda* e *causa* são usadas como sinônimo de *ação*.

3. Condições da ação

O direito de ação é dividido em dois planos: o plano do direito constitucional e o do direito processual.

No plano constitucional o direito de ação se apresenta de forma genérica no art. 5º, XXXV, da Constituição Federal ("a lei não excluirá da apreciação do Poder Judiciário lesão ou ameaça a direito"), e se confunde com o princípio da indeclinabilidade da jurisdição.

Todavia, no plano processual verificamos que o direito de ação não é incondicionado e genérico, mas conexo a uma pretensão. E daí o fato de que seu exercício está condicionado a determinados requisitos, ligados à pretensão, e que chamamos *condições da ação*, quais sejam: legitimidade das partes e interesse processual, nos termos do art. 485, VI, do Código de Processo Civil/2015, cumprindo assinalar que a possibilidade jurídica do pedido deixou de integrar o rol de condições da ação, a partir da vigência do atual Código de Processo Civil – o que nenhum significado terá na órbita processual trabalhista, pois já desconhecíamos situação de impossibilidade jurídica do pedido no processo do trabalho, mesmo na vigência do Código de Processo Civil anterior.

3.1 Legitimidade das partes

Trata-se de condição também denominada *legitimatio ad causam* ou legitimação para a causa, e diz respeito à pertinência subjetiva da ação, ou seja, a regularidade do poder de demandar de uma determinada pessoa sobre determinado objeto (legitimação ativa) ou daquele que deve responder a determinada postulação judicial (legitimação passiva).

Em princípio, só pode propor a ação aquele que se diz titular do direito material discutido em juízo, salvo os casos de legitimação extraordinária (substituição processual) expressamente previstos em lei.

Assim, na esfera da Justiça do Trabalho serão partes legítimas o trabalhador, quando postula direitos decorrentes da relação de trabalho, bem como os dependentes do empregado, habilitados perante a Previdência Social (Lei 6.858, de 1980) ou, na falta destes, os herdeiros nos termos da legislação civil. Também não se podem olvidar as hipóteses em que o sindicato da categoria profissional propõe ação perante a Justiça do Trabalho, na condição de substituto processual, a exemplo das hipóteses indicadas nos arts. 195, § 2º, e 872, parágrafo único, da Consolidação das Leis do Trabalho.

Todavia, a legitimidade também deve se verificar no polo passivo da relação jurídica processual. O autor deve estar legitimado para agir em relação ao objeto da demanda e deve ajuizá-la em face do outro polo da relação jurídica discutida – ou seja, o réu deve ser aquele que, por força da ordem jurídica material, deve suportar as consequências da demanda. Vale dizer, o réu na ação trabalhista deve ser o empregador, o empreiteiro principal (art. 455 da CLT), o tomador dos serviços, o sucessor (arts. 10 e 448 da CLT), a massa falida do empregador (art. 449 da CLT) e, a critério do empregado, até mesmo as empresas integrantes do mesmo grupo econômico do empregador (art. 2º, § 2º, da CLT).

3.2 Interesse processual

O interesse processual (ou interesse de agir, como prefere parte da doutrina) traduz a necessidade de se recorrer ao Poder Judiciário para obtenção do resultado pretendido, independentemente da legitimidade ou legalidade da pretensão.

O interesse de agir (processual) pressupõe a lesão de um interesse substancial e a idoneidade (adequação) do provimento pleiteado para protegê-lo e satisfazê-lo. Assim, o empregado careceria de interesse processual na hipótese de postular o pagamento de verbas rescisórias na vigência do contrato de trabalho, o gozo de férias antes do vencimento do prazo concessório de que trata o art. 134 da Consolidação das Leis do Trabalho, o pagamento das verbas rescisórias antes do vencimento do prazo legal concedido ao empregador nos termos do art. 477 do diploma consolidado etc. Também há falta de interesse processual quando o empregado não promove a tentativa de solução extrajudicial do conflito de trabalho por meio da comissão de conciliação prévia, quando existente referido órgão (art. 625-D da CLT).

Igualmente, inexistiria o interesse processual se o empregado ajuizasse ação de reintegração de posse que objetivasse a reintegração no emprego ou pagamento de algum direito trabalhista, haja vista a falta de adequação.

Todavia, entendemos que referida condição deve estar presente na ocasião da apreciação judicial, e não necessariamente no momento do ajuizamento da demanda. Não há razão lógica para que uma reclamação trabalhista objetivando a quitação de verbas rescisórias, ajuizada antes do decêndio legal (art. 477, § 6º, "b", da CLT), seja extinta sem resolução do mérito se na data de realização da audiência o prazo já se encontra expirado, sem que o empregador tenha cumprido a obrigação legal. E o mesmo se diga da ausência de tentativa de solução extrajudicial do conflito, já que a atuação jurisdicional (arts. 846 e 850, CLT) supre a exigência legal.

4. Carência de ação

A falta de qualquer condição mencionada no item anterior implica carência de ação e extinção do processo sem resolução do mérito (art. 485, VI, do CPC).

Decretada a carência da ação, o reclamante, por consequência, suportará as custas do processo, tendo em vista a aplicação subsidiária do art. 82, § 2º, do Código de Processo Civil/2015. No entanto, o trabalhador não deve ser condenado no pagamento dos honorários do advogado da parte contrária, na medida em que não ocorre sucumbência nesta hipótese. Igualmente, entendemos que não incide no processo trabalhista o disposto no art. 92 do diploma processual civil, segundo o qual o autor não pode intentar novamente a ação sem pagar ou depositar em cartório as despesas e os honorários em que foi condenado. Por esse motivo, entendemos indevida a alteração promovida pela Reforma Trabalhista que condena o reclamante injustificadamente ausente à audiência em custas, ainda que beneficiário da justiça gratuita, e condiciona a propositura de nova demanda ao pagamento dessas custas (CLT, art. 844, §§ 2º e 3º), por manifesta afronta ao art. 5º, incisos XXXV e LXXIV, ambos da Constituição da República, que aludem ao princípio da inafastabilidade da jurisdição e à justiça gratuita aos que não possuem recursos financeiros. Portanto, entendemos que sempre será devida a dispensa do pagamento de custas se o trabalhador for beneficiário da justiça gratuita (art. 790-A, *caput*, da CLT).

4.1 Jurisprudência

• Não há ilegitimidade passiva *ad causam* da reclamada, não se podendo falar em carência de ação, sendo certo que a autora pretende eventuais direitos decorrentes de um vínculo de emprego havido com a MGS e cujo contrato de trabalho foi regido pela CLT até o advento da Lei n. 10.254/90. **(TST, RR 87.221/93.6, Ac. 4ª T. 2.700/94, Galba Velloso)**

• Condição da ação – Ilegitimidade de parte – Ausência de preclusão – Art. 267, § 3º, do CPC. Proposta a questão sobre a ilegitimidade de parte, não pode o tribunal eximir-se de apreciá-la, sob alegação de preclusão, sendo-lhe mesmo possível apreciá-la de ofício. **(TST, RR 84.704/93.6, Ac. 1ª T. 1.670/94, Ursulino Santos)**

• Não há ilegitimidade passiva da ora reclamada, não se podendo falar em carência de ação, sendo certo que a autora pretende eventuais direitos decorrentes de um vínculo de emprego havido com a Credireal e cujo contrato de trabalho foi regido pela CLT até o advento da Lei n. 10.254/90. **(TST, RR 87.125/93.0, Ac. 4ª T. 2.699/94, Galba Velloso)**

• Carência de ação – Ilegitimidade de parte. As condições da ação são aferidas a partir dos fatos narrados na inicial, ou seja, importa a tese da autora e não a correspondência entre esta e a realidade, a qual será analisada no mérito. Sendo assim, o fato de a autora dirigir sua pretensão em face das rés, por si só, já as legitimam a figurar no polo passivo da ação (Teoria da Asserção). **(TRT-24, 1ª Turma, 0025500232014524002**2**, Nicanor de Araujo Lima)**

5. Elementos da ação

5.1 Notas introdutórias

Cada ação distingue-se das demais por certos elementos que a identificam, quais sejam: partes, causa de pedir e pedido.

Quando os elementos identificadores supramencionados coincidem dizemos que as ações são idênticas ou que houve repetição da mesma ação.

O problema da identificação das ações tem importância fundamental para dois institutos: a litispendência e a coisa julgada material.

Existe *litispendência* quando se repete ação que está em curso; e há *coisa julgada* quando se repete ação que já foi julgada, e de cuja decisão não caiba recurso (art. 337, § 1º, do CPC/2015).

A jurisdição, quando provocada e esgotada, atua apenas uma vez, resolvendo definitivamente a lide, sendo proibida a repetição da causa. Ocorrendo qualquer das hipóteses – litispendência ou coisa julgada –, a demanda repetida deve ser julgada extinta sem resolução do mérito, porque são fatos impeditivos do prosseguimento do processo (art. 485, V, do CPC/2015).

É importante observar que no âmbito da Justiça do Trabalho é comum a formulação de inúmeros pedidos na mesma petição inicial, e a cada pedido corresponde, tecnicamente, uma ação. Assim, poderá haver litispendência ou coisa julgada em relação a um ou alguns dos pedidos e prosseguir o processo em relação aos demais.

5.2 Partes

As partes (autor e réu) constituem o sujeito ativo e o sujeito passivo do processo. É quem pede e contra quem se pede o provimento jurisdicional.

Geralmente, autor será o trabalhador (denominado *reclamante*), e réu o empregador, tomador dos serviços, empreiteiro, sucessor do empregador, massa falida etc. (denominado *reclamado*), designações que derivam da expressão *reclamação* – usada pelo legislador para indicar a *ação trabalhista* (arts. 837 e ss. da CLT). Nada obsta, todavia, a que o empregador seja o autor da ação, tal como numa ação rescisória, inquérito judicial para apuração de falta grave, ação de consignação em pagamento etc.

Para a identificação das partes não é suficiente a identificação das pessoas. Vale dizer, é preciso verificar a qualidade na qual alguém, de fato, esteja litigando.

Uma mesma pessoa poderá litigar com qualidades diferentes: em nome próprio, no interesse próprio; em nome próprio, sobre direito alheio, como substituto processual; em nome alheio, sobre direito alheio, como representante de outrem.

Assim, por exemplo, se o sindicato da categoria profissional propõe reclamação trabalhista postulando, na condição de substituto processual (art. 195, § 2º, da CLT), o adicional de insalubridade a um grupo de associados e, posteriormente, um dos associados substituídos ingressa com ação trabalhista individualmente, com idêntico pedido de adicional de insalubridade, certamente haverá litispendência. Observa-se que a identidade de partes não é meramente física, mas jurídica.

5.3 Causa de pedir *("causa petendi")*

O segundo elemento da ação é a causa de pedir que, nos ensinamentos de Liebman, traduz-se no fato jurídico que o autor coloca como fundamento de sua demanda. É o fato do qual surge o direito que o autor pretende fazer valer ou a relação jurídica da qual aquele direito deriva.

O direito processual brasileiro adota a teoria da substanciação, em detrimento da teoria da individuação.[2] E isto porque a causa de pedir é constituída do elemento fático e da qualificação jurídica que dele decorre. Abrange, portanto, a causa de pedir próxima e a causa de pedir remota.

A causa de pedir próxima são os fundamentos jurídicos que justificam o pedido, e a causa de pedir remota são os fatos constitutivos.

Assim, numa reclamação trabalhista o reclamante deve apontar, na petição inicial, a relação jurídica de emprego (vínculo empregatício), bem como descrever os fatos que geraram o direito às parcelas que menciona (art. 840 da CLT). Por outro lado, a jurisprudência revela

---

2. Na teoria da individuação bastaria a afirmação da relação jurídica fundamentadora do pedido para a caracterização da ação.

uma certa condescendência quando se trata de pedido de adicional de insalubridade, já que a prova técnica decorre de imperativo legal, e não se pode exigir que o reclamante decline, desde logo, todos os agentes insalubres que se fazem presentes na sua atividade laboral, entendimento cristalizado na Súmula 293 do TST: "A verificação mediante perícia da prestação de serviços em condições nocivas, considerado agente insalubre diverso do apontado na inicial, não prejudica o pedido de adicional de insalubridade".

E neste mesmo sentido, a seguinte ementa de jurisprudência:

• Petição inicial – Causa de pedir – Insalubridade. O agente insalubre diverso do apontado na inicial não prejudica o pedido de adicional de insalubridade (Súmula TST 293), desde que o agente agressivo indicado pelo autor não seja completamente diverso do que apurado em perícia e o agente causador da insalubridade não seja facilmente intuível pelo cidadão comum. A sentença que condena ao pagamento de adicional fundamentada em agente absolutamente diverso do indicado na inicial viola o princípio do contraditório e o direito de defesa. **(TRT/SP, RO 31.347/93, Ac. 9ª T. 53/95, Valentin Carrion, *DJSP* 17.1.1995)**
• Recurso ordinário. Adicional de insalubridade. Causa de pedir. Agente nocivo diverso do apontado na inicial. A verificação mediante perícia de prestação de serviços em condições nocivas, considerado agente insalubre diverso do apontado na inicial, não prejudica o pedido de adicional de insalubridade (Súmula n. 293/TST). **(TRT-7, RO 00006867820155070023, Claudio Soares Pires, j. 29.5.2017)**

5.4 Pedido ("petitum")

O pedido (*petitum*) traduz-se, de acordo com a doutrina moderna, no objeto da ação. É sobre o pedido que incidirá a tutela jurisdicional; deve ser formulado claramente, desde logo, na petição inicial e estabelecerá a limitação objetiva da sentença. Neste sentido a jurisprudência: "O fato de constar da peça exordial causa de pedir não autoriza o juízo a conceder o pedido, se este não existe, mesmo que provado o direito do autor" (TRT/SP, Proc. 366.712/92, Ac. 3ª T. 23.976/94, Geraldo Passini).

Torna-se, ainda, oportuno salientar que o pedido deve ser entendido sob dois enfoques: sob um aspecto genérico, consistente no tipo de provimento jurisdicional solicitado, ou seja, de condenação, declaração, constituição, cautelar ou de execução; ou sob um aspecto específico, consistente no bem jurídico pretendido. Ambos identificam o pedido e, consequentemente, a ação. É possível que apenas um aspecto seja diferente, o que já é suficiente para diferenciar as demandas.

Já tivemos oportunidade de mencionar que a Reforma Trabalhista, em relação ao art. 840 da CLT, alterou o § 1º e acrescentou o § 3º. Com as modificações, passa a constar na CLT a exigência de que o pedido "deverá ser certo, determinado e com indicação de seu valor" e que serão julgados extintos sem resolução do mérito os pedidos que não atendam ao disposto no § 1º deste artigo.

Inicialmente, cogitou-se de que os pedidos da inicial deveriam estar liquidados, ou seja, com o cálculo preciso de seu real valor. No entanto, referido entendimento parece não expressar a melhor exegese da inovação legislativa, e vem sendo rechaçado na jurisprudência. Em fevereiro de 2018, a 1ª Sessão de Dissídios Individuais do TRT-4 julgou que a nova redação da Lei 13.467/2017 exige apenas a determinação de um valor para a causa, e não a necessidade de liquidação dos pedidos:

• Mandado de segurança. Emenda à petição inicial. Lei 13.467. Pedido líquido. Imposição de liquidação da inicial da ação trabalhista ilegal e obstaculizadora do direito fundamental de acesso à justiça. Segurança concedida para cassar a exigência. Tradicionalmente o art. 840 da CLT exige, da inicial da ação trabalhista, uma breve narrativa dos fatos, o pedido, o valor da causa, data e assinatura. A nova redação da Lei 13.467/17, denominada "reforma trabalhista" em nada altera a situação, considerando repetir o que está exposto no art. 291 do CPC quanto à necessidade de se atribuir valor à causa e não liquidar o pedido. A imposição de exigência de liquidação do pedido, no ajuizamento, quando o advogado e a parte não têm a dimensão concreta da violação do direito, apenas em tese, extrapola o razoável, causando embaraços indevidos ao exercício do direito humano de acesso à Justiça e exigindo do trabalhador, no processo especializado para tutela de seus direitos, mais formalidades do que as existentes no processo comum. (...). Segurança concedida. **(TRT da 4ª Região, 1ª Seção de Dissídios Individuais, 0022366-07.2017.5.04.0000 MS, j. 28.2.2018, Marcelo Jose Ferlin D'Ambroso)**

Entendemos que o julgado da Seção Especializada do TRT-4ª Região expressa o entendimento que será consolidado na Justiça do Trabalho, e que também adotamos. A liquidação é uma fase processual específica, destinada à apuração de valores quando já terminada a fase de conhecimento. Não é compatível com a simplicidade do processo do trabalho a exigência de liquidação dos pedidos na fase de conhecimento, pois nem no processo comum isso é necessário. Além disso, seria uma exigência que dificultaria o acesso do trabalhador à Justiça, pois na maioria das vezes não possui todos os documentos para a elaboração de um cálculo preciso ou, ainda, a apuração de valores precisos pode depender de prova pericial.

Entendemos, por isso, que a Reforma Trabalhista impede a atribuição de um valor meramente de alçada para a inicial, mas não impõe a elaboração de um cálculo de liquidação, determinando tão somente a indicação de um valor para cada pedido, cuja soma deve ser o valor da causa.

Ademais, não se pode desconsiderar as situações específicas em que a petição inicial trabalhista poderá conter pedido genérico, nos termos do art. 324, § 1º, incisos I e II, ambos do CPC, aplicado subsidiariamente ao processo do trabalho (art. 769 da CLT c/c art. 15 do CPC). Basta imaginarmos as hipóteses em que se postula adicional de insalubridade, cujo grau depende de perícia técnica, ou mesmo nas situações em que a apuração das diferenças de comissões depende da apresentação de documentos pelo empregador.

6. Inépcia da petição inicial

Dizemos que a petição inicial é inepta quando falta um dos elementos da ação (partes, causa de pedir e pedido), bem como nas hipóteses em que esses elementos se revelam incompletos ou incompreensíveis, tais como a formulação de pedidos incompatíveis entre si e a inexistência de conclusão lógica após a narração dos fatos.

Nestas hipóteses o juiz concede ao demandante (autor) um prazo de 15 dias para que emende a petição inicial, nos termos do art. 321 do Código de Processo Civil/2015, de aplicação subsidiária ao processo do trabalho (art. 769 da CLT).[3] Se o autor não suprir a falha, ou se não o fizer de forma adequada, o juiz indeferirá a petição inicial (art. 321, parágrafo único, c/c o art. 485, I, ambos do CPC/2015), o que implica extinção do processo sem resolução do mérito.

A Lei 13.467/2017, no entanto, acrescentou o § 3º ao art. 840 da CLT, determinando que a petição inicial trabalhista que não obedecer aos requisitos do § 1º do mesmo artigo será julgada sem resolução de mérito, sem qualquer referência a prazo para emenda. Diante da omissão da CLT, entendemos que há espaço para aplicação subsidiária do CPC, com a consequente concessão de prazo para emenda. Essa também é a orientação da Súmula 263 do TST. De fato, não seria compatível com os

---

3. Em que pese à ausência de incompatibilidade com o processo trabalhista e à jurisprudência majoritária que assegurava a aplicação do art. 284 do Código de Processo Civil/1973 (hoje, art. 321 do CPC/2015), casos ocorriam em que o magistrado não concedia o prazo para emenda e julgava inepta a petição inicial, sob o fundamento de que o prazo não se coadunava com o processo laboral, na medida em que a citação é automática e o juiz só toma ciência da petição inicial por ocasião da audiência.

princípios do processo do trabalho a adoção de norma processual mais rigorosa do que aquela que disciplina o processo comum.

Os requisitos da petição inicial trabalhista se encontram, basicamente, no art. 840, § 1º, da CLT, também alterado pela Reforma Trabalhista: "Sendo escrita, a reclamação deverá conter a designação do juízo, a qualificação das partes, a breve exposição dos fatos de que resulte o dissídio, o pedido, que deverá ser certo, determinado e com indicação de seu valor, a data e a assinatura do reclamante ou de seu representante".

Já comentamos que, com a alteração, o pedido da inicial trabalhista deve ser "certo, determinado e com indicação de seu valor". Entendemos que o comando legal é claro ao estabelecer esses requisitos para a reclamação escrita, não sendo aplicável, então, às reclamações orais, reduzidas a termo, que não podem ser consideradas ineptas.

6.1 Jurisprudência

• Salvo nas hipóteses do art. 330 do CPC de 2015 (art. 295 do CPC de 1973), o indeferimento da petição inicial, por encontrar-se desacompanhada de documento indispensável à propositura da ação ou não preencher outro requisito legal, somente é cabível se, após intimada para suprir a irregularidade em 15 (quinze) dias, mediante indicação precisa do que deve ser corrigido ou completado, a parte não o fizer (art. 321 do CPC de 2015) **(Súmula 263 do TST).**

• Somente se considera a inicial inepta, no processo individual do trabalho, quando, intimada a parte para suprir as irregularidades encontradas, dentro do prazo de 10 dias, ignorar a determinação do juiz – Enunciado n. 263/TST. **(TST, RR 80.904/93.8, Ac. 4ª T. 198/94, Almir Pazzianotto Pinto)**

• Em sendo deferido prazo para que a inicial fosse emendada, não se manifestando a parte nem suprida a deficiência, não há como deixar-se de reconhecer a sua inépcia. Art. 284 do CPC. **(TST, RR 100.250/93.0, Ac. 4ª T. 2.242/94, Leonaldo Silva)**

• Suficiente a exposição dos fatos, claro o fito do autor, evidenciado que a parte ré, bem compreendendo a demanda, sem prejuízo e com amplitude, exercitou a defesa, estabelecendo-se o contraditório, a petição inicial não deve ser reconhecida como inepta. A petição, formalmente defeituosa, pode ser emendada ou completada, por determinação judicial ou espontaneamente, nesta hipótese antes da citação. O indeferimento sumário destrói a esperança da parte e obstaculiza o acesso à visa judicial, constituindo desprestígio para o Judiciário. **(STJ, 1ª T., RE 30.735.5-SP, reg. 92.0033193.9, Mílton Luiz Pereira)**

• Extinção do processo. Rito processual. Prazo para emendar a petição inicial. A demanda não apresenta as condições necessárias para o processamento pelo rito ordinário, quando os pedidos formulados na exordial, diante da breve duração do contrato e do último salário pago ao obreiro, estão em desacordo com o valor atribuído à causa. Todavia, antes de arquivar o processo deve ser oportunizado prazo para a parte suprir a irregularidade nos moldes da Súmula 263 do TST. Recurso provido. **(TRT-4, 4ª T., RO 00216024620175040024, j. 5.4.2018)**

• Extinção do processo sem julgamento do mérito. Inépcia da inicial. A petição inicial na Justiça do Trabalho apresenta diferenciais, tais como a linguagem mais simples e direta, coerente com um sistema processual que permite a leigos postular em Juízo. Atendidos a tais parâmetros, traçados no o art. 840, § 1º, da CLT, descabe a decretação da inépcia da inicial, levando a nulidade sentença que entendeu em sentido diverso. Aplicação do art. 284, do CPC. Inteligência da Súmula 263 do TST. **(TRT-11, 00000053620175110053, David Alves de Mello Junior)**
• Equívoco no cadastramento da classe processual no sistema PJE. Impossibilidade de extinção do feito. Simples retificação do cadastro. Eventual equívoco no cadastramento da classe processual no sistema do PJE não deve provocar a extinção do processo sem resolução do mérito, notadamente diante da aplicação analógica da Súmula 263/TST, bem como do art. 19, parágrafos 3º e 4º, da Resolução 185/17 do Conselho Superior da Justiça do Trabalho. Entendimento diverso imporia restrição indevida ao princípio da inafastabilidade da jurisdição (art. 5º, XXXV, CF/88), valorizando desmedidamente a forma em detrimento da instrumentalidade e da efetividade do processo (artigos 8º e 188 do CPC). **(TRT-3, 6ª T., AP 00109838720175030023, Rogerio Valle Ferreira)**

7. Classificação das ações

As ações trabalhistas podem ser individuais ou coletivas.

7.1 Ações individuais

As ações individuais envolvem pessoas singularmente consideradas e se destinam à obtenção de um pronunciamento jurisdicional sobre interesses concretos e individualizados. Classificam-se em: ações de conhecimento (condenatórias, constitutivas e declaratórias), ações executórias e ações cautelares.

Ações condenatórias são aquelas que ensejam a execução de uma obrigação de dar, fazer ou não fazer. Vale dizer, objetivam a formação de um título executivo.

Ações constitutivas são aquelas que objetivam criar, modificar ou extinguir um direito ou uma relação jurídica, ensejando uma nova situação jurídica, para a qual a figura do juiz é indispensável. Não requerem ato material subsequente, eis que a sentença já produz os efeitos necessários. São exemplos desta modalidade: a ação que objetiva a anulação de punição disciplinar, a ação que objetiva a fixação do salário do empregado (art. 460 da CLT) e o inquérito judicial para apuração de falta grave.

Ações declaratórias são aquelas em que o objeto reside na declaração da existência ou inexistência de uma relação jurídica. Não se confundem com as constitutivas, eis que nestas últimas o juiz cria uma relação que inexistia e nas primeiras (declaratórias) o juiz limita-se a declarar o que já existe.

No entanto, é possível afirmar que toda ação condenatória tem um cunho declaratório, na medida em que a condenação numa obrigação pressupõe a declaração de um direito.

Ações executórias são aquelas que objetivam a execução de algum título executivo extrajudicial consagrado no art. 876 da Consolidação das Leis do Trabalho (acordo celebrado perante a comissão de conciliação prévia ou termo de ajustamento de conduta) ou daqueles previstos no art. 784 do Código de Processo Civil quando compatíveis com relação jurídica de trabalho diversa da empregatícia, em face da ampliação da competência material da Justiça do Trabalho. Não se fala em ação executória de título executivo judicial, pois referida execução é mera fase do processo de conhecimento; a menos que se cogite da execução da sentença arbitral condenatória em conflitos de trabalho que não envolvam a figura do empregado, pois ostenta natureza de título executivo judicial (Lei 9.307/1996).

Ações cautelares são aquelas que objetivam uma providência jurisdicional acautelatória, com vistas a assegurar o devido processo legal. Não são previstas na Consolidação das Leis do Trabalho, de sorte que nos valemos da aplicação subsidiária do Código de Processo Civil (art. 769 da CLT). São exemplos de ações cautelares: arresto, sequestro, protestos, justificações, produção antecipada de provas etc.

As ações cautelares objetivam aparelhar (incidentais) ou preparar a futura ação principal (preparatórias).

7.2 Ações coletivas

Segundo Amauri Mascaro Nascimento a "ação coletiva é o direito, assegurado às categorias profissionais, de ingressar com ações (*sic*) perante a Justiça do Trabalho".[4] Não obstante a tautologia verificada em referida definição (afirma que *ação é o direito de ingressar com ações*), devemos reconhecer que o autor teve o mérito de não se distanciar do conceito de ação já mencionado anteriormente.

A ação coletiva também traduz direito subjetivo público de pleitear a tutela jurisdicional do Estado-juiz (no caso, a Justiça do Trabalho), cuja legitimação ativa está a cargo dos sindicatos das categorias pro-

---

4. *Curso de Direito Processual do Trabalho*, 18ª ed., p. 256.

fissionais e econômicas, os quais possuem a legitimação ordinária (não se trata de substituição processual) para agir em nome das respectivas categorias (trata-se de hipótese típica de representação – art. 857 da CLT). Trata-se de corolário do poder normativo da Justiça do Trabalho.

A Consolidação das Leis do Trabalho faz menção a dissídios coletivos quando se refere às ações coletivas, as quais se dividem em constitutivas e declaratórias.

As *ações coletivas constitutivas* costumam ser denominadas *dissídios coletivos de natureza econômica* e objetivam a criação de novas condições de trabalho (art. 114, § 2º, da CF) ou modificação das condições existentes (dissídios coletivos de revisão – art. 873 da CLT).

Como o próprio nome está indicando, as ações coletivas constitutivas não objetivam a condenação, e o descumprimento de sua decisão (sentença normativa) desafia a propositura de ação de cumprimento, cuja competência originária é das Varas do Trabalho (art. 872, parágrafo único, da CLT), ou mesmo de uma reclamação trabalhista (art. 840 da CLT).

As *ações coletivas declaratórias* costumam ser denominadas *dissídios coletivos de natureza jurídica* e objetivam aclarar o sentido de alguma norma coletiva (sentença normativa, acordo coletivo ou convenção coletiva), ou mesmo declarar a legalidade ou ilegalidade, abusividade ou não abusividade de uma greve. No entanto, é fato que muitas vezes a Justiça do Trabalho não se limita a declarar a não abusividade de uma greve e vai além, como, por exemplo, quando determina reajuste salarial etc.

XI
O PROCESSO TRABALHISTA

1. Conceito de processo. 2. Natureza jurídica do processo. 3. Pressupostos processuais: 3.1 Pressupostos processuais objetivos: 3.1.1 Petição inicial – 3.1.2 Citação – 3.1.3 Ausência de litispendência e coisa julgada – 3.1.4 Ausência de convenção de arbitragem – 3.1.5 Ausência de perempção – 3.1.6 Ausência de acordo na comissão de conciliação prévia – 3.2 Pressupostos processuais subjetivos: 3.2.1 Jurisprudência. 4. Classificação dos processos. 5. Diferença entre processo e procedimento. 6. O processo judicial eletrônico (PJ-e).

1. Conceito de processo

Processo é um conjunto de atos coordenados com o objetivo de solucionar a lide, por meio do exercício da função jurisdicional. Trata-se, pois, de um instrumento da jurisdição.

O processo inicia-se com a petição inicial, na qual o autor solicita ao órgão jurisdicional a declaração da vontade da lei contra ou em relação a alguém. E por este motivo dizemos que no processo se contém uma relação jurídica tripolar, da qual participam autor, juiz e réu.

Assim, também podemos afirmar que o processo é uma relação jurídica entre os sujeitos processuais. No mais, trata-se de relação jurídica pública, porque o Estado é o titular soberano.

A Consolidação das Leis do Trabalho mistura os conceitos de *ação*, *processo* e *lide* ao dedicar o Capítulo III (arts. 837 e ss.) do Título X aos *dissídios individuais*. Em verdade, a expressão "dissídio" tem o sentido de *lide* (conflito de interesses qualificado por uma pretensão resistida, nos ensinamentos de Carnelutti), muito embora o legislador a tome como sinônimo de processo.

2. Natureza jurídica do processo

Praticamente não existe, nos dias de hoje, controvérsia acerca da natureza jurídica do processo. Não se trata de um contrato, situação jurídica nem instituição, e sim de uma *relação jurídica tripolar* (autor, juiz e réu).

É, pois, uma relação jurídica complexa que regula os direitos, deveres e ônus das partes e do juiz, e também os poderes deste último.

3. Pressupostos processuais

São os requisitos de existência e validade do processo, ou seja, são os requisitos de constituição e desenvolvimento válido do processo.

Subdividem-se em pressupostos objetivos e subjetivos.

3.1 Pressupostos processuais objetivos

Pressupostos processuais objetivos são aqueles que dizem respeito ao processo em si mesmo considerado, quais sejam:

1) petição inicial;
2) citação;
3) inexistência de litispendência;
4) inexistência de coisa julgada;
5) inexistência de perempção (arts. 731 e 732 da CLT);
6) inexistência de convenção de arbitragem;
7) inexistência de acordo celebrado perante comissão de conciliação prévia.

Alguns autores costumam classificar os pressupostos processuais objetivos em pressupostos de existência e pressupostos de validade. Seriam *pressupostos de existência* a petição inicial e a citação, na medida em que sem eles o processo não existe, ou seja, a relação jurídica processual não chega a se formar; e seriam *pressupostos de validade* os demais (inexistência de litispendência, coisa julgada, convenção de arbitragem, perempção e acordo celebrado perante comissão de conciliação prévia).

3.1.1 Petição inicial

A Consolidação das Leis do Trabalho não alude expressamente à petição inicial, mas é deste requisito que o diploma consolidado trata no art. 840, fato que se justifica em decorrência da falta de técnica processual já denunciada anteriormente, não corrigida pela Reforma Trabalhista, mormente pelos resquícios da fase administrativa da Justiça do Trabalho.

Observamos, pois, que o termo "reclamação" se encontra insculpido no art. 840 da Consolidação das Leis do Trabalho com o sentido de *petição inicial*. Assim, a reclamação poderá ser verbal ou escrita (arts. 786, 787 e 840 da CLT). Sendo verbal, deverá ser reduzida a termo, em duas vias datadas e assinadas pelo escrivão ou secretário; *sendo escrita, poderá estar subscrita por advogado* devidamente constituído ou pela própria parte.

Torna-se, ainda, oportuno observar que o art. 840, § 1º, do diploma consolidado estabelece os *requisitos da petição inicial escrita das ações individuais*, quais sejam:

1) designação do juiz da Vara do Trabalho ou juiz de direito a quem for dirigida;

2) qualificação do reclamante ou reclamado;

3) uma breve exposição dos fatos de que resulte o dissídio;

4) o pedido, que deverá ser certo, determinado e com a indicação de seu valor;

5) a data;

6) a assinatura do reclamante ou de seu representante.

A Lei 5.584, de 1970, já estabelecia, implicitamente, o requisito de *atribuição de valor à causa* para a reclamação trabalhista. Afirmamos que o requisito estava implícito porque nenhuma consequência processual o autor suportava diante de sua inobservância, mas o juiz da Vara do Trabalho deveria fixar o valor no caso de ausência de conciliação e omissão do autor quanto a este particular. Contudo, mesmo antes da já comentada Reforma Trabalhista, estabelecendo que o pedido deverá ser certo, determinado e com a indicação de seu valor, já afirmávamos que a atribuição de valor à causa é requisito indispensável da petição inicial trabalhista, a fim de que se possa identificar o rito processual, pois as demandas cujo valor não superar 40 salários-mínimos devem observar o rito sumaríssimo (art. 852-A da CLT).

É certo que a legislação trabalhista não estabelece os critérios para fixação do valor da causa, e por este motivo adotamos aquele consagrado na legislação processual civil, diante do permissivo do art. 769 da Consolidação das Leis do Trabalho.

As regras para fixação do valor da causa estão insertas no art. 292 do diploma processual civil; e, no processo do trabalho, se corresponder a quantia não superior a dois salários-mínimos (no valor vigente à época do ajuizamento da ação) não caberá recurso algum da decisão proferida, a menos que a discussão envolva matéria constitucional (art. 2º, § 4º, da Lei 5.584, de 1970), hipótese que desafia, desde logo, o recurso extraordinário para o Supremo Tribunal Federal (art. 102, III, CF), conforme a Súmula 640 desse mesmo Excelso Pretório.

A jurisprudência trabalhista vem se posicionando acerca dos requisitos da petição inicial no sentido de afastar, sempre que possível, a arguição de inépcia. Contudo, exige-se a observância dos requisitos formais mínimos:

• Mesmo no processo trabalhista, inicial subscrita por advogado não pode ser obscura e imprecisa. Clareza e objetividade são requisitos que decorrem da inteligência do § 1º do art. 840 da CLT. O pedido genérico só é admitido nas hipóteses previstas no art. 286, parte final, do CPC. Nos casos de extinção do processo sem julgamento do mérito, o juiz decidirá em forma concisa (art. 459, segunda parte, do CPC). **(TRT/RJ, RO 17.005/91, Ac. 8ª T., Leny de Sá Peixoto)**

• Conquanto menos rigoroso e bem mais simples que o processo civil comum, o processo do trabalho também exige que a parte forneça, sob pena de inépcia, os fatos e fundamentos jurídicos do pedido que constituem a causa de pedir, pois somente diante da análise da *causa petendi* é que o juiz pode declarar o Direito aplicável à espécie – *da mihi factum, dabo tibi jus*. Tal exigência se faz mais forte e presente quando a parte encontra-se devidamente assistida por profissional advogado que, por ofício, não pode ignorar a sistemática legal que rege a elaboração da petição inicial. **(TRT/DF, RO 3.312/93, Ac. 3ª T. 1.470/93, Bertholdo Satyro)**

• A petição inicial no âmbito do direito processual trabalhista, em que a informalidade é um de seus princípios informadores, tem como elementos integrativos aqueles estampados no § 1º do art. 840 do texto consolidado, sem o formalismo e o rigorismo dos elementos arrolados no art. 282 do CPC. **(TRT/MG, RO 14.249/93, Ac. 6ª T., Deoclécia A. Dias)**

• Petição inicial. Inépcia. O processo trabalhista prima pela simplicidade, não se exigindo para a elaboração da peça exordial o mesmo rigor técnico que se requer no processo comum, todavia, é necessária uma técnica que exponha os fatos com clareza, possibilitando o desfecho da lide, eis que para a prolação de sentença é necessário, também, que a causa de pedir e pedido formulados pelo autor contenham informações suficientes a propiciar correta compreensão do seu alcance. Petição inicial [*que*] se julga inepta por deixar de atender requisitos previstos no art. 840 da CLT e no art. 295 do CPC. Recurso obreiro improvido. **(TRT-23, 1ª T., RO 00951201007623002 MT, Osmair Couto, j. 27.3.2012)**

• Inépcia – Requisitos da petição inicial – Processo do trabalho. O artigo 330, § 1º, do CPC de 2015, aplicável à hipótese, deve ser interpretado em sintonia com o artigo 840, parágrafo primeiro, da CLT, pelo que para a aferição da regularidade da petição inicial, nos limites em que a lide foi proposta, impõe-se verificar o modo de formulação da pretensão exordial, a razoável clareza quanto aos pedidos, causa de pedir e fundamentos jurídicos, e a possibilidade de a parte contrária exercer amplamente seu direito de defesa, sem qualquer prejuízo de ordem processual. Evidenciados, no caso concreto, os pressupostos destacados, há que se afastar a inépcia da inicial declarada na origem. **(TRT-3, 4ª T., RO 01571201402203006 0001571-43.2014.5.03.0022, Denise Alves Horta)**

3.1.2 Citação

A citação é o ato pelo qual se dá notícia a alguém acerca da existência de uma demanda e de que tem prazo legal para apresentar defesa, querendo.

O art. 841 da Consolidação das Leis do Trabalho trata da citação, muito embora o faça sob o rótulo de *notificação*, a qual se dá, via de regra, pelo Correio. Todavia, nada obsta a que a citação se faça por oficial de justiça nas hipóteses em que a localidade não for servida pelo Correio ou quando frustrada a tentativa de citação via postal; bem como por edital, quando o reclamado se encontrar em local incerto (ou não sabido) ou criar embaraços à citação (art. 841, § 1º, da CLT). Doutrina e jurisprudência divergem quanto ao cabimento da citação por hora certa, nos termos do art. 252 do Código de Processo Civil/2015, mas entendemos que é compatível com o processo do trabalho, podendo ser realizada, a critério do juiz.

Não se exige a citação pessoal, mesmo quando realizada por oficial de justiça, salvo expressa determinação do juiz em sentido contrário, para atender às peculiaridades do caso concreto. Somos de opinião que até mesmo as citações "na pessoa" do sócio ou do síndico da massa falida podem ser feitas pelo correio – e portanto, em princípio, não se exige a pessoalidade, pois a expressão "na pessoa" equivale a "aos cuidados".

É maciça a jurisprudência trabalhista no sentido da inexigibilidade da citação pessoal e também da possibilidade de citação por edital, a exemplo das seguintes ementas:

• Enviada a notificação inicial com um mês de antecedência (em relação à data da audiência) para unidade de trabalho da reclamada, e acusado o recebimento por pessoa ligada a ela (o que se presumiu, à falta de alegação em contrário), tem-se que foi atendido, satisfatoriamente, o que a respeito está disposto na lei específica (art. 841, e seu § 1º, da CLT), já que a presunção cabível, na hipótese, é a de recebimento da notificação pela reclamada. E esse é, sem dúvida, e em última análise, o objetivo central da disposição legal invocada como específica. **(TST, RR 93.760/93.7, Ac. 3ª T. 2.379/94, Manoel Mendes de Freitas)**

• Dispõe o art. 841, § 1º, da CLT que far-se-á notificação, citação ou intimação por edital. Se o ato é praticado por uma forma e atinge o seu fim, e essa intimação por edital do executado é outra forma, mas atinge o fim da lei, é válido. Portanto, não haverá respaldo para cabimento de mandado de segurança [contra] a determinação por edital, sob o argumento de que poderia o juiz fazê-lo através de citação ou intimação por hora certa. O *modus operandi*, em tais casos, é ditado pelo critério do juiz. Não ocorrendo com isso ato arbitrário ou ilegalidade a respaldar mandado de segurança. **(TST, RO-MS 78.972/93.1, Ac. SDI 1.720/94, Cnéa Moreira)**

Contudo, os órgãos da Administração Pública direta (União, Estados, Municípios, suas autarquias e fundações públicas) e o Ministério Público serão citados pessoalmente em face de exigência legal (arts. 35 e 36 da Lei Complementar 73/1993, arts. 247, III, do CPC/2015 e art. 18, II, "h", da Lei Complementar 75/1993), ou por meio eletrônico (art. 246, § 1º, c/c art. 270, parágrafo único, do CPC/2015, o que se traduz em exceção à regra geral da legislação processual trabalhista.

A Reforma Trabalhista acrescentou o § 3º ao art. 841 da CLT, determinando que oferecida "a contestação, ainda que eletronicamente, o reclamante não poderá, sem o consentimento do reclamado, desistir da ação". A alteração legislativa não é muito clara e poderia ter resolvido outra controvérsia.

O art. 329, I, do CPC de 2015 (correspondente ao art. 294 do CPC de 1973) determina que o autor poderá, "até a citação, aditar ou alterar o pedido ou a causa de pedir, independentemente de consentimento do réu". Desse modo, parte da jurisprudência entendia, por aplicação subsidiária da norma processual civil, que o reclamante não poderia aditar ou emendar a inicial após a citação do réu. Contudo, conforme o *caput* do art. 841 da CLT e a Súmula 16 do TST, a citação, no processo do trabalho, presume-se recebida 48 horas depois de sua postagem. Com isso, outra parte da jurisprudência entendia injusta a aplicação subsidiária do processo comum, permitindo o aditamento ou a emenda da inicial até o momento da apresentação da defesa, ou seja, até a primeira audiência. Destacamos dois julgados do mesmo ano, de TRTs diferentes que, sobre o mesmo tema, decidiram de forma diversa:

• Processo do trabalho. Emenda ou aditamento à petição inicial. Momento adequado. Considerando que, no processo do trabalho, o Julgador somente toma conhecimento da petição inicial em audiência, sendo a citação/notificação ato próprio do Diretor de Secretaria, a emenda ou aditamento à exordial, sem a anuência da parte contrária, estende-se até o momento da apresentação da defesa, pois é exatamente aí que se dá a estabilização da demanda. **(TRT-18, 1ª T., RO 0000361-35.2012.5.18.0013, Aldon do Vale Alves Taglialegna, j. 12.9.2012)**

• Recurso ordinário. Nulidade do julgado. Momento oportuno para emendar a inicial. A emenda à petição inicial somente poderá ocorrer antes da citação do Réu, conforme dispõe o artigo 294 do Código de Processo Civil, subsidiariamente aplicado ao Processo do Trabalho, por força do artigo 769 da CLT, ante a ausência de norma específica consolidada. Assim, é descabida a alteração da petição inicial quando já prestada a jurisdição. **(TRT-1, 6ª T., RO 18392920105010205 RJ, Nelson Tomaz Braga, j. 7.11.2012)**

Acreditamos que a Reforma Trabalhista, ao versar sobre o momento em que é possível a desistência unilateral, perdeu uma boa oportunidade de também definir qual é o momento adequado para o aditamento ou a emenda da petição inicial, impondo novamente a discussão acerca da aplicação subsidiária do Código de Processo Civil.

Ainda, a Reforma não foi suficientemente clara no que se propôs a definir. Isso porque não especifica se a desistência não poderá ocorrer após o mero oferecimento da contestação, ainda que antes da audiência, ou após a abertura da primeira audiência, que é o momento do oferecimento da contestação. Se for a primeira hipótese, não especifica se a contestação eletrônica protocolada em sigilo, praxe da advocacia, também inviabiliza a desistência unilateral pelo reclamante. Explica-se: o art. 847 da CLT estabelece que o momento para a apresentação de defesa, escrita ou oral, é a abertura da primeira audiência, mas de fato nada impede que o réu protocole sua defesa eletrônica em momento anterior. Parece-nos, então, que a interpretação correta é a de que o reclamante pode desistir da ação, sem o consentimento do réu, até a abertura da audiência, que é o momento previsto na CLT para a apresentação da defesa. Após esse momento, só poderá desistir com o consentimento do réu. Entendimento diverso traria insegurança jurídica ao autor, pois não saberia até que momento poderia desistir da ação sem o consentimento do réu, já que este pode protocolar contestação eletrônica a qualquer momento antes da audiência.

3.1.3 Ausência de litispendência e coisa julgada

Litispendência e coisa julgada traduzem matéria de defesa, muito embora delas o juiz possa conhecer de ofício (art. 485, V, do CPC/2015).

No capítulo anterior já mencionamos que ocorre litispendência quando se repete ação que está em curso; e há coisa julgada (material) quando se repete ação cuja decisão já transitou em julgado, nos termos do art. 337, § 1º, do Código de Processo Civil/2015. Contudo, não podemos olvidar que o pedido é que define a ação; vale dizer, num único processo podem existir várias ações, e daí a possibilidade de litispendência ou coisa julgada em relação a parte dos pedidos.

Havendo litispendência ou coisa julgada material o processo deve ser extinto sem resolução do mérito (art. 485, V, do CPC/2015) em relação aos pedidos em que se verificam, eis que prevento o juízo da reclamação anterior.

As ementas de julgado abaixo transcritas ilustram os pressupostos processuais de que estamos tratando neste tópico:

• Em se tratando não de repetição do mesmo pedido, que já é objeto de acordo, mas de revisão do pactuado, no que tange à complementação de aposentadoria paga de forma irregular, insere-se a hipótese na previsão constante do inciso I do art. 471 do CPC, não havendo falar em coisa julgada. **(TST, RR 84.611/93.2, Ac. 5ª T. 3.218/94, Antônio Maria Thaumaturgo Cortizo)**

• Inexiste coisa julgada quando do ajuizamento de ação individual após instauração de processo de dissídio coletivo. No dissídio individual pede-se uma sentença condenatória com o deferimento do direito material pleiteado; no dissídio coletivo pede-se uma sentença declaratória constitutiva. Não há, pois, a tríplice identidade para a formação da coisa julgada. **(TST, RR 62.062/92.7, Ac. 5ª T. 150/94, Newton Rossi)**

• A coisa julgada pressupõe três identidades: as mesmas partes, a mesma causa de pedir e o mesmo pedido. Inexiste coisa julgada quando, encerrado o processo de conhecimento, identificado o acidente do trabalho, a ação seguinte busca apenas a revisão do cálculo do benefício. **(STJ, RE 43.287-1-SP, reg. 94.0002337-5, Luiz Vicente Cernicchiaro)**

• Para a caracterização da coisa julgada se faz necessária a ocorrência da identidade de partes, pedido e causa de pedir, sendo que tais requisitos não se encontram presentes no confronto do dissídio individual, onde a parte é o empregado, individualmente considerado, e no dissídio coletivo, onde a parte é o sindicato representando uma coletividade genérica de empregados. Portanto, é induvidoso que os dissídios coletivos de natureza econômica não produzem coisa julgada material, mormente porque contêm, implicitamente, a cláusula *rebus sic stantibus*. **(TRT/MT, RO 1.005/94, Ac. TP 1.413/94, José Simioni)**

• A coisa julgada é suscetível de um processo de integração, decorrente de relação jurídica continuativa, quando sobrévem modificação no estado de fato ou de direito; hipótese em que poderá a parte pedir revisão do que já foi decidido. Trata-se de previsão contida no art. 471 do CPC, que se aplica subsidiariamente ao processo do trabalho. **(TST, RO-DC 88.628/93.0, Ac. SDC 190/94, Indalécio Gomes Neto)**

• Litispendência. Aplicação do art. 337, § 1º, 2º e 3º do CPC/15. Havendo repetição de uma ação em curso, entre as mesmas partes, contendo as mesmas causas de pedir e pedidos, a segunda ação deve ser considerada litispendente e, por consequência, não conhecida, com a consequente extinção, na forma do art. 485, inc. V, do CPC/15. **(TRT-4, 5ª T., RO 00205533820155040121, j. 4.4.2017)**

• Conflito negativo de competência. Ação coletiva promovida pelo sindicato dos trabalhadores. Reclamação trabalhista individual proposta por um dos substituídos. Litispendência. Inexistência da hipótese do art. 337, § 2º, do CPC/2015. Não se configura litispendência entre a Ação Coletiva promovida pelo Sindicato de Classe e a Reclamação Individual ajuizada pela Reclamante postulando as mesmas verbas e sob idêntica causa de pedir, haja vista a inexistência de identidade de Partes nas duas lides envolvidas no conflito. Não vislumbrada a hipótese prevista no art. 337, § 2º do CPC/2015. Competência que se define para o Juízo suscitado, na espécie. **(TRT-6, Tribunal Pleno, CC 00002314420175060000, Eneida Melo Correia de Araujo, j. 3.10.2017)**

• Agravo de instrumento. Recurso de revista interposto antes da Lei n. 13.015/2014. Litispendência. Doença ocupacional. Indenização por danos materiais. Lucros cessantes. Pensão mensal vitalícia. Ao manter a decisão de extinção do processo sem resolução de mérito, o Tribunal Regional não ofendeu, mas sim deu a exata subsunção dos fatos ao conceito contido no art. 301, § 2º, do CPC/73 (337, § 2º do NCPC), segundo o qual "Uma ação é idêntica à outra quando tem as mesmas partes, a mesma causa de pedir e o mesmo pedido". Agravo de instrumento a que se nega provimento. **(TST, 2ª T., AIRR 12850820105050133, Maria Helena Mallmann, j. 17.5.2017)**

• Direito do Trabalho. Direito Processual Civil. Artigo 337, § 4º do CPC. Coisa julgada. Ocorrência. Sentença. Manutenção. Define o vigente Código de Processo Civil, no § 4º do artigo 337, que: "Há coisa julgada quando se repete ação que já foi decidida por decisão transitada em julgado". Repetindo os reclamantes demanda pretérita já julgada e que "já foi decida por decisão transitada em julgado", não há como se deixar de reconhecer o instituto da coisa julgada, prejudicando a totalidade da postulação da presente ação trabalhista, consoante consta na sentença que se mantém. Recurso a que se nega provimento. **(TRT-6, 2ª T., RO 00001710520175060022, Milton Gouveia da Silva Filho, j. 7.2.2018)**

3.1.4 Ausência de convenção de arbitragem

Apesar de acreditarmos que a arbitragem não é compatível com os conflitos individuais de trabalho, o art. 507-A da CLT, acrescentado pela Lei 13.467/2017, assegura a pactuação de cláusula compromissória de arbitragem nos contratos individuais de trabalho cuja remuneração seja superior a duas vezes o limite máximo estabelecido para os benefícios do Regime Geral da Previdência Social, desde que por iniciativa do empregado ou com a sua concordância expressa.

Portanto, a inexistência de convenção de arbitragem, nesses casos, pode ser alçada à condição de pressuposto processual objetivo do processo individual do trabalho quando se discutem direitos que emergem da relação de emprego, salvo as hipóteses de ação em que se pretende a execução da sentença arbitral condenatória, que ostenta a condição de título executivo judicial, nos exatos termos da Lei 9.307/1996.

No que respeita aos conflitos coletivos de trabalho, não se tem dúvidas sobre a possibilidade da solução pela via arbitral, a qual se encontra autorizada pelo art. 114, § 1º, da Constituição da República.

3.1.5 Ausência de perempção

No processo trabalhista, ao contrário do processo civil, inexiste a perempção propriamente dita, a qual impede definitivamente o direito de ação,[1] nos termos do art. 486, § 3º, CPC/2015.

Situação que se aproxima daquela prevista no Código de Processo Civil (art. 486, § 3º) é o disposto nos arts. 731 e 732 da Consolidação das Leis do Trabalho, que consagram uma espécie de "perempção temporária" (perda do direito de ação por seis meses) para o reclamante que não comparecer à secretaria da Vara do Trabalho para reduzir a termo a reclamação verbal no prazo cinco dias após a distribuição e também para o reclamante que der causa por duas vezes seguidas ao arquivamento da reclamação trabalhista, nos termos do art. 844 do diploma consolidado. Outra situação consiste naquela já comentada necessidade de que o reclamante pague as custas processuais para a propositura de nova demanda, se faltar injustificadamente à audiência (art. 844, §§ 2º e 3º, da CLT). Nessa hipótese, perde o direito de ação enquanto não efetuar o pagamento, inovação legislativa que reputamos inconstitucional quando se trata de beneficiário da justiça gratuita, por manifesta violação ao art. 5º, XXXV e LXXIV, da Constituição da República.

A interpretação literal dos arts. 731 e 732 da Consolidação das Leis do Trabalho enseja a conclusão de que se encontram revogados tacitamente pelo art. 5º, XXXV, da Constituição da República, pois aludem a pena de perda do "direito de reclamar perante a Justiça do Trabalho", por 6 (seis) meses, sem restringir o objeto da futura demanda; vale dizer, poderia abarcar não apenas os direitos da reclamação anterior, mas qualquer outro direito trabalhista, inclusive em relação a outros empregadores. Por isso, talvez a melhor interpretação seja a teleológica, que se faz de conformidade com a Constituição da República, que restringe o direito de ação pelo tempo mencionado (6 meses), apenas em relação ao objeto da reclamação anterior, entendimento que se harmoniza com a disposição do § 3º ao art. 11 da CLT, acrescentado pela Lei 13.467/2017.

De qualquer maneira, reiteramos a observação de que não existe alcance prático para o art. 731 da Consolidação das Leis do Trabalho, pois nas localidades em que existe mais de uma Vara do Trabalho, o próprio

---

1. *Perempção* "é a perda do direito de ação pela desídia do autor, que ensejou a extinção do processo sem julgamento do mérito, por três vezes, pelo fundamento do CPC 267 III" (Nélson Nery Júnior e Rosa Maria Andrade Nery, *Código de Processo Civil Comentado*, 3ª ed., p. 540).

Tribunal se encarrega de manter um setor para distribuição de reclamações verbais, onde a redução a termo se faz ato contínuo à distribuição.

3.1.6 Ausência de acordo na comissão de conciliação prévia

Conforme já mencionamos no primeiro capítulo, a Lei 9.958, de 2000, consagrou mais um mecanismo de solução de conflitos individuais de trabalho, o que restou materializado por meio da introdução do Título VI-A, "Das Comissões de Conciliação Prévia", no bojo da Consolidação das Leis do Trabalho. Na prática, a alteração mencionada representa o acréscimo dos arts. 625-A até 625-H e art. 877-A no diploma consolidado, além de atribuir nova redação ao art. 876, o que será objeto de menção no momento oportuno.

O art. 625-D estabelece a obrigatoriedade de tentativa da solução por meio da comissão de conciliação prévia quando existente no âmbito da categoria da empresa ou do sindicato da categoria profissional, salvo a existência de motivo relevante que deve ser declarado na petição inicial (art. 625-D, § 3º, CLT). É óbvio que a celebração do acordo não é obrigatória. E exatamente a ausência de celebração do acordo perante a comissão é que traduz o pressuposto processual objetivo.

Na hipótese de existência do acordo celebrado perante a comissão de conciliação prévia, o empregado fica impossibilitado de ajuizar reclamação trabalhista, exceto em relação a parcelas expressamente ressalvadas (art. 625-E, parágrafo único, da CLT), a menos que o acordo celebrado esteja viciado e que se pretenda, na própria reclamação, discutir sua validade. Poderá, ainda, pleitear a execução do acordo não cumprido, perante a própria Justiça do Trabalho, eis que se tratará de um título executivo extrajudicial.

3.2 Pressupostos processuais subjetivos

São aqueles que dizem respeito aos sujeitos da relação processual, quais sejam:

1) investidura do juiz;
2) imparcialidade do juiz;
3) competência do juiz;
4) capacidade processual.

Observamos que a investidura do juiz, além de ser princípio da jurisdição, é um pressuposto processual subjetivo, ao lado da imparcialidade e competência. A competência, por sua vez, é a medida da jurisdição.

A capacidade processual traduz a capacidade de estar em juízo, e não se confunde com a capacidade de ser parte, nem com a capacidade postulatória.

Todos possuem capacidade de ser parte, sejam pessoas naturais (inclusive o nascituro), pessoas jurídicas e pessoas formais (massa falida, herança etc.).

Por outro lado, a capacidade de estar em juízo (capacidade processual) nem todos possuem, e isto porque a capacidade jurídica não implica, necessariamente, a capacidade de exercício ou de fato.

O absolutamente incapaz, por exemplo, tem capacidade jurídica mas não pode exercer por si os atos da vida civil, dependendo sempre do seu representante legal.

Vale dizer, o absolutamente incapaz tem capacidade de ser parte, ou seja, de ser sujeito de direitos e deveres processuais, mas não pode exercer por si esses direitos e deveres, porquanto não tem capacidade processual ou capacidade de estar em juízo (*legitimatio ad processum*).

Por último, a capacidade postulatória (*jus postulandi*) traduz-se no direito de agir e falar em nome das partes dentro do processo.

Na maioria dos casos a capacidade de postular é dos advogados, e daí a afirmação de que a capacidade postulatória da parte se expressa e se exterioriza pela representação atribuída a advogado para agir e falar em seu nome no processo. Todavia, no processo do trabalho as próprias partes possuem o *jus postulandi*[2] (art. 791 da CLT), a exemplo do que ocorre na impetração de *habeas corpus* (art. 654 do CPP) e nas causas cujo valor não exceda 20 salários-mínimos, perante os Juizados Especiais Cíveis (art. 9º da Lei 9.099, de 1995).

O art. 792 da CLT foi revogado pela Lei 13.467/2017, mas permanece o entendimento de que a capacidade processual se dá aos 18 anos de idade, por aplicação subsidiária do art. 70 do CPC c/c o art. 5º do Código Civil. Vale dizer, aos 18 anos de idade o trabalhador poderá pleitear na Justiça do Trabalho sem a assistência dos pais ou responsáveis. E no caso de se tratar de menor de 18 anos a reclamação trabalhista será feita por seus representantes legais e, na falta destes, pelo Ministério Público do Trabalho, pelo sindicato, pelo Ministério Público Estadual ou curador

---

2. Dizer que as partes possuem o *jus postulandi* equivale a afirmar que não estão obrigadas a contratar advogado. Todavia, o *jus postulandi* das partes revela-se, na maioria das vezes, sob a forma de armadilha ao leigo, que desconhece os mais elementares aspectos do direito processual. Ainda, em tempo de processo eletrônico, a atuação pelo *jus postulandi*, em todas as instâncias, é algo praticamente impossível.

nomeado em juízo, nos termos do art. 793 da Consolidação das Leis do Trabalho, com a redação atribuída pela Lei 10.288, de 20.9.2001.

3.2.1 Jurisprudência

• A Câmara Municipal, enquanto Poder Legislativo Municipal, carece de personalidade jurídica própria, consoante dispõe o art. 14, inciso III, do CC pátrio. Por conseguinte, apenas o Município legalmente instituído, no caso, o Município de Guarulhos, na qualidade de pessoa jurídica de direito público interno e, como tal, sujeito a direitos e obrigações, seria o detentor da capacidade para figurar no polo passivo da presente ação, segundo o art. 7º do CPC, porque somente o Município possui condições de arcar com a execução. **(TST, RR 67.191/93.7, Ac. 5ª T. 4.786/93, Antônio Maria Thaumaturgo Cortizo)**

• Tem-se como legítima a postulação *ad processum* do procurador da parte quando os instrumentos de mandato, que o habilitam, foram outorgados por escrituras públicas, bem como os respectivos substabelecimentos, ali conferidos, apresentam-se formalmente regulares; mormente quando não suscitada, pela parte adversa, qualquer dúvida sobre tal representação (art. 36 do CPC). **(STJ, RMS 4.178-6, Waldemar Zveiter)**

• Responsabilidade subsidiária. Tomador de serviços. Fundação pública. Capacidade processual. As entidades da Administração Pública Direta e Indireta, dotadas de personalidade jurídica própria, a exemplo das autarquias e fundações, têm autonomia, agem por direito próprio e com autoridade pública. No caso dos autos, restou incontroverso que a Autora prestou serviços nas dependências da Fundação de Medicina Tropical, fundação pública instituída pela Lei n. 2.528, de 30.12.1998, alterada pela Lei n. 3.561, de 18.10.2010, detentora de personalidade jurídica própria e parte integrante da Administração Indireta do Poder Executivo Estadual. Deve, portanto, ser demandada diretamente, uma vez que é detentora de capacidade processual, nos termos do inciso IV do art. 75 do CPC/15 e inciso I do art. 17 da Lei Complementar 73/93. Recurso do Litisconsorte Conhecido e Provido. **(TRT-11, 00025921520165110005, Jose Dantas de Goes)**

4. Classificação dos processos

A exemplo do que ocorre com as ações, é possível classificar os processos em individuais e coletivos.

Os *processos individuais*[3] são instaurados com o exercício do direito de ação individual e classificam-se em: 1) processo de conhecimento; 2) processo de execução; e 3) processo cautelar.

O *processo de conhecimento* é aquele que decorre de uma ação de conhecimento (declaratória, constitutiva ou condenatória); o *processo*

---

3. São os denominados *dissídios individuais* indicados na Consolidação das Leis do Trabalho, e também aqueles oriundos de uma ação de consignação em pagamento e outras espécies admissíveis no processo trabalhista em face da subsidiariedade do processo civil (art. 769 da CLT).

de execução é oriundo de uma ação executória; e o *cautelar* decorre de uma ação cautelar.

O *processo coletivo* (ou *dissídio coletivo*, como prefere o diploma consolidado) é aquele oriundo do exercício de uma ação coletiva, o qual pode ter cunho declaratório ou constitutivo.

5. Diferença entre processo e procedimento

O *procedimento* não se confunde com o *processo*. O processo, como já afirmamos, é um conjunto de atos, enquanto o procedimento traduz a forma e o modo dos atos dentro do processo.

Costuma-se afirmar que no processo trabalhista o procedimento é oral e se caracteriza pela concentração dos atos processuais em audiência, característica que mais se acentua no denominado *procedimento sumaríssimo* na Justiça do Trabalho, e que detalharemos em capítulo próprio.

6. O processo judicial eletrônico (PJ-e)

O uso das novas tecnologias da informação é a tônica do mundo moderno, aproximando pessoas e lugares, na ânsia por rapidez e novidade. Com sua disseminação, as novas tecnologias passaram a dominar diversas atividades humanas, transformando os cidadãos em usuários de um imenso aparato tecnológico, que se atualiza constantemente e modifica as necessidades dos próprios usuários, com o apelo das novas funcionalidades. Vale dizer, as tecnologias da informação, com seus equipamentos cada vez mais sofisticados, e programas que parecem imprescindíveis na vida diária, transformam a maneira de as pessoas se relacionarem entre si, e a forma de cada uma se relacionar com o mundo.

Neste contexto, lembrando a antiga lição de que o Direito está onde está a sociedade e vice-versa, não há dificuldade em explicar os reflexos das novas tecnologias nas relações jurídicas, que são espécies do gênero relações sociais, e nem mesmo os reflexos nas relações jurídicas processuais.

No âmbito da Justiça do Trabalho, as inovações tecnológicas foram bem recebidas desde o início, com o advento da Lei 9.800/1999, ao estabelecer a possibilidade do uso do aparelho de *fac símile* ou similar e, posteriormente, do peticionamento eletrônico, que deu os primeiros passos em meados de 2001 e foi consolidado por meio da Lei 11.280/2006, e, finalmente, com o processo judicial eletrônico (PJ-e) regulamentado pela Resolução CSJT 94/2012 (posteriormente substituída pela Resolução CSJT 136/2014), sob amparo da Lei 11.419/2006, e que rompeu com os paradigmas tradicionais do processo.

A Lei 11.419, de 19.12.2006, não se restringiu à promoção de acréscimos e modificações no Código de Processo Civil/1973, mas disciplina a informatização do processo judicial, estabelecendo claramente a possibilidade da prática, comunicação e assinatura eletrônica de quaisquer atos processuais no âmbito civil, penal e trabalhista, bem como nos juizados especiais, em qualquer grau de jurisdição. Trata-se de um marco para o processo judicial eletrônico, que se desenvolve e permanece no ambiente virtual, com a promessa de resgate da celeridade processual, exigida pela Constituição da República (art. 5º, LXXVIII).

Trata-se, portanto, de uma lei geral que consagrou a possibilidade do processo se desenvolver virtualmente, total ou parcialmente, dispensando a Justiça do Trabalho da mera invocação subsidiária de uma norma destinada ao processo comum. Neste sentido, a Resolução CSJT 94/2012 regulamentou o procedimento eletrônico no âmbito da Justiça do Trabalho, posteriormente substituída pela Resolução CSJT 136/2014, impulsionada pela promessa de um processo mais célere, com redução de tarefas exclusivamente manuais e de espaços físicos destinados às unidades judiciárias, aliados ao menor afluxo de pessoas nas unidades jurisdicionais, já que os autos de um processo virtual podem ser consultados de qualquer lugar do planeta, além de outras inúmeras vantagens. Surge, desta maneira, o processo judicial eletrônico (PJ-e), que não está perfeito e acabado, e se apresenta com as dificuldades e desafios inerentes a qualquer novidade.

Sem desconhecer as dificuldades e o fato de que não se trata de um produto pronto e acabado, somos levados a concluir que não há possibilidade de retrocesso, e, sim, que o processo judicial eletrônico veio para ficar e vai se difundir pela Justiça brasileira, impossibilitando que as futuras gerações de profissionais da área jurídica tenham contato prático com os mecanismos tradicionais de documentação processual concebidos no auge do século passado.

XII
AS PARTES E PROCURADORES

1. Conceito de parte. 2. Capacidade processual. 3. Conceito de parte legítima. 4. Os deveres das partes e procuradores: 4.1 Honorários advocatícios de sucumbência. 5. Sucessão das partes e procuradores. 6. A substituição processual. 7. A intervenção de terceiros: 7.1 Considerações iniciais – 7.2 A assistência: 7.2.1 A assistência simples – 7.2.2 A assistência qualificada – 7.2.3 A assistência no processo do trabalho – 7.3 Oposição – 7.4 Nomeação à autoria – 7.5 Denunciação da lide – 7.6 Chamamento ao processo – 7.7 Incidente de desconsideração da personalidade jurídica – 7.8 "Amicus curiae".

1. Conceito de parte

São elementos da ação: as partes, a causa de pedir e o pedido. As partes, ao lado do juiz, são os sujeitos do processo. Este último é sujeito imparcial,[1] assume a condição de *dominus processus* e é o responsável pela composição do conflito de interesses, no exercício da função jurisdicional.

As partes são os polos ativo e passivo da relação jurídica processual. Vale dizer, partes são autor e réu, nada obstando às hipóteses em que figuram vários autores e/ou vários réus no mesmo processo[2] (litisconsórcio ativo e litisconsórcio passivo, respectivamente).

1. A imparcialidade do juiz é um pressuposto processual sem o qual o processo não se desenvolve validamente.
2. *Código de Processo Civil/2015*:
"Art. 113. Duas ou mais pessoas podem litigar, no mesmo processo, em conjunto, ativa ou passivamente, quando: I – entre elas houver comunhão de direitos ou de obrigações relativamente à lide; II – entre as causas houver conexão pelo pedido ou pela causa de pedir; III – ocorrer afinidade de questões por ponto comum

Em linhas gerais, podemos afirmar que autor é aquele que pede a tutela jurisdicional e réu é aquele contra quem se pede esta mesma tutela.

Por outro lado, não é correto afirmar que as partes na relação processual são os sujeitos ativos e passivos da relação jurídica de direito material controvertida. Isto porque nem sempre os sujeitos do processo são titulares do direito material pleiteado ou defendido, muito embora esta seja a situação mais corriqueira.

Com efeito, já se tornou assente que a relação jurídica processual é autônoma em relação ao direito material, graças ao trabalho de Adolf Wach, ao demonstrar que o direito de ação é autônomo, no ano de 1885. Há processos nos quais inexiste relação de direito material, a exemplo da ação rescisória quando a sentença é prolatada por juiz impedido ou absolutamente incompetente (art. 966, II, do CPC/2015), ações meramente declaratórias (aquelas que objetivam a declaração da inexistência de relação jurídica – art. 19, I, do CPC/2015[3]) e nos processos em que figuram substitutos processuais.[4]

Pelo exposto, importa considerar as partes como sujeitos da relação processual, muito embora na maioria das vezes também sejam sujeitos da lide. De um lado, são as pessoas que pedem a tutela jurisdicional, formulando uma pretensão de direito material (figura do autor); e, de outro lado, são as pessoas contra as quais, ou em relação às quais, se pede a tutela jurisdicional do Estado.[5] Vale dizer, importa para o direito processual o conceito de parte no sentido formal, e não no sentido material.

Diante do exposto, impõe-se mencionar o conceito de Chiovenda: "Partes são aquele que pede em seu próprio nome (ou em cujo nome é

---

de fato ou de direito. § 1º. O juiz poderá limitar o litisconsórcio facultativo quanto ao número de litigantes na fase de conhecimento, na liquidação de sentença ou na execução, quando este comprometer a rápida solução do litígio ou dificultar a defesa ou o cumprimento da sentença. § 2º. O requerimento de limitação interrompe o prazo para manifestação ou resposta, que recomeçará da intimação da decisão que o solucionar".

3. "Art. 19. O interesse do autor pode limitar-se à declaração: I – da existência, da inexistência ou do modo de ser de uma relação jurídica; II – da autenticidade ou da falsidade de documento."

4. *Substituto processual* é aquele que pleiteia em nome próprio direito alheio, hipótese que depende de expressa autorização legal (art. 6º do CPC: "Ninguém poderá pleitear, em nome próprio, direito alheio, salvo quando autorizado por lei").

5. Moacyr Amaral Santos, *Primeiras Linhas de Direito Processual Civil*, 6ª ed., v. I, p. 288.

pedida) uma atuação de lei (autor) e aquele frente ao qual tal atuação é pedida".[6]

Registramos, finalmente, que a terminologia (*autor* e *réu*) varia de acordo com o tipo de ação. Na ação executória o autor é exequente e o réu denomina-se executado; nas reclamações trabalhistas o autor é reclamante e o réu é o reclamado; nas ações cautelares o autor é requerente e o réu é o requerido; nos mandados de segurança o autor é impetrante e o réu é o impetrado – e assim por diante.

2. Capacidade processual

Já sabemos que a pessoa, para ingressar em juízo, deve ter interesse e legitimidade,[7] mas esta última também deve ser observada no âmbito processual, traduzindo-se na capacidade da parte, e que também consubstancia um pressuposto processual, sem o qual o processo não se desenvolve validamente.

Nas palavras de José Frederico Marques: "Capacidade processual é a aptidão de uma pessoa para ser parte, isto é, sujeito de direitos e obrigações, faculdades e deveres, ônus e poderes, na relação processual, como autor, réu ou interveniente".[8] Todavia, discordamos desta orientação, na medida em que confunde a *capacidade processual* e a *capacidade de ser parte*.

Diante dos expressos termos do art. 1º do Código Civil,[9] é possível afirmar que todo homem tem a capacidade de ser parte. Não estão excluídos nem mesmo os nascituros, por força do art. 2º do mesmo diploma legal,[10] e o mesmo se diga das pessoas jurídicas e pessoas formais (massa falida, herança vacante ou jacente e o espólio), cuja representação em juízo se faz nos termos do art. 75 do Código de Processo Civil/2015.[11]

---

6. *Apud* Alfredo de Araújo Lopes da Costa, *Direito Processual Civil Brasileiro*, 2ª ed., v. I, p. 350.
7. São condições da ação a legitimidade da parte e o interesse processual (interesse de agir).
Código de Processo Civil: "Art. 3º. Para propor ou contestar ação é necessário ter interesse e legitimidade".
8. *Manual de Direito Processual Civil*, 12ª ed., v. 1, p. 278.
9. "Toda pessoa é capaz de direitos e deveres na ordem civil."
10. "A personalidade civil da pessoa começa do nascimento com vida: mas a lei põe a salvo, desde a concepção, os direitos do nascituro."
11. *Código de Processo Civil/2015*: "Art.75. Serão representados em juízo, ativa e passivamente: I – a União, pela Advocacia-Geral da União, diretamente ou mediante órgão vinculado; II – o Estado e o Distrito Federal, por seus procuradores;

Por outro lado, dispõe o art. 70 do Código de Processo Civil/2015: "Toda pessoa que se encontre no exercício dos seus direitos tem capacidade para estar em juízo".

Ora, a capacidade de estar em juízo é que coincide com a capacidade processual. E neste sentido nos curvamos diante dos ensinamentos de Lopes da Costa: "Tem capacidade processual aquele que pode estar em juízo: *persona legitima standi in iudicio*";[12] e de Moacyr Amaral Santos: "Capacidade processual, ou capacidade de estar em juízo, ou *legitimatio ad processum*, é a capacidade de exercer os direitos e deveres processuais; é a capacidade de praticar validamente os atos processuais; diz respeito àqueles que têm capacidade para agir".[13]

No direito processual civil a capacidade processual se dava em favor dos maiores de 21 anos,[14] bem como aos emancipados, aos casados, aos servidores públicos em cargo efetivo, aos graduados em curso superior e aos que se estabelecerem (civil ou comercialmente) com economia própria, tudo nos termos do art. 9º do Código Civil de 1916. Contudo, referido cenário sofreu alteração com a promulgação do novo Código Civil (Lei 10.406, de 10.1.2002), ao estabelecer, em seu art. 5º, que a menoridade cessa aos 18 anos completos, ou nas hipóteses de emancipação expressamente arroladas nos cinco incisos que seguem: "I – pela concessão dos pais, ou de um deles na falta do outro, mediante instrumento público, independentemente de homologação judicial, ou por sentença do juiz, ouvido o tutor; se o menor tiver dezesseis anos completos; II – pelo casamento; III – pelo exercício de emprego público efetivo; IV – pela colação de grau em curso de ensino superior; V – pelo

---

III – o Município, por seu prefeito ou procurador; IV – a autarquia e a fundação de direito público, por quem a lei do ente federado designar; V – a massa falida, pelo administrador judicial; VI – a herança jacente ou vacante, por seu curador; VII – o espólio, pelo inventariante; VIII – a pessoa jurídica, por quem os respectivos atos constitutivos designarem ou, não havendo essa designação, por seus diretores; IX – a sociedade e a associação irregulares e outros entes organizados sem personalidade jurídica, pela pessoa a quem couber a administração de seus bens; X – a pessoa jurídica estrangeira, pelo gerente, representante ou administrador de sua filial, agência ou sucursal aberta ou instalada no Brasil; XI – o condomínio, pelo administrador ou síndico".

12. *Direito...*, 2ª ed., v. I, p. 382.

13. *Primeiras Linhas...*, 6ª ed., v. I, p. 292.

14. No processo penal é obrigatória, sob pena de nulidade, a nomeação de curador no caso de réu menor de 21 anos, nos termos dos arts. 262 e 564, "c", do Código de Processo Penal.

Nos Juizados Especiais Cíveis o maior de 18 anos e menor de 21 anos nunca dependeu de assistência, inclusive para fins de conciliação (art. 8º, § 2º, da Lei 9.099, de 1995).

estabelecimento civil ou comercial, ou pela existência de relação de emprego, desde que, em função deles, o menor com dezesseis anos completos tenha economia própria".

O art. 792 da CLT, revogado pela Lei 13.467/2017, assim previa: "Os maiores de 18 (dezoito) anos e menores de 21 (vinte e um) anos e as mulheres casadas poderão pleitear perante a Justiça do Trabalho sem a assistência de seus pais, tutores ou maridos". Por força do art. 70 do CPC c/c o art. 5º do Código Civil, aplicáveis subsidiariamente ao processo do trabalho, a capacidade processual plena se dá aos 18 anos, dispensando qualquer tipo de representação ou assistência.

Observa-se, pois, que os relativamente incapazes e absolutamente incapazes não possuem a *legitimatio ad processum* (capacidade processual). Vale dizer, têm a capacidade de ser parte, mas necessitam de assistência ou representação para estarem em juízo.[15]

São absolutamente incapazes de exercer pessoalmente os atos da vida civil, nos termos do art. 3º do Código Civil, na redação da Lei 13.146, de 2015, os menores de 16 anos. Dependem de representação para a defesa de seus interesses em juízo, seja por curador, tutor ou representante legal (pai ou mãe).[16]

São relativamente incapazes, a certos atos, ou à maneira de os exercer, nos termos do art. 4º do Código Civil) na redação da Lei 13.146, de 2015): os maiores de 16 e os menores de 18 anos; os ébrios habituais e os viciados em tóxicos, aqueles que, por causa transitória ou permanente, não puderem exprimir sua vontade e os pródigos,[17] que precisam estar assistidos pelos pais, tutores ou curadores na defesa de seus interesses em juízo.[18] Verifica-se, ainda, que o Código Civil não inclui os indíge-

---

15. *Código de Processo Civil/2015*: "Art. 71. O incapaz será representado ou assistido por seus pais, por tutor ou por curador, na forma da lei".

16. *Código Civil*: "Art. 1.634. Compete aos pais, quanto à pessoa dos filhos menores: (...) V – representá-los, até aos dezesseis anos, nos atos da vida civil, e assisti-los, após essa idade, nos atos em que forem partes, suprindo-lhes o consentimento; (...)."

"Art. 1.690. Compete aos pais, e na falta de um deles ao outro, com exclusividade, representar os filhos menores de dezesseis anos, bem como assisti-los até completarem a maioridade ou serem emancipados."

17. *Pródigo* é aquele que, "sem justa razão, esbanja a fortuna, gastando-a inutilmente ou fazendo gastos e despesas insensatas e excessivas, que possam destruir seus haveres" (in De Plácido e Silva, *Vocabulário Jurídico*, v. III, p. 1.233).

18. *Código Civil*:
"Art. 1.747. Compete mais ao tutor: I – representar o menor, até os dezesseis anos, nos atos da vida civil, e assisti-lo, após essa idade, nos atos em que for parte; (...)."

nas entre os relativamente incapazes, estabelecendo que sua capacidade "será regulada por legislação especial" (art. 4º, parágrafo único).

Impõe-se, no entanto, um esclarecimento acerca da diferença entre representação e assistência. Na *representação* a vontade do absolutamente incapaz é totalmente substituída pela vontade de seu representante (pai, mãe, tutor ou curador), enquanto na *assistência* verificamos a vontade do relativamente incapaz, a qual deve contar com a aquiescência do assistente (pai, mãe, tutor ou curador). E neste sentido a jurisprudência: "Os maiores de 16 e menores de 21 anos são assistidos e não representados pelo pai. Na representação, o representante emite a vontade em nome do representado. Na assistência, o menor comparece ao ato e manifesta a vontade, autorizado pelo assistente" (TJRS, 1ª C., Ap. 26.751, rel. Des. Cristiano Graeff Júnior, j. 5.10.1976, *RJTJRS* 62/367).[19]

O diploma processual civil também contempla a hipótese de nomeação de curador especial ao incapaz quando não tiver representante legal ou quando os interesses deste colidirem com os daquele (art. 9º, I, do CPC), bem como ao réu preso e ao revel citado por edital ou com hora certa (art. 9º, III, do CPC), nomeação que pode ser dispensada nas comarcas em que houver representante judicial de incapazes ou de ausentes, tarefa que é acometida aos membros do Ministério Público.[20]

"Art. 1.767. Estão sujeitos a curatela: I – aqueles que, por outra causa transitória ou permanente, não puderem exprimir sua vontade; III – os ébrios habituais e os viciados em tóxicos; V – os pródigos" (redação dada pela Lei 13.146/2015 que revogou os incs. II e IV).

"Art. 1.772. O juiz determinará, segundo as potencialidades da pessoa, os limites da curatela, circunscritos às restrições constantes do art. 1.782, e indicará curador" (redação dada pela Lei 13.146/2015).

"Art. 1.782. A interdição do pródigo só o privará de, sem curador, emprestar, transigir, dar quitação, alienar, hipotecar, demandar ou ser demandado, e praticar, em geral, os atos que não sejam de mera administração."

Com relação às pessoas com deficiência de qualquer tipo, a Lei 13.146/2015, também introduziu um artigo (1.783-A) no Código Civil, dispondo sobre a "Tomada de decisão apoiada", que "é o processo pelo qual a pessoa com deficiência elege pelo menos duas pessoas idôneas, com as quais mantenha vínculos e que gozem de sua confiança, para prestar-lhe apoio na tomada de decisão sobre atos da vida civil, fornecendo-lhes os elementos e informações necessários para que possa exercer sua capacidade".

19. *Apud* Alexandre de Paula (com a colaboração de Carlos Vaz Gomes Corrêa), *O Processo Civil à Luz da Jurisprudência*, v. I.

20. *Código de Processo Civil*:
"Art. 9º (...).

Na Justiça do Trabalho não se cogita de curador especial ao revel, e quando se tratar de menor de 18 anos a reclamação trabalhista poderá ser ajuizada por seu representante legal e, na falta deste, pelo órgão do Ministério Público do Trabalho, pelo sindicato, pelo Ministério Público Estadual ou curador nomeado em juízo (art. 793 da CLT).

Finalmente, ao lado da capacidade de ser parte e da capacidade processual propriamente dita vislumbramos a capacidade postulatória. Isto porque, a despeito de a parte ter a capacidade processual (*legitimatio ad processum*), deve participar da relação jurídica processual por intermédio de quem tenha o direito de postular em juízo. Necessita, pois, do patrocínio ou assistência de profissional do Direito – o advogado –, o qual tem o poder de agir e falar em nome das partes em juízo (*jus postulandi*). Todavia, não podemos olvidar que o próprio ordenamento jurídico estabelece algumas hipóteses em que as próprias partes podem atuar em juízo, sem a necessidade de constituir advogado: *reclamações trabalhistas perante a Justiça do Trabalho* (art. 791 da CLT); impetração de *habeas corpus* (art. 654 do CPP); ações perante os Juizados Especiais Cíveis cujo valor não seja superior a 20 salários-mínimos (art. 9º da Lei 9.099, de 1995).

3. Conceito de parte legítima

Não podemos confundir o conceito de parte com o de parte legítima. A condição de parte decorre da *legitimatio ad processum* (capacidade processual) e diz respeito a um pressuposto processual, enquanto a qualidade de parte legítima está intimamente ligada às condições da ação, já que parte legítima é aquela que possui a *legitimatio ad causam* (legitimação para a causa).

Em síntese, *parte legítima* é aquela que tem direito à prestação da tutela jurisdicional. Vale dizer, tem direito a um pronunciamento acerca do mérito da demanda pelo órgão jurisdicional, seja este pronunciamento favorável ou desfavorável. Todavia, não podemos afirmar que parte legítima seja aquela que se diz titular da pretensão de direito material invocada em juízo, na medida em que existem situações em que a parte defende interesses de outrem, muito embora o faça em nome próprio. São os casos de legitimação extraordinária ou substituição processual, que veremos em tópico específico.

"Parágrafo único. Nas comarcas onde houver representante judicial de incapazes ou de ausentes, a este competirá a função de curador especial."

4. Os deveres das partes e procuradores

O dever de *lealdade processual* é um dos mais importantes que possuem as partes na relação jurídica processual. E, nas palavras de Paulo Lúcio Nogueira, "consiste em postular não só com elegância de linguagem, mas acima de tudo com ética profissional, não só com referência ao próprio cliente, mas também ao seu adversário e colega"[21] – dever que, infelizmente, não é observado por muitos profissionais no exercício da profissão.

É certo que o dever de lealdade se apresenta de forma genérica e abarca todas as hipóteses previstas pelo legislador, na medida em que aquele que se pauta desta maneira jamais deixa de apresentar os fatos segundo a verdade, não formula pretensões ou defesa destituídas de fundamentos, nem objetiva a produção de provas inúteis com o único intuito de retardar a atuação jurisdicional.[22]

Traduzem, ainda, deveres das partes e de seus procuradores comportarem-se convenientemente nas sessões de audiência,[23] tratarem-se reciprocamente com urbanidade (e o mesmo se diga em relação às testemunhas[24]). Finalmente, é dever das partes não atentar contra a dignidade da Justiça, nos termos do art. 772, II, c/c o art. 774, ambos do Código de Processo Civil/2015, cumprindo assinalar que atenta contra a dignidade da Justiça o devedor que frauda a execução, se opõe maliciosamente à execução, resiste injustificadamente às ordens judiciais e não indica ao juiz onde se encontram os bens sujeitos a execução.

Nas hipóteses de atos atentatórios contra a dignidade da Justiça o devedor pode sofrer as cominações do art. 774, parágrafo único, do Código de Processo Civil/2015, sendo obrigado a pagar multa de até 20% sobre o montante da execução em favor da parte contrária, sem prejuízo de outras sanções de ordem processual ou material.

No mais, a não observância dos deveres da parte pode implicar a caracterização da litigância de má-fé e atrair as cominações insculpidas nos arts. 793-A até 793-D da CLT.

4.1 Honorários advocatícios de sucumbência

No Capítulo III desta obra, já tivemos a oportunidade de informar que a Reforma Trabalhista acrescentou à CLT a previsão de honorários

---

21. *Curso Completo de Processo Civil*, p. 50.
22. Código de Processo Civil/2015, art. 77.
23. Código de Processo Civil/2015, 360, II. Código de Processo Penal, art. 796.
24. Código de Processo Civil/2015, art. 459 e parágrafos.

advocatícios sucumbenciais (CLT, art. 791-A) e alterou as regras concernentes aos honorários periciais (CLT, art. 791-B).

Quanto aos honorários advocatícios de sucumbência, em síntese, o diploma consolidado passa a dispor que ao advogado, ainda que atue em causa própria, serão devidos honorários de sucumbência, fixados entre 5% e 15% sobre o valor que resultar da liquidação da sentença, do proveito econômico obtido ou, não sendo possível mensurá-lo, sobre o valor atualizado da causa.

Lembramos que, nos termos do art. 322, § 1º, do CPC, os honorários advocatícios compreendem-se no pedido, independentemente de requerimento expresso e são devidos mesmo na reconvenção, conforme § 5º do art. 791-A da CLT. Os honorários advocatícios sucumbenciais também são devidos nas ações contra a Fazenda Pública e nas ações em que a parte estiver assistida ou substituída pelo sindicato de sua categoria (art. 791-A, § 1º, da CLT).

O § 2º do art. 791-A da CLT estabelece que, para fixação do percentual de honorários, o juiz deverá observar: I – o grau de zelo do profissional; II – o lugar de prestação do serviço; III – a natureza e a importância da causa; IV – o trabalho realizado pelo advogado e o tempo exigido para o seu serviço. Particularmente, entendemos que o juiz também deve levar em consideração a capacidade econômica do condenado.

Importante salientar que o percentual de honorários incide sobre o valor bruto apurado, ou seja, sem a dedução de tributos, como informa a OJ 348 da SBDI-I do TST. Conforme art. 85, § 14, do CPC, os honorários sucumbenciais são exclusivos do advogado e possuem natureza alimentar, com os mesmos privilégios dos créditos oriundos da legislação do trabalho, sendo vedada a compensação em caso de sucumbência parcial.

Da mesma forma que o CPC, a CLT reformada determina que, na hipótese de procedência parcial, o juízo arbitrará honorários de sucumbência recíproca, vedada a compensação entre os honorários (art. 791-A, § 3º, da CLT). Aqui, para que fique claro, a interpretação é a de que se o autor obteve a parcial procedência de um pedido, não há sucumbência parcial. Explica-se: o reclamante pleiteia indenização de R$ 10.000,00 a título de danos morais, mas o juiz defere o valor de R$ 8.000,00. Nesse caso, o reclamante não será sucumbente em R$ 2.000,00, mas vencedor do pedido. A sucumbência recíproca ocorre quando a inicial possui mais de um pedido e o autor vence em uns, mas perde em outros. Entendemos que esta é a melhor exegese para a expressão do art. 791-A, § 3º, CLT, não merecendo prosperar a interpretação literal que emerge da expressão "procedência parcial", a qual pode conduzir a absurdos, tais como a condenação do trabalhador em honorários advocatícios sucumbenciais sobre os pedidos declarados prescritos na sentença

Vencido o beneficiário da justiça gratuita, desde que não tenha obtido em juízo, ainda que em outro processo, créditos capazes de suportar a despesa, as obrigações decorrentes de sua sucumbência ficarão sob condição suspensiva de exigibilidade e somente poderão ser executadas se, nos dois anos subsequentes ao trânsito em julgado da decisão que as certificou, o credor demonstrar que deixou de existir a situação de insuficiência de recursos que justificou a concessão de gratuidade, extinguindo-se, passado esse prazo, tais obrigações do beneficiário (art. 791-A, § 4º, da CLT).

5. Sucessão das partes e procuradores

O Código de Processo Civil revogado se referia ao instituto como *substituição* das partes (art. 41, CPC/1973), o que poderia confundi-lo com a substituição processual. O CPC/2015 adota a expressão "sucessão das partes", que se traduz na sucessão processual ou alteração subjetiva na demanda.

A regra geral é no sentido de que não se permite a substituição das partes depois de instaurada a relação jurídica processual. E neste sentido dispõe o art. 108 do Código de Processo Civil/2015 que "no curso do processo, somente é lícita a sucessão voluntária das partes nos casos expressos em lei".[25]

Registre-se que nem mesmo a alienação da coisa ou do direito litigioso, a título particular, por ato entre vivos, altera a legitimidade das partes, a menos que a parte contrária concorde, nos termos do art. 109, § 1º, do Código de Processo Civil/2015; mas a sentença prolatada entre as partes originárias atinge a esfera jurídica dos adquirentes ou cessionários (art. 109, § 3º).

Por outro lado, uma hipótese de sucessão se dá quando ocorre a morte de qualquer das partes. Com efeito, dispõe o art. 110 do Código de Processo Civil/2015: "Ocorrendo a morte de qualquer das partes, dar-se-á a sucessão pelo seu espólio ou pelos seus sucessores, observado o disposto no art. 313, §§ 1º e 2º'" – cumprindo assinalar que o procedimento

---

25. São raras as hipóteses legais de substituição voluntária das partes, e uma delas ocorre quando há alienação da coisa ou do direito litigioso (art. 109, § 1º, CPC/2015).

para habilitação dos herdeiros e sucessores se encontra disciplinado nos arts. 687 e ss. do Código de Processo Civil/2015. Contudo, no processo do trabalho a substituição do empregado-reclamante se dá em favor dos dependentes habilitados perante a Previdência Social, nos termos da Lei 6.858, de 1980, e somente na ausência destes é que o procedimento se dá com observância da legislação civil.

No mais, não se pode olvidar que a procuração é ato entre vivos, motivo pelo qual o falecimento da parte implica o perecimento do instrumento de mandato outorgado ao advogado. Vale dizer, os herdeiros ou sucessores precisam constituir advogado para o procedimento de habilitação no processo, que poderá ou não ser o mesmo que havia sido constituído pelo falecido.

A substituição também pode se dar em relação ao procurador da parte, seja pela renúncia do advogado ou revogação do mandato pela parte.

No que respeita à revogação impõe-se a observância do art. 111 do Código de Processo Civil/2015, segundo o qual "a parte, que revogar o mandato outorgado ao seu advogado, constituirá, no mesmo ato, outro que assuma o patrocínio da causa".[26] E no caso de o advogado renunciar ao mandato, deverá notificar o mandante para que constitua outro profissional, mas permanecerá no patrocínio da demanda no período de 10 dias após a notificação, a fim de não acarretar-lhe prejuízos (art. 112 do CPC/2015).

6. A substituição processual

Nos termos do art. 18 do Código de Processo Civil/2015: "Ninguém poderá pleitear direito alheio em nome próprio, salvo quando autorizado pelo ordenamento jurídico". Observamos, pois, que o legislador prestigiou a denominada *legitimação ordinária*, segundo a qual somente aquele que se diz titular do direito material discutido é que pode pleiteá-lo em juízo.

No entanto, existem casos em que a lei atribui, de forma concorrente com o titular do direito ou não, a possibilidade de alguém pleitear direito alheio, em seu próprio nome. É o que denominamos *substituição processual* ou *legitimação extraordinária*.

26. "Se a parte outorgar procuração a outro advogado há revogação tácita do primitivo procurador (*RT* 624/161, 613/137 e 615/138)" (*apud* Paulo Lúcio Nogueira, *Curso...*, p. 61); mas isto não desonera o cliente do pagamento dos honorários contratados, nos termos do Código de Ética e Disciplina da Ordem dos Advogados do Brasil (art. 14).

No processo do trabalho traduz exemplo clássico de substituição processual o ajuizamento de reclamação trabalhista pelo sindicato de categoria profissional, em face de uma determinada empresa, objetivando o pagamento de adicional de insalubridade ou periculosidade em favor de um grupo de associados (art. 195, § 2º, da CLT).

Todavia, impõe-se a observação de que a substituição processual não se confunde com a representação ou assistência dos incapazes. Isto porque o representante legal não atua em nome próprio, e sim em nome do representado.

Igualmente, a sucessão de partes, tratada no tópico anterior, não se confunde com a substituição processual. E isto porque na substituição processual o substituto sempre age em nome de outrem, enquanto na sucessão processual o sucessor age em nome próprio na defesa de seu próprio interesse, integrando a relação jurídica de que se tornou titular com a morte de uma das partes, ou a partir da alienação da coisa ou do direito litigioso.

Finalmente, torna-se oportuno mencionar que durante algum tempo a jurisprudência trabalhista se inclinou pela possibilidade de substituição processual ampla e genérica pelo sindicato da categoria profissional, com fundamento no art. 8º, III, da Constituição Federal. Contudo, referido entendimento acabou sendo abandonado pela cristalização da jurisprudência, por meio da Súmula 310 do Tribunal Superior do Trabalho:

"I – O art. 8º, inciso III, da Constituição da República não assegura a substituição processual pelo sindicato.

"II – A substituição processual autorizada ao sindicato pelas Leis ns. 6.708, de 30.10.1979, e 7.238, de 29.10.1984, limitada aos associados, restringe-se às demandas que visem aos reajustes salariais previstos em lei, ajuizadas até 3 de julho de 1989, data em que entrou em vigor a Lei n. 7.788.

"III – A Lei n. 7.788/89, em seu art. 8º, assegurou, durante sua vigência, a legitimidade do sindicato como substituto processual da categoria.

"IV – A substituição processual autorizada pela Lei n. 8.073, de 30.7.1990, ao sindicato alcança todos os integrantes da categoria e é restrita às demandas que visem à satisfação de reajustes salariais específicos resultantes de disposição prevista em lei de política salarial.

"V – Em qualquer ação proposta pelo sindicato como substituto processual, todos os substituídos serão individualizados na petição inicial e, para o início da execução, devidamente identificados, pelo número da Carteira de Trabalho e Previdência Social ou de qualquer documento de identidade.

"VI – É lícito aos substituídos integrar a lide como assistente litisconsorcial, acordar, transigir e renunciar, independentemente de autorização ou anuência do substituto.

"VII – Na liquidação da sentença exequenda, promovida pelo substituto, serão individualizados os valores devidos a cada substituído, cujos depósitos para quitação serão levantados através de guias expedidas em seu nome ou de procurador com poderes especiais para esse fim, inclusive nas ações de cumprimento.

"VIII – Quando o sindicato for o autor da ação na condição de substituto processual, não serão devidos honorários advocatícios."

No entanto, novas luzes começam a surgir em torno deste mesmo tema, já que o Tribunal Superior do Trabalho cancelou a Súmula 310, por meio da Resolução 119, de 25.9.2003, publicada no *Diário da Justiça da União* de 1.10.2003. Pessoalmente, não vemos como deixar de prestigiar a possibilidade de o sindicato da categoria profissional atuar como substituto processual na defesa de direitos coletivos e individuais homogêneos, cujos conceitos são advindos do art. 81 da Lei 8.078, de 1990 (Código de Defesa do Consumidor): a) interesses ou direitos coletivos são os transindividuais de natureza indivisível de que seja titular grupo, categoria ou classe de pessoas ligadas entre si ou com a parte contrária por uma relação jurídica base, tais como o direito de todos os empregados da empresa a um ambiente de trabalho adequado, sem riscos à saúde ou segurança; b) interesses ou direitos individuais homogêneos são aqueles que decorrem de origem comum, tais como os que decorrem da ausência de depósitos do FGTS ou de intervalo intrajornada a todos os empregados da empresa.

7. A intervenção de terceiros

7.1 Considerações iniciais

A figura da intervenção de terceiros surgiu com o objetivo de "obviar ou reduzir os perigos da extensão dos efeitos da sentença a terceiros alheios à relação processual",[27] a fim de que defendam seus direitos ou interesses, sujeitando-os aos efeitos da sentença proferida, nunca sendo

---

27. Moacyr Amaral Santos, *Primeiras Linhas de Direito Processual Civil*, 4ª ed., v. II, p. 15.

demais salientar que o interesse deve ser sempre jurídico, e nunca tão somente econômico ou de ordem moral.

É certo que o atual Código de Processo Civil dedica o título III do Livro III, da Parte Geral, ao instituto da intervenção de terceiros. Contudo, referido título contempla apenas algumas formas de intervenção.

A intervenção pode se dar por provocação de uma das partes ou por deliberação espontânea do terceiro. No primeiro caso dizemos que a intervenção é provocada ou coacta; e no segundo caso temos a intervenção voluntária ou espontânea.

Dentre as modalidades de intervenção provocada temos a denunciação da lide e o chamamento ao processo. Por sua vez, integram a categoria das intervenções voluntárias a assistência (simples ou litisconsorcial) e a oposição, cabendo salientar que Moacyr Amaral Santos inclui nesta categoria os embargos de terceiro e a intervenção de credores na execução.

A modalidade de intervenção coacta prevista no art. 486 da Consolidação das Leis do Trabalho – "chamamento à autoria" – na hipótese de *factum principis* não se confunde com a nomeação à autoria (expressamente nominada no CPC revogado – art. 62), nem com a denunciação da lide, reputando-se inócua a controvérsia que se tem travado entre diversos estudiosos. É certo que se está diante de uma forma de intervenção de terceiros peculiar ao processo do trabalho e que não se confunde com qualquer das formas previstas pelo atual Código de Processo Civil.

7.2 A assistência

Dispõe o art. 119 do Código de Processo Civil/2015: "Pendendo causa entre duas ou mais pessoas, o terceiro juridicamente interessado em que a sentença seja favorável a uma delas poderá intervir no processo para assisti-la".

No CPC revogado, a assistência era tratada pelo legislador no capítulo destinado ao litisconsórcio, o que era alvo de críticas da doutrina e foi corrigido no CPC/2015. Vale dizer, o Código de Processo Civil atual corrigiu a distorção de ordem topológica, verificada no código anterior, consagrando a assistência como forma de intervenção de terceiro no processo.

A assistência traduz-se no direito que possui o terceiro, em causa na qual tenha interesse jurídico, em que a sentença favoreça uma das partes. Trata-se, pois, de direito subjetivo, subordinado à relação juridicamente estabelecida entre o interesse do terceiro e o da parte que pretende assistir.

Assim, nunca é demais salientar que a admissão do assistente se condiciona à existência do interesse jurídico do terceiro interveniente, e não o interesse econômico ou moral, os quais podem, igualmente, estar presentes.

O assistente deve atuar como auxiliar da parte principal, sujeitando-se aos mesmos ônus processuais do assistido e gozando dos mesmos poderes deste, consoante se infere do art. 121 do Código de Processo Civil/2015.

Trata-se de modalidade de intervenção passível de ocorrer em qualquer tipo de procedimento e em qualquer grau de jurisdição, recebendo o assistente o processo no estado em que se encontra (art. 119, parágrafo único, do CPC).

A doutrina admite a existência de dois tipos de assistência: 1) simples ou adesiva; 2) litisconsorcial ou qualificada.

7.2.1 A assistência simples

A assistência simples ou adesiva é aquela prevista no art.121 do CPC/2015 e tem sua origem no processo extraordinário romano.

Nesta forma de assistência o interesse do terceiro interveniente limita-se ao resultado favorável da pretensão jurisdicional do assistido a quem adere, e daí ser possível afirmar que se está diante de uma assistência adesiva.

O assistente não possui autonomia diante do assistido, limitando-se a sustentar as razões deste último contra o seu adversário. Vale dizer, as inovações do assistente só serão consideradas se ratificadas pela parte principal à qual assiste.

7.2.2 A assistência qualificada

A assistência qualificada ou litisconsorcial encontra-se disciplinada no art. 124 do CPC/2015 e nela o interveniente atua para evitar que a coisa julgada advinda da sentença proferida contra o assistido possa interferir na relação jurídica que possui com o adversário deste.

Em síntese, podemos dizer que tanto o assistente litisconsorcial quanto o adesivo se subordinam à eficácia preclusiva da coisa julgada material, vez que são sempre partes no processo, muito embora acessórias ou secundárias.

Muitas controvérsias advieram da existência da assistência litisconsorcial, haja vista que para muitos doutrinadores trata-se de autêntico litisconsórcio, sendo oportuna a menção de Ísis de Almeida no sentido de que "o assistente e o assistido são titulares do mesmo direito discutido no processo, tendo o primeiro legitimidade *ad causam* para, independentemente do segundo, figurar na relação processual em questão".[28]

No entanto, ousamos discordar de Ísis de Almeida, porquanto o assistente qualificado tem relação com ambas as partes e não é possível se vislumbrar o fato de o direito do assistente estar sendo discutido no mesmo processo.

À guisa de exemplo, basta imaginarmos a relação existente entre locador, locatário e fiador. É inquestionável o fato de que estamos diante de uma relação triangular, na qual o fiador se relaciona com o locador e o locatário; e, portanto, numa ação de cobrança do primeiro em face do segundo o fiador estaria legitimado, nos termos do art. 124 do atual Código de Processo Civil, a atuar como assistente litisconsorcial do réu.

É certo, porém, que o assistente litisconsorcial goza de certa autonomia em relação à parte principal, por ele assistida, sendo considerado litisconsorte desta.

Assim, nesta modalidade de assistência aplica-se o disposto no art. 127 do CPC/2015, ou seja, o assistente e o assistido atuam como partes distintas nas relações com a parte adversa, e os atos e omissões de um não prejudicarão nem beneficiarão o outro, ressalvada a hipótese de litisconsórcio unitário.

Convém salientar, finalmente, que a admissão do assistente litisconsorcial também está subordinada ao disposto no art. 120 do diploma processual civil; e, ainda, que o processo será recebido no estado em que se encontra (art. 119, parágrafo único, do CPC), que são regras comuns a ambas as modalidades de assistência.

7.2.3 A assistência no processo do trabalho

A legislação processual trabalhista menciona apenas uma hipótese de intervenção de terceiro, e o faz no art. 486 da Consolidação das Leis do Trabalho, na hipótese de ocorrência do *factum principis*, sendo evidente que a hipótese de intervenção ali mencionada não se confunde com qualquer daquelas previstas no Código de Processo Civil.

---

28. *Manual de Direito Processual do Trabalho*, 3ª ed., v. I, p. 175.

A doutrina diverge quanto ao cabimento de algumas modalidades de intervenção de terceiros no processo do trabalho, quais sejam; a nomeação à autoria, a denunciação da lide, o chamamento ao processo e a oposição.[29]

Contudo, o cabimento do instituto da assistência no processo trabalhista não tem gerado controvérsias, tendo o Tribunal Superior do Trabalho editado a Súmula 82, que assim dispõe: "A intervenção assistencial, simples ou adesiva, só é admissível se demonstrado o interesse jurídico e não meramente econômico perante a Justiça onde é postulada".

É certo que referida Súmula não fez outra coisa senão reafirmar o requisito previsto no art. 50 do Código de Processo Civil revogado e que corresponde ao art. 119 do CPC/2015, no sentido de que o terceiro interveniente deve possuir interesse jurídico; mas sua importância reside no fato de que, por vias oblíquas, a mais alta Corte Trabalhista admitiu a possibilidade de intervenção assistencial no processo trabalhista.

Assevera Ísis de Almeida que, "no processo trabalhista, a assistência vem sendo muito comum nos processos contra entidades da Administração indireta do Estado, mas, também – e especialmente –, quando se trata de fundação, que, apesar de uma íntima vinculação com aquele, não se acha mais incluída entre os entes paraestatais, segundo a alteração que o Decreto-lei n. 200, de 1967, sofreu com o disposto no Decreto-lei n. 900, de 1969".[30]

Contudo, a jurisprudência não tem admitido a assistência quando se trata de sociedades de economia mista, ainda que a pessoa jurídica de direito público interno (União, Estado ou Município) seja acionista majoritária, pois o simples interesse econômico não se confunde com o interesse jurídico, à luz da Súmula 82 do Tribunal Superior do Trabalho.

Igualmente, desde que verificada a existência do interesse jurídico, nada obsta à assistência nos dissídios coletivos.

Salientamos, finalmente, que a Súmula 82 do Tribunal Superior do Trabalho silenciou a respeito da assistência qualificada ou litisconsorcial, vez que só menciona o requisito do interesse jurídico para assistência simples ou adesiva.

29. O CPC/2015 excluiu a nomeação à autoria e a oposição do rol de modalidades de intervenção de terceiros. A oposição acabou inserida no rol dos procedimentos especiais (arts. 682 a 686), e o art. 338, apesar de não mencionar a expressão "nomeação à autoria", possibilita a retificação do polo passivo da demanda pelo autor, quando o réu alega ilegitimidade de parte.

30. Idem, ibidem.

Com efeito, a forma como a Súmula se encontra redigida, dispondo a expressão "simples ou adesiva" entre vírgulas, poderia levar o intérprete a concluir que o Tribunal Superior do Trabalho pretendeu mencionar "simples ou qualificada", mas não é crível que a mais alta Corte Trabalhista do país tenha laborado neste grande equívoco e tenha permanecido inerte, neste aspecto, durante todos esses anos.

Assim, excluída a possibilidade de erro na redação da Súmula em referência, somos de opinião que houve apenas uma omissão. E, diante desta omissão, resta a seguinte pergunta: é admissível a assistência litisconsorcial no processo trabalhista?

Para respondermos a esta indagação devemos atentar para o fato de que o assistente litisconsorcial deve se relacionar com ambas as partes. Assim, é possível conceber a hipótese de um contrato de empreitada entre um pequeno empreiteiro, que trabalha individualmente, e o dono da obra, e a existência de um fiador deste último, no caso de não pagamento do pactuado com o primeiro.

É inquestionável que um eventual dissídio entre as partes contratantes, na situação apresentada no parágrafo anterior, se encontra na competência da Justiça do Trabalho, à luz do art. 114 da Constituição Federal, e o fiador terá legitimidade para ingressar como assistente litisconsorcial, bastando que demonstre seu interesse jurídico.

7.3 Oposição

A oposição era tratada como modalidade de intervenção de terceiros nos arts. 56 a 61 do CPC revogado, segundo o qual o terceiro que pretendesse, no todo ou em parte, a coisa ou direito que é objeto de controvérsia entre autor e réu poderia apresentar oposição contra ambos.

No CPC/2015, o instituto foi incluído no rol dos procedimentos especiais, nos arts. 682 a 686, mas não houve mudanças significativas que justificassem a mudança de ordem topológica; vale dizer, a oposição pode continuar a ser entendida como modalidade voluntária de intervenção de terceiros.

Diante da ampliação da competência da Justiça do Trabalho, por meio da Emenda Constitucional 45/2004, não vemos como desprestigiar referida modalidade de intervenção de terceiros no processo do trabalho. Trata-se de incidente que pode ser verificado em reclamação trabalhista na qual o autor pretende reaver instrumentos de trabalho ou o pagamento de um prêmio por metas atingidas, quando um outro empregado pode apresentar sua oposição, afirmando que, em verdade, os instrumentos de trabalho são seus, ou que tem o direito ao prêmio vindicado pelo reclamante. Não tem relevância o fato de a oposição ser, ou não, contestada por reclamante e reclamado, e nada obsta a que, sendo contestada, se verifique uma ação incidental entre dois empregados, sendo plenamente defensável a competência da Justiça do Trabalho, conforme inovação constitucional já mencionada.

7.4 Nomeação à autoria

Jamais vislumbramos hipótese de cabimento de referida modalidade de intervenção de terceiros no processo do trabalho, na forma em que concebida no CPC revogado, pois se destinava às demandas em que se discutiam direitos reais sobre bens móveis ou imóveis (art. 62 do CPC/1973), não se prestando à correção do polo passivo da demanda trabalhista.

No entanto, o art. 338 do CPC/2015 consagra a possibilidade de retificação do polo passivo pelo autor, no prazo de 15 dias, quando o réu alega ser parte ilegítima ou que não é responsável pelo prejuízo invocado. Trata-se de dispositivo legal que é muito bem-vindo à seara trabalhista, por aplicação dos arts. 769 da CLT e 15 do CPC/2015, mas consideramos incompatível com o processo do trabalho a menção de que o autor estará obrigado a reembolsar as despesas e pagar os honorários advocatícios do réu excluído (art. 338, parágrafo único, do CPC/2015), quando for beneficiário da justiça gratuita.

Enfim, a antiga nomeação à autoria não está mais no rol das modalidades de intervenção de terceiros e acabou ganhando contornos mais amplos, prestando-se à correção do polo passivo em qualquer espécie de demanda.

7.5 Denunciação da lide

Trata-se de modalidade de intervenção de terceiros disciplinada nos arts. 125 a 129 do CPC/2015, que deixou de ser obrigatória (art. 70 do CPC revogado), para se tornar "admissível" e, portanto, facultativa. Ao processo do trabalho interessa discutir apenas o cabimento da hipótese prevista no inciso II, segundo o qual a denunciação da lide é admissível "àquele que estiver obrigado, por lei ou pelo contrato, a indenizar, em ação regressiva, o prejuízo de quem for vencido no processo". A exemplo do que ocorre com a "oposição", diante da competência ampliada da Justiça do Trabalho, não vemos óbice ao cabimento da denunciação da lide no processo do trabalho. O próprio Tribunal Superior do Trabalho, após a Emenda Constitucional 45/2004, cancelou a Orientação Jurisprudencial 227 da SDI-1 (TST) que afirmava a incompatibilidade de referida modalidade de intervenção de terceiros no processo do trabalho. Não vemos óbice à denunciação da lide à empresa sucedida, quando for demandada a empresa sucessora.

7.6 Chamamento ao processo

Trata-se de uma faculdade do réu, prevista no art. 130, I a III, do CPC/2015, e a aplicação mais comum ao processo do trabalho se refere à hipótese do inciso III, que admite o chamamento ao processo "dos demais devedores solidários, quando o credor exigir de um ou de alguns deles o pagamento a dívida comum", devendo o réu observar o mesmo prazo para contestar a demanda. Entendemos cabível o chamamento ao processo na Justiça do Trabalho nas seguintes situações: a) quando a empresa integrante do mesmo grupo econômico do empregador é demandada, com fundamento no art. 2º, § 2º, da CLT, sem que o real empregador tenha integrado o polo passivo da demanda; b) nas hipóteses em que a massa falida da empresa de trabalho temporário é demandada sem que o trabalhador tenha atentado para a responsabilidade solidária que decorre do art. 16 da Lei 6.019/1974; c) quando o empregado do subempreiteiro demanda apenas em face do empreiteiro principal, com fundamento no art. 455 da CLT.

7.7 Incidente de desconsideração da personalidade jurídica

Trata-se de instituto trazido ao ordenamento jurídico pátrio no Livro III da Parte Geral (Dos sujeitos do processo), Título III (Da intervenção de terceiros), Capítulo IV (Do incidente de desconsideração da personalidade jurídica), arts. 133 a 137 do CPC, cuja aplicação ao processo do trabalho emerge do art. 855-A da CLT, acrescentado pela Lei 13.467/2017. Trata-se de uma hipótese de intervenção de terceiros, que depende da instauração de incidente específico, a pedido da parte ou do Ministério Público (art. 133, CPC/2015), com vistas a sistematizar os procedimentos que tornem viável a responsabilização dos sócios de pessoa jurídica na fase de execução do julgado, podendo ser promovido na fase de conhecimento e também quando a execução é fundada em título executivo extrajudicial (art. 134, CPC/2015).

No âmbito da Justiça comum, referido incidente não causou estranhamento, mormente porque sistematiza a prática que já dependia, na maioria das situações, de requerimento da parte ou do Ministério Público, por aplicação da teoria subjetiva da desconsideração da personalidade jurídica (art. 50 do Código Civil). Contudo, em relação à Justiça do Trabalho, notadamente quando se objetiva a satisfação do crédito tipicamente trabalhista, a novidade jurídica suscitou controvérsias anteriormente à Reforma Trabalhista, a partir da qual o instituto foi abrigado expressamente (art. 855-A, CLT), restando superadas as divergências acerca de sua aplicação na seara laboral.

No entanto, ousamos afirmar que referido incidente compromete a celeridade processual trabalhista, inclusive o princípio da concentração dos atos em audiência, e não se harmoniza com o princípio da irrecorribilidade das decisões interlocutórias (art. 893, § 1º, da CLT), tanto que se trata de princípio que acabou excepcionado no art. 855-A, § 1º, II, em que se admite o agravo de petição contra a decisão que acolhe ou rejeita o incidente na fase de execução.

Não obstante a inovação legislativa, entendemos que a prática sempre adotada pelos juízes do trabalho sempre foi capaz de preservar o devido processo legal (art. 5º, LV, da CF), pois assegurava a ampla defesa daquele que considerava indevida a responsabilização que lhe é imputada pelo ato de desconsideração da personalidade jurídica, com a apresentação de embargos à execução após a garantia do juízo e, eventualmente, do agravo de petição.

Reiteramos, contudo, que eventual ausência de instauração do incidente, desde que verificadas todas as cautelas e assegurado o amplo direito de defesa, não deve acarretar nulidade processual, haja vista a ausência de nulidade quando não há prejuízo, a teor do art. 794 da CLT.

7.8 "Amicus curiae"

Trata-se de modalidade de intervenção de terceiros que pode ser espontânea ou provocada, em favor de pessoa natural ou jurídica, órgão ou entidade especializada, no prazo de 15 dias de sua intimação pelo juiz ou relator (art. 138 do CPC/2015). A admissão do *amicus curiae* dependerá da relevância da matéria discutida, a critério do juiz ou relator e a decisão que admite ou rejeita referida intervenção não será recorrível, motivo pelo qual não vemos óbice ao cabimento no processo do trabalho, por aplicação dos arts. 769 da CLT e 15 do CPC/2015. Neste sentido, também a Instrução Normativa 39/2016 do colendo Tribunal Superior do Trabalho.

XIII
OS ATOS, TERMOS E PRAZOS PROCESSUAIS

1. Conceito de ato processual. 2. Sujeitos dos atos processuais: 2.1 Atos processuais das partes – 2.2 Atos processuais do juiz – 2.3 Atos processuais dos auxiliares da Justiça. 3. Forma dos atos processuais. 4. Termos processuais. 5. Prazos processuais.

1. Conceito de ato processual

Já tivemos a oportunidade de afirmar que processo é o conjunto de atos coordenados com o objetivo de solucionar a lide por meio do exercício da função jurisdicional. E sabemos, também, que o processo traduz uma relação jurídica, na qual figuram juiz e partes.

Ora, a relação jurídica processual não se dissocia dos atos que lhe são correlatos. Assim, podemos afirmar que os atos processuais são atos jurídicos[1] que objetivam a constituição, modificação, extinção, conservação ou desenvolvimento da relação processual.[2] Vale dizer: ato processual é toda ação humana que produz efeito jurídico em relação ao processo.[3]

2. Sujeitos dos atos processuais

Praticam atos processuais as partes, o juiz, o escrivão e demais auxiliares da Justiça, e até mesmo terceiros estranhos ao processo podem

---

1. "Ato jurídico é, na acepção clássica, todo ato lícito que tenha por fim adquirir, conservar, transferir, modificar ou extinguir direitos" (Jônatas Milhomens, *Dos Prazos e do Tempo no Código de Processo Civil*, 2ª ed., p. 74).

2. José de Moura Rocha, *Processo de Conhecimento*, v. I, p. 313.

3. Humberto Theodoro Júnior, *Curso de Direito Processual Civil*, 19ª ed., v. I, p. 213.

praticar atos que, muitas vezes, são decisivos no julgamento da lide. É o caso da exibição de documentos ou coisas, testemunhos etc.[4]

Torna-se fácil concluir que os atos processuais não são privativos dos sujeitos principais do processo (partes e juiz), podendo ser praticados por sujeitos absolutamente estranhos à relação jurídica processual.

Impõe-se, destarte, reconhecer que a classificação dos atos processuais, sob a ótica do legislador,[5] é incompleta, a despeito de contemplar, de forma sistematizada, os atos mais importantes do processo. Isto porque também são atos processuais aqueles praticados pelos oficiais de justiça, depositários, testemunhas, leiloeiros, arrematantes etc.

2.1 Atos processuais das partes

Nos termos do art. 200 do CPC/2015, os atos das partes consistem em declarações unilaterais ou bilaterais, as quais produzem, imediatamente, a constituição, a modificação ou a extinção de direitos processuais. Assinalamos que isto se dá independentemente de pronunciamento judicial. Todavia, a exceção à regra encontra-se no parágrafo único do art. 200 do diploma processual civil, segundo o qual a desistência[6] da ação só produzirá efeito depois de homologação judicial. De qualquer sorte, após o decurso do prazo para resposta[7] a desistência da ação deverá contar com a aquiescência do réu (art. 485, § 4º, do CPC/2015 e art. 841, § 3º, da CLT).

O dispositivo legal supramencionado tem cabimento no processo do trabalho, por força do art. 769 da Consolidação das Leis do Trabalho,[8] mas com uma particularidade, na medida em que o art. 335 do CPC/2015 estabelece o prazo de 15 dias para que o réu, por intermédio de petição

---

4. Humberto Theodoro Júnior, Curso..., 19ª ed., v. I, p. 214.

5. O Código de Processo Civil indica nos arts. 200 e ss. a existência de atos processuais das partes, do juiz e do escrivão ou chefe de Secretaria.

6. "Desistência, no sentido largo, é o ato pelo qual uma das partes, ou algum interessado na causa, declara não mais prosseguir no feito ou na formação de algum ato (citação, depoimento, recurso etc.). Outro sentido, mais restrito, sob o art. 267, VIII, que só se refere à desistência da ação" (Pontes de Miranda, Comentários ao Código de Processo Civil, t. III, p. 73).

7. A resposta do réu traduz o exercício do direito de defesa, abarcando a defesa de mérito e a processual, inclusive a reconvenção. É gênero, do qual são espécies a contestação, a exceção e a reconvenção.

8. "Art. 769. Nos casos omissos, o direito processual comum será fonte subsidiária do direito processual do trabalho, exceto naquilo em que for incompatível com as normas deste Título."

escrita, apresente sua resposta, enquanto o art. 847 da Consolidação das Leis do Trabalho dispõe que o reclamado deve apresentar sua defesa oral no prazo de 20 minutos, em audiência, ou escrita, eletronicamente, até a audiência (art. 847, parágrafo único, CLT).

A peculiaridade acima mencionada está associada com o art. 844 da Consolidação das Leis do Trabalho, segundo o qual o não comparecimento do reclamante à audiência importa o arquivamento da ação trabalhista, enquanto a ausência do reclamado importa revelia e confissão quanto à matéria de fato. Ora, o arquivamento da ação trabalhista equivale à *desistência tácita*, contra a qual o reclamado não pode se insurgir, na medida em que o prazo para resposta na ação trabalhista escoa em audiência. E se o reclamante não comparece é porque não pretende o prosseguimento da ação.

E justamente porque o prazo para a resposta na ação trabalhista escoa em audiência, acreditamos que a melhor interpretação para o § 3º do art. 841 da CLT é a de que poderá haver desistência da ação, independentemente de consentimento do réu, até o momento processual adequado para a apresentação de defesa, ou seja, até a abertura da audiência, após frustrada a tentativa de conciliação inicial, mesmo que tenha havido protocolo prévio de contestação escrita pelo sistema eletrônico, como já tivemos oportunidade de mencionar.

No mais, a desistência da ação traduz declaração unilateral de vontade e se refere ao processo, e não ao direito material. Assim, nada obsta a que após a homologação da desistência a parte exerça novamente o direito de ação para discutir o mesmo direito material invocado na anterior. Não se confundem, pois, desistência de ação e renúncia de direitos.

Em síntese, os atos das partes classificam-se em: a) atos postulatórios; b) atos dispositivos; c) atos instrutórios; d) atos reais.[9]

Os *atos postulatórios* são aqueles nos quais as partes almejam a obtenção de pronunciamento jurisdicional ou ato judicial de conteúdo determinado. São exemplos típicos o exercício do direito de ação pelo autor e o exercício do direito de defesa pelo réu.

Nas palavras de Moacyr Amaral Santos, o principal ato da parte é o ato constitutivo da relação processual – a petição inicial, a qual traduz ato postulatório.[10]

9. Antônio Carlos de Araújo Cintra, Ada Pellegrini Grinover e Cândido R. Dinamarco, *Teoria Geral do Processo*, 27ª ed., p. 364.
10. *Primeiras Linhas de Direito Processual Civil*, 6ª ed., v. I, p. 234.

Os *atos dispositivos* traduzem negócios jurídicos processuais[11] segundo os quais a parte abre mão, em prejuízo próprio, de alguma faculdade processual, ou até mesmo da tutela jurisdicional, podendo ser unilaterais ou bilaterais. São exemplos de atos dispositivos: a desistência da ação (art. 485, VIII, do CPC/2015), a convenção das partes para suspensão do processo (art. 313, II, do CPC/2015), a renúncia do autor ao direito sobre o qual se funda a ação (art. 487, V, do CPC/2015), o reconhecimento da procedência do pedido pelo réu (art. 487, III, "a", do CPC/2015), entre muitos outros.

É certo que os exemplos supramencionados traduzem atos comissivos, mas a doutrina também identifica alguns atos omissivos que traduzem a disposição de determinada posição jurídica processual. É o caso da parte que deixa transcorrer *in albis* o prazo para interposição de recurso, da revelia,[12] do reclamante que não comparece à audiência inicial e tem a reclamação trabalhista arquivada (art. 844 da CLT).

Os *atos instrutórios* são aqueles destinados a convencer o juiz acerca da verdade dos fatos.[13] Abrangem tanto os atos probatórios quanto as alegações das partes, motivo pelo qual é possível afirmar que *ato probatório* é espécie do gênero *ato instrutório*.[14]

Finalmente, os *atos reais* traduzem as condutas materiais das partes no processo, tais como pagamento de custas, apresentação de documentos, ou mesmo sujeitando-se a exames periciais. Percebe-se, pois, que não se manifestam por palavras (*re non verbis*).

2.2 Atos processuais do juiz

Os atos processuais do juiz também recebem a denominação de *atos judiciais*, e se exteriorizam sob duas categorias: pronunciamentos e atos materiais.

Os pronunciamentos judiciais traduzem os pronunciamentos do juiz no processo. São as sentenças, decisões interlocutórias e despachos

---

11. José Frederico Marques, *Manual Direito Processual Civil*, 12ª ed., v. I, p. 337.

12. "Por revel, no sistema do Código de Processo Civil, se entende o réu que não contesta a ação no prazo legal" (Moacyr Amaral Santos, *Primeiras Linhas...*, 4ª ed., v. II, p. 206).

13. Moacyr Amaral Santos, *Primeiras Linhas...*, 6ª ed., v. I, p. 239.

14. Utilizamos o vocábulo "instrutório" no sentido mais amplo, ao lado de Moacyr Amaral Santos e Antônio Carlos de Araújo Cintra, nas obras já mencionadas.

indicados no Código de Processo Civil/2015,[15] terminologia que varia no Código de Processo Penal, ao fazer alusão a decisões definitivas, interlocutórias mistas, interlocutórias simples e despachos de mero expediente.[16]

Quanto aos atos materiais ou reais não há menção expressa na legislação, na medida em que o próprio legislador esqueceu o fato de que também são verdadeiros atos processuais, ao lado dos provimentos judiciais. De qualquer sorte, os atos materiais residem no poder de polícia que possui o juiz, ou mesmo nos poderes instrutórios e de documentação. Isto porque ao fazer uma inspeção judicial, interrogar testemunhas ou assinar o termo de audiência o juiz não estará proferindo sentença, decisão interlocutória nem despachando, mas estará praticando ato processual.

2.3 Atos processuais dos auxiliares da Justiça

Os atos dos auxiliares da Justiça são de três categorias: *atos de movimentação, documentação* e *execução*.

Os *atos de movimentação* são aqueles que dizem respeito ao andamento do processo, tais como o termo de vista às partes, a expedição de mandados e ofícios, a remessa dos autos do processo ao contador ou ao órgão do Ministério Público do Trabalho (quando atuar como parte ou fiscal da lei); e, via de regra, são realizados pelo diretor de Secretaria da Vara do Trabalho e seus colaboradores (técnicos judiciários, analistas judiciários etc.). Também devem ser considerados *atos de movimentação* os atos de administração e de mero expediente sem caráter decisório, praticados por servidores designados, nos termos do art. 93, XIV, da Constituição Federal, acrescentado pela EC 45/2004; e, neste mesmo

---

15. "Art. 203. Os pronunciamentos do juiz consistirão em sentenças, decisões interlocutórias e despachos. § 1º. Ressalvadas as disposições expressas dos procedimentos especiais, sentença é o pronunciamento por meio do qual o juiz, com fundamento nos arts. 485 e 487, põe fim à fase cognitiva do procedimento comum, bem como extingue a execução. § 2º. Decisão interlocutória é todo pronunciamento judicial de natureza decisória que não se enquadre no § 1º. § 3º. São despachos todos os demais pronunciamentos do juiz praticados no processo, de ofício ou a requerimento da parte. § 4º. Os atos meramente ordinatórios, como a juntada e a vista obrigatória, independem de despacho, devendo ser praticado de ofício pelo servidor e revistos pelo juiz quando necessário."

16. *Decisão definitiva* é aquela que põe fim ao processo, decidindo o mérito; *interlocutória mista* é aquela que põe fim ao processo mas não aprecia o mérito; *interlocutória simples* é a verdadeira decisão interlocutória, na qual o juiz aprecia questão incidente e não põe fim ao processo.

sentido, já tínhamos o § 4º do art. 162 do CPC revogado, acrescentado pela Lei 8.952, de 1994 ("Os atos meramente ordinatórios, como a juntada e a vista obrigatória, independem de despacho, devendo ser praticados de ofício pelo servidor e revistos pelo juiz quando necessário"), e que foi renovado no art. 203, § 4º, do CPC/2015, possibilitando a prática de atos de movimentação por servidores da Justiça. Sua aplicação no processo do trabalho parece-nos inquestionável, mormente porque se coaduna com a celeridade processual e possibilita ao juiz dedicar-se, com mais atenção, àquilo que requer sua efetiva atuação.

Os *atos de documentação* são aqueles pelos quais o diretor de Secretaria certifica a prática de atos processuais pelas partes, tais como o carimbo de juntada de petição, a certidão de intimação das partes, dentre outros.

Os *atos de execução* são aqueles realizados em cumprimento a mandado judicial, tais como citações, penhoras, arrestos, busca e apreensão.[17] São realizados pelos oficiais de justiça, muito embora nada obste a que, numa situação absolutamente extraordinária, o encargo possa ser acometido a outro auxiliar do juízo, na condição de oficial de justiça *ad hoc*.

3. Forma dos atos processuais

Nas palavras de Frederico Marques: "Forma é aquilo que dá realidade ao ato processual – *forma dat esse rei*. Com a forma, o ato processual adquire existência e se torna ato jurídico relevante no processo".[18]

A observância das formas traduz fator de regularidade procedimental, e sua inobservância pode acarretar nulidade. Com efeito, dispõe o art. 188 do CPC/2015 que "*os atos e os termos processuais independem de forma determinada, salvo quando a lei expressamente a exigir, considerando-se válidos os que, realizados de outro modo, lhe preencham a finalidade essencial*" (grifo nosso).

Quanto ao modo de praticá-los, no processo do trabalho, dispõe o art. 771 da CLT que "poderão ser escritos a tinta, datilografados ou a carimbo", discussão que perde intensidade com a disseminação do processo judicial eletrônico.

---

17. Moacyr Amaral Santos prefere definir os atos de execução como "aqueles por meio dos quais os serventuários da Justiça cumprem determinações do juiz" (*Primeiras Linhas...*, 6ª ed., v. I, p. 241).

18. *Manual...*, 12ª ed., v. I, p. 331.

Assim, é possível concluir que o legislador optou por não se prender de forma absoluta à forma, o que traduz o *princípio da instrumentalidade das formas*. Vale dizer: ainda que se tenha estabelecido uma determinada forma para a prática do ato processual, a nulidade não será cominada se atender à sua finalidade, ainda que praticado de outra maneira.

Ao lado da instrumentalidade das formas, os atos processuais também se pautam pelo *princípio da publicidade*, dispondo o legislador que os atos processuais são públicos, estabelecendo exceções no próprio art. 189 do CPC/2015.[19]

No processo do trabalho, verificamos a consagração da publicidade dos atos processuais no art. 770 da CLT ("Os atos processuais serão públicos salvo quando o contrário determinar o interesse social, e realizar-se-ão nos dias úteis das 6 (seis) às 20 (vinte) horas"), também sendo possível a penhora em domingos ou feriados, mediante autorização expressa do juiz (parágrafo único do art. 770 da CLT), o que também se estende às hipóteses de citação e, excepcionalmente, após às 20 horas, por aplicação subsidiária do art. 212, § 1º, do CPC/2015.

4. Termos processuais

Não se deve confundir termo e ato processual. O *termo* é a materialização de alguns atos processuais, é a "transcrição para os autos do processo dos atos de vontade praticados oralmente",[20] tais como o termo de reclamação verbal, a ata de audiência, o termo de autuação. Enfim, podemos inserir no rol de termos processuais todos os registros e certidões constantes dos autos do processo e que decorrem do cumprimento de ordem judicial ou expressa a manifestação de vontade das partes.

5. Prazos processuais

Prazo processual é o lapso temporal no qual se deve praticar algum ato dentro do processo. O prazo processual pode ser dirigido ao juiz, às partes ou seus procuradores, aos funcionários da Justiça do Trabalho e

---

19. "Art. 189. Os atos processuais são públicos, todavia tramitam em segredo de justiça os processos: I – em que o exija o interesse público ou social; II – que versem sobre casamento, separação de corpos, divórcio, separação, união estável, filiação, alimentos e guarda de crianças e adolescentes; III – que versem sobre arbitragem, inclusive sobre cumprimento de carta arbitral, desde que a confidencialidade estipulada na arbitragem seja comprovada perante o juízo."

20. Bolívar Viégas Peixoto, *Iniciação ao Processo Individual do Trabalho*, 3ª ed., p. 100.

até mesmo ao órgão do Ministério Público nas hipóteses em que atua como parte ou deve funcionar como *custos legis*.

O art. 771 da Consolidação das Leis do Trabalho estabelece que os atos e termos processuais poderão ser escritos a tinta, datilografados ou a carimbo. Contudo, não se pode ignorar os avanços da tecnologia, sendo correta a admissão da estenotipia, taquigrafia e outros métodos, nos termos dos arts. 210 e 460 do Código de Processo Civil/2015, aplicáveis subsidiariamente ao processo do trabalho (art. 769 da CLT), mormente em face das inovações da Lei 11.419/2006, que disciplina o processo eletrônico, inclusive com menção expressa ao âmbito trabalhista.

As classificações dos prazos processuais não apresentam unanimidade na doutrina, motivo pelo qual mencionaremos as mais comuns.

O prazo processual pode ser comum ou particular. O *prazo comum* é aquele destinado a ambas as partes; e, nesta hipótese, os advogados não podem ter vista dos autos fora da Secretaria da Vara do Trabalho (art. 901, parágrafo único, da CLT); e *prazo particular* é aquele destinado a apenas uma das partes.

O prazo pode ser legal ou judicial. Os *prazos legais* são aqueles previstos em lei, tal como o prazo para interposição de recursos (oito dias a partir da intimação da sentença) e interposição de embargos à execução (cinco dias a partir da intimação da penhora); enquanto os *judiciais* são aqueles deferidos pelo magistrado.

O prazo pode ser prorrogável ou improrrogável. O *prazo prorrogável* é, via de regra, aquele não previsto em lei, e, portanto, passível de prorrogação a critério do juiz, bem como aqueles previstos em lei cuja prorrogação se justifica.

Quanto ao tema, diversas foram as alterações legislativas advindas com a Lei 13.467/2017. Os prazos, legais ou judiciais, passam a ser contados em dias úteis, com a exclusão do dia do começo e inclusão do dia do vencimento (art. 775, *caput*, CLT). Os prazos podem ser prorrogados, nos termos do § 1º do art. 775 da CLT, pelo tempo estritamente necessário, quando o juízo entender necessário ou em virtude de força maior, devidamente comprovada.

O art. 222, § 1º, do CPC, estabelece que ao "juiz é vedado reduzir prazos peremptórios sem anuência das partes". Por isso, com a aplicação subsidiária desse dispositivo ao processo do trabalho, por força do art. 769 da CLT, entendemos que o juiz do trabalho não pode prorrogar qualquer prazo quando entender necessário, podendo fazê-lo somente em relação aos prazos que não são peremptórios e, em relação a estes, apenas com anuência das partes.

Os *prazos improrrogáveis*, como o próprio nome sugere, não são passíveis de prorrogação, a exemplo do prazo decadencial para ajuizamento do inquérito judicial para apuração de falta grave ou para impetração do mandado de segurança.

Costuma-se, igualmente, classificar os prazos processuais em próprios e impróprios. Os *prazos impróprios* são aqueles destinados ao juiz, ao Ministério Público do Trabalho (quando estiver atuando como fiscal da lei) e aos serventuários da Justiça, os quais não se sujeitam a preclusão. Os *prazos próprios* são aqueles destinados às partes e cuja inobservância acarreta a perda do direito de praticar o ato processual, em face da preclusão temporal.

Os prazos contam-se com exclusão do dia do começo e inclusão do dia do vencimento (art. 775, *caput*, da CLT). Vale dizer, não se pode confundir o dia em que o interessado toma ciência do ato (início do prazo) com o início da contagem, que será sempre o dia útil imediato.

XIV
A AUDIÊNCIA TRABALHISTA

1. Considerações iniciais. 2. Presença do trabalhador reclamante. 3. Presença do empregador. 4. Proposta de conciliação. 5. Jurisprudência.

1. Considerações iniciais

No processo trabalhista a audiência é de extrema importância, fato que decorre dos princípios da concentração e da oralidade, já estudados no capítulo próprio. E nos dissídios individuais a importância da audiência é redobrada, eis que a Consolidação das Leis do Trabalho estabelece cominações processuais no caso de ausência do reclamante ou do reclamado (art. 844 da CLT), o que não ocorre nos dissídios coletivos (art. 864 da CLT).

A Consolidação das Leis do Trabalho foi estruturada para que o dissídio individual fosse solucionado numa única audiência, mas este aspecto acabou sendo esquecido, mormente nos grandes centros urbanos, tendo em vista o maior número de reclamações trabalhistas e o aumento do nível de complexidade dos conflitos laborais. No entanto, a concentração dos atos em audiência vem sendo resgatada com as demandas sujeitas ao rito sumaríssimo, cuja observância da audiência única é obrigatória (art. 852-C da CLT), salvo a necessidade de interrupção da audiência (art. 852-H, § 7º, da CLT).

2. Presença do trabalhador reclamante

Dispõe o art. 843 do diploma consolidado que as partes devem comparecer pessoalmente à audiência, independentemente da presença de seus advogados, ficando excepcionadas as "reclamatórias plúrimas"[1] e ações de cumprimento,[2] hipóteses em que os empregados poderão se fazer representar pelo próprio sindicato da categoria profissional.

No entanto, cumpre-nos assinalar que nos casos de litisconsórcio ativo ("reclamatória plúrima") com vários empregados costuma-se admitir a nomeação de uma comissão formada por três reclamantes, fato que não prejudica a defesa do reclamado. É certo, no entanto, que a cumulação de ações depende da verificação da identidade de matéria, nos termos do art. 842 da Consolidação das Leis do Trabalho.

Dispõe, ainda, o § 2º do art. 843 da Consolidação das Leis do Trabalho que se não for possível o comparecimento pessoal do reclamante, por doença ou qualquer outro motivo ponderoso, poderá se fazer representar por outro empregado que pertença à mesma profissão, ou pelo sindicato de sua categoria profissional. Mas a representação facultada pela norma consolidada destina-se, tão somente, a evitar o arquivamento, possibilitando o adiamento da audiência. Na prática, quando o trabalhador está assistido por advogado, o próprio causídico requer o adiamento da audiência, comprovando a impossibilidade de comparecimento de seu mandante ou requerendo prazo razoável para fazê-lo.[3]

A ausência do reclamante importa o arquivamento da reclamação, segundo a dicção pouco técnica do art. 844 da Consolidação das Leis do Trabalho, já que o arquivamento se destina aos autos do processo. O correto seria o legislador mencionar, expressamente, que a ausência do reclamante importa a extinção do processo sem resolução do mérito.

Se houver fracionamento da audiência não cabe o arquivamento da demanda no caso de ausência do reclamante. Nesta hipótese a ausência do reclamante importará confissão quanto à matéria de fato, desde que tenha ficado ciente dessa cominação, a teor da Súmula 74, I, do Tribunal Superior do Trabalho.

1. Denominação imprópria para as demandas trabalhistas nas quais se verifica a existência de dois ou mais reclamantes (litisconsórcio ativo).
2. Aquelas nas quais o sindicato da categoria, na condição de substituto processual de um grupo de associados, postula o cumprimento de reajustes previstos em sentenças normativas (art. 872 da CLT).
3. A greve nos transportes e chuvas torrenciais são exemplos de fatos ponderosos que justificam o adiamento da audiência por iniciativa do próprio magistrado, sem cominação processual contrária aos interesses das partes. A morte ou a doença do cônjuge ou parente do reclamante também poderão justificar o adiamento da audiência, desde que haja requerimento antes da lavratura do termo de arquivamento.

A Reforma Trabalhista acrescentou três parágrafos ao art. 844 da CLT. De acordo com o § 2º, haverá condenação ao pagamento de custas ao reclamante injustificadamente ausente, ainda que beneficiário da justiça gratuita. Para que não ocorra essa condenação, terá 15 dias para apresentar justificativa da ausência. O § 3º determina que o "pagamento das custas a que se refere o § 2º é condição para a propositura de nova demanda", dispositivo que, conforme já defendemos alhures, não se harmoniza com a Constituição da República quando se tratar de beneficiário da justiça gratuita, que ficará impedido de demandar.

Acreditamos que essa cominação (arquivamento) não deve ser aplicada ao reclamante ausente em audiência de instrução, pois, nessa hipótese, o autor é considerado confesso e não há extinção do processo sem resolução de mérito.

3. Presença do empregador

Ao empregador, por sua vez, o art. 843, § 1º, da Consolidação das Leis do Trabalho faculta a representação, em audiência, por gerente ou preposto que tenha conhecimento dos fatos controvertidos no conflito "e cujas declarações obrigarão o proponente". Não obstante a menção expressa do texto consolidado à figura do "empregador", não há dificuldade em se admitir a interpretação extensiva, com vistas a abarcar, por exemplo, o empreiteiro e tomador de serviços, o que nunca foi questionado, e com muito mais razão se exige tendo em vista o processo do trabalho abrigar litígios que envolvem outras formas de relação de trabalho além da empregatícia.

Com a alteração legislativa da Reforma Trabalhista, o art. 843, § 3º, da CLT, prevê que o preposto não precisa ser empregado da parte reclamada, dispositivo que merece interpretação extensiva para abarcar, inclusive, as hipóteses em que o empregador figura como autor da ação. Diante dos expressos termos do § 1º do referido artigo, já defendíamos que o preposto do reclamado não precisava ser seu empregado. Contudo, a jurisprudência cristalizada na Súmula 377 do TST, com redação dada pela Resolução 146/2008, se posicionou em sentido contrário: "Preposto – Exigência da condição de empregado – Exceto quanto à reclamação de empregado doméstico, ou contra micro ou pequeno empresário, o preposto deve ser necessariamente empregado do reclamado – Inteligência do art. 843, § 1º, da CLT e do art. 54 da Lei Complementar 123, de 14.12.2006". Com a alteração legislativa da Lei 13.467/2017, a Súmula 377 do TST deverá ser cancelada.

A ausência do reclamado importa revelia e confissão quanto à matéria de fato. A revelia traduz a ausência de defesa do réu, e a confissão ficta é mera consequência da contumácia. A Reforma Trabalhista acrescentou o § 5º ao art. 843 da CLT, estabelecendo que ainda "que ausente o reclamado, presente o advogado na audiência, serão aceitos a contestação e os documentos eventualmente apresentados".

Já entendíamos que a ausência do reclamado não importará revelia quando se fizer presente advogado devidamente constituído e que apresente a defesa e documentos, haja vista o *animus* de defesa. Na hipótese mencionada afasta-se a revelia, com a manutenção da cominação de confissão, que, obviamente, só abarca as questões de fato, e não as questões de direito.

Com a alteração legislativa, deverá ser cancelada a Súmula 122 do TST, cujo teor é o seguinte: "A reclamada, ausente à audiência em que deveria apresentar defesa, é revel, ainda que presente seu advogado munido de procuração, podendo ser ilidida a revelia mediante a apresentação de atestado médico, que deverá declarar, expressamente, a impossibilidade de locomoção do empregador ou do seu preposto no dia da audiência".

Diante da revelia do reclamado, via de regra, o julgamento ocorre imediatamente, à luz do art. 355, II, do Código de Processo Civil/2015, já que resta abreviada a dilação probatória, tendo em vista os efeitos da confissão ficta (art. 844 da CLT). Todavia, nada obsta a que o juiz do trabalho, dependendo das circunstâncias e das peculiaridades do caso concreto, interrogue o reclamante; e, quando houver pedido de condenação no pagamento de adicional de insalubridade ou periculosidade, a realização de perícia poderá ser necessária, diante da expressa disposição legal (art. 195, § 2º, da CLT), sendo irrelevante a contumácia do reclamado. A perícia de que trata o art. 195, § 2º, da CLT poderá ser dispensada se o direito ao adicional tiver previsão em acordo ou convenção coletiva de trabalho, a exemplo do que costuma ocorrer com os trabalhadores em postos de combustíveis, ou na hipótese do trabalho em motocicleta (art. 193, § 4º, da CLT), e também nas situações do art. 193, II, da CLT, que se refere aos profissionais de segurança pessoal ou patrimonial.

A exemplo do que ocorre na hipótese de ausência do reclamante, a ausência do reclamado à audiência em prosseguimento importa confissão quanto à matéria de fato (Súmula 74 do TST). Não se cogita de revelia, porque a defesa já estará encartada.

O § 4º do art. 844 da CLT, acrescentado pela Reforma Trabalhista, estabelece que a revelia não produz seu efeito quando: a) havendo pluralidade de reclamados, algum deles contestar a ação; b) o litígio versar sobre direitos indisponíveis; c) a petição inicial não estiver acompanhada de instrumento que a lei considere indispensável à prova do ato; d) as alegações de fato formuladas pelo reclamante forem inverossímeis ou estiverem em contradição com prova constante dos autos.

4. Proposta de conciliação

A tentativa de acordo é fundamental nos dissídios individuais do trabalho, e sua inobservância acarreta a nulidade da sentença.

Estando presentes as partes, o juiz deverá propor o acordo, lavrando-se o termo correspondente se a proposta frutificar (art. 846, § 1º, da CLT). E se não houver acordo facultar-se-á o prazo de 20 minutos para que o reclamado formule sua defesa, a qual, geralmente, é apresentada por escrito, juntamente com os documentos destinados à prova de suas alegações.

Após o encerramento da instrução processual as partes podem apresentar razões finais no prazo máximo de 10 minutos, seguindo-se a renovação da proposta de conciliação (art. 850 da CLT).

A sentença só é prolatada depois de restarem inviabilizadas as propostas conciliatórias. São dois os momentos em que o juiz do trabalho está obrigado a propor o acordo, mas nada obsta a que o faça mais vezes durante a própria instrução processual, em face das peculiaridades do caso concreto.

5. Jurisprudência

• Preposto – Desconhecimento acerca dos fatos alegados na inicial. Ainda que recaia sobre o empregado o ônus processual de provar as horas extraordinárias alegadas na exordial, *in casu*, o desconhecimento do preposto da jornada de trabalho pelo reclamante importa a veracidade dessa alegação, tornando desnecessária a produção de prova do ato constitutivo do direito, sob pena de relegar à inocuidade o instituto jurídico-processual impresso no art. 843, § 1º, da CLT. No caso dos autos, o fato de os cartões de ponto haverem sido impugnados, pelo próprio reclamante, por não refletirem a real jornada de trabalho laborada pela empregada, contrariamente ao entendimento consignado no provimento jurisdicional questionado, reforça a prestação de horas extras, haja vista que a controvérsia tange a pedido de sobrejornada para além daquelas fixadas nos controles de horário. Recurso de revista provido. **(TST, RR 555.521/1999.8, Ac. 4ª T., TRT-24ª R., Leonaldo Silva, *DJU* 10.12.1999, p. 273)**

• Recurso Ordinário Sumaríssimo – Desconhecimento do preposto do réu acerca dos fatos alegados – Confissão ficta – Responsabilidade subsidiária. Demonstrado que o preposto nomeado pelo empregador desconhece a matéria fática subjacente à lide, resta por configurada a confissão ficta da empresa, com a consequente presunção de veracidade dos fatos alegados pelo autor na petição inicial, a teor do disposto no art. 386 do CPC, que não foi elidida por prova em contrário. Em assim sendo, mantém-se a sentença que reconheceu a responsabilidade subsidiária da administração pública durante o período indicado na inicial. **(TRT-20, 00017163320155200009, Jorge Antonio Andrade Cardoso)**

• Revelia – Atraso no comparecimento à audiência – Motivo relevante. A legislação processual trabalhista não prevê a possibilidade de elisão da revelia por comparecimento da parte à audiência com atraso. Reza, sim, que, na ocorrência de motivo relevante, o presidente da Junta pode vir a suspender o julgamento, designando nova audiência (CLT, art. 844, parágrafo único). Tal motivo tem, portanto, que restar provado, a fim de evitar a revelia. Revista conhecida em parte e desprovida. **(TST, RR 355.501/1997.8, Ac. 4ª T., TRT-1ª R., Ives Gandra Martins Filho, *DJU* 7.4.2000, p. 168)**

• Revelia. Atraso em audiência. Inexiste previsão legal tolerando atraso no horário de comparecimento da parte na audiência. **(TRT-2, 7ª T., RO 00012420420145020331 SP, Luiz Antonio M. Vidigal, j. 11.6.2015)**

• Confissão – Não comparecimento do preposto em audiência. Foi injustificável a ausência do preposto à audiência, por congestionamento na Marginal do Tietê. Congestionamentos são inclusive previsíveis numa cidade desordenada como São Paulo, porque acontecem em todo lugar, em qualquer dia, a toda hora. **(TRT-2ª R., RO 02990183145, Ac. 3ª T. 20000087992, Sérgio Pinto Martins, *DJSP* 21.3.2000, p. 26)**

• Preposto – Carta de preposição. Não existe previsão legal a respeito da carta de preposição. Trata-se de praxe instituída na Justiça do Trabalho. O entendimento do TST é no sentido de que o preposto deve ser empregado. Na audiência não foi oposta qualquer questão em relação ao preposto. Logo, a representação da empresa em audiência deve ser considerada válida, pois irrelevante ter o preposto apresentado ou não carta de preposição ou se esta está assinada. **(TRT-2ª R., RO 200000215834, Ac. 1ª T. 200010318830, Sérgio Pinto Martins (design.), *DJSP* 10.7.2001, p. 15)**

• Partes – Representação – Preposição – Hipótese em que os nomes dos signatários da carta de preposição não constam do instrumento e a empresa não trouxe aos autos cópia dos seus estatutos. Objeta-se, na doutrina, que o art. 112 do CPC não obriga a juntada dos estatutos sociais, mas – questiona-se – de que outra maneira poderia o juízo constatar a legitimidade da representação a não ser mediante a presença daquele documento nos autos? Trata-se, pois, de procedimento implícito no dispositivo legal, como condição inafastável de sua eficácia. **(TRT-2ª R., RO 20000517466, Ac. 8ª T. 20010333937, Wilma Nogueira de Araújo Vaz da Silva, *DJSP* 3.7.2001, p. 141)**

• Carta de preposição – Necessidade de sua apresentação em juízo. A apresentação da carta de preposição pelo representante da ré não é despicienda. Ainda que a ela não se refira expressamente o § 1º do art. 843 da CLT, por óbvio que a validade da representação pelo empregador fica condicionada à sua expressa autorização. A ninguém é dado o direito de representar terceiros perante o Judiciário sem o devido credenciamento, até por força da implicação que daí poderá advir, qual seja, a responsabilização do empregador pelas declarações prestadas pelo preposto.

(TRT-2ª R., RO 02990097206, Ac. 4ª T. 200000325028, Luiz Antônio Moreira Vidigal, *DJSP* 7.7.2000, p. 72)
• Irregularidade de representação. Carta de preposição. Não existindo previsão legal quanto à comprovação formal de investidura de preposto pelo empregador, a não observância da formalidade, por si só, não importa a decretação de irregularidade de representação, não acarretando, consequentemente, os efeitos do artigo 844 da CLT. **(TRT-4, 6ª T., RO 00200554820165040721, j. 20.7.2017)**
• Confissão. Tendo o preposto afirmado categoricamente não ser empregado da reclamada, correta a aplicação da pena de confissão, sendo desconsiderados quaisquer documentos existentes nos autos que tentam fazer prova em sentido contrário. **(TRT-15ª R., Proc. 3.587/99, Ac. 3ª T. 24187/00, Domingos Spina,** *DJSP* **4.7.2000, p. 54)**
• Preposto. Desnecessária a condição de empregado para o desempenho da função de preposto perante a Justiça do Trabalho, em razão da ausência de determinação legal nesse sentido. O requisito primordial para substituir o empregador em audiência é o conhecimento dos fatos, nos termos do art. 843, § 1º, da CLT.
Carta de Preposição – Prazo. Possível e razoável a concessão de prazo para a juntada da carta de preposição, não havendo qualquer óbice legal para tanto. **(TRT-15ª R., Proc. 16.882/99, Ac. 2ª T. 40.767/00, Mariana Khayat,** *DJSP* **6.11.2000, p. 3)**
• Atestado médico – Revelia – Elisão. A parte, ao ser notificada para comparecer à audiência, tem conhecimento prévio do dia e hora marcados pelo juízo (CLT, art. 841). Assim sendo, no atestado médico por ela apresentado devem constar também essas mesmas informações, para que se possa comprovar a real extensão do motivo que impediu o seu comparecimento à audiência. Desse modo, alinho-me ao entendimento desta Corte Superior – orientação constante do Enunciado n. 122 – de que, para elidir a revelia, o atestado médico deve declarar expressamente a impossibilidade de locomoção do empregador ou seu preposto, no dia da audiência; tal expressão há de ser interpretada como "na hora da audiência". Isso porque, se o fato que ocasionou a impossibilidade do seu comparecimento em juízo somente ocorreu em horário posterior ao designado para a realização da audiência, a revelia e a confissão deverão ser aplicadas, já que não restou configurado o motivo relevante de que trata o parágrafo único do art. 844 consolidado. Recurso de revista conhecido e desprovido. **(TST, RR 399.545/1997.4, Ac. 3ª T., TRT-1ª R., Eneida Melo Correia de Araújo,** *DJU* **24.11.2000, p. 634)**
• Revelia – Não apreciação de documentos – Cerceamento de defesa – Não ocorrência. A elisão de uma revelia deve ser feita por prova robusta, não servindo para tanto simples atestado médico em favor do advogado, que não respeita o disposto no Enunciado n. 122 do TST. Além disso, o maior dever de comparecimento era do preposto, que também se ausentou, de modo injustificado. Por outro lado, é imprópria a juntada posterior da contestação e de documentos, pois o momento processual já se exauriu. O disposto no art. 322 do CPC não permite que o revel junte documento depois de já encerrada a instrução processual, o que inclusive contraria o disposto no Precedente Jurisprudencial n. 184 do TST. Por isso, o correto seria nem permitir-se a juntada dos mesmos nem de contestação, mas mesmo assim, se forem encartados, devem ser totalmente desconsiderados. Aplicação dos arts. 322 do CPC e 844 da CLT. **(TRT-15ª R., Proc. 39.052/00, Ac. 3ª T. 13.735/01, Carlos Eduardo Oliveira Dias,** *DJSP* **19.4.2001, p. 46)**

XV
A DEFESA NO PROCESSO DO TRABALHO

1. Considerações iniciais. 2. Classificação das exceções: 2.1 Quanto à natureza das questões – 2.2 Quanto aos efeitos – 2.3 Quanto ao conhecimento pelo juiz. 3. A contestação no processo trabalhista: 3.1 A compensação – 3.2 A retenção – 3.3 A reconvenção. 4. Jurisprudência.

1. Considerações iniciais

Na teoria geral do processo afirma-se que a exceção, num sentido amplo, se confunde com o próprio direito de defesa, ou seja, a natureza jurídica da exceção é análoga à ação. Concluímos, pois, que se trata de um direito correlato ao direito de ação, que mais se aproxima de um aspecto do mesmo direito de ação.[1]

Todavia, trata-se de direito autônomo, pois o réu pode exercê-lo ainda que não tenha razão para se opor ao pedido do autor, não obstante só possa ser exercido após o exercício do direito de ação.

Geralmente reserva-se o termo "contestação" para a defesa direta de mérito, e a expressão "exceção substancial" apenas para a defesa indireta de mérito, também conhecida por "preliminar de mérito". A Consolidação das Leis do Trabalho, por sua vez, alude a "defesa" em diversos dispositivos (arts. 767, 847, 848 e § 1º do art. 799), em vez de "contestação", e reserva a expressão "exceção" para algumas defesas processuais (arts. 799 e 800).

---

1. "A exceção, antes de tudo, é genericamente considerada como o poder jurídico do demandado para se opor à ação promovida contra ele" (Ísis de Almeida, *Manual de Direito Processual do Trabalho*, 3ª ed., v. II, p. 54).

2. Classificação das exceções

2.1 Quanto à natureza das questões

A exceção, em sentido amplo, coincide com o direito de defesa, mas pode ser dirigida contra o processo e contra a ação, ou pode ser de mérito. No primeiro caso dizemos que se trata de exceção processual; e no segundo, exceção substancial.

Em síntese, a *exceção processual* é aquela que ataca o processo ou a ação; e a *exceção substancial* é aquela que ataca o mérito da demanda.

A exceção substancial, por sua vez, subdivide-se em defesa direta (atacando a própria pretensão do autor, o fundamento do seu pedido) e indireta (opondo fatos impeditivos, modificativos ou extintivos do pedido do autor, sem elidir propriamente a pretensão por este deduzida, tais como alegações de prescrição, compensação, novação).

2.2 Quanto aos efeitos

No que respeita aos efeitos, as exceções classificam-se em dilatórias e peremptórias.

Exceções dilatórias são aquelas que retardam o curso do processo. Exemplos: exceção de suspeição do juiz, exceção de incompetência, entre outras.

Exceções peremptórias são aquelas que objetivam extinguir a relação processual. Exemplos: exceção de coisa julgada e exceção de litispendência, entre outras.

2.3 Quanto ao conhecimento pelo juiz

Quanto ao conhecimento pelo juiz as exceções classificam-se em *stricto sensu* e objeção.

Exceção "stricto sensu" é aquela que só pode ser conhecida pelo juiz quando alegada pelo réu. Exemplos: exceção de incompetência relativa, vícios da vontade etc.

Objeção, por sua vez, é o tipo de exceção que pode ser conhecida pelo juiz independentemente de alegação do réu. Denomina-se "objeção" porque obsta, de modo absoluto, ao prosseguimento do processo. Exemplos: incompetência absoluta, coisa julgada, litispendência etc.

3. A contestação no processo trabalhista

Não obstante o sentido amplo da "exceção" consagrado no direito romano e na teoria geral do processo, o art. 297 do Código de Processo Civil revogado apresentava referido instituto como forma de resposta do réu. Vale dizer, a resposta do réu é gênero, do qual eram espécies a contestação, a exceção e a reconvenção. As duas primeiras são defesas, propriamente ditas, enquanto a última tem natureza jurídica de ação.

O art. 335 do CPC/2015, por sua vez, alude à contestação, não mencionado qualquer outra forma de exceção, permitindo que até mesmo a incompetência relativa seja alegada por meio de preliminar da contestação (art. 337, II, do CPC/2015).

Contudo, na sistemática da legislação processual trabalhista usa-se a denominação "exceção" para indicar algumas exceções processuais cuja alegação obedece a determinado procedimento, quais sejam, as exceções de suspeição e de incompetência (art. 799 da CLT). O art. 799 da CLT não foi revogado pelo atual Código de Processo Civil; mas, diante da simplicidade do processo do trabalho, nunca vislumbramos qualquer empecilho a que houvesse a alegação de suspeição ou de incompetência relativa por meio de preliminar da contestação.

Atualmente, com a modificação legislativa, o art. 800 da CLT foi alterado no tocante à exceção de incompetência territorial. Com isso, a aludida exceção deve ser oposta no prazo de cinco dias, contados da citação do reclamado, antes da audiência e em peça própria. Protocolada a exceção de incompetência territorial, o processo será suspenso e a audiência não será realizada (art. 800, § 1º, da CLT). Então, os autos serão imediatamente conclusos ao juiz, que intimará o reclamante e, se existentes, os litisconsortes, para manifestação no prazo comum de cinco dias (art. 800, § 2º, da CLT). Se entender necessária a produção de prova oral, o juízo designará audiência, garantindo o direito de o excipiente e de suas testemunhas serem ouvidos, por carta precatória, no juízo que este houver indicado como competente (art. 800, § 3º, da CLT). Decidida a exceção de incompetência territorial, o processo retomará seu curso, com a designação de audiência, a apresentação de defesa e a instrução processual perante o juízo competente (art. 800, § 4º, da CLT).

O art. 847 da Consolidação das Leis do Trabalho menciona que a defesa do reclamado deve ser ofertada no prazo de 20 minutos depois de frustrada a tentativa conciliatória, se oral, ou até a audiência, se escrita pela via eletrônica. A defesa de que trata o diploma consolidado permite inferir que engloba contestação e exceções. Contudo, tratando-se de exceções de suspeição ou incompetência haverá suspensão do feito (art. 799 da CLT), motivo pelo qual entendemos que, uma vez apresentadas referidas exceções, não cabe afirmar que toda a defesa deve ser ofertada simultaneamente, entendimento também esposado por Ísis de Almeida,[2] a menos que o reclamado prefira alegar referidas exceções como preliminares da contestação.

Entendemos que a exceção de incompetência mencionada no art. 799 da Consolidação das Leis do Trabalho diz respeito tão somente à incompetência relativa (em razão do lugar), e jamais à incompetência absoluta. Isto porque a última (incompetência absoluta) pode ser alegada em qualquer tempo e grau de jurisdição, e deve ser declarada de ofício (art. 64, § 1º, de CPC/2015).

E mesmo em relação à incompetência relativa não se aplica ao processo do trabalho o prazo de 15 dias mencionado no art. 335 do CPC/2015, tendo em vista os expressos termos do art. 847 da Consolidação das Leis do Trabalho – ou seja, deverá ser apresentada em audiência, ou na primeira oportunidade em que a parte tiver ciência dos motivos que desencadeiam a suspeição do magistrado.

Não obstante o art. 799 da Consolidação das Leis do Trabalho mencione tão somente a exceção de suspeição, parece-nos acertada a afirmação de que se deverá adotar idêntico procedimento nas hipóteses de impedimento. Na verdade, o diploma consolidado não faz distinção entre uma coisa e outra, consoante se infere do art. 801, e daí a aplicação concomitante dos arts. 144 e 145 do Código de Processo Civil/2015.

No processo do trabalho as exceções mencionadas não devem ser autuadas em apenso aos autos principais, mesmo porque serão decididas pelo próprio juízo da causa (art. 653, "c" e "d", da CLT) e não comportam recursos de forma autônoma (art. 893, § 1º, da CLT). Quanto ao julgamento das exceções de suspeição parece-nos desproposital que seja realizado pelo próprio juiz arguido de suspeito, situação em que Sérgio Pinto Martins entendia aplicável, por analogia, o art. 313 do Código de Processo Civil revogado – ou seja, o Tribunal Regional do Trabalho deverá decidir a exceção.[3] De nossa parte, acreditamos que não se pode negar vigência ao art. 653, "c", do diploma consolidado –

---

2. *Manual...*, 3ª ed., v. II, p. 55. Em sentido contrário: Valentin Carrion, *Comentários à Consolidação das Leis do Trabalho*, 19ª ed., p. 577, e Sérgio Pinto Martins, *Direito Processual do Trabalho*, 13ª ed., p. 253.

3. *Direito...*, 13ª ed., p. 257.

vale dizer, a Vara do Trabalho deve julgar a exceção de suspeição, mas o bom senso recomenda a convocação de juiz substituto para fazê-lo; e, no caso de rejeição da arguição, o juiz arguido de suspeito continuará na condução do processo.

Em síntese, é possível afirmar que no processo do trabalho a defesa pode ser de mérito ou processual. A defesa processual é feita por meio de exceção (no sentido estrito) se a alegação for de incompetência relativa, suspeição ou impedimento, ou por meio de preliminar da contestação quando se tratar de matéria processual de ordem pública (ausência de algum pressuposto processual ou condições da ação), que o juiz pode conhecer de ofício, a exemplo da existência de litispendência, coisa julgada, ausência de alguma condição da ação etc.[4]

O diploma consolidado não menciona "contestação", e sim "defesa", consoante se infere do art. 847. Trata-se da defesa geral, por meio da qual o reclamado deve externar todos os argumentos em sentido contrário à pretensão do reclamante, excetuando-se as arguições de incompetência relativa, suspeição e impedimento, para as quais há previsão de oferta em separado (art. 799 da CLT). E mesmo em relação a estas últimas entendemos que deve ser tolerada a apresentação na mesma peça da contestação, tendo em vista o princípio da instrumentalidade das formas e a simplicidade que deve nortear o processo do trabalho, notadamente em face do art. 64 do atual Código de Processo Civil.

O princípio da eventualidade, consagrado no art. 336 do CPC/2015 ("Incumbe ao réu alegar, na contestação, toda a matéria de defesa, expondo as razões de fato e de direito com que impugna o pedido do autor e especificando as provas que pretende produzir"), tem cabimento no processo do trabalho. Contudo, não se exige que o reclamado especifique as provas que pretende produzir (parte final do art. 336 do CPC/2015), mesmo porque referida exigência não se faz ao reclamante em relação à petição inicial. As exceções ao mencionado princípio ficam por conta da incompetência absoluta, litispendência, coisa julgada e ausência de condições da ação, que podem ser conhecidas de ofício pelo juiz e podem ser formuladas em qualquer tempo e juízo, desde que não tenha havido o trânsito em julgado. Quanto à prescrição, verifica-se que o atual Código de Processo Civil não reproduziu a regra de que poderia ser pronunciada de ofício pelo juiz, motivo pelo qual resta supe-

---

4. Entendemos, por outro lado, que, diante da maior informalidade que reina no processo do trabalho, deve ser admitida referida defesa como "preliminar" de contestação, em vez de peça autônoma.

rada a discussão sobre o cabimento no processo do trabalho. Vale dizer, a prescrição, que é fato extintivo do direito do autor, precisa ser alegada pelo reclamado.

A compensação e a retenção também devem ser arguidas como matéria de defesa (art. 767 da CLT), sendo ofertadas como preliminares de contestação, a exemplo das demais exceções, restando excetuadas apenas as hipóteses indicadas no art. 799 da Consolidação das Leis do Trabalho (incompetência relativa, suspeição e impedimento).

3.1 A compensação

Nos termos do art. 767 da Consolidação das Leis do Trabalho, a compensação deve ser alegada como matéria de defesa, podendo assumir as vestes de uma exceção peremptória, extinguindo a relação processual, com resolução do mérito. Trata-se de defesa indireta de mérito.

Para que se possa cogitar de compensação devemos observar a satisfação dos seguimentos requisitos: a) reciprocidade das dívidas; b) liquidez; c) dívidas vencidas; d) dívidas homogêneas.

A *reciprocidade* exige que ao débito do devedor corresponda um crédito desse último com o credor. Imagine-se o empregado que solicitou demissão e não recebeu as verbas rescisórias, mas se recusou a cumprir o aviso prévio, dando ao empregado o direito de que referida parcela seja compensada (art. 487, § 2º, da CLT).

A *liquidez das dívidas* deve ser entendida como certeza de sua existência e determinação quanto ao seu objeto. Na prática, referido pressuposto é verificado no próprio processo trabalhista, ou seja, costuma-se discutir em sede processual a certeza da existência da dívida e o valor das dívidas confrontadas.

Finalmente, não se pode deixar de considerar que as dívidas devem ser *vencidas* e que a compensação só se verifica entre dívidas de natureza trabalhista (*homogeneidade*), tais como aviso prévio não concedido pelo empregado (art. 487, § 2º, da CLT) e danos causados dolosamente pelo empregado no exercício das funções (art. 462, § 1º, da CLT), ou mesmo culposamente (esta última hipótese deve estar acordada entre empregado e empregador). É a dicção da Súmula 18 do Tribunal Superior do Trabalho ("A compensação na Justiça do Trabalho está restrita a dívidas de natureza trabalhista"), que necessita de revisão em face da ampliação de competência desta Justiça Especializada.

3.2 A retenção

Nos ensinamentos de Ísis de Almeida: "Retenção é o direito assegurado ao detentor da coisa de mantê-la em seu poder até que seja cumprida a obrigação conexa".[5]

A retenção pode, em tese, ser feita pelo empregado ou pelo empregador, cujo objeto será coisa ou dinheiro. Quando se trata de retenção de dinheiro a questão confunde-se, via de regra, com o instituto da compensação. Contudo, a compensação é requerida ao juízo, a fim de que seja promovida no caso de reconhecimento de algum crédito ao reclamante; e na alegação de retenção o réu objetiva legitimar um comportamento já adotado anteriormente ao ajuizamento da demanda.

Na prática, a retenção restringe-se, geralmente, a instrumentos de trabalho cuja existência e posse estejam relacionadas ao contrato de trabalho.

O art. 455, parágrafo único, da Consolidação das Leis do Trabalho indica, expressamente, uma hipótese de retenção, segundo a qual o empreiteiro principal pode reter as importâncias devidas ao subempreiteiro, para garantia das obrigações trabalhistas devidas por este último e que podem ser cobradas do primeiro (solidariedade entre empreiteiro e subempreiteiro pelas obrigações trabalhistas deste último, nos termos do *caput* do art. 455 da CLT). Mas a discussão deste procedimento se faz em ação regressiva em face do subempreiteiro, perante a Justiça Comum.

Outras hipóteses podem ser mencionadas, e que costumam ser confundidas com a própria compensação, tais como desconto de danos causados pelo empregado – art. 462 da Consolidação das Leis do Trabalho – ou desconto do aviso prévio não concedido pelo empregado – art. 487, § 2º, do mesmo diploma legal. Por outro lado, se a retenção não estiver autorizada por lei a conduta tipifica o crime de exercício arbitrário das próprias razões, previsto no art. 345 do Código Penal ("Fazer justiça pelas próprias mãos, para satisfazer pretensão, embora legítima, salvo quando a lei o permite"). Isto porque o direito de retenção é hipótese de autotutela, forma de solução de conflitos que deve estar expressamente autorizada na lei, sob pena de configuração do ilícito supramencionado. E mesmo nas hipóteses de retenção expressamente autorizadas torna-se oportuno mencionar o disposto no art. 477, § 5º, da Consolidação das Leis do Trabalho, o qual disciplina a limitação de descontos, por ocasião da rescisão contratual do empregado, no valor correspondente à sua remuneração.

5. *Manual...*, 3ª ed., v. II, p. 93.

3.3 A reconvenção

Tratava-se de modalidade de resposta do réu na vigência do Código de Processo Civil revogado (art. 297 do CPC/1973), com natureza jurídica de ação. O CPC/2015 tratou da reconvenção em capítulo próprio, e disciplinou que será apresentada na contestação para "manifestar pretensão própria, conexa com a ação principal ou com o fundamento da defesa" (art. 343 do CPC/2015), deixando implícito que continua ostentando a natureza jurídica de ação, embora não precise ser veiculada em peça autônoma, havendo a possibilidade de o réu propor a reconvenção, independentemente de oferecer contestação (art. 343, § 6º, do CPC/2015). Vale dizer, reconvenção é a ação proposta pelo réu em face do autor no mesmo processo em que está sendo acionado. Conclui-se que apenas o réu tem legitimidade para propor a reconvenção, devendo fazê-lo no mesmo prazo da contestação.

No passado muito se discutiu sobre o cabimento da reconvenção no processo do trabalho. Atualmente encontra-se pacificada a questão em torno de sua compatibilidade com o processo trabalhista, a teor do art. 769 da Consolidação das Leis do Trabalho, mesmo porque, com as alterações legislativas da reforma trabalhista, o § 5º do art. 791-A do diploma consolidado prevê expressamente o cabimento de honorários advocatícios de sucumbência na reconvenção. E deve ser apresentada na mesma oportunidade da contestação, inexistindo óbice a que o seja também oralmente, desde que não se ultrapasse o prazo de 20 minutos. A reconvenção é admissível, inclusive, em ação declaratória, conforme entendimento cristalizado na Súmula 258 do Supremo Tribunal Federal ("É admissível reconvenção em ação declaratória").

Contudo, alguns pressupostos básicos devem ser observados para a utilização da reconvenção em sede trabalhista: a) a matéria deve ser conexa com a ação principal ou com o fundamento da defesa (art. 343 do CPC/2015) e a Justiça do Trabalho deve ser competente para dirimir a controvérsia; b) a matéria não pode ser passível de alegação em contestação; c) identidade de procedimento.

Sérgio Pinto Martins[6] lembra-nos as seguintes situações em que a reconvenção será cabível em sede trabalhista:

a) Empregado estável ingressa com reclamação trabalhista, argumentando que foi despedido sem inquérito judicial para apuração de falta grave, pleiteando reintegração e demais consectários legais; o em-

---
6. *Direito...*, 13ª ed., pp. 272-273.

pregador apresenta contestação à reclamação e propõe o inquérito judicial para apuração de falta grave em reconvenção.

b) Empregador ajuíza inquérito judicial para apuração de falta grave em face de empregado estável; o empregado contesta a demanda e apresenta reconvenção, pleiteando indenização em dobro, pois a falta grave teria sido do empregador.

c) Empregador ajuíza ação de consignação em pagamento, pretendendo o adimplemento da obrigação de pagamento das verbas rescisórias que entende devidas e se eximir da mora capaz de justificar o pagamento da multa prevista no art. 477, § 8º, da Consolidação das Leis do Trabalho; o empregado contesta a ação e apresenta reconvenção, alegando que havia pagamento de valores por fora, e que as verbas rescisórias não correspondem ao valor integral.

d) Empregado ajuíza reclamação trabalhista, pretendendo o pagamento de verbas rescisórias; o empregador apresenta contestação, alegando que a despedida se deu por justa causa, e oferece reconvenção, pleiteando a condenação do empregado no pagamento de saldo credor que este último ficou devendo ao primeiro ("rescisão negativa") ou objetivando o ressarcimento de danos dolosos causados pelo empregado, e que teriam motivado a despedida por justa causa.

Os exemplos mencionados bem ilustram as hipóteses de reconvenção que poderemos encontrar em sede processual trabalhista. Apenas ousamos discordar do exemplo contido na alínea "c", porquanto a Lei 8.951, de 1994, acrescentou os §§ 1º e 2º ao art. 899 do Código de Processo Civil revogado, permitindo-se ao consignado alegar, em contestação, a insuficiência do valor consignado e ao juiz que determine, na sentença, qual o montante devido, não havendo necessidade de reconvenção,[7] havendo disposição idêntica no CPC/2015 (art. 545, §§ 1º e 2º).

Parece-nos que a reconvenção será cabível em ação de consignação em pagamento quando o consignado pretender o recebimento de parcelas não consignadas. Se a controvérsia se restringir ao valor de cada parcela não haverá necessidade de reconvenção (art. 545, §§ 1º e 2º, do CPC/2015). No procedimento sumaríssimo sempre entendemos

---

7. Emílio Gonçalves lembra-nos que "a reconvenção não é admitida nas ações dúplices nas quais a proteção do réu já se acha naturalmente inserida no seu desenvolvimento: ações possessórias, ações de prestação de contas, desapropriação" (*Da Reconvenção no Processo Trabalhista*, p. 21). Assim, pensamos que as modificações introduzidas pela Lei 8.951, de 1994, implicaram efeito dúplice às ações de consignação em pagamento, ampliando o rol mencionado pelo conceituado autor.

incabível a reconvenção, já que isto comprometeria a celeridade desejada nas demandas sujeitas ao mencionado procedimento, mesmo porque o prazo para oferta da resposta inviabilizaria a solução do conflito na mesma audiência, mormente porque se admitia o pedido contraposto, por aplicação subsidiária do art. 278, § 1º, do CPC revogado, "desde que fundado nos mesmos fatos referidos na inicial". Contudo, diante do silêncio do CPC/2015, que já não contempla o procedimento sumário, e considerando que a reconvenção deve ser ofertada na própria contestação, defendemos a possibilidade mesmo no rito sumaríssimo, desde que observados os requisitos legais, vale dizer, a pretensão da reconvenção deve ser conexa com a ação principal e a pretensão do reclamado não pode implicar a mudança de rito; ou seja, deve ficar restrita ao valor máximo de 40 salários-mínimos.

Por último, observamos que a desistência da ação primitiva ou sua extinção não acarretam a extinção da reconvenção. Igualmente, a procedência de uma ação não impede a procedência da outra.

4. Jurisprudência

• Não é confesso o empregador que nomeia preposto, ainda que este não seja seu empregado direto, mas sim de uma das empresas integrantes do mesmo grupo econômico, porque para o direito do trabalho estas são solidárias e se interagem – § 2º do art. 2º da CLT e Enunciado n. 129 da Súmula do colendo TST. **(TRT/DF, RO 3.251/93, Ac. 3ª T. 1.150/93, Paulo Mascarenhas Borges)**
• A compensação na Justiça do Trabalho está adstrita a dívidas de natureza trabalhista. **(Súmula 18 do TST)**
• A compensação só poderá ser arguida com a contestação. **(Súmula 48 do TST)**
• É legítima a arguição de compensação no momento imediatamente posterior ao fato que a possibilitou. **(TST, RR 69.034/93.9, Ac. 2ª T. 47/94, Vantuil Abdala)**
• À luz do art. 110 do CC brasileiro, somente são compensáveis parcelas de mesma natureza. Assim, a compensação tem que ser postulada em relação a cada parcela, não se admitindo o pedido genérico. **(TRT/RS, RE-RO 1.232/91, Valdir de Andrade Jobim)**
• Em se tratando de compensação como matéria de defesa, a sua limitação no crédito trabalhista deve obedecer ao disposto no art. 1.009 do CC. **(TST, RR 94.970/93.7, Ac. 4ª T. 1.626/94, Almir Pazzianotto Pinto)**

XVI
AS PROVAS NO PROCESSO DO TRABALHO

1. Conceito de prova. 2. Objeto da prova: 2.1 Fatos notórios – 2.2 Fatos confessados – 2.3 Fatos incontroversos – 2.4 Fatos que a lei presume existentes ou verdadeiros. 3. A prova do direito. 4. Princípios norteadores da prova: 4.1 Necessidade da prova – 4.2 Unidade da prova – 4.3 Lealdade ou probidade da prova – 4.4 Contradição – 4.5 Igualdade de oportunidades – 4.6 Legalidade – 4.7 Imediação – 4.8 Obrigatoriedade da prova. 5. Sistemas de valoração da prova. 6. O ônus da prova. 7. Meios de prova: 7.1 Interrogatórios das partes – 7.2 A prova documental – 7.3 A prova testemunhal – 7.4 A prova pericial – 7.5 A inspeção judicial. 8. A produção antecipada de prova. 9. A produção de prova no âmbito dos tribunais.

1. Conceito de prova

Na linguagem jurídica costuma-se denominar *prova* ao objeto que possibilita o conhecimento de um determinado fato[1] e também ao próprio conhecimento que se obtém de referido objeto. Em outras palavras, é muito comum a confusão entre provas e meios de provas.

Chiovenda[2] entende que *provar* equivale a formar a convicção sobre a existência ou inexistência de fatos relevantes do processo.

E na seara do processo do trabalho vários autores arriscaram conceitos. Tostes Malta afirma que a prova "é o conjunto de informações

---

1. É neste sentido que se afirma, com base na etimologia da palavra, que *prova*, vocábulo originário do latim *proba* (de *probare* = demonstrar), abrange tudo o que demonstra a veracidade de uma afirmação ou realidade de um fato (cf. Manoel Antônio Teixeira Filho, *A Prova no Processo do Trabalho*, 5ª ed., p. 20).

2. *Instituições de Direito Processual Civil*, 1ª ed., v. III, p. 108.

de que o juiz vem a dispor para solucionar um conflito de interesses".[3] Para Ísis de Almeida "prova é a série de elementos constantes dos autos de um processo que, em conjunto ou individualmente, conduzem ao conhecimento dos fatos, objeto da ação e da defesa, afirmando-lhes a veracidade e dando procedência às alegações das partes".[4] E continua o mesmo autor, dizendo que é a "demonstração legal da existência e/ou da autenticidade de um fato material ou de um ato jurídico que interessa ao êxito do que se pleiteia".[5]

Poderíamos continuar mencionando inúmeros conceitos, parecendo-nos que razão assiste a Manoel Antônio Teixeira Filho, que, na sua conhecida percuciência, afirma que tantos são os conceitos "quantos são os autores, cujos pronunciamentos díspares decorrem, por certo, da ausência de qualquer definição legal a respeito desse importante instituto".[6] E, após concluir que *prova* é resultado e não meio, já que depende da apreciação judicial, também arrisca uma definição: "É a demonstração, segundo as normas legais específicas, da verdade dos fatos relevantes e controvertidos no processo".[7] Trata-se de conceito que reforça os predicados do autor; mas, com a devida vênia, ousamos afirmar que está incompleto. Isto porque excepcionalmente se exige a prova do direito (art. 376 do CPC) e, por determinação judicial, é possível a dilação probatória mesmo sobre fatos incontroversos quando o juiz suspeitar de conluio entre as partes e necessitar proferir decisão nos termos do art. 142 do Código de Processo Civil.

2. Objeto da prova

No processo do trabalho o objeto da prova é constituído, via de regra, pelos fatos relevantes e controvertidos que não sejam notórios.

Neste particular, impõe-se a aplicação subsidiária do art. 374 do CPC/2015, segundo o qual não dependem de prova: a) os fatos notórios; b) os fatos afirmados por uma parte e confessados pela parte contrária; c) os fatos admitidos no processo como incontroversos; d) os fatos em cujo favor milita presunção legal de existência ou de veracidade.

---

3. *A Prova no Processo Trabalhista*, p. 14.
4. *Manual das Provas no Processo Trabalhista*, p. 21.
5. Idem, ibidem.
6. *A Prova...*, 5ª ed., p. 20.
7. Idem, 5ª ed., p. 22.

2.1 Fatos notórios

Eduardo J. Couture, inspirado nos ensinamentos de Piero Calamandrei, afirma que notórios são os "fatos que fazem naturalmente parte do conhecimento, da cultura ou da informação natural dos indivíduos, atendendo-se ao lugar ou ao círculo social, e ao momento determinado, no qual ocorre a decisão".[8]

Assim, o conhecimento notório não se confunde com o conhecimento pessoal (aquele derivado de observação pessoal), e tampouco coincide com o conhecimento absoluto, bastando o conhecimento relativo.[9]

Contudo, não se permite ao juiz julgar com base em fatos de que tenha ciência pessoal e que não constam dos autos, excepcionando-se aqueles que Couture denomina "fatos evidentes", e que ressaltam da experiência pessoal do magistrado. Trata-se da "prova *prima facie*".[10] Além disso, temos as denominadas "máximas de experiência", que "são normas de valor geral, independentemente do caso específico, e que, sendo extraídas daquilo que ocorre geralmente em múltiplos casos, são suscetíveis de aplicação a todos os casos da mesma espécie".[11]

2.2 Fatos confessados

Quanto à afirmação de que independem de prova os fatos "afirmados por uma parte e confessados pela parte contrária", ousamos dizer que o legislador foi pouco técnico. Isto porque a confissão pode ocorrer no próprio bojo da contestação ou no decorrer de interrogatório do réu, sendo este último um meio de prova.

---

8. Couture, *Fundamentos de Direito Processual Civil*, p. 155.
   Em tese, é possível provar que determinado fato não é notório, e excepcionalmente o magistrado poderá exigir a prova da notoriedade do fato, mormente quando for desconhecido dele próprio (cf.: Manoel Antônio Teixeira Filho, *A Prova...*, 5ª ed., p. 32; Christóvão Piragibe Tostes Malta, *A Prova...*, p. 18).
9. Podemos afirmar que é de conhecimento notório quais os Estados Brasileiros que integram a Região Sudeste do país, não obstante determinada pessoa não os tenha na memória.
10. "A ninguém se poderia exigir que provasse, por exemplo, que tenha percebido a luz antes de perceber o som, ou que a luz do dia facilita a visão ao passo que a escuridão a dificulta, etc. Em casos como estes a mente do juiz supre a atividade probatória das partes, (...)" (Couture, *Fundamentos...*, p. 148).
11. Couture, *Fundamentos...*, pp. 149-150.

2.3 Fatos incontroversos

Os fatos admitidos no processo como incontroversos são aqueles nos quais não se verifica impugnação específica (art. 341 do CPC/2015) e também aqueles confessados; e daí o vício tautológico do legislador, denunciado por Manoel Antônio Teixeira Filho.[12]

2.4 Fatos que a lei presume existentes ou verdadeiros

Nas lições de Couture[13] a presunção pressupõe o concurso de três circunstâncias: um fato conhecido, um fato desconhecido e um nexo causal. Assim, justifica-se a afirmação de que a presunção é a ilação que se extrai de um fato conhecido sobre um fato desconhecido.

As presunções dividem-se em *presunções simples*, *comuns* ou *do homem* (*hominis*)[14] e *presunções legais*. As presunções jurídicas ou legais são estabelecidas expressamente na lei, subdividindo-se em absolutas (*iuris et de iure*) e relativas (*iuris tantum*). As primeiras são irrefutáveis, não admitindo prova em contrário; e as segundas admitem prova em contrário, cujo ônus recai sobre a parte prejudicada pela presunção.

O art. 374, IV, do CPC/2015 dispensa a produção de provas sobre fatos em cujo favor milita a presunção legal de existência ou de veracidade. Cuida-se, portanto, de presunção legal.

Não obstante não se exija da parte, a quem aproveita a presunção, a prova do nexo de causalidade e do fato desconhecido, tem o ônus processual de provar o fato conhecido (fato-base) no qual se baseia a presunção.

A Consolidação das Leis do Trabalho contempla hipóteses de presunção legal (e *iuris tantum*), a exemplo do art. 447 ("Na falta de acordo ou prova sobre condição essencial ao contrato verbal, esta se presume existente, como se a tivessem estatuído os interessados, na

---

12. *A Prova...*, 5ª ed., p. 33.
13. *Fundamentos...*, p. 148.
14. "As presunções que resultam do raciocínio do juiz, mas são fundadas em fatos ou estabelecidas pelo homem, denominam-se as presunções comuns ou *hominis* e confundem-se, às vezes, com indícios. Nada provam por si sós. Deverão constar de um contexto probatório, amparadas por outros elementos subsidiários de valor certo. E a mesma presunção não pode permitir conclusões antagônicas" (Ísis de Almeida, *Manual das Provas...*, p. 111).

conformidade dos preceitos jurídicos adequados à sua legitimidade") e do art. 456, parágrafo único ("À falta de prova ou inexistindo cláusula expressa a tal respeito, entender-se-á que o empregado se obrigou a todo e qualquer serviço compatível com a sua condição pessoal").

3. A prova do direito

A inexigibilidade de prova do direito invocado pela parte já existia nas Ordenações Filipinas, com base no princípio universal de que o direito não depende de prova (*ius allegatur, non probatur*), o qual se assenta no pressuposto de que o juiz conhece o Direito (*iura novit curia*), incumbindo aos litigantes, tão somente, a narração dos fatos (*da mihi factum, dabo tibi ius*).

O art. 3º da Lei de Introdução às Normas do Direito Brasileiro dispõe que "ninguém se escusa de cumprir a lei, alegando que não a conhece" – exigência que se impõe ao juiz com maior intensidade, sendo correta a conclusão de que o princípio anteriormente mencionado se encontra abrigado no ordenamento jurídico pátrio.

Contudo, as afirmações *supra* não desoneram as partes de, em determinadas circunstâncias, invocar as normas legais que militam em favor dos seus interesses, principalmente quando existir mais de uma norma teoricamente aplicável.

Não obstante tudo o que expusemos até aqui, o art. 376 do CPC/2015 arrola, excepcionalmente, a faculdade do juiz de exigir a prova do teor e vigência do direito municipal, estadual, estrangeiro ou consuetudinário. Isto porque o que se exige do magistrado é o conhecimento do direito federal.

No direito processual do trabalho é possível acrescentar a exigência de que as partes provem o teor e vigência de algumas fontes formais peculiares ao direito do trabalho, quais sejam: normas coletivas (convenção coletiva, acordo coletivo ou sentenças normativas) e regulamentos de empresa.

A propósito, as normas coletivas inserem-se no rol de prova documental, devendo ser ofertadas com a petição inicial e defesa, respectivamente, salvo alguma situação excepcional, ao prudente arbítrio do juiz.

O regulamento de empresa também traduz prova documental e, muitas vezes, inacessível ao trabalhador. E daí a possibilidade de ser ofertado pelo empregador com a defesa ou posteriormente, por determinação judicial, em atendimento a requerimento do empregado-reclamante, com fundamento no art. 396 do atual Código de Processo Civil.

Quanto aos tratados e convenções internacionais estamos concordes em que o teor e a vigência deverão ser provados se houver determinação judicial, a despeito de não se enquadrarem no conceito de direito estrangeiro.[15] Em verdade, as convenções ratificadas e os tratados internacionais dos quais o Brasil é signatário incorporam-se ao direito positivo, equiparando-se a leis ordinárias ou emendas constitucionais (art. 5º, § 3º, da CF).

4. Princípios norteadores da prova

Nos ensinamentos de Amauri Mascaro Nascimento[16] a prova no processo do trabalho sujeita-se aos princípios que serão detalhados nas linhas seguintes.

4.1 Necessidade da prova

Os fatos que são do interesse das partes devem ser provados em juízo, com observância das regras que disciplinam o ônus da prova (art. 818 da CLT, c/c o art. 373 do CPC). A prova será desnecessária nas hipóteses do art. 374 do CPC/2015, que já mencionamos anteriormente.

4.2 Unidade da prova

Este princípio apregoa a comunhão da prova, vale dizer, a prova é apreciada em seu conjunto, e não isoladamente, em que pese aos diversos meios de prova.

4.3 Lealdade ou probidade da prova

Trata-se de princípio que decorre do caráter ético do processo e corolário do próprio princípio da lealdade processual (art. 77, II, CPC/2015). Os autores são praticamente unânimes em afirmar que referido princípio nem sempre é observado nos processos trabalhistas.[17] Este princípio também tem sede constitucional, já que o art. 5º, LVI, da

---

15. Cf.: Manoel Antônio Teixeira Filho, *A Prova...*, 5ª ed., p. 41, e Amauri Mascaro Nascimento, *Curso de Direito Processual do Trabalho*, 18ª ed., p. 412.

16. *Curso...*, 18ª ed., p. 404.

17. Amauri Mascaro Nascimento afirma que a inobservância se situa, principalmente, na autenticidade de documentos (*Curso...*, 18ª ed., p. 404). De nossa parte, acrescentaríamos a precariedade da prova testemunhal.

Carta Magna estabelece que "são inadmissíveis, no processo, as provas obtidas por meios ilícitos".

4.4 Contradição

Não se trata de princípio peculiar à produção de provas, e sim ao processo, à luz do art. 5º, LV, da Constituição Federal. A parte tem o direito de se manifestar sobre a prova produzida pelo *ex adverso*. Não há prova secreta, mesmo porque o processo é uma relação jurídica triangular (autor/juiz/réu).

4.5 Igualdade de oportunidades

Trata-se de princípio que assegura a mesma oportunidade de oferecimento de provas pelas partes litigantes, desde que observado o rito processual. É um corolário do art. 139, I, do Código de Processo Civil.

No diploma consolidado verifica-se a plena observância de referido princípio, na medida em que restam asseguradas idênticas oportunidades para que as partes juntem documentos, tragam testemunhas para serem interrogadas, manifestem-se sobre a prova pericial etc.

4.6 Legalidade

A prova deve estar prevista legalmente.[18] Além disso, sua produção se subordina aos requisitos de tempo, lugar, meio, adequação etc.[19] A prova de fatos ocorridos em país estrangeiro rege-se pela lei vigente no local em que ocorreram, quanto ao ônus da prova e meios de produzir-se, com a única ressalva de que a Justiça brasileira não admite meios de provas que a lei brasileira desconheça, conforme art. 13 do Decreto-lei 4.657, de 4.9.1942 (Lei de Introdução às Normas do Direito Brasileiro).

Nosso ordenamento jurídico concebe a existência da prova documental, testemunhal, pericial e inspeção judicial, além dos interrogatórios pessoais. Contudo, não se admitem como meios de prova o juramento ou a confissão obtida sob efeito de substâncias químicas

---

18. Couture lembra-nos que para Aristóteles os meios de prova eram cinco: as leis, as testemunhas, os contratos, a tortura dos escravos e o juramento (*Fundamentos...*, p. 140).

19. Cf. Manoel Antônio Teixeira Filho, *A Prova...*, 5ª ed., p. 48.

ou mediante tortura, nem o uso do polígrafo (detector de mentiras) ou equipamento similar.

4.7 Imediação

A oralidade decorre do princípio da imediação, segundo o qual as provas são produzidas perante o juiz da causa, o qual tem a direção do processo (art. 765 da CLT). A exceção à regra fica por conta da prova testemunhal produzida por meio de carta precatória ou rogatória e a prova pericial, que, necessariamente, não se faz em audiência.

4.8 Obrigatoriedade da prova

Este princípio não contraria a ideia de que as partes não têm obrigação de produzir provas, e sim ônus processual. Contudo, é sabido que o Estado tem interesse na justa composição da lide, e daí a possibilidade de o juiz determinar a produção de determinada prova por uma das partes, sob as cominações processuais (via de regra, a aplicação do art. 400 do CPC/2015). Este princípio decorre do impulso oficial, que no processo do trabalho se revela mais acentuado, a teor do art. 765 da Consolidação das Leis do Trabalho.

Além disso, existem situações em que a prova é legalmente imposta. É o caso das demandas que envolvam pedido de adicional de insalubridade ou periculosidade, nas quais a realização de perícia é obrigatória (art. 195, § 2º, da CLT), salvo eventual confissão real quanto ao direito do reclamante ou eventual disposição normativa (por exemplo, o direito dos frentistas e demais empregados em postos de combustíveis ao adicional de periculosidade pode ser incluído em normas coletivas), e também a situação dos motociclistas (art. 193, § 4º, da CLT) e dos profissionais em atividades de segurança pessoal ou patrimonial (art. 193, II, CLT), situações em que consideramos desnecessária a realização de perícia.

5. Sistemas de valoração da prova

Amauri Mascaro Nascimento afirma que "entende-se por avaliação ou apreciação da prova a operação mental que tem por fim conhecer o mérito ou valor de convicção que possa ser deduzido do seu conteúdo".[20] Manoel Antônio Teixeira Filho, por seu turno, apoiando-se nas lições de Miguel Reale, afirma que "valorar não é o mesmo

---

20. Curso..., 18ª ed., p. 405.

que avaliar, pois no primeiro caso se analisa a coisa sob o critério de valor".[21]

A valoração não implica, necessariamente, confronto ou comparações, podendo traduzir mera contemplação de algo na sua própria singularidade – conclusão que se extrai da conceituação de Amauri Mascaro Nascimento.

Assim, concluímos que o correto é mencionar *valoração* (e não *avaliação*) ou *apreciação* das provas, as quais, ao longo da história, se resumiram a três espécies: a) sistema da prova legal ou formal; b) sistema da livre convicção; c) sistema da persuasão racional.

O *sistema da prova legal* tem suas origens ligadas às ordálias ou juízos de Deus, típicas da Antiguidade, que consistiam em submeter a pessoa a determinada prova supondo-se que Deus não a deixaria sair ilesa caso estivesse mentindo. Ao julgador cumpria apenas aplicar a prova e aguardar o resultado, que consistia na reação da pessoa após a ingestão de bebidas ácidas ou amargas, contato com água fervendo etc.

Na Idade Média, apesar das críticas da Igreja Católica, difundiu-se o juramento como meio de prova e até mesmo o duelo ou combate judiciário, a mais utilizada das ordálias.

Finalmente, sob influência do direito canônico é que, a partir do século XI, abolidas as ordálias, foram restabelecidos os meios de prova consagrados no direito romano (documentos e testemunhas). Contudo, era imposta uma espécie de tarifamento legal, ou seja, o juiz não era livre para apreciar as provas. É a esta época que remontam o conhecido brocardo *testis unus, testis nullus* ("testemunha única é testemunha nenhuma") e o de que o depoimento de duas testemunhas fidedignas constituía prova plena (*testis duobus fide dignis credendum*).

O *sistema da livre convicção* ou *convicção íntima do juiz* apresenta-se como antítese do sistema da prova formal e foi utilizado pelos germânicos. Nesse sistema permitia-se ao juiz formar sua convicção não somente pelo conjunto probatório, mas também por fatos que eram de seu conhecimento pessoal, e não se subordinava a qualquer espécie de valoração da prova ou tarifamento legal. Não se exigia do magistrado a indicação dos motivos do seu convencimento, e era possível o não julgamento quando a prova fosse insuficiente (*non liquet*).

Finalmente, chegamos ao moderno *sistema da persuasão racional*, que se traduz numa síntese dos anteriores e que dá liberdade ao juiz para

21. Manoel Antônio Teixeira Filho, *A Prova...*, 5ª ed., p. 97.

apreciar livremente a prova, obrigando-o a declinar os motivos de seu convencimento. É o sistema que vigora no Brasil, segundo o qual as decisões judiciais devem ser fundamentadas (art. 93, IX, da CF) e no qual "o juiz apreciará a prova constante dos autos, independentemente do sujeito que a tiver promovido, e indicará na decisão as razões da formação de seu convencimento" (art. 371 do CPC).

6. O ônus da prova

O ônus da prova não se confunde com dever legal. A parte que estiver onerada com a prova deverá produzi-la, a fim de que a controvérsia seja decidida em seu favor,[22] mas poderá ocorrer de não se desincumbir de seu ônus probatório e, mesmo assim, ter a demanda julgada em seu favor. Isto porque o próprio juiz pode determinar a realização da prova (art. 765 da CLT) ou a parte contrária, inadvertidamente, poderá produzir a prova que favorece o *ex adverso*. E neste sentido dispõe o art. 371 do CPC que "o juiz apreciará a prova constante dos autos, independentemente do sujeito que a tiver promovido".

Ensina Moacyr Amaral Santos[23] que o *onus probandi* é o dever de provar, no sentido de necessidade de provar; *dever* no sentido de interesse ou necessidade de fornecer a prova destinada à convicção do juiz quanto aos fatos alegados.

Costuma-se fazer a distinção entre ônus subjetivo e ônus objetivo. O *ônus subjetivo* destina-se às partes litigantes, sendo importante perquirir a quem incumbe o ônus probatório – e que, por consequência, deve suportar o ônus da prova não produzida; enquanto o *ônus objetivo* destina-se ao juiz, segundo o qual ao magistrado não tem relevância indagar quem produziu determinada prova.

Em síntese, as regras de ônus da prova só têm função prática quando o magistrado constata, por ocasião da prolação da sentença, que a prova não foi produzida ou não o foi à saciedade. Nesta situação a indagação tem cabimento, para que a sucumbência da demanda recaia sobre aquele que tinha o ônus da prova e não provou (art. 371, CPC).

Em matéria de horas extras, verificamos uma evolução da jurisprudência trabalhista, em face da revisão da Súmula 338 do TST, por meio da Resolução 129, de 5.4.2005: "I – É ônus do empregador que conta com mais de 10 (dez) empregados o registro da jornada de trabalho na

---

22. Christóvão Piragibe Tostes Malta, *Prova Documental*, p. 8.
23. *Comentários ao Código de Processo Civil*, 5ª ed., v. IV, p. 21.

forma do art. 74, § 2º, da CLT. A não apresentação injustificada dos controles de frequência gera presunção relativa de veracidade da jornada de trabalho, a qual pode ser elidida por prova em contrário. II – A presunção de veracidade da jornada de trabalho, ainda que prevista em instrumento normativo, pode ser elidida por prova em contrário. III – Os cartões de ponto que demonstram horários de entrada e saída uniformes são inválidos como meio de prova, invertendo-se o ônus da prova, relativo às horas extras, que passa a ser do empregador, prevalecendo a jornada da inicial se dele não se desincumbir". Vale dizer, não há a necessidade de uma determinação judicial para que o empregador junte os controles de horário e suporte o ônus decorrente da omissão, pois se entende que se trata de documento comum às partes.

Contudo, parece-nos incompatível com o processo do trabalho o disposto no § 3º do atual Código de Processo Civil, segundo o qual é possível a convenção das partes para distribuição do ônus da prova de maneira diversa, quando se tratar de típica reclamação trabalhista, em que se discutem direitos indisponíveis. Neste sentido, o art. 2º, VII, da Instrução Normativa 39/2016 do colendo Tribunal Superior do Trabalho.

São *fatos constitutivos* aqueles capazes de gerar o direito que o autor pleiteia, tais como o trabalho subordinado, o labor em horas extras, a identidade de função quando pleiteia a equiparação salarial, e outros.

Os *fatos impeditivos* são as circunstâncias excepcionais que retiram do fato constitutivo todos ou alguns efeitos, tais como a alegação de trabalho eventual ou autônomo, a ilicitude do objeto, além de outros.

Os *fatos extintivos* são aqueles que fazem desaparecer o direito que se reconheceu existente, tais como a alegação de pagamento, transação, prescrição, renúncia, entre outros.

Finalmente, o *fato modificativo* é aquele que modifica ou altera alguns dos efeitos do fato constitutivo.[24] Entendemos que um exemplo seja a hipótese do empregado que alega ter sido despedido sem justa causa e postula a liberação dos depósitos do Fundo de Garantia do Tempo de Serviço (FGTS) com o acréscimo de 40%, e a empresa argumenta que não houve a despedida sem justa causa, e sim a expiração normal de um contrato por prazo determinado, e daí o direito à liberação do FGTS sem o acréscimo de 40%.

---

24. Valentin Carrion arrola a *novação* como exemplo de fato impeditivo (*Comentários...*, 25ª ed., p. 599); mas pensamos que o exemplo melhor se adapta à ideia de fato extintivo, já que o devedor terá contraído nova dívida com o credor, objetivando substituir a antiga.

Além da já mencionada (Súmula 338), várias Súmulas do Tribunal Superior do Trabalho tratam do ônus da prova no processo do trabalho, a exemplo das seguintes:

Súmula 16:[25] "Presume-se recebida a notificação 48 (quarenta e oito) horas depois de sua regular postagem. O seu não recebimento ou a entrega após o decurso desse prazo constituem ônus de prova do destinatário".

Súmula 212: "O ônus de provar o término do contrato de trabalho, quando negadas a prestação de serviço e o despedimento, é do empregador, pois o princípio da continuidade da relação de emprego constitui presunção favorável ao empregado".

Súmula 254: "O termo inicial do direito ao salário-família coincide com a prova da filiação. Se feita em juízo, corresponde à data de ajuizamento do pedido, salvo se comprovado que anteriormente o empregador se recusara a receber a certidão respectiva".

Percebe-se, pois, a importância do ônus da prova no processo do trabalho, porquanto neste ramo do direito processual, a exemplo do processo civil, não vigora o princípio *in dubio pro reo* (princípio do processo penal) e tampouco o *in dubio pro operario* (princípio do direito individual do trabalho). No processo do trabalho, quando o magistrado fica em dúvida quanto às provas produzidas, perde a demanda a parte que deveria provar e não logrou fazê-lo.

O art. 818 da CLT, alterado pela Lei 13.467/2017, preconiza que o ônus da prova incumbe ao reclamante, quanto a fato constitutivo de seu direito, e ao reclamado, quanto à existência de fato impeditivo, modificativo ou extintivo do direito do reclamante.

Com as alterações da Reforma Trabalhista, a distribuição dinâmica do ônus da prova, já consagrada no art. 373, §§ 1º e 2º, do CPC/2015, passou a ser aplicada ao processo do trabalho. A bem da verdade, essa aplicação já era autorizada pelo art. 3º, VII, da Instrução Normativa 39 do TST.

A distribuição dinâmica do ônus da prova consiste na faculdade de o juiz atribuir o ônus da prova de forma diversa, desde que verifique a impossibilidade ou a excessiva dificuldade de a parte cumprir o encargo

---

25. Quanto a esta Súmula observamos que se encontra praticamente em desuso, tendo em vista a intensificação das intimações pela Imprensa Oficial. E mesmo na hipótese de intimação via postal o prazo para a prática do ato inicia-se com a data de recebimento pela parte (art. 774 da CLT), a qual é aposta juntamente com a assinatura no termo de entrega da correspondência.

probatório ou constate a maior facilidade de obtenção da prova de fato contrário. Neste caso, deverá fazê-lo por decisão fundamentada, com intimação da parte para que tenha a oportunidade de se desincumbir do encargo probatório, desde que isso não seja impossível ou excessivamente difícil (art. 818, § 1º, da CLT).

Neste sentido, impõe-se afirmar que o juiz possui a faculdade de inverter o ônus da prova, mas este é um poder discricionário vinculado, pois a decisão deve ser fundamentada e adstrita às hipóteses legais.[26]

A decisão interlocutória de inversão do ônus da prova deverá ser proferida antes da abertura da instrução. A decisão não pode gerar situação em que seja impossível ou excessivamente difícil à parte se desincumbir do encargo processual. Quando a inversão for requerida por uma das partes, a audiência deverá ser adiada e a outra parte poderá produzir as provas do fato por qualquer meio em direito admitido (art. 818, § 2º, da CLT).

Sendo a decisão interlocutória, não pode ser objeto de recurso imediato (art. 893, § 1º, da CLT). Caberá, então, à parte que se sentir prejudicada, consignar seus protestos em ata de audiência, para, posteriormente, em recurso ordinário, impugnar a decisão, provando o prejuízo que sofreu com a inversão do ônus da prova (CLT, art. 794).[27]

Lembramos que a distribuição dinâmica do ônus da prova, constante do art. 373, §§ 1º e 2º, do CPC, foi autorizada pela Instrução Normativa 39 do TST e positivada na CLT pela Lei 13.467/2017. No entanto, os §§ 3º e 4º do art. 373 do CPC são incompatíveis com o processo do trabalho, por isso não foram positivados pela Reforma Trabalhista, incompatibilidade esta que já era prevista no art. 2º, VII, da Instrução Normativa 39 do TST.

7. Meios de prova

Dispõe o art. 369 do CPC/2015: "As partes têm o direito de empregar todos os meios legais, bem como os moralmente legítimos, ainda que não especificados neste Código, para provar a verdade dos fatos em que se funda o pedido ou a defesa e influir eficazmente na convicção do

---

26. Manoel Antonio Teixeira Filho, *O Processo do Trabalho e a Reforma Trabalhista: as alterações introduzidas no processo do trabalho pela Lei n. 13.467/2017*, São Paulo, LTr, 2017, pp. 119 e 120.

27. Idem, ibidem, p. 120.

juiz". Sabemos, por outro lado, que "são inadmissíveis, no processo, as provas obtidas por meios ilícitos" (art. 5º, LVI, da CF).

Não obstante o disposto no art. 369 do atual Código de Processo Civil, entendemos que assiste razão a Christóvão Piragibe Tostes Malta[28] quando afirma a inexistência de meios de prova "moralmente legítimos" que não sejam legais, e daí a redundância do dispositivo legal mencionado, que já se encontrava presente no art. 332 do CPC revogado e poderia ser evitado no atual.

No processo do trabalho são meios de prova: interrogatórios das partes, documentos, testemunhas, perícias e inspeção judicial.

7.1 Interrogatórios das partes

Como bem leciona Manoel Antônio Teixeira Filho,[29] o interrogatório não se confunde com depoimento, já que o primeiro é sempre determinado de ofício pelo juiz, enquanto o depoimento pode ser requerido pela parte contrária.

O atual Código de Processo Civil, a exemplo do anterior, adotou o sistema de depoimentos das partes ("Art. 385. Cabe à parte requerer o depoimento pessoal da outra parte, a fim de que esta seja interrogada na audiência de instrução e julgamento, sem prejuízo do poder do juiz de ordená-lo de ofício"). A Consolidação das Leis do Trabalho, por sua vez, adotou o sistema de interrogatório, consoante se infere da dicção do art. 848: "Terminada a defesa, seguir-se-á a instrução do processo, podendo o presidente, *ex officio* ou a requerimento de qualquer juiz temporário, interrogar os litigantes".

Percebe-se, pois, que no processo do trabalho os interrogatórios das partes traduzem faculdade judicial, e não direito subjetivo das partes, não obstante as críticas que possam ser endereçadas ao dispositivo consolidado por autores renomados.[30]

Somos de opinião que os interrogatórios das partes não devem, via de regra, ser dispensados pelo juiz. Isto porque a prática demonstra tratar-se de meio eficaz para esclarecimento do objeto controvertido da lide e até mesmo ocasionar a confissão de fatos controvertidos, o que

---

28. *A Prova...*, p. 20.
29. *A Prova...*, 5ª ed., pp. 142-143.
30. Valentin Carrion chegou a afirmar que o art. 848 da Consolidação das Leis do Trabalho "contraria o mínimo senso de lógica do princípio geral do processo" (*Comentários...*, 25ª ed., p. 658).

poderá simplificar a dilação probatória, já que fatos confessados prescindem da prova testemunhal, nos termos do art. 443, I, do atual Código de Processo Civil.

No entanto, convém assinalar que a confissão[31] não é meio de prova, e sim a própria prova. Meio de prova é o interrogatório[32] da parte. Admite-se, igualmente, a confissão ficta no processo do trabalho, e não apenas a real.

Ocorre *confissão ficta* quando a parte não comparece à audiência em prosseguimento, na qual deveria ser interrogada, nos termos da Súmula 74, I, do Tribunal Superior do Trabalho ("Aplica-se a confissão à parte que, expressamente intimada com aquela cominação, não comparecer à audiência em prosseguimento, na qual deveria depor") – entendimento jurisprudencial inspirado no art. 343, § 1º, do Código de Processo Civil revogado, disposições que foram praticamente reproduzidas no art. 385, § 1º, do CPC/2015 –, e também na hipótese de recusa de depor ou desconhecimento de fatos controvertidos pelo preposto do empregador, nos termos do art. 843, § 1º, da Consolidação das Leis do Trabalho.

Contudo, o art. 388 do CPC/2015 assegura que a parte não é obrigada a depor sobre fatos criminosos ou torpes que lhe forem imputados ou sobre aqueles em que deva guardar sigilo por estado ou profissão (hipótese do advogado ou ministro de confissão religiosa, por exemplo).

Finalmente, a ementa de jurisprudência a seguir transcrita bem ilustra a importância do interrogatório da parte, acentuando que a confissão real é a rainha das provas:

• Cartões de ponto. Validade. Confissão real. A despeito da declaração do preposto da demandada no sentido de que o horário de saída era registrado nos controles de jornada antes da troca de uniforme, prevalece a confissão real da própria autora, a qual admitiu o registro correto da jornada, inclusive quanto ao período relativo à troca de uniforme, por manter vivência direta e específica com os fatos (art. 349 do Código de Processo Civil). **(TRT-2, 5ª Turma, RO 00008934320135020005 SP, José Ruffolo, j. 3.2.2015)**

31. "Entende-se por confissão a declaração que uma parte formula da verdade dos fatos afirmados pelo adversário e contrários ao confitente" (Giuseppe Chiovenda, *Instituições...*, 1ª ed., v. II, p. 418).

"Confissão é a declaração que uma parte faz da verdade dos fatos que, a um tempo, lhe são desfavoráveis e favoráveis ao adversário" (Moacyr Amaral Santos, *Comentários...*, 5ª ed., v. IV, p. 98).

32. "O interrogatório é um meio de provocar a confissão da parte adversária; mas é óbvio que tal se possa promover sem alcançar o fim colimado, como acontece quando a parte interrogada nega os fatos afirmados pelo interrogante" (Moacyr Amaral Santos, *Comentários...*, 5ª ed., v. III, p. 122).

7.2 A prova documental

Chiovenda[33] ensina que, no sentido amplo, *documento* é qualquer representação material destinada a reproduzir determinada manifestação do pensamento. E indica que, nesta acepção, documentos seriam os sinais, desde limites dos prédios e sinalização das estradas, mas assevera que o meio mais comum seria a representação material do pensamento na forma escrita, a qual seria objeto das leis processuais.

Contudo, ousamos discordar do ilustre autor, e o fazemos com espeque no trabalho de Christóvão Piragibe Tostes Malta, para quem "o documento é uma 'peça', uma coisa, que permite saber se um fato ocorreu, que dá notícia de um evento ou de uma situação. Não é simultaneamente o próprio bem a propósito do qual se pretende comprovar alguma coisa".[34]

Nesta linha de pensamento, é possível afirmar que podem ser documentos os discos, fotografias, disquetes de computador, fitas de vídeo, CD, DVD e outros, com a ressalva de que os denominados documentos eletrônicos, desde que no processo convencional, dependem de conversão à forma impressa (art. 439 do CPC/2015).

Por outro lado, torna-se imperiosa a observação de que o documento não é uma prova, e sim um meio de prova. Igualmente, parece-nos correta a observação no sentido de que nem todo documento trazido aos autos do processo se presta à prova. Basta que imaginemos as fotocópias de acórdãos e sentenças proferidos em casos semelhantes, que costumam ser juntados pelas partes, objetivando influenciar o convencimento do magistrado. São documentos, mas não traduzem prova documental.[35]

O art. 787 da Consolidação das Leis do Trabalho estabelece que a petição inicial trabalhista deverá ser formulada em duas vias,[36] e desde logo acompanhada dos documentos em que se fundar. E, diante do disposto nos arts. 845 da Consolidação das Leis do Trabalho e 434 do atual

---

33. *Instituições...*, 1ª ed., v. III, p. 151.
34. *Prova Documental no Processo Trabalhista*, p. 15, e *A Prova...*, p. 28.
35. "O documento, portanto, tem existência própria e não pode ser limitado à utilização como meio de prova. Quando utilizado como prova, o documento é a própria prova, com a qual se procura convencer o juiz da ocorrência de um evento etc." (Christóvão Piragibe Tostes Malta, *A Prova...*, pp. 28-29).
36. É claro que o legislador olvidou a possibilidade do litisconsórcio passivo, hipótese na qual serão exigíveis tantas cópias da petição inicial quantos forem os litisconsortes.

Código de Processo Civil, afirmamos que a contestação deve se fazer acompanhar dos documentos com os quais impugna a pretensão do autor.

Tem-se, pois, a existência de dois momentos, por excelência, nos quais os documentos devem ser ofertados: a) por ocasião do ajuizamento da ação; b) por ocasião da apresentação da defesa.

A exceção à regra fica por conta do surgimento de documentos novos, aos quais a parte não teve acesso no momento oportuno, e também as hipóteses em que a parte pretende fazer contraprova das alegações do *ex adverso* ou quando se tratar de fatos supervenientes. Quanto a esta última situação, assinalamos que o autor não tem condições de prever todo o rol de alegações passíveis de serem inseridas numa contestação, e poderá ser surpreendido com uma alegação de danos causados ao empregador – dentro das hipóteses legais dos descontos correspondentes – e que o reclamado pretende a compensação, hipótese que comportará manifestação do reclamante, com a juntada de eventual documento que comprove o efetivo ressarcimento do dano causado.

No mais, não se pode deixar de considerar a juntada posterior de documentos ao prudente arbítrio do magistrado, e até mesmo por determinação deste último, principalmente nas hipóteses em que o documento é indispensável à prova do alegado, tais como: fotocópia da convenção ou acordo coletivo quando o pedido estiver fundado em referidas normas coletivas; certidão do julgamento do dissídio coletivo quando se tratar de ação de cumprimento; fotocópias de certidões de nascimento de filhos menores de 14 anos, para o pagamento de salário-família, entre outros.

O art. 830 do diploma consolidado destina-se exclusivamente aos documentos escritos, mas isso não significa que está vedada a juntada de documentos não escritos, a exemplo das fitas de vídeo, fotografias, CD, DVD e outros.

Dispõe o art. 830 da Consolidação das Leis do Trabalho: "O documento em cópia oferecido para prova poderá ser declarado autêntico pelo próprio advogado, sob sua responsabilidade pessoal". Trata-se da redação atribuída pela Lei 11.925/2009, e que comporta interpretação extensiva, para abarcar as situações em que as partes demandam sem advogado, com fundamento no art. 791 da Consolidação das Leis do Trabalho.

No mais, a inovação legislativa veio em boa hora, dispensando as partes de ônus excessivo e desnecessário, decorrente de autenticação das fotocópias em cartórios extrajudiciais, sob o risco de se considerar inválidos os documentos apresentados, diante de impugnação da parte contrária.

Por uma questão de cautela, entendemos que deve ser evitada a juntada dos originais dos documentos, devendo a parte reservá-los para si, prevendo eventual extravio dos autos e a necessidade de restauração.

A juntada de documentos após o encerramento da instrução processual só deve ser autorizada ou determinada pelo magistrado quando se tratar de documento substancial e contribuir para a busca da verdade real e, nas mesmas hipóteses, quando se tratar de documento novo. É óbvio que não pode traduzir a regra geral, principalmente porque a juntada de documentos, nesta circunstância, acarreta a reabertura da instrução processual, com a possibilidade de impugnação e dilação probatória em torno de eventual alegação de falsidade material;[37] mas não se pode fechar as portas para esta possibilidade.

Finalmente, atentamos para o fato de que documentos supervenientes podem ser juntados até mesmo em grau de recurso, nos termos da Súmula 8 do Tribunal Superior do Trabalho ("A juntada de documentos na fase recursal só se justifica quando provado o justo impedimento para sua oportuna apresentação ou se referir a fato posterior à sentença").

7.3 A prova testemunhal

A prova testemunhal é falha, porque falha é a percepção humana. Isto sem considerar a possibilidade de alteração deliberada dos fatos pela testemunha, conduta tipificada no Código Penal (art. 342 – falso testemunho).

A precariedade da prova testemunhal revela-se extremamente sensível, e este fato não passou despercebido de doutrinadores antigos, cumprindo assinalar que no direito romano as testemunhas falsas eram consideradas piores que ladrões.[38] Hodiernamente costuma-se afirmar que se trata da *prostituta das provas*, adjetivação utilizada por Malatesta, tendo em vista a própria imperfeição inerente ao testemunho huma-

---

37. O diploma processual alude a *arguição de falsidade* (art. 430 do CPC/2015), dispensando a adjetivação. Fizemos questão do adjetivo "material", para reforçar a ideia de que a falsidade ideológica não comporta incidente de falsidade, bastando a impugnação oportuna.

38. Cf. E. Magalhães Noronha, *Direito Penal*, 11ª ed., v. IV, p. 377.

no e também pela facilidade com que se verifica a falsidade e a dificuldade que existe em demonstrá-la.[39]

Não obstante a deficiência dessa espécie de prova, é dela que se vale o processo do trabalho na atuação diária dos sujeitos processuais (partes e juiz). O empregado, na maioria das vezes, não conta com a prova documental nem tampouco com a confissão real da parte adversa para provar suas alegações.

Nos termos do art. 821 da Consolidação das Leis do Trabalho, cada parte terá direito a indicar o máximo de três testemunhas, ficando ressalvada a hipótese de inquérito judicial para apuração de falta grave, na qual o número é elevado a seis. Contudo, a Lei 9.957, de 2000, introduziu no bojo da norma consolidada os dispositivos referentes ao procedimento sumaríssimo na Justiça do Trabalho, tendo o art. 852-H, § 2º, da CLT estabelecido o máximo de duas testemunhas para cada parte nas demandas sujeitas ao mencionado rito processual.

Observa-se, desde logo, que a limitação do número de testemunhas se destina às partes. Nada obsta a que o juiz determine a oitiva de uma testemunha referida nos interrogatórios das partes ou nas informações prestadas por testemunhas já interrogadas, e a tanto está legitimado pela dicção do art. 765 do diploma consolidado.

A Consolidação das Leis do Trabalho foi estruturada para as denominadas audiências "unas", e daí a disposição de seu art. 825 no sentido de que as testemunhas comparecerão independentemente de intimação e ficarão sujeitas a intimação do juízo apenas as ausentes, bem como a condução coercitiva no caso de ausência injustificada, apesar de intimadas, sem prejuízo de pagamento da multa prevista no art. 730 consolidado. Nas demandas sujeitas ao rito sumariíssimo concede-se a intimação de testemunha que, comprovadamente convidada, deixar de comparecer – comprovação que se faz documentalmente ou até mesmo por testemunha.

Na prática, tendo em vista o costumeiro fracionamento das audiências realizadas em demandas sujeitas ao rito comum da Consolidação das Leis do Trabalho, várias soluções são adotadas para contemporizar o disposto no seu art. 825 com a necessidade de evitar maiores protelações por parte de quem não tem interesse na solução rápida do litígio. É comum os juízes facultarem a apresentação do rol de testemunhas para intimação via postal, sob pena de a parte se ver obrigada a trazer as testemunhas independentemente de intimação, sem possibilidade de

---

39. Cf. E. Magalhães Noronha, *Direito Penal*, 11ª ed., v. IV, p. 378.

adiamento da audiência (preclusão temporal); e alguns tribunais adotam provimentos disciplinando a possibilidade de a própria parte entregar a intimação para a testemunha previamente arrolada.

A importância da apresentação de rol e da intimação para comparecimento reside na impossibilidade de se argumentar a preclusão da prova testemunhal no caso de ausência da testemunha. Se a parte se compromete a trazer sua testemunha independentemente de notificação, e sob pena de preclusão, não terá direito ao adiamento da audiência no caso de ausência imprevista da testemunha.

A testemunha que for funcionário público (civil ou militar) deverá ser requisitada ao chefe da repartição se tiver que depor em horário de serviço (art. 823 da CLT). E haverá impedimento para depor como testemunha quando se tratar de parente até o 3º grau civil, amigo íntimo ou inimigo de qualquer das partes, podendo ser ouvida como informante do juízo (art. 829 da CLT).

Além disso, por disposição expressa do art. 229 do Código Civil, a testemunha não é obrigada a depor sobre fato: "I – a cujo respeito, por estado ou profissão, deva guardar segredo; II – a que não possa responder sem desonra própria, de seu cônjuge, parente em grau sucessível, ou amigo íntimo; III – que o exponha, ou às pessoas referidas no inciso antecedente, a perigo de vida, de demanda, ou de dano patrimonial imediato". E diante da ampliação da competência da Justiça do Trabalho, para processar e julgar litígios decorrentes de qualquer relação de trabalho (EC 45/2004), pensamos que o art. 227 do Código Civil também poderá ser invocado, não se podendo admitir a prova exclusivamente testemunhal para negócios jurídicos cujo valor supere dez salários-mínimos, a exemplo de uma relação de trabalho que não seja de trato sucessivo. E mesmo na hipótese de demandas que envolvam pedido para reconhecimento do vínculo de emprego, entendemos que a admissão de remuneração superior a 10 salários-mínimos não pode se basear exclusivamente em prova testemunhal; devem-se analisar outros elementos de prova e, até mesmo, circunstâncias especiais do caso concreto, como função desempenhada, porte do empregador e local da prestação dos serviços.

Entendemos que o fato de a testemunha demandar contra a empresa, por si só, não a torna suspeita, entendimento já cristalizado na Súmula 357 do TST: "Não torna suspeita a testemunha o simples fato de estar litigando ou de ter litigado contra o mesmo empregador". Mas pensamos que um empregado despedido por justa causa deve ser equiparado a inimigo do empregador, salvo se estivermos diante de justa causa absolutamente infundada ou, talvez, na hipótese de já haver celebrado acordo com o empregador. Caberá ao magistrado do trabalho ponderar a respeito, diante do caso específico.

Contudo, a hipótese de o autor da demanda já ter funcionado como testemunha daquela que trouxe para depor é fato que deve ser levado em consideração, já que na maioria das vezes revela "troca de favores", não obstante o argumento de que o testemunho em juízo não pode ser considerado um favor, e sim um serviço público (art. 463, parágrafo único, do CPC/2015).

É farta a jurisprudência em torno da prova testemunhal, sendo oportuna a transcrição das seguintes ementas:

• Restrição ao direito de prova – Impedimento de oitiva de testemunha. Na primeira audiência as partes declararam que trariam suas testemunhas independentemente de intimação. Na segunda audiência o reclamante pretendeu o seu adiamento com o fundamento de que suas testemunhas foram convidadas e não compareceram, o que foi indeferido. O Magistrado só tinha obrigação de adiar a audiência caso as partes dissessem que não trariam as testemunhas independentemente de intimação. Não tinha, portanto, o Juízo de primeiro grau obrigação de ouvi-las, nem seu ato representa restrição ao direito de prova. Presume-se que houve desistência da oitiva das testemunhas (§ 1º do art. 412 do CPC), ante a falta de prova de que foram convidadas e não compareceram. **(TRT-2ª R., RO 02990326507, Ac. 3ª T. 20000293541, Sérgio Pinto Martins, *DJSP* 27.6.2000, p. 119)**

• Prova testemunhal – Valoração – Imediação pessoal. Quando as declarações das testemunhas trazidas por uma e outra parte se mostram contraditórias, deve a instância revisora, pelo menos em princípio, prestigiar a valoração do conjunto probatório feita pelo juízo de primeiro grau. É que este teve contato pessoal com a prova oral produzida pelos litigantes, podendo melhor estabelecer, a partir de uma série de circunstâncias que os autos não podem registrar (tais como expressão facial, o tom da voz, a segurança e o maior ou menor nervosismo de cada testemunha), quais depoimentos merecem maior credibilidade. **(TRT-3ª R., RO 12.742/00, Ac. 3ª T., José Roberto Freire Pimenta, *DJMG* 21.11.2000, p. 12)**

• Testemunha arrolada – Substituição – Indeferimento – Nulidade. O pedido de substituição de testemunha formulado no ato da produção da prova não encontra respaldo jurídico, mormente quando a testemunha havia sido arrolada previamente pela própria parte e regularmente intimada. O fato de não ser obrigatória a apresentação antecipada do rol de testemunhas no processo do trabalho não dá guarida à pretensão recursal, porquanto ficou evidenciado que o recorrente, ao apresentar o referido rol, elegeu outra via processual para a prática do ato, decaindo, por consequência, do direito de praticá-lo de outra forma. **(TRT-3ª R., RO 537/00, Ac. 2ª T., Maurício Dias Horta, *DJMG* 19.7.2000, p. 17)**

• Testemunhas menores – Indeferimento de oitiva – Cerceamento do direito de prova. O indeferimento do pedido de oitiva de testemunhas, ao fundamento de serem as mesmas menores de idade, constitui verdadeiro cerceio ao direito da parte de produzir prova. Diferentemente da vida civil, a maioridade trabalhista começa aos 18 anos e o trabalho é permitido aos maiores de 14 anos, na qualidade de aprendizes, e a capacidade relativa começa aos 16 anos. Todo trabalhador, no processo do trabalho, pode ser ouvido como testemunha, compromissados os maiores de 18 anos, como informantes os demais. Nulidade processual acolhida, para determinar a oitiva das testemunhas. **(TRT-3ª R., RO 12.619/99, Ac. 5ª T., Virgílio Selmi Dei Falci, *DJMG* 16.9.2000, p. 18)**

7.4 A prova pericial

A prova pericial só se torna exigível nas hipóteses em que é legalmente imposta (apuração de insalubridade ou periculosidade, por exemplo), ou quando a prova do fato o exigir, a exemplo de perícia médica para constatação de alegada doença profissional que possa justificar a reintegração no emprego, ou perícia contábil para apuração de diferenças de comissões em favor do empregado, por meio de documentos incrustados na contabilidade da empresa.

Cada parte terá direito a formular quesitos e indicar assistentes técnicos, os quais apresentarão suas conclusões no mesmo prazo destinado ao perito judicial (art. 3º, parágrafo único, da Lei 5.584/1970), sob pena de desentranhamento dos autos. Apresentado o laudo pelo perito judicial, as partes serão intimadas para manifestação, em prazo sucessivo fixado pelo juiz (primeiro ao reclamante e depois ao reclamado, ou vice-versa), com exceção das demandas sujeitas ao rito sumaríssimo, nas quais o prazo será comum e de cinco dias (art. 852-H, § 6º, CLT), não se permitindo, por óbvio, a retirada dos autos em carga.

Por último, convém assinalar que o perito judicial elabora seu trabalho após firmar termo de compromisso perante a Secretaria do juízo e se sujeita às cominações do ilícito penal de falsa perícia (art. 342 do CP).

Para a constatação da alegada insalubridade ou periculosidade o diploma consolidado exige a realização de perícia a cargo de médico do trabalho ou engenheiro do trabalho (art. 195, § 2º, da CLT),[40] e sua inobservância poderá acarretar a nulidade do julgado. Contudo, o juiz não fica adstrito à prova produzida, podendo formar seu convencimento por

---

40. Não obstante a ausência de revogação expressa desse dispositivo consolidado, o fato é que algumas situações práticas dispensam a realização da prova pericial, relativizando a exigência legal. É o caso da confissão real do reclamado em relação ao direito do reclamante, da previsão do direito ao adicional de insalubridade ou periculosidade em convenções ou acordos coletivos, e até mesmo a situação específica dos profissionais de segurança pessoal e patrimonial (art. 193, II, da CLT) e dos motociclistas (art. 193, § 4º, da CLT).

outros elementos dos autos, inclusive conclusões do assistente técnico de uma das partes. Assinalamos, à guisa de exemplo, algumas ementas de jurisprudência:

• Não constitui violação literal do art. 195 da CLT rejeitar, o juiz, o laudo pericial e, motivadamente, optar por outros meios de prova que lhe pareçam mais convincentes. Deste modo, ao deferir o adicional de periculosidade contrariando o laudo, porque não considerou eventual o contato com material perigoso, mas o fez fundamentadamente, não ofendeu qualquer dispositivo de lei. **(TST, RR 58.493/92.9, Ac. 2ª T. 3.263/93, Hylo Gurgel)**

• Mostra-se desnecessária a determinação de perícia técnica, ante a confissão da insalubridade por parte da empresa-reclamada e ante a ausência de protesto da parte pelo indeferimento da prova, que acarretaria a nulidade, estando preclusa a alegada violação do art. 195 da CLT. **(TST, RR 107.862/94.8, Ac. 5ª T. 3.863/94, Armando de Brito)**

• Dispõe a norma legal que disciplina esta matéria – art. 195 da CLT – que a insalubridade pode ser constatada por médico ou engenheiro do trabalho. Inexistindo lei que determine que a perícia de insalubridade deva ser executada exclusivamente por médico, não há nenhum fundamento para desconsiderar laudo apresentado por engenheiro. **(TST, RR 96.692/93.7, Ac. 1ª T. 4.579/94, Afonso Celso)**

• O art. 195, § 2º, da CLT, é expresso ao determinar a realização de perícia para aferimento da existência ou não de condições de trabalho insalubres ou perigosas, mesmo quando o reclamado não comparece à audiência de instrução e julgamento. A não realização de perícia técnica acarreta, sem dúvida, a nulidade da decisão, ante a imperatividade da norma legal. **(TST, RR 100.721/93.3, Ac. 5ª T. 3.440/94, Armando de Brito)**

• Perícia técnica, para fim de apuração de insalubridade, é prova obrigatória a ser determinada pelo juiz – Exegese do § 2º do art. 195 da CLT. **(TST, RR 51.586/92.3, Ac. 5ª T. 1.402/94, Antônio Amaral)**

• Sempre que houver pleito que envolva periculosidade, mesmo aqueles com base na Lei n. 7.369/95, a perícia, para a sua constatação, é exigida pelo art. 195 da CLT, como regra geral. Tratando-se de constatação de fato técnico, somente o *expert*, como auxiliar do juízo, deve opinar. **(TST, RR 84.115/93.6, Ac. 1ª T. 2.635/94, Ursulino Santos)**

Em relação aos honorários de sucumbência periciais, estabelecia o art. 790-B da CLT que a "responsabilidade pelo pagamento dos honorários periciais é da parte sucumbente na pretensão objeto da perícia, salvo se beneficiária de justiça gratuita". A Reforma Trabalhista modificou esse artigo, substituindo o "salvo se" por "ainda que". Sendo assim, a parte sucumbente no objeto da perícia será a responsável pelo pagamento dos honorários periciais, ainda que beneficiária da justiça gratuita.

Além dessa alteração, a Reforma Trabalhista acrescentou quatro parágrafos ao art. 790-B da CLT, estabelecendo que o juízo deverá respeitar o limite máximo estabelecido pelo Conselho Superior da Justiça do Trabalho na fixação dos honorários (§ 1º); poderá deferir parcelamento dos honorários periciais (§ 2º); que não poderá exigir adiantamento de valores para realização de perícias (§ 3º) e que somente no caso em que o beneficiário da justiça gratuita não tenha obtido em juízo créditos capazes de suportar a despesa, ainda que em outro processo, a União responderá pelo encargo (§ 4º).

Lembramos que o juiz poderá conceder, de ofício ou a requerimento, os benefícios da justiça gratuita àqueles que perceberem salário igual ou inferior a 40% do limite máximo dos benefícios do RGPS, conforme dicção do art. 790, § 3º, da CLT.

Entendemos que o parcelamento dos honorários periciais pode se dar em favor do autor ou do réu e independe de concordância do perito, visto que esta exigência não está prevista em lei. Com a alteração legislativa, prevalece o entendimento da OJ 98 da SBDI-II do TST, que já previa ilegal "a exigência de depósito prévio para custeio dos honorários periciais, dada a incompatibilidade com o processo do trabalho, sendo cabível o mandado de segurança visando à realização da perícia, independentemente do depósito".

Por fim, o beneficiário da justiça gratuita só será responsabilizado se obtiver créditos no processo da perícia ou em qualquer outro, capazes de suportar o encargo mencionado. Caso essa situação não ocorra, a responsável será a União. A alteração da Reforma Trabalhista não deixa claro se o "outro processo" deve ser também da Justiça do Trabalho, o que não nos parece ter sido a intenção do legislador. Também não especifica qual o momento de origem desse crédito de outro processo. Entendemos que se a origem do crédito desse outro processo for posterior à sucumbência pericial, o perito deve se habilitar nos autos desse outro processo como credor. Mas se a origem do crédito for de processo anterior à sucumbência, o beneficiário da justiça gratuita, vencedor desse outro processo, pode até já ter gasto o dinheiro recebido. Nesse caso, caberá ao perito requerer ao juiz o bloqueio da conta do beneficiário da justiça gratuita, para averiguação se o crédito desse outro processo ainda existe. Essa questão certamente será de grande debate doutrinário e jurisprudencial.

7.5 A inspeção judicial

Trata-se de meio de prova consagrado no art. 481 do CPC/2015, cujo enunciado transcrevemos: "O juiz, de ofício ou a requerimento da parte, pode, em qualquer fase do processo, inspecionar pessoas ou coisas, a fim de se esclarecer sobre fato que interesse à decisão da causa".

Não existe a mínima dúvida de que referido dispositivo legal tem aplicação no processo do trabalho, à míngua de vedação expressa e total silêncio do diploma consolidado, a teor de seu art. 769. A propósito, imaginamos que o processo trabalhista traduziria campo fértil à inspeção judicial, tendo em vista a ampla liberdade na direção do processo conferida ao magistrado pelo art. 765 da Consolidação das Leis do Trabalho.

Contudo, o volume de demandas ajuizadas, notadamente nos grandes centros urbanos, inviabiliza a inspeção judicial, o que justifica o fato de que grandes autores se ocuparam de obras específicas sobre os meios de prova no processo do trabalho e não dedicaram mais do que três ou cinco páginas à inspeção judicial.[41] E nenhuma nulidade poderá ser reconhecida em face do indeferimento da inspeção judicial, na medida em que se trata de faculdade do magistrado, a teor do próprio art. 481 do diploma processual civil.

O juiz poderá se fazer acompanhar de um ou mais peritos no ato de inspeção (art. 482 do CPC/2015), e acreditamos que poderá acarretar nulidade processual a realização de inspeção sem a prévia intimação das partes, já que estas últimas têm o direito de assistir à inspeção, prestando os esclarecimentos e fazendo as observações que entendam necessárias (art. 483, parágrafo único, do CPC/2015).

Concluída a inspeção, o juiz mandará lavrar auto circunstanciado, no qual será mencionado tudo o que for útil ao julgamento da causa, e poderá fazer acompanhar de fotografias, gráficos ou desenhos (art. 484, e parágrafo único, CPC/2015).

Pessoalmente, acreditamos que a prévia intimação das partes terá, via de regra, efeito negativo sobre o meio de prova de que estamos cuidando. Se a inspeção for realizada no local de trabalho e tiver por objetivo verificar se os empregados utilizam os equipamentos de proteção individual, tendo em vista demanda na qual se discute o direito ao adicional de insalubridade, não será difícil imaginar que, no dia e hora designados, o juiz comparecerá ao local e encontrará o ambiente de trabalho na mais perfeita ordem e empregados utilizando todos os equipamentos necessários ao desempenho das respectivas funções. Idêntico fato costuma ocorrer nas vistorias do perito nomeado pelo juiz quando este último determina que se indique dia e hora para sua realização.

---

41. Ísis de Almeida, *Manual das Provas...*, pp. 183-185; Christóvão Piragibe Tostes Malta, *A Prova...*, pp. 69-70; Manoel Antônio Teixeira Filho, *A Prova...*, 5ª ed., pp. 266-270.

Por todo o exposto é que a inspeção judicial, propriamente dita, costuma ser substituída pela expedição de um mandado de constatação, a ser cumprido pelo oficial de justiça, e no qual relata ao juiz os aspectos relevantes sobre pessoas e o próprio local de trabalho, e que constam do respectivo mandado. Não se trata, tecnicamente, de uma inspeção judicial, mas traduz um elemento a mais na formação do convencimento do magistrado.

8. A produção antecipada de prova

Diante da omissão da Consolidação das Leis do Trabalho e da plena compatibilidade com o processo trabalhista, considera-se aplicável o disposto nos arts. 381 a 383 do Código de Processo Civil de 2015, que disciplina a produção antecipada de provas.

O CPC de 2015 passou a disciplinar, em capítulo próprio, a produção antecipada de provas, que, conforme art. 381 daquele diploma legal, é admitida quando: I – haja fundado receio de que venha a tornar-se impossível ou muito difícil a verificação de certos fatos na pendência da ação; II – a prova a ser produzida seja suscetível de viabilizar a autocomposição ou outro meio adequado de solução de conflito; III – o prévio conhecimento dos fatos possa justificar ou evitar o ajuizamento de ação.

O arrolamento de bens observará o disposto nos arts. 381 a 383 do CPC quando tiver por finalidade apenas a realização de documentação e não a prática de atos de apreensão (art. 381, § 1º, do CPC).

A produção antecipada da prova é da competência do juízo do foro onde esta deva ser produzida ou do foro de domicílio do réu (art. 381, § 2º, do CPC). A produção antecipada da prova não previne a competência do juízo para a ação que venha a ser proposta (art. 381, § 3º, do CPC). No processo do trabalho, este dispositivo é regido pelos arts. 668 e 669 da CLT.

Aplica-se o disposto nos arts. 381 a 383 do CPC àquele que pretender justificar a existência de algum fato ou relação jurídica para simples documento e sem caráter contencioso, que exporá, em petição circunstanciada, a sua intenção (art. 381, § 5º, do CPC). Trata-se de procedimento de jurisdição voluntária.

O CPC de 1973 previa a produção antecipada de provas no âmbito das ações cautelares. O CPC de 2015 não mais prevê as cautelares específicas do antigo CPC, estando essas abarcadas no poder geral de cautela, bastando para a concessão dos provimentos cautelares o preenchimento dos requisitos do art. 300 do CPC, ou seja, quando houver elementos que evidenciem a probabilidade do direito e o perigo de dano ou o risco ao resultado útil do processo.

Entretanto, apesar de não mais haver a previsão de uma cautelar específica de exibição de documentos, o CPC de 2015, no art. 381, disciplina a produção antecipada de provas, trazendo rol exaustivo em que esta é admitida.

Não obstante a impropriedade técnica, entendemos que um pedido de antecipação de provas, ainda que incorretamente denominado de cautelar de exibição de documentos, se preenchidos os requisitos do art. 381 do CPC, deve ser deferido, pela instrumentalidade das formas:

• Recurso ordinário. Produção antecipada de provas. Exibição de documentos. Apesar de não mais haver a previsão de uma cautelar específica de exibição de documentos, o CPC/2015, no art. 381, disciplina a produção antecipada de provas, trazendo rol exaustivo em que esta é admitida. Portanto, conclui-se que o pedido de produção antecipada de provas – ainda que incorretamente denominado de cautelar de exibição de documentos – fundamenta-se não em uma tutela de urgência (cautelar), mas nas hipóteses do art. 381 do CPC. Logo, não prospera a pretensão dos recorrentes quanto à extinção do feito sem julgamento do mérito por ausência de interesse de agir, uma vez que o pedido da parte reclamante tem fundamento legal, estando disciplinada no art. 381, inciso III, do CPC/2015. Negado provimento. **(TRT-4, 10ª T., RO 00215288920165040003, j. 11.12.2017)**

As hipóteses do inciso I do art. 381 do CPC vigente remetem às situações dos arts. 847, II, e 849, ambos do CPC/1973, quando a produção antecipada de prova tinha natureza cautelar, havendo consenso acerca de sua aplicação ao processo do trabalho, a exemplo da prova pericial para apuração de insalubridade em local que está na iminência de desativação ou completa alteração de *lay out*, inclusive com alteração de maquinário; ou para as situações em que há necessidade de oitiva de testemunha muito idosa ou gravemente enferma.

Em síntese, o art. 381, I, do CPC/2015 encampou implicitamente o comando que estava contido no art. 847 do CPC/1973, além de apresentar uma redação que se traduz na versão melhorada do art. 849 do CPC/1973, pois este último se restringia à prova pericial.

O art. 381 do CPC/2015 elasteceu as possibilidades da produção antecipada de prova, contemplando todos os meios de prova, pois não faz qualquer restrição neste sentido.

Por sua vez, o inciso II do art. 381 do CPC/2015 representa uma inovação legislativa, pois valoriza a possibilidade de a prova antecipada viabilizar uma solução autocompositiva ou outro meio adequado de solução do conflito. Trata-se de "medida de caráter adminicular",[42] que objetiva criar condições para que a "conciliação" se efetive, o que pode ocorrer na sequência da própria ação de produção antecipada de prova, ou posteriormente no âmbito extrajudicial, se revelando compatível com o processo do trabalho.

No entanto, vislumbramos uma dificuldade em se identificar, desde logo, se a prova produzida será "suscetível de viabilizar a autocomposição ou outro meio adequado" para solução do conflito trabalhista, mas acreditamos que esta modalidade possa ser usada pelo próprio sindicato profissional ou por um grupo de trabalhadores para a realização de perícia em que se apure eventual insalubridade no local de trabalho, para viabilizar a atuação da Superintendência Regional do Trabalho, nos termos do art. 191, parágrafo único, CLT, a fim de que o empregador promova a eliminação ou neutralização da condição agressiva no local de trabalho.

A terceira hipótese de produção antecipada de prova reside no inciso III do art. 381 do CPC, segundo o qual referida ação autônoma será admitida quando "o prévio conhecimento dos fatos possa justificar ou evitar o ajuizamento de ação".

Trata-se de situação em que, a exemplo daquela contemplada no inciso II, não há necessidade de demonstração dos requisitos típicos da tutela de urgência (*periculum in mora* e *fumus boni iuris*). Além disso, a referência a conhecimento dos fatos que possam "evitar o ajuizamento de ação" deve ser entendida sob a ótica do próprio requerente, que poderá, após a tramitação do processo de produção antecipada de prova, decidir se ajuíza ou não a demanda principal. Portanto, não se cogita de violação do art. 5º, XXXV, da Constituição da República.

Em julgado de 23.4.2018, da 1ª Turma do TRT-3ª Região, sob relatoria do juiz convocado Cléber Lúcio de Almeida (Proc. 0011701-25.2017.5.03.0075), foi dado provimento ao recurso ordinário interposto pelo reclamante para, afastando a extinção do processo sem resolução do mérito, determinar o retorno dos autos à Vara de origem, a fim de que fosse realizada a prova pericial pretendida, no sentido de "apurar as causas de sua enfermidade, sua extensão e efeitos sobre a sua capacidade laborativa", exatamente sob o fundamento consagrado no dispositivo supramencionado (art. 381, III, CPC).

---

42. Cf. Manoel Antonio Teixeira Filho, *O Processo do Trabalho e a Reforma Trabalhista*..., cit., p. 143.

No caso supramencionado, o juízo de primeira instância entendeu que não havia interesse processual, pois o reclamante tinha pleno conhecimento dos fatos que poderiam justificar o ajuizamento da reclamação trabalhista, e que estaria apenas objetivando evitar os riscos de uma condenação ao pagamento de honorários periciais e advocatícios, nos termos da Lei 13.467/17, já que na produção antecipada de prova não há sentença nem juízo de valor sobre a prova produzida e, portanto, não há sucumbência.

Parece-nos que o precedente supramencionado já tem o condão de afastar a ideia de que a hipótese do art. 381, III, seria de árdua verificação no processo do trabalho, mas apresenta uma dificuldade na atuação cotidiana do magistrado, que deverá avaliar em cada caso concreto se há, efetivamente, interesse processual na ação de produção antecipada de prova e se o autor não está utilizando do processo na condição de mero instrumento de investigação para reduzir os riscos da sucumbência no ajuizamento de eventual reclamação trabalhista.

Na petição, o requerente apresentará as razões que justificam a necessidade de antecipação da prova e mencionará com precisão os fatos sobre os quais a prova há de recair (art. 382 do CPC). O juiz, então, determinará, de ofício ou a requerimento da parte, a citação de interessados na produção da prova ou no fato a ser provado, salvo se inexistente caráter contencioso (art. 382, § 1º, do CPC). Relembramos que no processo do trabalho a citação independe de requerimento da parte.

Na decisão, o juiz não se pronunciará sobre a ocorrência ou a inocorrência do fato, nem sobre as respectivas consequências jurídicas (art. 382, § 2º, do CPC). Os interessados poderão requerer a produção de qualquer prova no mesmo procedimento, desde que relacionada ao mesmo fato, salvo se a sua produção conjunta acarretar excessiva demora (art. 382, § 3º, do CPC). Neste procedimento, não se admitirá defesa ou recurso, salvo contra decisão que indeferir totalmente a produção da prova pleiteada pelo requerente originário (art. 382, § 4º, do CPC). No caso de ação autônoma que pretenda a produção antecipada de provas, se magistrado indeferir totalmente o pedido, caberá recurso ordinário, mas se a decisão indeferir parcialmente o pedido, não caberá recurso.

Os autos permanecerão em cartório durante um mês para extração de cópias e certidões pelos interessados. Findo o prazo, os autos serão entregues ao promovente da medida (art. 383 do CPC). Trata-se de dispositivo inócuo quando os autos do processo tramitam por meio eletrônico.

9. A produção de prova no âmbito dos tribunais

A jurisprudência já entendia que o CPC de 1973 reconhecia a possibilidade de produção de provas em segunda instância nos feitos de competência originária dos tribunais e em sede recursal, apesar da ausência de uma permissão expressa.

• Investigação de paternidade. Exame de DNA. Conversão do julgamento em diligência em segunda instância. Admissibilidade. Poder-dever do julgador. – O Julgador deixou de ser mero espectador da batalha judicial, passando a assumir uma posição ativa que lhe permita determinar a produção de provas, mormente como no caso em que se cuida de ação de estado, o autor é menor impúbere e beneficiário da Assistência Judiciária. Entendimento que se aplica também ao segundo grau de jurisdição. Precedentes do STJ. Recurso especial conhecido e provido para, convertendo-se o julgamento em diligência, ordenar a realização do exame de DNA. **(STJ, 4ª T., REsp 2183021999/0050174-8-PR, Min. Barros Monteiro, j. 2.12.2003, *DJU* 29.3.2004, p. 244)**

Atualmente, no CPC de 2015, os poderes de instrução do juiz encontram-se no art. 370, mas a previsão específica quanto ao 2º grau de jurisdição está consagrada nos arts. 932, I, e 938, § 3º, estabelecendo este último que: "Reconhecida a necessidade de produção de prova, o relator converterá o julgamento em diligência, que se realizará no tribunal ou em primeiro grau de jurisdição, decidindo-se o recurso após a conclusão da instrução". Entendemos que há compatibilidade dessas disposições com o processo trabalhista, e neste mesmo sentido trilhou a Instrução Normativa 39, de 15.3.2016: "Art. 10. Aplicam-se ao Processo do Trabalho as normas do parágrafo único do art. 93 do CPC, §§ 1º a 4º do art. 938 e §§ 2º e 7º do art. 1.007".

Portanto, se houver evidente necessidade de produção de provas durante a tramitação de um recurso, deverá o relator determinar a conversão do julgamento em diligência, podendo a instrução ser levada a efeito no próprio tribunal ou no primeiro grau de jurisdição, nesta última hipótese devendo o Tribunal emitir carta de ordem ao juiz de primeiro grau.

XVII
A SENTENÇA NO PROCESSO DO TRABALHO

1. Considerações iniciais. 2. Requisitos essenciais da sentença: 2.1 Jurisprudência. 3. Classificação das sentenças quanto aos efeitos: 3.1 Sentenças declaratórias – 3.2 Sentenças constitutivas – 3.3 Sentenças condenatórias. 4. Limites objetivos da sentença: 4.1 Jurisprudência. 5. A tutela provisória: 5.1 Cabimento no processo do trabalho – 5.2 Requisitos para a concessão da tutela provisória de urgência – 5.3 Momento para requerimento e concessão da tutela antecipada – 5.4 Tutelas antecipadas específicas do Processo do Trabalho – 5.5 Jurisprudência. 6. Julgamento antecipado do mérito.

1. Considerações iniciais

Paralelamente ao direito de ação (direito subjetivo público de exigir a tutela jurisdicional do Estado) e ao direito de exceção (direito de defesa do réu, em sentido amplo), emerge, igualmente, o direito das partes envolvidas no litígio ao pronunciamento jurisdicional, direito que se encontra consagrado no art. 140 do CPC/2015 ("O juiz não se exime de sentenciar ou despachar alegando lacuna ou obscuridade do ordenamento jurídico. No julgamento da lide caber-lhe-á aplicar as normas legais; não as havendo, recorrerá à analogia, aos costumes e aos princípios gerais de Direito") e também no art. 8º da Consolidação das Leis do Trabalho, que assim está enunciado: "As autoridades administrativas e a Justiça do Trabalho, na falta de disposições legais ou contratuais, decidirão, conforme o caso, pela jurisprudência, por analogia, por equidade e outros princípios e normas gerais de Direito, principalmente do direito do trabalho, e, ainda, de acordo com os usos e costumes, o direito comparado, mas sempre de maneira que nenhum interesse de classe ou particular prevaleça sobre o interesse público".

Trata-se da proibição do *non liquet* inserta no ordenamento jurídico processual. E neste contexto deparamo-nos com o conceito de *sentença* insculpido no art. 203, § 1º, do atual Código de Processo Civil, segundo o qual "sentença é o pronunciamento por meio do qual o juiz, com fundamentos nos arts. 485 e 487, põe fim à fase cognitiva do procedimento comum, bem como extingue a execução"; vale dizer, é o ato pelo qual o juiz extingue o processo com ou sem resolução do mérito.

Observamos que o legislador teve a preocupação de incluir no rol das sentenças também aquelas decisões que "põem termo" ao processo sem resolver o mérito da demanda (decretação da carência da ação, acolhimento da preliminar de coisa julgada ou litispendência, indeferimento da petição inicial etc.), hipóteses de extinção do processo arroladas no art. 485 do CPC/2015, de aplicação subsidiária ao processo do trabalho, que a doutrina denomina *sentenças terminativas*, enquanto a denominação de *sentenças definitivas* é reservada às decisões que põem fim ao processo com resolução do mérito. Por sua vez, decisão interlocutória "é todo pronunciamento judicial de natureza decisória que não se enquadra no § 1º" (art. 203, § 2º, do CPC/2015), definição que supera aquela do Código anterior, que aludia à decisão que resolvia algum incidente no processo.

Sentença é a decisão que põe termo ao processo no primeiro grau de jurisdição. As decisões que colocam termo ao processo no âmbito dos tribunais (segundo grau de jurisdição e também nos processos de competência originária dos tribunais) recebem a denominação de *acórdãos*. A exceção fica por conta das *sentenças normativas*, as quais colocam termo aos processos coletivos, cuja competência originária é dos tribunais do trabalho.

No que respeita ao aspecto subjetivo podemos dizer que a sentença é monocrática ou colegiada. *Sentença monocrática* é aquela proferida pelo juiz (tomado unipessoalmente); e *colegiada* é aquela proferida por um colégio de juízes, situação que existia no primeiro grau de jurisdição trabalhista em época anterior à extinção da representação classista. Os acórdãos dos tribunais são sempre colegiados.

2. Requisitos essenciais da sentença

Diante dos expressos termos do art. 489 do atual Código de Processo Civil, são três os requisitos essenciais da sentença, quais sejam: relatório, fundamentos e dispositivo. A Consolidação das Leis do Trabalho, de forma menos técnica, reproduz idênticos requisitos no art.

832: "Da decisão deverão constar o nome das partes, o resumo do pedido e da defesa, a apreciação das provas, os fundamentos da decisão e a respectiva conclusão".

O *relatório* compreende o nome dos litigantes, o resumo do pedido do autor e da defesa do réu, assim como o registro das principais ocorrências havidas no curso do processo, e sua ausência acarreta a nulidade da sentença, a exemplo da ausência dos demais requisitos. Sua importância reside no fato de mostrar aos jurisdicionados que o juiz compulsou minuciosamente os autos do processo antes de proferir a sentença. Nas demandas sujeitas ao rito sumaríssimo o relatório é dispensável, a teor do art. 852-I da Consolidação das Leis do Trabalho.

Os *fundamentos* (ou *fundamentação*) constituem a parte da sentença em que o juiz analisa as questões de fato e de direito. Sentença sem fundamentação é ato de pura arbitrariedade judicial, e a existência de motivação tem assento constitucional (art. 93, IX, da CF). Isto porque nos modernos sistemas processuais já não vigora o princípio do livre convencimento, que se difundiu à sombra do lema da liberdade, preconizado pela Revolução Francesa, e segundo o qual o juiz poderia decidir segundo sua consciência e íntima convicção.

Hodiernamente o juiz tem ampla liberdade na formação de seu convencimento, mas deve fazê-lo com base na prova existente nos autos ("o que não está nos autos não está no mundo"). É o princípio da *persuasão racional* ou *livre convencimento motivado*.

Aplica-se ao processo do trabalho o disposto no art. 489, § 1º, do CPC/2015, que alude à fundamentação da sentença, tendo o art. 15 da Instrução Normativa 39/2016 do colendo Tribunal Superior do Trabalho estabelecido os contornos neste sentido, inclusive a adequada interpretação que deve ser feita ao inciso IV do art. 489, § 1º, do atual Código de Processo Civil. Assim, o magistrado não estará obrigado ao exame de todos os argumentos trazidos pelas partes quando estes ficarem prejudicados pela análise de questão anterior, e também não estará obrigado a enfrentar os fundamentos jurídicos invocados pelas partes, quando referidos fundamentos já tiverem sido examinados na formação dos precedentes ou nos fundamentos que determinaram o enunciado da súmula aplicada.

Por último, no *dispositivo* (*conclusão* ou "*decisum*"), ao contrário do constante no art. 489, III, do CPC/2015, o juiz não resolve questão alguma, mas proclama o resultado da apreciação dessas questões, realizada na fundamentação. O dispositivo pode ser direto ou indireto.

No *dispositivo direto* o juiz indica claramente as verbas trabalhistas ou aquilo que é objeto da tutela jurisdicional, enquanto no *dispositivo indireto* o juiz se reporta aos fundamentos ou a outras peças processuais (petição inicial e defesa, por exemplo), abstendo-se de indicar expressamente as parcelas que foram objeto de condenação e obrigando o jurisdicionado a se remeter à petição inicial, contestação ou termos da fundamentação.

A falta de um dos requisitos mencionados (relatório, fundamentação e conclusão) acarreta a nulidade da sentença, excepcionando apenas as demandas sujeitas ao rito sumaríssimo, cujo relatório é dispensado.

Registramos, por último, que, diante dos expressos termos do art. 504 do CPC/2015, somente a parte dispositiva da sentença transita em julgado. Vale dizer, a verdade dos fatos e os motivos que ensejaram a conclusão não fazem coisa julgada. E daí a importância da parte dispositiva, fato que recomenda que se evite, ao máximo, o dispositivo indireto, sempre alvo de discussões estéreis na fase de execução. Contudo, não estamos defendendo que a sentença com dispositivo indireto seja nula. Será, quando muito, desaconselhável ou inconveniente, mas é bom que se diga que não há lei federal que obrigue o magistrado a utilizar o dispositivo direto, e nenhum provimento de tribunal tem legitimidade para fazê-lo.[1]

2.1 Jurisprudência

• Tem, a parte, o direito de saber das razões e motivos que levaram o julgador à decisão da causa. Daí a exigência legal da fundamentação, para que o ato de decidir não se transforme em arbitrário, mas tenha aceitação racional. A falta de fundamentos da decisão é causa, por isso, de nulidade. **(TST, RO-DC 70.548/93.6, Ac. SDC 419/94, Hylo Gurgel)**
• Recurso ordinário. Ausência de fundamentação. Sentença nula. Não obstante a interposição de embargos de declaração, o D. Juízo *a quo* recusou-se, mais uma vez, a consignar expressamente na sentença os fundamentos que ensejaram a condenação ao pagamento de horas extras e reflexos, ferindo o disposto no inciso X do art. 93 da Constituição Federal, no art. 131 e no inciso II do art. 458, ambos do CPC, bem como no art. 832 da CLT. Impende observar que todas as questões ventiladas pelas partes merecem fundamentação expressa, não se admitindo a prolação de decisão omissa quanto aos motivos que originaram condenação nela contida. **(TRT-2, 12ª T., RO 00022615420105020050 SP, Marcelo Freire Gonçalves, j. 25.7.2013)**

1. Entendemos que um provimento de Tribunal Regional do Trabalho que objetive compelir o magistrado a proferir sentenças com dispositivo direto é – para dizer o mínimo – de constitucionalidade mais do que duvidosa.

• A fundamentação da sentença se insere no princípio do "devido processo legal", trazido de forma expressa no direito constitucional brasileiro (art. 93, IX, Constituição da República), e é sem dúvida uma grande garantia de justiça quando consegue reproduzir exatamente, "como num levantamento topográfico, o itinerário lógico que o juiz percorreu para chegar à sua conclusão, pois se esta é errada pode facilmente encontrar-se, através dos fundamentos, em que altura do caminho o magistrado se desorientou" (Calamandrei, in *Eles, os Juízes, Vistos por Nós, os Advogados*). Isto não significa que a fundamentação da sentença ou do acórdão deva ser estritamente silogística, bastando que não falte com os reclamos de logicidade e com os deveres impostos ao julgador pela legislação processual e pelo preceito constitucional. Não é nula, contudo, a sentença fundamentada sucintamente e que dá os fundamentos em que foram analisadas as questões de fato e de direito, ainda que não rebatidas todas as questões jurídicas trazidas pelas partes. O chamado prequestionamento ensejador do recurso de revista não constrange o julgador a rebater todos os questionamentos trazidos pela parte, sob pena do processo se transformar em diálogo entre ela e o juiz. Basta que decida fundamentadamente, ainda que por um único fundamento jurídico. **(TST, RR 76.899/93.2, Ac. 1ª T. 930/94, Indalécio Gomes Neto)**

• O disposto nos arts. 832 da CLT e 458 do CPC não enseja dúvidas quanto à necessidade de as decisões, da sentença à última na via recursal, serem fundamentadas. A fundamentação é essencial para que possam as partes exercer, em sua plenitude, o direito de defesa que, em prosseguimento, lhes é assegurado por via dos recursos previstos em lei. **(TST, RR 72.369/93.9, Ac. 3ª T. 1.961/94, Manoel Mendes de Freitas)**

• A fundamentação do julgado constitui requisito indispensável à validade do pronunciamento judicial, sendo resguardado por preceito de ordem pública, visando a assegurar aos litigantes o devido processo legal, possibilitando-lhes meios para a articulação dos seus recursos. A decisão que não explicita os fundamentos reveladores do convencimento do juiz, nem mesmo após a oposição de embargos declaratórios, nega a prestação jurisdicional e, portanto, deve ser anulada. **(TST, RR 65.623/92.3, Ac. 3ª T. 2.837/94, Roberto Della Manna)**

• A lei determina que o juiz siga o roteiro comum a toda e qualquer sentença: relatório, fundamentos, dispositivos; para aquela, todavia, basta que sejam concisamente fundamentados. *Concisão* significa breve fundamentação; e não precisam ser prolixas. Ainda que o juiz seja sucinto ao pronunciar a sentença ou o acórdão, cumprida está a prescrição inserta no texto. **(TST, RO-Ag. 53.103/92.0, Ac. SDI 1.160/94, Cnéa Moreira)**

• Sentença imotivada. A síntese é uma arte que permite chegar-se rápida e seguramente à verdade. Todavia, não pode omitir os elementos da análise. Sem embargo de que o laconismo, indesejável em vista da relevância da sentença como instrumento da tutela jurídica, não viola, em si mesmo, o preceito constitucional, tem-se que tal ocorre com a decisão carente de motivação, ainda que sumária. **(TRT/SP, Proc. 165.008/92, Ac. 10ª T., 17.977/94, Luiz Carlos Gomes Godoi)**

• Constitui decisão condicional a decisão que contém determinado comando que condiciona a procedência do pedido ao implemento de determinada circunstância fática que, em última análise, somente poderia vir a ser superada em execução, gerando evidente prejuízo à autora. Por fim, a verificação da existência de tal circunstância fática somente pode ocorrer na instância ordinária, uma vez que atrelada ao conjunto fático-probatório. (TST, RR 68.467/93.4, Ac. 4ª T. 3.812/94, Galba Velloso)

3. Classificação das sentenças quanto aos efeitos

No que respeita aos efeitos as sentenças trabalhistas são classificadas em declaratórias, constitutivas ou condenatórias.

3.1 Sentenças declaratórias

Sentenças declaratórias são aquelas que proclamam a existência, a inexistência ou o modo de ser de uma relação jurídica, ou a autenticidade ou falsidade de um documento (art. 19, I-II, do CPC/2015). No processo do trabalho a sentença que julga um dissídio coletivo de natureza jurídica é tipicamente declaratória, já que objetiva interpretar o alcance da norma coletiva. E também se costuma classificar a sentença que julga os pedidos improcedentes como declaratória, na medida em que declara a inexistência da relação credor-devedor.

A sentença declaratória pode ser positiva ou negativa. A *declaratória positiva* é aquela que declara a existência da relação jurídica (*v.g.*: a sentença que declara a existência da relação de emprego); e a *declaratória negativa* é aquela que nega a existência da relação jurídica.

A sentença que declara a existência de uma relação jurídica tem efeito *ex tunc*, vale dizer, retroage à data em que a relação foi estabelecida.

3.2 Sentenças constitutivas

As sentenças constitutivas não se limitam à mera declaração da existência de um direito nem tampouco impõem o cumprimento de obrigação. São aquelas que criam, modificam ou extinguem uma relação jurídica, ou seja, alteram o *status* jurídico existente.

Geralmente possuem efeito *ex nunc*, vale dizer, os efeitos se dão a partir do trânsito em julgado. No entanto, poderão ter efeito *ex tunc* no processo do trabalho, a exemplo do que ocorre com a sentença que julga procedente o inquérito judicial para apuração de falta grave, hipótese em que os efeitos da sentença – rescisão do contrato de trabalho – retroagem à data em que o empregado foi suspenso do emprego.

A sentença normativa proferida em dissídio coletivo de natureza econômica é exemplo de sentença constitutiva, já que impõe novas condições de trabalho.

3.3 Sentenças condenatórias

Trata-se de sentença que impõe a uma das partes uma obrigação de dar, de fazer ou de não fazer. Geralmente, a sentença condenatória é proferida no processo em que se pede o cumprimento de uma obrigação, a exemplo do que ocorre quando o empregado postula o pagamento de salários vencidos ou verbas rescisórias decorrentes de uma despedida sem justa causa. Em síntese, decorre de uma ação condenatória quando o autor (empregado-reclamante, por exemplo) tem direito ao que postula, já que se o resultado for a improcedência dos pedidos a sentença será declaratória.

Trata-se de sentença que cumpre duas finalidades: a) declarar a existência do direito material invocado; e b) impor ao vencido a obrigação de satisfazer aquele direito, que pode consistir numa obrigação de dar, de fazer ou de não fazer. A obrigação de pagar quantia certa insere-se no rol das obrigações de dar, hipótese mais comum no processo trabalhista.

Assim, concluímos que a sentença condenatória é a única que atribui ao autor o direito à execução forçada, que traduz o direito à prestação jurisdicional executiva, em face da conversão em título executivo judicial da pretensão formulada na fase de conhecimento. Em geral possui efeito *ex tunc*, já que retroage à época em que o devedor deixou de satisfazer a obrigação. Excepcionalmente, a sentença condenatória pode favorecer o réu, quando impõe ao autor uma cominação por litigância de má-fé, por exemplo.

A sentença condenatória tem uma carga de efeito declaratório e constitutivo, não obstante predomine o efeito condenatório.

Em verdade, a sentença que reconhece a relação de emprego e determina o pagamento das verbas rescisórias e demais consectários legais é declaratória e condenatória. E, ainda que fosse meramente declaratória (hipótese de o reclamante apenas haver postulado o reconhecimento da relação de emprego), subsistiria a obrigação de pagar as custas processuais (condenação).

Uma sentença constitutiva também possui carga condenatória. Exemplifique-se com a hipótese da sentença que reconhece o direito à equiparação salarial (constitutiva), criando uma nova situação para o empregado, e que determina o pagamento das diferenças salariais (condenação), o que traduz o maior objetivo do empregado.

4. Limites objetivos da sentença

Os limites objetivos da sentença residem no pedido formulado pelo autor, ou seja, coincidem com o próprio objeto da demanda.

A sentença, como regra geral, não pode condenar o réu em quantidade superior ou objeto diverso do que lhe foi demandado, nem ser de natureza diversa do pedido.

Dizemos que a sentença que condena o réu em quantidade superior ao pedido é *ultra petita*; a que julga fora do pedido (objeto diverso) é *extra petita*; e aquela que deixa de apreciar algum pedido é *citra petita* (também denominada *infra petita*).

A sentença *extra petita* é nula, e a decretação de sua nulidade deve ser pleiteada em recurso ordinário, a menos que a correção possa ser feita em julgamento dos embargos de declaração. No caso de correção por meio do recurso ordinário, impõe-se observar que o art. 1.013, § 3º, II, do CPC, permite que o Tribunal decida, desde logo, o mérito se o processo estiver devidamente instruído.

O mesmo se diga da sentença *ultra petita*. Todavia, na prática, o juízo *ad quem* limita-se a suprimir o excesso e coloca a decisão dentro dos parâmetros do pedido.

A sentença *citra petita* também é nula, mas a jurisprudência tem entendido que o juízo *a quo* deve ser provocado, mediante oposição de embargos de declaração, para que seja suprida a omissão, sob pena de se reputar preclusa a oportunidade de fazê-lo em recurso ordinário. E, neste sentido, a Súmula 393 do TST, com redação determinada pela Resolução 208, de 19.4.2016: "I – O efeito devolutivo em profundidade do recurso ordinário, que se extrai do § 1º do art. 1.013 do CPC de 2015 (art. 515, § 1º, do CPC de 1973), transfere ao Tribunal a apreciação dos fundamentos da inicial ou da defesa, não examinados pela sentença, ainda que não renovados em contrarrazões, desde que relativos ao capítulo impugnado. II – Se o processo estiver em condições, o tribunal, ao julgar o recurso ordinário, deverá decidir desde logo o mérito da causa, nos termos do § 3º do art. 1.013 do CPC de 2015, inclusive quando constatar a omissão da sentença no exame de um dos pedidos".

4.1 Jurisprudência

• Se a reclamatória foi ajuizada com base na alegação do empregado de que fora "demitido do serviço", não pode o julgador, invocando a proteção dos princípios da celeridade e economia processual, decidir a controvérsia emprestando-

-lhe novos rumos, ou seja, sob a ótica da rescisão indireta do contrato de trabalho, sequer mencionada pelo reclamante. Nulidade que vicia, em face do julgamento *extra petitum*. **(TST, RR 112.272/94.0, Ac. 1ª T. 4.653/94, Indalécio Gomes Neto)**
• O julgamento *extra petita* constitui a decisão do juiz que ultrapassa os limites da lide. *In casu*, observa-se que o pedido de horas extras existiu e o *decisum* espelhou-se nos documentos carreados aos autos, constituindo apenas um parâmetro para o convencimento do julgador o horário delineado pelo reclamante na exordial, como bem elucidou o Juízo *a quo*. Conclui-se, assim, que o litígio foi resolvido dentro dos limites impostos pela *causa petendi*, tendo o julgador decidido conforme o seu livre convencimento, considerando as provas trazidas ao seu mundo jurídico, que são os autos. Portanto, não há que falar em divergência jurisprudencial, tampouco em violação legal. **(TST, RR 112.035/94.9 e AI 112.034/94.0, Ac. 5ª T. 3.888/94, Wagner Pimenta)**
• Pelo princípio dispositivo, inserto no art. 128 do CPC, o juiz não poderá decidir a lide além dos limites em que foi proposta, nem conhecer de questões não suscitadas, a cujo respeito a lei exige a iniciativa da parte. **(STJ, RMS, 1.350-0-MT, reg. 91.0021133-8, César Asfor Rocha)**
• Julgamento *ultra petita* não importa nulidade, eis que passível de reforma pelo juízo *ad quem*, com exclusão do excesso havido. Arguição de nulidade que se rejeita. **(TRT/SP, Proc. 347.939/92, Ac. 7ª T. 24.210/94, Anélia Li Chum)**
• Ainda que os cartões de ponto denunciem intervalo alimentar inferior ao legal, o tempo à disposição do empregador dentro do repouso não pode ser concedido como extraordinário, se a vestibular admite o descanso de 60 minutos, pena de ocorrer julgamento *ultra petita*. **(TRT/SP, Proc. 55.709/92, Ac. 8ª T. 25.013/94, Dora Vaz Treviño)**
• É nula em sua inteireza a sentença que não aprecia todos os pedidos da inicial – Nulidade que se declara a fim de que outra sentença seja prolatada abrangendo todos os pedidos formulados na inicial. **(TRT/RO, RO 764/93, Ac. 155/94, Carlos Augusto Gomes Lobo)**

5. A tutela provisória

O atual Código de Processo Civil disciplina a tutela provisória no Livro V da Parte Geral (arts. 294 a 311), abarcando a "tutela antecipada" e o "processo cautelar", que eram tratados em livros separados no Código revogado, e introduziu a tutela de evidência no ordenamento jurídico, que também é espécie de tutela provisória. No CPC/1973 a tutela antecipada era tratada no Título VII Livro I (art. 273), enquanto o processo cautelar era disciplinado no Livro III (arts. 796 a 889).

Vale dizer, a tutela provisória pode fundamentar-se em urgência ou evidência (art. 294, CPC/2015). A tutela provisória de urgência se divide em tutela antecipada e tutela cautelar, podendo ser concedida em caráter antecedente ou incidental (art. 294, parágrafo único, CPC/2015), e conserva sua eficácia na pendência do processo, podendo ser revogada ou modificada a qualquer tempo (art. 296, CPC/2015). A concessão ou negação da tutela provisória se faz por meio de decisão interlocutória, estando o juiz obrigado a motivá-la (art. 93, IX, CF, c/c art. 298, CPC/2015).

Por outro lado a concessão da tutela de evidência independe da demonstração do perigo de dano ou de risco ao resultado útil do processo, estando subordinada à observância de algum dos requisitos do art. 311 do CPC/2015, quando: I – ficar caracterizado o abuso do direito de defesa ou o manifesto propósito protelatório da parte; II – as alegações de fato puderem ser comprovadas documentalmente e houver tese firmada em julgamento de casos repetitivos ou em súmula vinculante; III – se tratar de pedido reipersecutório fundado em prova documental adequada do contrato de depósito, caso em que será decretada a ordem de entrega do objeto custodiado, sob cominação de multa; IV – a petição inicial for instruída com prova documental suficiente dos fatos constitutivos do direito do autor, a que o réu não oponha prova capaz de gerar dúvida razoável. No Código revogado não havia menção à tutela de evidência, mas os requisitos mencionados no dispositivo legal supramencionado remetiam a uma situação de tutela antecipada.

5.1 Cabimento no processo do trabalho

A tutela provisória prevista no Livro V da Parte Geral do CPC/2015 comporta aplicação subsidiária ao processo do trabalho, haja vista a omissão da legislação processual trabalhista e a perfeita compatibilidade com os princípios que norteiam o processo na Justiça do Trabalho, a teor do art. 769 da CLT, e neste sentido, o art. 3º, VI, da Instrução Normativa 39/2016 do TST. Trata-se de instrumento jurídico que se presta a tornar efetiva a tutela de direito material ou a assegurar o resultado útil do processo.

A tutela provisória de urgência se encontra consagrada no art. 300 do CPC/2015, e divide-se em tutela de urgência de natureza antecipada, que corresponde à tutela antecipada prevista no art. 273 do Código revogado, e tutela de urgência de natureza cautelar (art. 301 do CPC/2015), que pode ser efetivada mediante arresto, sequestro, arrolamento de bens, registro de protesto contra alienação de bem e qualquer outra medida idônea para asseguração do direito.

Persiste a diferença básica entre tutela antecipada e tutela cautelar, na medida em que esta última objetiva assegurar o devido processo legal, enquanto a primeira tutela o próprio direito material violado ou ameaçado de violação.

5.2 Requisitos para a concessão da tutela provisória de urgência

Conforme dissemos alhures, a tutela provisória pode fundamentar-se em urgência ou evidência. A tutela provisória de urgência pode ser cautelar ou antecipada, e pode ser concedida em caráter antecedente ou incidental. Vale dizer, continua possível a concessão da tutela de urgência antes da citação ou da própria defesa (*inaudita altera parte*).

Para a concessão da referida tutela, o juiz poderá exigir caução real ou fidejussória idônea para ressarcir os danos que a parte contrária possa vir a sofrer (art. 300, § 1º, do CPC/2015), exigência que poderá ser feita, também, pelo juiz do trabalho nas situações em que não se discutem direitos tipicamente trabalhistas. Nas situações das típicas reclamações trabalhistas, existe a possibilidade de dispensa da garantia, pois estará configurada a condição de parte economicamente hipossuficiente do trabalhador, que está excepcionada no próprio dispositivo legal.

Vamos nos referir à tutela provisória, fundada na urgência e de natureza antecipada, como "tutela antecipada", expressão consagrada no art. 273 do Código revogado, cujos requisitos para concessão são a existência de "elementos que evidenciem a probabilidade do direito e o perigo de dano ou o risco ao resultado útil do processo" (art. 300 do CPC/2015).

Em síntese, ao contrário do Código revogado, o atual alude a juízo de probabilidade para concessão da tutela antecipada, em face de elementos dos autos, em vez da existência de "prova inequívoca", e que permite ao intérprete evocar as consagradas expressões latinas: *fumus boni iuris* e *periculum in mora*.

A tutela antecipada não será concedida quando houver perigo de irreversibilidade dos efeitos da decisão (art. 300, § 3º, do CPC/2015), o que deixa expresso o fato de que incide sobre o próprio direito material, assegurando o direito material pretendido pelo autor. A tutela cautelar, conforme art. 301 do CPC/2015, "pode ser efetivada mediante arresto, sequestro, arrolamento de bens, registro de protesto contra alienação de bem e qualquer outra medida idônea para asseguração do direito", sendo manifesto que objetiva assegurar o resultado útil do processo, vale dizer, tutela o processo e, por via oblíqua, assegura o direito material.

A menção ao requisito da existência de "risco ao resultado útil do processo" tem relação com a tutela de urgência de natureza cautelar, que objetiva tutelar o processo em si, favorecendo o direito material por via reflexa.

5.3 Momento para requerimento e concessão da tutela antecipada

A tutela antecipada deve ser requerida ao juízo da causa antes da prolação da sentença, inclusive em razões finais. E poderá ser concedida na própria sentença, notadamente quando se tratar de obrigação de fazer (entrega de guias do FGTS e seguro-desemprego, ou reintegração no emprego, por exemplo, independentemente de trânsito em julgado). Quanto às obrigações de pagar, entendemos que carece de interesse a tutela antecipada no bojo da sentença, pois eventual recurso ordinário tem efeito meramente devolutivo, sendo permitida a execução provisória até a penhora (art. 899 da CLT) e, quanto às parcelas que não são objeto de recurso, nada obsta à execução definitiva.

Excepcionalmente, pensamos que se concebe a possibilidade da concessão de tutela antecipada pelo desembargador relator quando o processo estiver em grau de recurso. A título de ilustração, basta imaginarmos a situação em que o juízo de instância inferior tenha proferido decisão absolutamente contrária à jurisprudência cristalizada em Súmula do TST ou do STF, tendo julgado improcedente o pedido; situação que, a nosso ver, poderá comportar o provimento do recurso e, até mesmo, a tutela antecipada desde que presentes os requisitos do art. 300 do CPC/2015. Afinal de contas, a lei não menciona que a competência funcional para concessão de tutela antecipada seja exclusiva dos juízos de primeira instância.

5.4 Tutelas antecipadas específicas do Processo do Trabalho

Os incisos IX e X do art. 659 da CLT consagram a competência funcional privativa dos "Presidentes das Juntas" (atuais Juízes Titulares de Varas do Trabalho) para a concessão de medida liminar, até decisão final do processo, em reclamações trabalhistas que visem a tornar sem efeito a transferência disciplinada pelos parágrafos do art. 469 da CLT ou que objetivem a reintegração do dirigente sindical, suspenso ou dispensado pelo empregador. Entendemos, por óbvio, que a competência funcional supramencionada abarca os juízes do trabalho substitutos que estiverem no exercício da titularidade de Vara do Trabalho, por motivo de férias e outros afastamentos do juiz titular.

Como se observa, trata-se de duas hipóteses específicas de tutela de urgência de natureza antecipada no processo do trabalho, que não se confundem com tutelas cautelares, na medida em que objetivam assegurar o próprio direito material violado ou na iminência de violação.

5.5 Jurisprudência

• **Tutela de evidência. Concessão de ofício. Cerceamento de defesa.** Inteligência do art. 311, IV do NCPC. A juntada, na petição inicial, de documentos suficientemente robustos, não contrapostos pela reclamada de forma a gerar dúvida razoável, enseja a concessão de tutela de evidência, inclusive pelo Tribunal (inciso IV do art. 311 do NCPC, subsidiariamente aplicável ao processo do trabalho – art. 769 da CLT e art. 3º, VI, da Resolução n. 203/16 do C. TST). Acresça-se que, diante de um quadro de evidência razoavelmente amparada em documentos sólidos, postergar para o final o pensionamento em favor da viúva e dos órfãos, que precisam sobrevier até lá sem os cuidados do *de cujus*, seria tornar letra morta a garantia do acesso efetivo à jurisdição, tornando o resultado inútil em razão do tempo. Tal medida pode ser concedida de ofício. Se no processo do trabalho o Juiz deve iniciar a execução de ofício, seria um contrassenso impedir a concessão de antecipação de uma tutela de evidência, especialmente diante de direitos alimentares, que não exigem sequer a prestação de caução (art. 521, I, NCPC). Como se não bastasse, o NCPC pode ser aplicado subsidiariamente ao processo do trabalho, mas sob o filtro do princípio da proteção, o que também abre espaço para a concessão da tutela de ofício. Tal providência também deve ser tomada pela Câmara do TRT, pois os recursos trabalhistas têm efeito meramente devolutivo (art. 899, CLT), o que em boa hora foi adotado pelo NCPC (art. 520). Todavia, mesmo diante da hipótese de uma tutela de evidência, a reclamada tem o direito à produção de provas relevantes e pertinentes, sob pena de cerceamento de defesa. Anulação decretada, em decorrência do cerceamento de defesa, sem prejuízo da concessão de ofício da tutela de evidência, a fim de que as reclamadas, no prazo de dez dias após a publicação do acórdão, passem a pagar pensão aos autores. **(TRT-15, 5ª Câmara, RO 0011413192014 5150085, Samuel Hugo Lima)**

• **Tutela de evidência. Requisitos imprescindíveis para sua concessão.** Para o deferimento da tutela antecipada, baseada na evidência, seria necessária a constatação da presença dos pressupostos estabelecidos no art. 311 do novo CPC, quais sejam: I – ficar caracterizado o abuso do direito de defesa ou o manifesto propósito protelatório da parte; II – as alegações de fato puderem ser comprovadas apenas documentalmente e houver tese firmada em julgamento de casos repetitivos ou em súmula vinculante; III – se tratar de pedido reipersecutório fundado em prova documental adequada do contrato de depósito, caso em que será decretada a ordem de entrega do objeto custodiado, sob cominação de multa; IV – a petição inicial for instruída com prova documental suficiente dos fatos constitutivos do direito do autor, a que o réu não oponha prova capaz de gerar dúvida razoável. Constatando-se que se discute nos autos principais a natureza da relação havida entre as partes – enquanto o reclamante pretende seja reconhecida e declarada a relação de emprego, as rés afirmam que foi regularmente firmado com a empresa da qual o reclamante era titular um contrato de prestação de serviços, não se vislumbra sequer a possibilidade de comprovação documental dos fatos constitutivos dos direitos pleiteados pelo autor na ação originária, já que a demonstração dos fatos por ele alegados não se fará possível por meio de documentos, uma vez que, ao menos formalmente, a sua relação com a primeira reclamada decorre de um contrato de subempreitada firmado com a empresa da qual era o titular, como narrado na petição inicial. Portanto, deve ser deferida a segurança pleiteada no presente mandado, uma vez que não foram atendidos os requisitos para a concessão da antecipação da tute-

la deferida nos autos principais. **(TRT-3, 1ª Seção de Dissídios Individuais, MS 00116317320165030000, Manoel Barbosa da Silva)**
• Mandado de segurança. Despedida Discriminatória. Reintegração ao emprego. Tutela de urgência de natureza antecipada. Art. 300 do CPC. Presença dos requisitos. Probabilidade do direito invocado pelo impetrante/reclamante emerge da prova pré-constituída produzida, sem olvidar da urgência do pedido, bem como da necessidade alimentar do trabalhador. A justificativa apresentada pela litisconsorte/reclamada, visando à restruturação de seu quadro funcional diante da necessidade de se adequar ao Padrão Regulatório, não pode ser permeada por ato de discriminação contra empregados da terceira idade. O Poder Judiciário não pode chancelar o referido procedimento, sob pena de considerar o empregado, após longos anos de dedicação ao trabalho, como mero custo a ser extirpado do balanço financeiro/contábil da empresa, o que contraria frontalmente os arts. 1º, incisos III e IV, 3º, inciso I, 6º, *caput*, e 170, *caput* e incisos III e VIII, todos da CF. Presentes os requisitos legais para a concessão da tutela de urgência de natureza antecipada, na forma do art. 300 do novo CPC. Prejuízo irreparável à empregadora que não se constata em face da comutatividade do contrato de emprego. Segurança concedida. **(TRT-4, 1ª Seção de Dissídios Individuais, MS 00212941920165040000, j. 5.10.2016)**
• Tutela de urgência. Natureza cautelar. Requisitos. Não comprovado pelo requerente os requisitos para a concessão da tutelar provisória de urgência de natureza cautelar, ou seja, a probabilidade do direito e o perigo de dano ou o risco ao resultado útil do processo (art. 300 do CPC/15), não há que se falar em concessão de tutela de urgência cautelar nos moldes pleiteados. **(TRT-3, 11ª Turma, RO 00733201507403009, Adriana Goulart de Sena Orsini)**

6. Julgamento antecipado do mérito

O julgamento antecipado do mérito é medida autorizada pelo art. 355 do CPC, aplicado subsidiariamente ao processo do trabalho por força art. 769 da CLT. O juiz julgará antecipadamente o mérito, proferindo sentença com resolução de mérito, quando não houver necessidade de produção de outras provas ou quando o réu for revel e não houver requerimento de outras provas.

Poderá, também, julgar parcialmente o mérito, nos termos do art. 356 do CPC, quando um ou mais dos pedidos formulados ou parcela deles mostrar-se incontroverso ou estiver em condições de imediato julgamento, nos termos do art. 355.

A decisão que julgar parcialmente o mérito poderá reconhecer a existência de obrigação líquida ou ilíquida (art. 356, § 1º, do CPC). A parte poderá liquidar ou executar, desde logo, a obrigação reconhecida na decisão que julgar parcialmente o mérito, independentemente de caução, ainda que haja recurso contra essa interposto (art. 356, § 2º, do CPC). Na hipótese do § 2º, se houver trânsito em julgado da decisão, a execução será definitiva (art. 356, § 3º, do CPC). A liquidação e o cumprimento da decisão que julgar parcialmente o mérito poderão ser processados em autos suplementares, a requerimento da parte ou a critério do juiz (art. 356, § 4º, do CPC).

Conforme art. 5º da Instrução Normativa 39 do TST, da decisão de julgamento antecipado parcial do mérito cabe recurso ordinário, e não agravo de instrumento, sendo inaplicável ao processo do trabalho o art. 356, § 5º, do CPC.

XVIII
O PROCEDIMENTO SUMARÍSSIMO

Trata-se de rito processual introduzido pela Lei 9.957, de 13.1.2000, a qual entrou em vigor no dia 13.3.2000, e que se destina a imprimir maior celeridade às reclamações trabalhistas cujo valor não supere 40 vezes o salário-mínimo vigente à época do ajuizamento da ação.

A lei mencionada introduziu os arts. 852-A até 852-I no bojo da Consolidação das Leis do Trabalho, além de promover modificações nos arts. 895 e 896 do mesmo diploma legal, de forma a disciplinar o recurso ordinário e o recurso de revista no âmbito do novo rito processual.

Houve inspiração do rito especial previsto na Lei 9.099, de 1995 (Juizado Especial de Causas Cíveis e Criminais); mas, ao contrário desta última, não é opcional (facultativo). O procedimento sumaríssimo na Justiça do Trabalho é obrigatório nas causas cujo valor não ultrapasse 40 salários-mínimos, desde que não sejam partes a *Administração Pública direta* (*União, Estados, Distrito Federal* e *Municípios*), *autarquias* ou *fundações públicas*.

Nas reclamações submetidas ao mencionado rito processual não se admitem pedidos ilíquidos[1] e/ou genéricos. Os pedidos devem ser certos ou determinados e líquidos.

Alguns autores vêm aventando a impossibilidade de liquidez dos pedidos quando se postulam diferenças de horas extras (ou de adicional noturno) à luz de cartões de ponto que estão em poder do empregador; ou adicional de insalubridade, cujo grau (máximo, médio e mínimo) só pode ser conhecido após a realização de perícia, entre outras situações.

---

1. A afirmação diz respeito, obviamente, aos pedidos de condenação em obrigação de pagar.

Mas, ainda assim, entendemos que o *rito* só poderá ser observado se houver a liquidez dos pedidos. E nas situações mencionadas o autor poderá pleitear o adicional de insalubridade em grau máximo, e promover a liquidação (já que nenhum prejuízo processual sofrerá se a perícia concluir que o direito se restringe ao grau médio ou mínimo); e quanto às diferenças de horas extras, adicional noturno e outras, onde não for possível a liquidação (nem mesmo por estimativa), que os pedidos sejam ilíquidos, mas se deve atribuir à causa valor superior aos 40 salários-mínimos.

A consequência processual no caso de inobservância dos requisitos que acabamos de mencionar (certeza ou determinação e liquidez dos pedidos) é o arquivamento da reclamação e condenação do reclamante no pagamento de custas sobre o valor da causa (art. 852-B, § 1º, da CLT).

Muito se tem discutido sobre o arquivamento da reclamação na hipótese supramencionada. Alguns entendem que o arquivamento puro e simples, sem conceder oportunidade ao reclamante para emendar a petição inicial, traduz intransigência judicial, e que o art. 321 do CPC/2015 autoriza providência menos drástica. Contudo, a Lei 9.957, de 2000, não faz a mínima menção em torno da possibilidade de emenda à petição inicial, limitando-se a informar que o não atendimento, pelo reclamante, das exigências dos incisos I e II do art. 852-B "importará no arquivamento da reclamação e condenação ao pagamento de custas sobre o valor da causa".

Igualmente, a Lei 9.957 não permite a citação por edital, competindo ao reclamante declinar o nome e endereço correto do reclamado, também sob pena de arquivamento. À primeira vista a exigência parece inconstitucional, eis que violaria o princípio da inafastabilidade da jurisdição (art. 5º, XXXV, da CF) nas hipóteses em que o reclamado se encontra em local incerto ou não sabido e for realmente exigível a citação por edital, e sendo a demanda de valor até 40 salários-mínimos. Contudo, somos de opinião que na hipótese mencionada será possível a conversão do rito sumaríssimo para o rito ordinário previsto no diploma consolidado, providência adotada sob a égide do art. 277, § 4º, do Código de Processo Civil revogado ("O juiz, na audiência, decidirá de plano a impugnação ao valor da causa ou a controvérsia sobre a natureza da demanda, determinando, se for o caso, a conversão do procedimento sumário em ordinário"), por aplicação subsidiária. E no rito ordinário a citação por edital está autorizada (art. 841, § 1º, da CLT).

Atente-se para o fato de que o arquivamento da reclamação se equipara ao indeferimento da petição inicial, vale dizer, trata-se de sentença que extingue o processo sem resolução do mérito – e, via de consequência, pode ser atacada mediante *recurso ordinário*, sendo inadequada qualquer outra medida processual.

As demandas sujeitas ao rito sumaríssimo devem ser apreciadas em, no máximo, 15 dias, sendo instruídas e julgadas em audiência única, sob a direção de juiz do trabalho (titular ou substituto).

As provas serão produzidas em audiência (art. 852-H da CLT), mas isto não desobriga o reclamante de juntar com a petição inicial os documentos indispensáveis à propositura da demanda. Quando a prova do fato o exigir, ou for legalmente imposta, será deferida a prova pericial (apuração de insalubridade ou periculosidade, por exemplo), e nesta hipótese o juiz deverá nomear perito e fixar o prazo para realização do trabalho pericial. A quantidade de testemunhas no rito sumaríssimo é de duas no máximo, as quais devem comparecer à audiência independentemente de intimação. O juiz só deferirá a intimação de testemunhas se forem comprovadamente convidadas e deixarem de comparecer (art. 852-H, § 3º, da CLT).

O dispositivo legal não alude à forma de comprovação do convite, motivo pelo qual é de se entender que serão admissíveis todas as formas em Direito permitidas, inclusive a prova testemunhal. Contudo, a cautela recomenda que a testemunha seja convidada mediante carta-convite, com cópia assinada, para funcionar como recibo.

O art. 852-H, § 7º, da Consolidação das Leis do Trabalho dispõe que a demanda deve ser julgada em, no máximo, 30 dias quando a audiência for interrompida, "salvo motivo relevante justificado nos autos pelo juiz da causa" – tudo a evidenciar que se trata mesmo de prazo impróprio.

A Lei 9.957, de 2000, ainda dispõe sobre o procedimento em grau de recurso ordinário, onde demandas do rito sumaríssimo terão prioridade de julgamento em relação às demais, dispensando-se o juiz revisor e contemplando parecer oral do Ministério Público do Trabalho. E, com o objetivo de viabilizar a almejada celeridade processual, os Tribunais Regionais do Trabalho divididos em turmas têm a faculdade de designar turma especialmente para apreciação dos recursos interpostos contra decisões proferidas em demandas que seguem o mencionado procedimento.[2]

---

2. Pessoalmente, somos contra a designação de turma especial para apreciação dos recursos interpostos contra sentenças proferidas em rito sumaríissimo, eis que referida providência acaba gerando um engessamento indevido na jurisprudência

O recurso de revista em procedimento sumaríssimo sofreu séria restrição, na medida em que será admitido quando a decisão do Tribunal Regional do Trabalho contrariar a jurisprudência uniforme do Tribunal Superior do Trabalho, cristalizada nas súmulas, ou quando houver violação da Constituição Federal.

Finalmente, acreditamos que as demandas que pressupõem rito especial (ação de consignação em pagamento na Justiça do Trabalho, inquérito judicial para apuração de falta grave, ação civil pública etc.) não são compatíveis com rito sumaríssimo, devendo observar-se, em cada caso, o rito especial existente, com adaptação ao processo do trabalho, na medida do necessário e da melhor forma possível.

Jurisprudência

• Processual – Sumaríssimo – Notificação devolvida – Extinção do processo – Negativa de prestação jurisdicional – Caracterização. A devolução da notificação inicial, em virtude da alteração de endereço da reclamada, não enseja o "arquivamento" do processo. Agrava-se, se o juiz, antes da audiência, chama os autos à conclusão e decreta a sua extinção, por suposto descumprimento ao que dispõe o art. 852 da CLT. Tratando-se de irregularidade sanável, cumpre ao juiz conceder oportunidade, ainda que em curtíssimo prazo, para o reclamante apresentar novo endereço do reclamado. Se informado que o reclamado cria embaraços ao recebimento ou não sendo encontrado (1º do art. 841 da CLT), a solução é convertê-lo para o rito ordinário, determinando a citação por edital, garantindo-se, assim, o direito constitucional de ação. A extinção só tem cabimento em caso de absoluta inércia do autor, sob pena de caracterizar negativa de prestação jurisdicional, em ofensa ao art. 5º, XXXV da CF/88. **(TRT-15ª R., Proc. 35.543/00, Ac. 5ª T. 533/01, José Antônio Pancotti, *DJSP* 15.1.2001, p. 12)**

• Recurso ordinário. Extinção do processo sem resolução do mérito. Rito sumariíssimo. Citação por edital. Artigo 852-B, II, da CLT. Conversão para o rito ordinário. A lei processual trabalhista preconiza a observância da simplicidade quanto à elaboração da petição inicial (art. 840 da CLT), até mesmo daquela escrita (idem, § 1º). Nesta esteira, a eleição do procedimento sumariíssimo pela parte autora, atendidos os requisitos mínimos, visa justamente a celeridade na tramitação do feito, o que justifica a impossibilidade de citação da ré por edital. No entanto, frustrada a localização da ré, por se encontrar em local incerto e não sabido, após diversas tentativas de notificação, inclusive na pessoa dos sócios, não há qualquer impedimento legal para a conversão do rito para ordinário, sob pena de se inviabilizar o direito de ação da parte autora. Recurso ordinário conhecido e provido. **(TRT-1, 7ª T., RO 00110720220155010035 RJ, Sayonara Grillo Coutinho Leonardo da Silva)**

do tribunal, onde as decisões adotadas correm o risco de divergir do entendimento predominante nas demais turmas do mesmo tribunal, e sem a possibilidade, na maioria das vezes, do recurso de revista para o Tribunal Superior do Trabalho.

XIX
O SISTEMA RECURSAL TRABALHISTA

1. Conceito de recurso. 2. Os princípios do sistema de recursos trabalhistas: 2.1 Concentração – 2.2 Manutenção dos efeitos da sentença: 2.2.1 Jurisprudência – 2.3 Unirrecorribilidade – 2.4 Variabilidade – 2.5 Fungibilidade: 2.5.1 Jurisprudência – 2.6 Intertemporalidade – 2.7 Duplo grau de jurisdição – 2.8 "Non reformatio in pejus". 3. Pressupostos de admissibilidade dos recursos: 3.1 Pressupostos recursais subjetivos (intrínsecos): 3.1.1 Legitimação – 3.1.2 Capacidade – 3.1.3 Interesse – 3.2 Pressupostos recursais objetivos (extrínsecos): 3.2.1 Recorribilidade do ato – 3.2.2 Adequação – 3.2.3 Tempestividade – 3.2.4 Preparo – 3.2.5 Sucumbência – 3.2.6 Fundamentação – 3.2.7 Regularidade procedimental. 4. Juízo de admissibilidade dos recursos. 5. As modalidades de recursos trabalhistas: 5.1 Recurso ordinário: 5.1.1 Recurso ordinário "ex officio" – 5.2 Recurso de revista – 5.3 Recurso de embargos – 5.4 Agravo de instrumento – 5.5 Agravo de petição – 5.6 Recursos previstos na legislação processual civil e aplicáveis ao processo do trabalho: 5.6.1 Recurso extraordinário – 5.6.2 Recurso adesivo – 5.7 Embargos de declaração. 6. Considerações finais.

1. Conceito de recurso

Não existe conceito legal para recurso, e por isso valemo-nos do ensinamento da doutrina.

Nas palavras de Valentin Carrion: "Recurso é a pretensão de reexame da causa, em regra por outro órgão, diverso do anterior, com o fim de que a sentença seja reformada ou tornada sem efeito".[1]

---

1. *Comentários à Consolidação das Leis do Trabalho*, 19ª ed., p. 700.

Barbosa Moreira afirma que "recurso é o remédio voluntário idôneo que enseja, dentro do mesmo processo, a reforma, a invalidação, o esclarecimento ou a integração de decisão judicial que se impugna".[2]

Observa-se na definição de Barbosa Moreira que houve preocupação com os embargos de declaração, os quais se encaixam perfeitamente na definição, e isto porque faz menção a "esclarecimento e integração da decisão", ao mesmo tempo em que exclui do conceito o "recurso ordinário *ex officio*" de que trata o art. 1º, V, do Decreto-lei 779, de 1969.[3] Neste sentido, o art. 496 do CPC/2015 é mais técnico ao aludir a remessa obrigatória, sem o quê não transita em julgado a sentença proferida contra União, Estado, Município, Distrito Federal e respectivas autarquias e fundações de direito público, salvo quando a condenação ou o proveito econômico obtido na causa for de valor certo e líquido inferior: a) a 1.000 salários-mínimos para a União e as respectivas autarquias e fundações de direito público; b) a 500 salários-mínimos para os Estados, o Distrito Federal e as respectivas autarquias e fundações de direito público; c) a 100 salários-mínimos para os Municípios e respectivas autarquias e fundações de direito público, consoante se infere do § 3º do art. 496 do CPC/2015; e também, de acordo com o art. 496, § 4º, do CPC/2015, quando a sentença estiver fundada em: a) súmula de tribunal superior; b) acórdão proferido pelo Supremo Tribunal Federal ou pelo Superior Tribunal de Justiça em julgamento de recursos repetitivos; c) entendimento firmado em incidente de resolução de demandas repetitivas ou de assunção de competência; d) entendimento coincidente com orientação vinculante firmada no âmbito administrativo do próprio ente público, consolidada em manifestação, parecer ou súmula administrativa. Referidos dispositivos do Código de Processo Civil comportam aplicação subsidiária ao processo do trabalho, a teor do art. 769 da CLT, não havendo incompatibilidade com o Decreto-lei 779/1969, que se revela omisso neste particular. E neste sentido, a Súmula 303 do TST, com redação determinada pela Resolução 211, de 22.8.2016.

A definição de Valentin Carrion também nos parece oportuna, na medida em que o recurso pode objetivar a anulação da sentença – hipóteses de *error in procedendo* – e não necessariamente é julgado por

---

2. *Apud* Coqueijo Costa, *Direito Processual do Trabalho*, 4ª ed., pp. 457-458.
3. "Art. 1º. Nos processos perante a Justiça do Trabalho, constituem privilégio da União, dos Estados, do Distrito Federal, dos Municípios e das autarquias ou fundações de direito público federais, estaduais ou municipais que não explorem atividade econômica: (...); V – o recurso ordinário *ex officio* das decisões que lhe sejam total ou parcialmente contrárias; (...)".

outro órgão. A Lei 9.099, de 1995, que disciplina os Juizados Especiais Cíveis e Criminais, por exemplo, estabelece a possibilidade de recurso para o próprio Juizado, em seu art. 41.

O recurso traduz-se, com certeza, num meio de impugnar as decisões judiciais, ao lado da ação rescisória, com a diferença de que esta última visa a desconstituir a coisa julgada material, enquanto o recurso tem como pressuposto a inexistência do trânsito em julgado da decisão.

2. Os princípios do sistema de recursos trabalhistas

Nosso sistema de recursos pauta-se pelos princípios da concentração e da manutenção dos efeitos da sentença. Além dos mencionados princípios, que são peculiares ao processo do trabalho, podemos destacar aqueles que também são inerentes ao processo comum: unirrecorribilidade, variabilidade, fungibilidade, intertemporalidade, duplo grau de jurisdição e *non reformatio in pejus*.

Vejamos alguns aspectos de cada um dos princípios mencionados.

2.1 Concentração

O princípio da concentração reside no art. 893, § 1º, da Consolidação das Leis do Trabalho, segundo o qual "os incidentes do processo são resolvidos pelo próprio juízo ou tribunal, admitindo-se a apreciação do merecimento das decisões interlocutórias somente em recursos da decisão definitiva", expressão que abarca, também, a decisão terminativa, ficando excluídas as decisões interlocutórias. Trata-se de princípio que assegura a inexistência de recursos durante o desenvolvimento do processo perante a Vara do Trabalho e que as decisões interlocutórias são irrecorríveis autonomamente, estando a parte obrigada a renovar seu inconformismo em recurso ordinário após a sentença; e neste sentido cristalizou-se a jurisprudência, por meio da Súmula 214 do Tribunal Superior do Trabalho.[4]

---

4. "Decisão interlocutória – Irrecorribilidade. Na Justiça do Trabalho, nos termos do art. 893, § 1º, da CLT, as decisões interlocutórias não ensejam recurso imediato, salvo nas hipóteses de decisão: a) de Tribunal Regional do Trabalho contrária a súmula ou orientação jurisprudencial do Tribunal Superior do Trabalho; b) suscetível de impugnação mediante recurso para o mesmo Tribunal; c) que acolhe exceção de incompetência territorial, com a remessa dos autos para Tribunal Regional

Não podemos deixar de mencionar que mesmo nos dias atuais o princípio da concentração causa perplexidade e gera desconfianças entre aqueles que militam na esfera trabalhista. Daí a justificativa para inúmeras correições parciais infundadas e o costume arraigado de se consignar "protestos" em termos de audiência, os quais funcionam como sucedâneo do agravo retido, que não existe no processo do trabalho.

2.2 Manutenção dos efeitos da sentença

O princípio da manutenção dos efeitos da sentença reside no art. 899 da Consolidação das Leis do Trabalho, segundo o qual os recursos terão efeito meramente devolutivo ("Os recursos serão interpostos por simples petição e terão efeito meramente devolutivo, salvo as exceções previstas neste Título, permitida a execução provisória até a penhora"). No entanto, diante das modificações introduzidas no diploma consolidado pela Lei 9.756, de 17.12.1998, não subsiste a possibilidade de efeito suspensivo aos recursos contra decisões nos dissídios individuais.[5] E no recurso ordinário interposto contra decisão proferida em dissídio coletivo de natureza econômica (sentença normativa) poderá ser concedido efeito suspensivo em despacho do presidente do Tribunal Superior do Trabalho, a teor do art. 14 da Lei 10.192, de 2001. Não se cogita de efeito suspensivo na sentença normativa proferida em dissídio coletivo de natureza jurídica.

Neste mesmo diapasão, observamos que a redação do art. 897, § 1º, da Consolidação das Leis do Trabalho (em face da Lei 8.432, de 1992) impõe a conclusão de que o juízo *a quo* exerce o juízo de admis-

---

distinto daquele a que se vincula o juízo excepcionado consoante o disposto no art. 799, § 2º, da CLT."

Trata-se de entendimento jurisprudencial que, aparentemente, contraria a própria ideia consagrada no art. 893, § 1º, da CLT. Contudo, devemos admitir que todas as hipóteses contemplam, na verdade, decisões definitivas, e não meramente interlocutórias, e mesmo a hipótese da alínea "c" (decisão em exceção de incompetência *ratione loci*) alude a decisão que põe fim ao processo no âmbito do juízo excepcionado (sentença, portanto) – interpretação que parece razoável e evita a impetração de mandado de segurança.

5. Na redação anterior do art. 896, § 2º, da Consolidação das Leis do Trabalho era possível a concessão de efeito suspensivo ao recurso de revista. Contudo, referida possibilidade deixou de existir com o advento da Lei 9.756, de 1998. Atualmente reserva-se a discussão em torno da concessão do efeito suspensivo a recurso ordinário no dissídio individual por meio de requerimento dirigido ao tribunal, ao relator ou ao presidente ou ao vice-presidente do tribunal recorrido, por aplicação subsidiária do art. 1.029, § 5º, CPC/2015 (Súmula 414 do TST).

sibilidade em relação ao pressuposto objetivo (extrínseco) e específico do agravo de petição ofertado contra decisão dos embargos à execução (delimitação justificada das matérias e valores impugnados), e que a execução da parte incontroversa é definitiva.

O agravo de instrumento, nos termos do art. 897, § 2º, da Consolidação das Leis do Trabalho, não suspende a execução da sentença, mas é de todo aconselhável que o juízo da execução não pratique atos que importem a efetiva alienação de bens praceados e se abstenha de liberar o crédito ao exequente.

2.2.1 Jurisprudência

• O princípio da devolutibilidade ampla compele a Corte ao pronunciamento sobre todas as matérias veiculadas no recurso, nos termos previstos no art. 515 do CPC. **(TST, RR 94.329/93.7, Ac. 5ª T. 186/94, Antônio Maria Thaumaturgo Cortizo)**

• O art. 515 do CPC devolve ao tribunal *ad quem* toda a matéria desde que haja o recurso. **(TST, RR 65.799/92.5, Ac. 1ª T. 5.141/93, Lourenço Prado)**

• Não tendo a reclamada manifestado inconformismo, no recurso ordinário, relativamente à prescrição, a sentença transitou em julgado a respeito, ou seja, persiste o efeito decorrente da não apreciação por ela. O efeito devolutivo do recurso ordinário determina-se pela extensão da impugnação (*tantum devolutum quantum appellatum*), ao julgador não sendo dado "tutelar" a vontade recursal livremente manifestada pela parte. **(TST, RR 97.044/93.2, Ac. 3ª T. 3.139/94, Manoel Mendes de Freitas)**

• Na forma do § 1º do art. 515 do CPC, devem ser objeto de apreciação pelo tribunal todas as questões suscitadas, ainda que a sentença não as tenha julgado por inteiro. **(TST, RR 72.914/93.7, Ac. 2ª T. 869/94, Vantuil Abdala)**

• A matéria suscitada em defesa, muito embora não apreciada pela r. sentença de primeiro grau, deve ser objeto de apreciação pelo egrégio Regional, em face do princípio da devolutibilidade contido no art. 515, § 2º, do CPC. **(TST, RR 89.4633/93.8, Ac. 1ª T. 4.568/94, Lourenço Prado)**

• Se o egrégio Regional recusa-se a apreciar matéria impugnada, sujeita à devolutibilidade, fere o princípio contido no § 1º do art. 515 do CPC, devendo os autos retornar para apreciação da matéria. **(TST, RR 91.053/93.6, Ac. 1ª T. 4.149/94, Lourenço Prado)**

2.3 Unirrecorribilidade

Como já mencionamos anteriormente, somente as decisões definitivas (sentenças e acórdãos), aí incluídas aquelas que extinguem o processo sem resolução do mérito (decisões terminativas, na linguagem do art. 895 da CLT), são passíveis de impugnação por via de recurso. Contudo, via de regra, não é cabível mais de um recurso contra a mesma decisão; vale dizer, não é possível a impugnação da mesma decisão por dois recursos simultâneos, ficando ressalvada, em nosso entendimento, a hipótese de recurso adesivo interposto pela parte que já havia apresentado seu próprio recurso principal, e que pretenda aderir ao recurso da parte contrária; mas, neste caso, o objeto do recurso principal não pode ser idêntico ao do recurso adesivo. Exemplifique-se com a hipótese de a reclamada sucumbir parcialmente e interpor recurso contra a parte que lhe foi desfavorável e, no prazo de contrarrazões ao recurso do reclamante, pretender interpor o recurso adesivo para reiterar a arguição de ilegitimidade de parte ou ausência de interesse processual em relação ao pedido que acabou tendo a prescrição decretada pelo juízo de primeiro grau (nesta hipótese, há quem defenda que basta a renovação da alegação em contrarrazões), e contra a qual o reclamante se insurge no seu recurso ordinário.

Com as modificações introduzidas no art. 894 da CLT, por meio da Lei 11.496, de 25.6.2007, identificamos uma exceção à regra da unirrecorribilidade, pois um mesmo acórdão em julgamento do recurso de revista poderá ensejar o recurso de embargos para o TST por divergência jurisprudencial nos dissídios individuais (embargos de divergência) ou quando se tratar de decisões não unânimes dos dissídios coletivos de competência originária do TST (embargos infringentes), mas também desafiará recurso extraordinário na parte em que violar algum dispositivo constitucional, já que referida hipótese continua autorizando recurso de revista, mas deixou de admitir os embargos de nulidade.

Igualmente, o art. 1.031 do CPC/2015 consagra exceção ao princípio mencionado, já que possibilita a interposição simultânea do recurso extraordinário e do recurso especial, determinando a remessa dos autos ao Supremo Tribunal Federal para julgamento do recurso extraordinário, tão somente, após o julgamento do recurso especial, se aquele não ficar prejudicado (art. 1.031, § 1º, do CPC/2015).

2.4 Variabilidade

Trata-se de princípio que se encontrava expressamente previsto no art. 809 do Código de Processo Civil de 1939. Não obstante a omissão da atual legislação processual, o fato é que doutrina e jurisprudência não hesitam em admitir a manutenção do princípio supramencionado.

Referido princípio assegura que a interposição de outro recurso contra a mesma decisão faz presumir a desistência do recurso anteriormente ofertado, desde que o primeiro seja inadequado e tenha sido observada a tempestividade. Vale dizer, é possível a substituição de um recurso por outro, desde que a parte perceba o equívoco na interposição e ainda não se tenha esgotado o prazo legal.

2.5 Fungibilidade

O princípio da fungibilidade, a exemplo do anterior, encontrava-se expressamente previsto no Código de Processo Civil de 1939, mais precisamente no art. 810. Não se encontra previsto no atual Código de Processo Civil, e já não estava previsto no CPC revogado, mas doutrina e jurisprudência são praticamente unânimes em afirmar que referido princípio deve ser observado, em nome da instrumentalidade das formas.

Trata-se de princípio que assegura o conhecimento de um recurso por outro, desde que não haja erro grosseiro, haja dúvida sobre o recurso cabível e tenha sido observada a tempestividade por ocasião da interposição.

O art. 283 do CPC/2015, apesar de externar um fundamento genérico, pode ser invocado na defesa da manutenção do princípio da fungibilidade no atual sistema processual:

"Art. 283. O erro de forma do processo acarreta unicamente a anulação dos atos que não possam ser aproveitados, devendo ser praticados os que forem necessários a fim de se observarem as prescrições legais.

"Parágrafo único. Dar-se-á o aproveitamento dos atos praticados desde que não resulte prejuízo à defesa de qualquer parte."

A referida conclusão é também reforçada pela instrumentalidade das formas, assegurada no art. 277 do CPC/2015: "Quando a lei prescrever determinada forma, o juiz considerará válido o ato se, realizado de outro modo, lhe alcançar a finalidade".

Em matéria recursal, propriamente dita, começou a ganhar novo fôlego a aplicação do princípio da fungibilidade dos recursos, tendo em vista a dúvida suscitada em sede trabalhista quando da aplicação subsidiária do art. 557 do Código de Processo Civil revogado, segundo o qual o relator "negará seguimento a recurso manifestamente inadmissível, improcedente, prejudicado ou em confronto com súmula ou com jurisprudência dominante do respectivo tribunal, do Supremo Tribunal Federal, ou de tribunal superior".[6] Isto porque a Súmula 421, II, do

---

6. Disposições semelhantes vamos encontrar no art. 932, III e IV, do CP/2015, que prestigiam decisões monocráticas do relator quanto ao conhecimento (inciso III) e negativa de provimento (inciso IV) a recursos.

TST recomenda o recebimento dos embargos declaratórios como agravo regimental quando se pretender efeito modificativo de uma decisão monocrática do juiz relator. Neste particular também cita-se a Orientação Jurisprudencial 69 da Seção de Dissídios Individuais-2 do Tribunal Superior do Trabalho.[7]

Por ocasião de acordos celebrados na fase de liquidação de sentença, a União, inconformada com a discriminação de verbas salariais e indenizatórias, poderá recorrer e dúvida haverá em torno do recurso cabível, se recurso ordinário ou agravo de petição, militando em seu favor o princípio da fungibilidade em qualquer opção adotada. Aqueles que consideram que a liquidação de sentença integra a fase de conhecimento defendem o cabimento do recurso ordinário, e outros que afirmam tratar-se de uma fase preliminar da própria execução entendem que o recurso cabível é o agravo de petição.

Além disso, na fase de execução é comum a dúvida entre a interposição de agravo de petição (recurso) e os embargos à arrematação ou adjudicação (ações incidentais de natureza constitutiva), já que não é unânime a aceitação destes últimos no processo do trabalho, e daí a possibilidade de aplicação, nesta hipótese, do princípio da fungibilidade, não obstante sabido que não se trata de dúvida entre a interposição de dois recursos.

2.5.1 Jurisprudência

• O erro na interposição do recurso pode ser sanado em face da existência do princípio da fungibilidade, desde que interposto dentro do prazo e cumpridos

---

7. *Orientação Jurisprudencial 69 da SDI-II (TST)*: "Fungibilidade recursal – Indeferimento liminar de ação rescisória ou mandado de segurança – Recurso para o TST – Recebimento como agravo regimental e devolução dos autos ao TRT – Recurso ordinário interposto contra despacho monocrático indeferitório da petição inicial de ação rescisória ou mandado de segurança pode, pelo princípio da fungibilidade recursal, ser recebido como agravo regimental – Hipótese de não conhecimento do recurso pelo TST e devolução dos autos ao TRT, para que aprecie o apelo como agravo regimental".

Súmula 421, TST: "I – Cabem embargos de declaração da decisão monocrática do relator prevista no art. 932 do CPC de 2015 (art. 557 do CPC de 1973), se a parte pretende tão somente juízo integrativo retificador da decisão e, não, modificação do julgado; II – Se a parte postular a revisão no mérito da decisão monocrática, cumpre ao relator converter os embargos de declaração em agravo, em face dos princípios da fungibilidade e celeridade processual, submetendo-o ao pronunciamento do Colegiado, após a intimação do recorrente para, no prazo de 5 (cinco) dias, complementar as razões recursais, de modo a ajustá-las às exigências do art. 1.021, § 1º, do CPC de 2015".

os requisitos essenciais. **(TST, AI-RO 52.725/92.0, Ac. SDI 2.101/93, José Luiz Vasconcellos)**
• O art. 535 do CPC é explícito no sentido de que os embargos de declaração são cabíveis quando houver no acórdão obscuridade, dúvida, contradição ou omissão. Na hipótese, o que se está embargando é um despacho de inadmissibilidade de agravo de instrumento, por força do § 5º do art. 896 da CLT, cujo gravame importa a interposição de agravo regimental. Não se invoque, aqui, o princípio da fungibilidade recursal, eis que aludido princípio, segundo a boa doutrina e a melhor jurisprudência, somente é admitido quando fundada dúvida sobre o recurso cabível. **(TST, EDecl no AI 59.061/92.9, Ac. 3ª T. 531/94, Roberto Della Manna)**
• Os princípios que regem o acesso ao Judiciário recomendam o princípio da fungibilidade dos recursos. O *nomen iuris* é secundário. O que vale é o conteúdo. Observado o prazo legal, secundária a qualificação do erro cometido pelo recorrente. **(STJ, RMS 2.561-5-SP, reg. 92.0030834-1, Luiz Vicente Cernicchiaro)**
• O princípio da fungibilidade dos recursos só pode ser aplicado em casos de fundada dúvida, e no caso ela não existe, pois o recurso está previsto no art. 105, II, "b", da CF, o que constitui erro grosseiro a interposição de outro recurso. **(STJ, MS 1.052-0-RJ, reg. 91.0010388-8, José de Jesus Filho)**

2.6 Intertemporalidade

Sabemos que a lei nova tem efeito imediato e geral, respeitados o ato jurídico perfeito, a coisa julgada e o direito adquirido – preceito constitucional (art. 5º, XXXVI) que, obviamente, também irradia seus efeitos na órbita processual.

Não há direito adquirido à interposição de recursos no momento do ajuizamento da ação. O direito ao recurso rege-se pela lei vigente à época da publicação ou intimação da decisão, exceto se lei nova ampliar o prazo e aquele da lei velha ainda não se encontrar escoado – hipótese em que a parte interessada terá direito ao novo prazo, descontando-se os dias já decorridos em face da lei anterior.

O art. 915 da Consolidação das Leis do Trabalho apresenta uma regra básica acerca desta questão: "Não serão prejudicados os recursos interpostos com apoio em dispositivos alterados ou cujo prazo para interposição esteja em curso à data da vigência desta Consolidação". Trata-se de regra de transição, necessária à época da promulgação da Consolidação das Leis do Trabalho, e que reforça o que afirmamos em linhas pretéritas.

2.7 Duplo grau de jurisdição

Trata-se de princípio que assegura a possibilidade de reexame das decisões de uma instância inferior pela instância superior.

No entanto, ao contrário do que poderíamos supor, não se trata de uma garantia constitucional, na medida em que o art. 5º, LV, da Constituição Federal estabelece que "aos litigantes, em processo judicial ou administrativo, e aos acusados em geral são assegurados o contraditório e ampla defesa, com os meios e recursos a ela *inerentes*" (grifamos). Vale dizer, a lei ordinária pode restringir a interposição de recursos, valendo-se de critérios objetivos, e condicioná-los à observância de alguns requisitos, os quais denominamos *pressupostos recursais*.

Conclui-se, pois, que o art. 2º, § 4º, da Lei 5.584, de 1970, segundo o qual não caberá recurso algum contra as decisões proferidas em processos trabalhistas cujo valor não exceda dois salários-mínimos,[8] a menos que se trate de matéria constitucional, foi recepcionado pela atual Constituição Federal. Observe-se que na hipótese de violação da Constituição da República, o Supremo Tribunal Federal poderá ser provocado diretamente em recurso extraordinário (art. 102, III, "a", CF; Súmula 640 do STF), e neste sentido modificamos entendimento anterior, que estava fundado na Constituição de 1967.

Outro aspecto importante a assinalar é o fato de que o duplo grau de jurisdição obrigatório quando se trata de sentença condenatória contra os entes de direito público interno indicados no Decreto-lei 779, de 1969 (União, Estados, Distrito Federal, Municípios, fundações públicas e autarquias que não explorem atividade econômica) se fazia presente mesmo nas demandas cujo valor não superasse dois salários-mínimos; e neste sentido a jurisprudência se revelava praticamente uníssona a exemplo das seguintes ementas:

• Alçada recursal – Remessa *ex officio* – Lei n. 5.584/70 e Decreto-lei n. 779/69. O advento da Lei n. 5.584/70 não veio obstar à remessa de ofício nas causas cujo valor de alçada não superasse o montante de dois salários-mínimos. Embargos conhecidos e providos, retornando os autos ao Regional para que examine apenas a remessa de ofício. **(TST, ERR 10.871/90.4, Ac. SDI 3.541/94, Vantuil Abdala)**
• Não se aplica a Lei n. 5.584/70, no que tange à alçada para obstaculizar a remessa de ofício, por força do Decreto-lei n. 779/69. **(TST, RR 76.937/93.4, Ac. 2ª T. 4.944/94, João Tezza)**

8. E não se diga que referido dispositivo legal teria sido revogado pelo art. 7º, IV, da atual Constituição Federal, em face da proibição de vinculação do salário--mínimo para "qualquer fim". Isto porque a vedação constitucional diz respeito à vinculação do salário-mínimo para outros preços. Vale dizer: presta-se, efetivamente, ao direito material, e não ao direito processual. Se assim não fosse a lei que disciplina os Juizados Especiais Cíveis e Criminais (Lei 9.099, de 1995) teria nascido inconstitucional ao incorrer na mesma técnica e aludir a valores da causa limitados a 20 e 40 salários-mínimos. E disto jamais se cogitou.

• A exigência de valor mínimo para admissibilidade de recurso, exceto hipótese de matéria constitucional, não contraria o princípio da ampla defesa. Esse direito deve ser entendido à luz do ordenamento jurídico, cujas regras processuais limitam e organizam a atuação das partes. Além disso, a legislação que fixa o valor da alçada, promulgada quando da vigência da Carta de 1967, teve plena eficácia e mostrou-se compatível com o princípio da ampla defesa, previsto naquele texto constitucional e mantido no atual, nos mesmos moldes. Verifica-se a recepção constitucional. **(TST, RR 60.494/92.7, Ac. 2ª T. 76/94, Ney Doyle)**

• A CF (art. 5º, XXXV e LV) vigente não é incompatível com o mencionado no art. 2º, § 4º, da Lei n. 5.584/70, pois o dispositivo constitucional assegura aos litigantes a ampla defesa e os recursos a ela inerentes. Ocorre, entretanto, que o termo "recursos", aqui utilizado, tem significado lato ao mencionar, apenas, a viabilidade de pedido de reexame de decisão judicial por órgão judicante hierarquicamente superior. Além do quê a decisão foi proferida em consonância com o Enunciado n. 71/TST. **(TST, RR 85.259/93.0, Ac. 2ª T. 4.358/94, Vantuil Abdala)**

• O princípio constitucional da ampla defesa não derrogou a exigência prevista no art. 2º, § 4º, da Lei n. 5.584/70, que somente autoriza a interposição de recurso quando o valor atribuído à causa não for inferior ao mínimo legal, exceto quando versar sobre matéria constitucional. **(TST, RR 76.922/93.4, Ac. 2ª T. 4.943/94, João Tezza)**

• A Lei n. 5.584/70 somente restringiu o duplo grau de jurisdição nas hipóteses em que à ação é atribuído valor inferior à dobra do salário-mínimo, não prevendo, em momento algum, a divisão do valor da causa pelo número de reclamantes, para então obter a alçada de dois salários-mínimos para cada um. **(TST, RR 22.779/91.7, Ac. 2ª T. 2.603/94, Ney Doyle)**

Contudo, a Lei 10.352/2001 acrescentou os §§ 2º e 3º ao art. 475 do CPC revogado, dispensando o duplo grau de jurisdição obrigatório nas hipóteses em que a condenação, em valor líquido, não fosse superior a 60 (sessenta) salários-mínimos (inclusive sentença de procedência de embargos do devedor em cobrança de dívida ativa) e também quando a decisão estivesse em conformidade com a jurisprudência do Plenário do STF ou súmula de jurisprudência de tribunais superiores; e referidos dispositivos legais tiveram aplicação ao processo do trabalho, eis que não conflitavam com o disposto no Decreto-lei 779/1969, pois se este não estabeleceu nenhuma restrição no particular, é certo que também não fez nenhuma proibição em torno de norma mais favorável. Em verdade, existe omissão no Decreto-lei 779, e daí a possibilidade de se aplicar o disposto no CPC. Contudo, já entendíamos que persistirá o duplo grau de jurisdição obrigatório se a condenação não fosse líquida, pois ficava inviabilizada a constatação da hipótese do art. 475, § 2º, do CPC/1973, mas o Tribunal Superior do Trabalho adotou entendimento diferente (Súmula 303, II, do TST), não fazendo distinção entre sentenças líquidas e ilíquidas, apenas levando em consideração o valor arbitrado à condenação para fins de custas e depósito recursal.

No entanto, a redação do art. 496, § 3º, do CPC/2015, ampliou os limites de condenação, e não permite dúvidas quanto ao fato de que a condenação deve ter valor certo e líquido, cuja transcrição fizemos no item 1 deste capítulo. A aplicação subsidiária ao processo do trabalho, a partir da disposição legal mencionada só é viável nas hipóteses de sentença líquida, exigência que decorre de interpretação gramatical, sendo este, salvo melhor juízo, o entendimento atual do Tribunal Superior do Trabalho, por meio da nova redação da Súmula 303, determinada pela Resolução 211, de 22.8.2016: "I – Em dissídio individual, está sujeita ao reexame necessário, mesmo na vigência da Constituição Federal de 1988, decisão contrária à Fazenda Pública, salvo quando a condenação não ultrapassar o valor correspondente a: a) 1.000 (mil) salários mínimos para a União e as respectivas autarquias e fundações de direito público; b) 500 (quinhentos) salários mínimos para os Estados, o Distrito Federal, as respectivas autarquias e fundações de direito público e os Municípios que constituam capitais dos Estados; c) 100 (cem) salários mínimos para todos os demais Municípios e respectivas autarquias e fundações de direito público".

2.8 "Non reformatio in pejus"

Não se admite que o juízo de reforma, exercido pelo órgão *ad quem*, coloque a parte recorrente numa situação pior em relação àquela em que se encontrava antes de exercer o direito de recorrer. Isto porque o próprio art. 1.013 do CPC/2015 consagra que "a apelação devolverá ao tribunal o conhecimento da matéria impugnada", e que também coincide com o brocardo latino *tantum devolutum quantum appellatum*.

Contudo, é certo que o raciocínio empreendido no parágrafo anterior só tem cabimento quando apenas uma das partes exerce a faculdade recursal. Além disso, poderá haver reforma em prejuízo da parte quando se tratar da apreciação de matérias de ordem pública, passíveis de conhecimento *ex officio* pelos órgãos do Poder Judiciário, a exemplo dos pressupostos processuais ou condições da ação.

3. Pressupostos de admissibilidade dos recursos

Pressupostos recursais ou de admissibilidade dos recursos são os requisitos indispensáveis para que a interposição do recurso seja considerada válida, ou seja, para que o recurso seja processado no juízo *a quo* e conhecido no juízo *ad quem*. Dividem-se em pressupostos objetivos e subjetivos.

Os *pressupostos recursais subjetivos* dividem-se em *pressupostos do juiz* e *pressupostos das partes*, e praticamente coincidem com os pressupostos processuais subjetivos, quais sejam: investidura do juiz, competência do juiz, imparcialidade, legitimação da parte recorrente, capacidade e interesse.

Finalmente, são *pressupostos recursais objetivos* os seguintes: recorribilidade do ato, adequação, tempestividade, preparo, sucumbência, fundamentação, regularidade procedimental (procuração do advogado subscritor, salvo a hipótese do art. 791 da CLT).

No caso de agravo de petição torna-se necessário mencionar a existência de pressuposto objetivo específico, consagrado no art. 897, § 1º, da Consolidação das Leis do Trabalho – qual seja, a delimitação justificada da matéria e valores impugnados.

3.1 Pressupostos recursais subjetivos (intrínsecos)

São aqueles que dizem respeito aos sujeitos da relação processual – quais sejam: partes e juiz. Praticamente coincidem com os pressupostos processuais subjetivos, os quais devem estar presentes em todas as fases processuais.

Quanto aos *pressupostos relativos ao juiz* mencionamos a investidura, a competência e a imparcialidade, sendo esta última garantida pelo art. 801 da Consolidação das Leis do Trabalho, c/c os arts. 144 e 145 do atual Código de Processo Civil – dispositivos que contemplam as hipóteses de impedimento e suspeição do magistrado.

Vejamos os *pressupostos recursais relativos às partes*:

3.1.1 Legitimação

Em princípio, possui legitimação para recorrer quem foi parte na relação jurídica processual (trabalhador, empregador, empreiteiro, tomador de serviços etc.). Não tem legitimidade para interpor recurso o preposto, já que não é parte, e sim mero representante do empregador, cuja atuação se circunscreve à audiência e nela se exaure (CLT, art. 843, § 1º).

Se fosse permitido ao preposto subscrever recursos haveria usurpação das funções de advogado. Todavia, nada obsta a que o próprio empregador (pessoa física) ou o representante legal de pessoa jurídica (nos termos do art. 75 do CPC/2015) subscrevam o recurso, diante do permissivo do art. 791 da Consolidação das Leis do Trabalho (*jus postulandi* das partes na Justiça do Trabalho). E neste sentido são os ensinamentos de Manoel Antônio Teixeira Filho[9] e de Wagner Giglio.[10]

Diante do art. 996 do atual Código de Processo Civil, aplicado subsidiariamente ao processo trabalhista por força do art. 769 da Consolidação das Leis do Trabalho, pode interpor recurso o terceiro prejudicado, contanto que demonstre "a possibilidade de a decisão sobre a relação jurídica submetida à apreciação judicial atingir direito de que se afirme titular ou que possa discutir em juízo como substituto processual" (art. 996, § 1º, do CPC/2015).

No processo trabalhista podemos vislumbrar o seguinte exemplo de intervenção legítima de terceiro: os integrantes de um quadro de carreira que se sentiram prejudicados em sua antiguidade por decisão judicial que reconheceu ao reclamante posição mais elevada na lista. Nesta mesma linha de argumentação se insere a possibilidade do recurso interposto pela União, nos termos do art. 832, § 4º, CLT, com vistas aos recolhimentos previdenciários que decorram de acordo homologado ou sentença condenatória.

Pode, ainda, recorrer o Ministério Público do Trabalho nas ações em que funcione como representante da parte, por força do art. 793 da Consolidação das Leis do Trabalho; mas não se trata da hipótese do art. 996 do CPC/2015, já que nesta hipótese o Ministério Público do Trabalho não é parte nem fiscal da ordem jurídica.

Por outro lado, entendemos que o perito judicial não é parte legítima para recorrer com o objetivo de manifestar seu inconformismo em relação à fixação de honorários periciais. E isto por dois motivos: a) o perito judicial não é parte, e, sim, auxiliar do juízo; b) não existe nexo de interdependência entre o seu interesse e a relação jurídica material que foi submetida a juízo.

3.1.2 Capacidade

A capacidade processual é pressuposto processual subjetivo, mas se trata de requisito que também deverá estar presente na ocasião de interposição do recurso. Vale dizer: se ao tempo da interposição do recurso faltar capacidade jurídica à parte, esta deverá ser representada por um curador, na forma da lei (art. 116 do CC e art. 71 do CPC/2015).

---

9. *Sistema dos Recursos Trabalhistas*, 4ª ed., p. 93.
10. *Direito Processual do Trabalho*, 7ª ed., p. 443.

Assim, a capacidade de estar em juízo, a despeito de ser pressuposto processual, sem o qual a relação jurídica não se instaura validamente, também possui o *status* de pressuposto recursal subjetivo.

3.1.3 Interesse

O interesse de agir, para fins recursais, repousa na própria sucumbência, a qual será examinada no tópico correspondente.

3.2 Pressupostos recursais objetivos (extrínsecos)

3.2.1 Recorribilidade do ato

Trata-se do primeiro exame que incumbe ao juízo de admissibilidade, sob o aspecto objetivo. Isto porque não cabe recurso contra os despachos (art. 1.001 do CPC/2015); e o mesmo se diga das decisões interlocutórias no processo do trabalho (princípio da concentração – art. 893, § 1º, da CLT), salvo quando "terminativas", nos termos da Súmula 214 do Tribunal Superior do Trabalho, entendimento jurisprudencial inspirado na dicção do art. 799, § 2º, da Consolidação das Leis do Trabalho e que, atualmente, conta em seu favor com a indicação do art. 895, I e II, da CLT, com redação da Lei 11.925, de 17.4.2009.

Além disso, nem sempre caberá recurso contra uma sentença ou acórdão. Exemplifique-se com a sentença proferida em reclamação cujo valor da causa não exceda o dobro do salário-mínimo, ou o acórdão proferido em demanda de rito sumaríssimo onde não tenha havido contrariedade à Súmula do TST nem violação da Constituição Federal.

3.2.2 Adequação

A parte deve escolher o recurso cabível contra a decisão. Todavia, a má adequação do recurso não deve prejudicar o recorrente, sendo o apelo mal formulado recebido como o recurso correto, em nome do princípio da fungibilidade dos recursos, desde que não se trate de erro grosseiro e estejam preenchidos os requisitos de admissibilidade do recurso correto.

Registre-se, no entanto, que o princípio da fungibilidade se encontrava previsto no Código de Processo Civil de 1939, mas a regra não se repetiu no Código de 1973 nem no atual. Todavia, sua adoção no processo do trabalho justifica-se à luz do princípio da simplicidade e instrumentalidade das formas, aliado ao fato de que na Justiça do Trabalho prevalece o *jus postulandi* das partes (art. 791 da CLT), cumprindo assinalar que a Súmula 421 do TST e Orientação Jurisprudencial 69 da SDI-II (TST) aludem expressamente a esse princípio.

Neste mesmo sentido, entendemos que se deve admitir o princípio da variabilidade do recurso, segundo o qual a parte que interpõe um recurso inadequado pode substituí-lo pelo recurso correto, desde que observe os demais pressupostos de admissibilidade.

3.2.3 Tempestividade

O prazo recursal é de oito dias para qualquer recurso trabalhista (art. 6º da Lei 5.584, de 1970), salvo quando se tratar das pessoas jurídicas indicadas no Decreto-lei 779, de 1969 (prazo em dobro),[11] sendo oportuno reiterar que os prazos processuais são contados em dias úteis, com exclusão do dia do começo e inclusão do dia do vencimento (art. 775, CLT).

É certo, ainda, que estamos fazendo menção ao prazo dos recursos trabalhistas *stricto sensu* – quais sejam: aqueles arrolados no art. 893, I-IV, da Consolidação das Leis do Trabalho.

O recurso extraordinário, admitido no processo do trabalho por aplicação subsidiária do Código de Processo Civil, deve obedecer ao prazo de 15 dias (art. 1.003, § 5º, do CPC/2015), com observância do prazo em dobro para as pessoas jurídicas de direito público interno, conforme o Decreto-lei 779, de 1969; e o prazo dos embargos de declaração, que ostentam natureza recursal, a teor do art. 994, IV, do CPC/2015, é de cinco dias (art. 897-A da CLT), devendo ser computado em dobro nas mesmas situações já mencionadas.

3.2.4 Preparo

O preparo traduz-se na exigência de pagamento e comprovação das custas respectivas, pelo vencido, no mesmo prazo da interposição do recurso (art. 789, §§ 1º e 2º, da CLT) e depósito recursal pelo empregador, quando for o caso (art. 899, §§ 1º, 2º e 7º, da CLT).

O depósito recursal deve ser feito na conta vinculada do juízo e poderá ser substituído por fiança bancária ou seguro garantia judicial, nos

---

11. "Art. 1º. Nos processos perante a Justiça do Trabalho, constituem privilégio da União, dos Estados, do Distrito Federal, dos Municípios e das autarquias ou fundações de direito público federais, estaduais ou municipais que não explorem atividade econômica: (...); III – o prazo em dobro para recurso; (...)."

termos dos §§ 4º e 11º do art. 899 da Consolidação das Leis do Trabalho (com redação da Lei 13.467/2017), dentro do prazo para interposição do recurso ordinário, de revista, e de embargos para o TST, desde que haja condenação pecuniária, nos termos da Súmula 161 do Tribunal Superior do Trabalho,[12] cumprindo assinalar que o depósito recursal corresponderá ao valor arbitrado à condenação, limitado aos valores estipulados no art. 40 da Lei 8.177/91, anualmente atualizados pelo Tribunal Superior do Trabalho.

O valor do depósito recursal será reduzido pela metade para entidades sem fins lucrativos, empregadores domésticos, microempreendedores individuais, microempresas e empresas de pequeno porte (art. 899, § 9º, da CLT, acrescentado pela Lei 13.467/2017). São isentos do depósito recursal os beneficiários da justiça gratuita, as entidades filantrópicas e as empresas em recuperação judicial (art. 899, § 10, da CLT, acrescentado pela Lei 13.467/2017).

Tendo em vista o disposto no § 7º do art. 899 da Consolidação das Leis do Trabalho, acrescentado pela Lei 12.275, de 29.6.2010, referido depósito passou a ser exigido também no agravo de instrumento, no valor correspondente a 50% do valor do depósito do recurso que se pretende destrancar, não sendo exigível das pessoas jurídicas dispensadas do preparo de recurso, nos termos do Decreto-lei 779/69, quais sejam, União, Estados, Distrito Federal, Municípios, Autarquias e fundações de direito público, que não explorem atividade econômica.

No período anterior à vigência da Lei 5.584, de 1970, o depósito recursal deveria ser feito previamente (art. 899, § 1º, da CLT); vale dizer, a comprovação de sua efetivação deveria ser feita juntamente com a interposição do recurso. Todavia, o art. 7º da Lei 5.584 estatui que a comprovação do depósito recursal deve ser feita no prazo do recurso, sob pena de este ser considerado deserto – argumento que nos parece suficiente à defesa de que não há exigência de depósito prévio.

É certo, no entanto, que existem entendimentos no sentido de que o depósito recursal continua sendo prévio e que a Lei 5.584, de 1970, apenas protelou sua comprovação – argumento que não nos sensibiliza, já que o dispositivo legal seria absolutamente inócuo. Afinal de contas, o recorrente que promove o depósito prévio tem plenas condições de comprovar sua efetivação juntamente com a interposição do recurso,

---

12. *Súmula 161 do Tribunal Superior do Trabalho*: "Se não há condenação a pagamento em pecúnia, descabe o depósito de que tratam os §§ 1º e 2º do art. 899 da CLT".

sendo inócuo o favor legal que lhe permitisse interpor o recurso num dia e comprovar o depósito no último dia de prazo para interposição.

Registre-se que as pessoas jurídicas indicadas no Decreto-lei 779, de 1969, estão dispensadas do depósito recursal e estão isentas do pagamento de custas, nos termos do art. 790-A da CLT, acrescentado pela Lei 10.537, de 27.8.2002, ficando revogado o inciso VI do Decreto-lei 779/1969, benefício que se estende ao Ministério Público do Trabalho e aos beneficiários da justiça gratuita;[13] e o mesmo se diga da massa falida, esta última por entendimento jurisprudencial, cristalizado na Súmula 86 do Tribunal Superior do Trabalho.[14]

3.2.5 Sucumbência

A sucumbência é um pressuposto fundamental dos recursos e deve ser entendida num contexto mais amplo, devendo abarcar outras situações além da simples lesão, prejuízo ou gravame.

Em verdade, a expressão "parte vencida", de que se utiliza o art. 996 do atual Código de Processo Civil ao aludir à legitimação para recorrer, necessita de uma interpretação extensiva e que abrigue situações muito peculiares, e nas quais mesmo a "parte vencedora" poderá recorrer.

Não se tem dúvida de que a parte vencida, ainda que parcialmente, pode recorrer da sentença. Todavia, em muitos casos a parte não é considerada vencida, mas poderá recorrer, diante do fenômeno da sucumbência. Exemplifiquemos com três situações:

1. O réu pede que a ação seja julgada *improcedente* e o juiz do trabalho julga o autor *carecedor de ação*. Aparentemente, o réu se saiu vencedor, mas não foi atendido na pretensão defensiva e poderá ser surpreendido com o ajuizamento de nova ação, aventando a mesma pretensão; e daí seu interesse num pronunciamento definitivo de mérito. Atente-se para o fato de que o réu não foi vencido, mas não logrou êxito na pretensão defensiva.

13. "Art. 1º. (...): (...); IV – a dispensa de depósito para interposição de recurso; (...); VI – o pagamento de custas a final, salvo quanto à União Federal, que não as pagará."

14. *Súmula 86 do Tribunal Superior do Trabalho*: "Não ocorre deserção de recurso da massa falida por falta de pagamento de custas ou de depósito do valor da condenação. Esse privilégio, todavia, não se aplica à empresa em liquidação extrajudicial".

2. O empregado ingressa com ação em face de duas empresas (empregador e tomador de serviços, por exemplo), objetivando a condenação do empregador e, subsidiariamente, a condenação do tomador de serviços. O juiz do trabalho julga procedentes os pedidos, condenando o empregador e excluindo da relação processual a tomadora de serviços. Parece-nos que o empregado tem interesse em recorrer, já que foi sucumbente na pretensão de ver a condenação de ambas as empresas, interesse mais que justificável na hipótese de o empregador ter encerrado suas atividades ou se encontrar em local incerto, e onde só o tomador de serviços teria condições de cumprir a obrigação.

3. Em contestação trabalhista a empresa argui a prescrição e, diante do princípio da eventualidade, contesta todos os pedidos, mas o juiz do trabalho rejeita a arguição de prescrição e julga improcedentes os pedidos. Trata-se de hipótese em que a empresa terá interesse em recorrer adesivamente, renovando a arguição de prescrição, se o empregado apresentar seu recurso. Há entendimentos de que, nessa hipótese, basta a alegação em contrarrazões.

3.2.6 Fundamentação

Parte da doutrina entende que os recursos trabalhistas não dependem de fundamentação – vale dizer, a fundamentação não é pressuposto para a admissão de recursos na esfera trabalhista, em face do art. 899 da Consolidação das Leis do Trabalho ("Os recursos serão interpostos por simples petição...").

Todavia, trata-se de entendimento que não tem sensibilizado a jurisprudência, prevalecendo a tese de que a interposição dos recursos dispensa maiores formalidades mas deve conter a fundamentação, requisito indispensável para apreciação do mérito da pretensão recursal. E neste sentido posiciona-se Valentin Carrion, ao mencionar que o dispositivo consolidado assegura a desnecessidade de maiores formalidades, como por exemplo, o "termo de agravo no auto", que era exigido no Código de Processo Civil de 1939, vigente à época em que foi promulgada a Consolidação das Leis do Trabalho.[15]

Ora, se a petição inicial deve conter os elementos mínimos indispensáveis ao exame do mérito – quais sejam, partes, causa de pedir e pedido (elementos lembrados pelo art. 840 do diploma consolidado, de forma menos técnica) – e a defesa não pode ser genérica, nada justifica

---

15. *Comentários...*, 19ª ed., p. 726.

procedimento diverso por ocasião da interposição do recurso. O juízo *ad quem* e a parte contrária têm o direito de ver delimitado o objeto da pretensão recursal e os fundamentos pelos quais subsiste o inconformismo do recorrente.

Todavia, entendemos que o posicionamento *supra* deve ser mitigado nos casos em que a própria parte esteja se valendo da prerrogativa insculpida no art. 791 da Consolidação das Leis do Trabalho.

3.2.7 Regularidade procedimental

Finalmente, o advogado que subscreve o recurso deve ter procuração nos autos, salvo se estiver presente o mandato tácito, o que vem sendo aceito pela jurisprudência, à luz da Súmula 383, I, do Tribunal Superior do Trabalho.[16]

Nada obsta, todavia, a que a própria parte subscreva o recurso quando estiver se valendo do *jus postulandi* que lhe outorga o art. 791 consolidado.

Contudo, em recurso extraordinário é obrigatória a atuação de advogado, já que a capacidade postulatória das partes se circunscreve ao âmbito da Justiça do Trabalho – conclusão que se extrai de uma leitura atenta do dispositivo consolidado, já que o Supremo Tribunal Federal não integra a Justiça do Trabalho. E o mesmo se diga da atuação perante o Tribunal Superior do Trabalho, conforme a Súmula 425 deste mesmo Tribunal, de legalidade duvidosa: "O *jus postulandi* das partes, estabelecido no art. 791 da CLT, limita-se às Varas do Trabalho e aos Tribunais Regionais do Trabalho, não alcançando a ação rescisória, a ação cautelar, o mandado de segurança e os recursos de competência do Tribunal Superior do Trabalho".

Verificada a irregularidade de representação da parte na fase recursal, em procuração ou substabelecimento, caberá ao relator, ou órgão competente para julgamento do recurso, determinar a intimação da parte

---

16. Súmula 383, I, TST: "É inadmissível recurso firmado por advogado sem procuração juntada aos autos até o momento da sua interposição, salvo mandato tácito. Em caráter excepcional (art. 104 do CPC de 2015), admite-se que o advogado, independentemente de intimação, exiba a procuração no prazo de 5 (cinco) dias após a interposição do recurso, prorrogável por igual período mediante despacho do juiz. Caso não a exiba, considera-se ineficaz o ato praticado e não se conhece do recurso". Art. 5º da Lei n. 8.906/1994: "O advogado postula em juízo ou fora dele, fazendo prova do mandato. § 1º. O advogado, afirmando urgência, pode atuar sem procuração, obrigando-se a apresentá-la no prazo de 15 (quinze) dias, prorrogável por igual período".

interessada para que possa sanar o vício no prazo de cinco dias, sob pena de não conhecimento do recurso ou desentranhamento das contrarrazões, conforme o caso (Súmula 383, II, TST).

4. Juízo de admissibilidade dos recursos

A ausência de algum dos pressupostos recursais já enumerados no capítulo anterior importa o não recebimento do recurso pelo juízo *a quo* ou o não conhecimento pelo juízo *ad quem*. Isto porque são dois os juízos de admissibilidade dos recursos: o *a quo*, prolator da decisão impugnada, e o *ad quem*, que é o competente para julgar o recurso interposto.

A função do juízo de admissibilidade do órgão prolator da decisão (juízo *a quo*) exaure-se na simples verificação da presença ou não dos pressupostos do recurso, sejam intrínsecos (subjetivos) ou extrínsecos (objetivos), não podendo adentrar o mérito da pretensão.

Na hipótese de o juízo *a quo* não admitir o recurso poderá o recorrente interpor agravo de instrumento (art. 897, "b", da CLT).

É certo, ainda, que o recebimento do recurso pelo juízo *a quo* não vincula o juízo *ad quem*, que poderá não conhecer do apelo por entender que se encontra ausente algum requisito indispensável.

5. As modalidades de recursos trabalhistas

Neste item objetivamos fazer uma breve digressão sobre cada espécie de recurso previsto na Consolidação das Leis do Trabalho, bem como acerca dos recursos compatíveis com o processo trabalhista e que se encontram disciplinados no direito processual comum e outros indicados nos regimentos internos dos tribunais.

O art. 893 da Consolidação das Leis do Trabalho faz menção aos recursos admissíveis no processo trabalhista, quais sejam: a) recurso ordinário; b) recurso de revista; c) recurso de embargos ao Tribunal Superior do Trabalho; d) agravo (de instrumento e petição – art. 897 da CLT).

Passemos, pois, ao exame de cada modalidade recursal.

5.1 Recurso ordinário

O art. 895 da Consolidação das Leis do Trabalho estabelece que: "Cabe recurso ordinário para a instância superior: I – das decisões definitivas ou terminativas das Varas e juízos, no prazo de 8 (oito) dias; e

II – das decisões definitivas ou terminativas dos Tribunais Regionais, em processos de sua competência originária, no prazo de 8 (oito) dias, quer nos dissídios individuais, quer nos dissídios coletivos".

Trata-se de recurso que equivale à apelação do processo civil e tem o condão de devolver ao órgão de segunda instância (TRT ou TST) todas as questões de fato e de direito. Atente-se para o fato de que o Tribunal Superior do Trabalho será o tribunal de segunda instância nas ações de competência originária dos Tribunais Regionais do Trabalho – quais sejam, ações rescisórias, mandados de segurança contra atos dos juízes de 1ª instância e dissídios coletivos.

Considerando a redação do art. 895 da Consolidação das Leis do Trabalho, em face da Lei 11.925/2009, afirmamos que a expressão "decisões definitivas" abarca as decisões que enfrentam o mérito da demanda e "decisões terminativas" são aquelas que põem fim ao processo sem resolver o mérito, a exemplo do que ocorre quando o juiz acolhe a alegação de litispendência, coisa julgada, inépcia da petição inicial etc. Em síntese, a inovação trazida pela Lei 11.925/2009 resgatou a terminologia do Código de Processo Civil de 1939, que aludia a sentenças definitivas e terminativas.

Caberá, igualmente, o recurso ordinário contra a decisão que acolhe a arguição de incompetência em razão da matéria, da pessoa ou funcional, seja porque é terminativa do feito em relação à Justiça do Trabalho (as duas primeiras hipóteses), seja porque é terminativa em relação ao próprio órgão que prolatou a decisão (terceira hipótese). A Súmula 214 do TST também considera terminativa a decisão que acolhe a exceção de incompetência em razão do lugar, com remessa dos autos para Tribunal Regional diverso daquele a que se vincula o juízo excepcionado, e daí a possibilidade do recurso ordinário.

O recurso ordinário, como sói acontecer com a maioria dos recursos trabalhistas, não tem efeito suspensivo.[17] E por este motivo são permitidas a liquidação de sentença e a execução provisória do julgado, mediante extração de carta de sentença – a qual não implicará alienação de bens ou entrega de numerário ao exequente. Vale dizer, a execução provisória irá até a penhora de bens e interposição de embargos, sendo recomendável que se aguarde o trânsito em julgado da sentença da fase de conhecimento antes de julgar estes últimos. Tem se admitido o ajuizamento de ação cautelar inominada em que se objetiva o efeito suspensivo ao recurso no dissídio individual, notadamente quando há

---

17. V. art. 899 da Consolidação das Leis do Trabalho.

determinação para reintegração no emprego, conforme Súmula 414, I, TST: "A tutela provisória concedida na sentença não comporta impugnação pela via do mandado de segurança, por ser impugnável mediante recurso ordinário. É admissível a obtenção de efeito suspensivo ao recurso ordinário mediante requerimento dirigido ao tribunal, ao relator ou ao presidente ou ao vice-presidente do tribunal recorrido, por aplicação subsidiária ao processo do trabalho do artigo 1.029, § 5º, do CPC de 2015".

No mais, torna-se imperioso mencionar que a parte da sentença que não é objeto de recurso transita em julgado e sua execução é definitiva.

5.1.1 Recurso ordinário *ex officio*

Segundo Valentin Carrion o recurso *ex officio* "é interposto pelo próprio juízo que prolata a sentença e é a exigência do duplo grau de jurisdição, quando forem vencidas, total ou parcialmente, as pessoas jurídicas de direito público que não explorem atividades econômicas",[18] a teor do Decreto-lei 779, de 1969.

Contudo, ousamos discordar parcialmente desse posicionamento. Concordamos em que se trata de uma exigência do duplo grau de jurisdição nas hipóteses em que sucumbem totalmente ou parcialmente a União, os Estados, o Distrito Federal, os Municípios, as autarquias e as fundações de direito público (aquelas criadas ou mantidas pelo Poder Público) que não explorem atividade econômica, à luz do art. 1º, V, do Decreto-lei 779, de 1969, ressalvadas as hipóteses do art. 496, § 3º, do CPC/2015. Não se cogita, pois, de aplicação às pessoas jurídicas de direito público externo.

Todavia, não se trata, tecnicamente, de recurso. Afinal de contas, o juiz da causa não tem legitimidade para recorrer e não tem interesse em ver sua decisão reformada, limitando-se a remeter os autos à instância superior, para reexame. Neste sentido, o art. 496, § 2º, do CPC/2015, se revela mais preciso, ao aludir a "remessa necessária".

É certo que o Decreto-lei 779/1969 alude a "recurso ordinário *ex officio*", fato que não tem o condão de atribuir natureza recursal a um procedimento de ordem funcional atribuído ao órgão judicante, mas, tão somente, nos deixa a certeza de que a remessa obrigatória não é exigível nas hipóteses em que o recurso cabível seja diverso do ordinário.

18. *Comentários...*, 19ª ed., p. 715.

5.2 Recurso de revista

Trata-se de recurso específico do processo trabalhista e que muito se aproxima do recurso especial, previsto na Constituição Federal (art. 105, III) e aplicável no âmbito do processo civil.

O recurso de revista objetiva o reexame de matéria jurídica, e nunca o reexame de fatos e provas, conforme Súmula 126, do TST, e tem competência funcional para julgá-lo o Tribunal Superior do Trabalho. Objetiva, em última análise, a uniformização da jurisprudência trabalhista.

Assim, observa-se, desde logo, que o recurso de revista apresenta pressupostos de admissibilidade que lhe são peculiares, e que são examinados pelo juízo *a quo*, representado pelo presidente do tribunal que proferiu o acórdão impugnado e pela Turma do Tribunal Superior do Trabalho a quem competir, por distribuição, o julgamento do recurso.

E, a exemplo do que ocorre no recurso ordinário, a decisão do juízo *a quo* não vincula o juízo *ad quem* – tanto que é cabível agravo de instrumento contra a decisão que nega seguimento ao recurso de revista –, e vice-versa, já que o ministro relator no Tribunal Superior do Trabalho poderá não conhecer do recurso, por entender que se encontra ausente algum pressuposto de admissibilidade, a despeito do regular processamento pelo presidente do Tribunal Regional do Trabalho.

As hipóteses de cabimento desta modalidade recursal encontram-se estampadas no art. 896 da Consolidação das Leis do Trabalho, com as modificações introduzidas pela Lei 9.756, de 17.12.1998 (publicada em 18.12.1998), Lei 13.015, de 21.7.2014 e pela Lei 13.467 de 13.7.2017.

Em síntese, trata-se de recurso cabível para Turmas do Tribunal Superior do Trabalho, contra as decisões proferidas em grau de recurso ordinário, quando se verificar divergência jurisprudencial entre a decisão recorrida e alguma decisão proferida por outro Tribunal Regional, Seção Especializada em Dissídios Individuais, súmula do Tribunal Superior do Trabalho ou súmula vinculante do Supremo Tribunal Federal, quanto à interpretação da lei federal, bem como de lei estadual, convenção coletiva, acordo coletivo, sentença normativa ou regulamento de empresa com observância obrigatória em área territorial que exceda a jurisdição do Tribunal Regional prolator da decisão e, finalmente, quando se tratar de decisão proferida com violação literal de dispositivo da lei federal ou afronta direta à Constituição da República. Nas demandas sujeitas ao rito sumaríssimo, o recurso de revista será cabível, tão somente, quando houver contrariedade à Súmula do TST, súmula vinculante do Supremo Tribunal Federal ou violação direta da Constituição (art. 896, § 9º, da CLT, com redação da Lei 13.015/2015).

Excepcionalmente, quando houver multiplicidade de recursos de revista fundados em idêntica questão de direito, esta poderá ser afetada à Seção Especializada em Dissídios Individuais ou ao Tribunal Pleno, por decisão da maioria simples de seus membros, mediante requerimento de um dos Ministros que compõem a Seção Especializada em Dissídios Individuais, considerando a relevância da matéria ou a existência de entendimentos divergentes entre os Ministros dessa Seção ou das Turmas do Tribunal (art. 896-C da CLT, acrescentado pela Lei 13.015/2014).

Caberá, igualmente, recurso de revista por violação da lei federal, divergência jurisprudencial e por ofensa à Constituição Federal nas execuções fiscais e nas controvérsias na fase de execução que envolva a Certidão Negativa de Débitos Trabalhistas (CNDT) criada pela Lei 12.440, de 7.7.2011, conforme art. 896, § 20, da CLT, acrescentado pela Lei 13.015/2014.

Diante das inovações da Lei 13.015/2014, perderam intensidade as discussões acerca do teor da Medida Provisória 2.226, de 4.9.2001, que acrescentou o art. 896-A ao diploma consolidado, com a seguinte dicção: "O Tribunal Superior do Trabalho, no recurso de revista, examinará previamente se a causa oferece transcendência com relação aos reflexos gerais de natureza econômica, política, social ou jurídica".

Trata-se de dispositivo, acrescido à Consolidação das Leis do Trabalho, merecedor de várias críticas, tendo em vista a imposição de mais um requisito de admissibilidade para o recurso de revista, e que se sujeita a uma "regulamentação" a cargo do próprio Tribunal Superior do Trabalho – algo que sempre nos pareceu despropositado, mormente em face do caráter de subjetividade no qual se encerra a expressão "transcendência".

A aplicação do disposto no art. 896-A da Consolidação das Leis do Trabalho dependia da mencionada regulamentação do Tribunal Superior do Trabalho, reclamada pelo próprio art. 2º da Medida Provisória 2.226, e que não havia ocorrido. Por conta disso, a Lei 13.467/2017 acrescentou seis parágrafos ao art. 896-A da CLT.

No primeiro parágrafo, indica quais são os indicadores de transcendência: I – econômica, o elevado valor da causa; II – política, o desrespeito da instância recorrida à jurisprudência sumulada do Tribunal Superior do Trabalho ou do Supremo Tribunal Federal; III – social, a postulação, por reclamante-recorrente, de direito social constitucionalmente assegurado; e IV – jurídica, a existência de questão nova em torno da interpretação da legislação trabalhista.

Poderá o relator, monocraticamente, denegar seguimento ao recurso de revista que não demonstrar transcendência, cabendo agravo desta decisão para o colegiado (art. 896-A, § 2º, da CLT).

Em relação ao recurso que o relator considerou não ter transcendência, o recorrente poderá realizar sustentação oral sobre a questão da transcendência, durante cinco minutos em sessão (art. 896-A, § 3º, da CLT).

Mantido o voto do relator quanto à não transcendência do recurso, será lavrado acórdão com fundamentação sucinta, que constituirá decisão irrecorrível no âmbito do tribunal (art. 896-A, § 4º, da CLT).

É irrecorrível a decisão monocrática do relator que, em agravo de instrumento em recurso de revista, considerar ausente a transcendência da matéria (art. 896-A, § 5º, da CLT).

O juízo de admissibilidade do recurso de revista exercido pela Presidência dos Tribunais Regionais do Trabalho limita-se à análise dos pressupostos intrínsecos e extrínsecos do apelo, não abrangendo o critério da transcendência das questões nele veiculadas (art. 896-A, § 6º, da CLT).

A decisão monocrática denegatória da admissibilidade do recurso de revista poderá ser impugnada por agravo de instrumento, em oito dias, conforme art. 896, § 12, da CLT.

As alterações legislativas acabaram por igualar os poderes do Ministro Relator do TST aos poderes do Ministro Relator do STJ, passando a permitir que, em casos específicos e preliminares de mérito, ele possa despachar monocraticamente, tendo em vista a simplicidade do motivo que enseja a rejeição do recurso.[19]

Concordamos com Manuel Antônio Teixeira Filho[20] ao argumentar que, diante dessas inovações legais, o parágrafo único do art. 932, o art. 1.007, §§ 2º e 7º e o art. 938, todos do CPC, podem ser aplicados subsidiariamente ao processo do trabalho, por força do art. 769 da CLT. No caso específico do parágrafo único do art. 932 do CPC, a hipótese

---

19. Volia Bomfim Cassar e Leonardo Dias Borges, *Comentários à Reforma Trabalhista*, 2ª ed., Rio de Janeiro, Forense/São Paulo, Método, 2018, p. 260.

20. Manoel Antonio Teixeira Filho, *O Processo do Trabalho e a Reforma Trabalhista: as alterações introduzidas no processo do trabalho pela Lei 13.467/2017*, São Paulo, LTr, 2017, p. 220.

só não será aplicável se o recorrente deixar de comprovar o requisito da transcendência (art. 896-A, §§ 2º e 4º, da CLT).

O recurso de revista não se destina a correção de injustiças ou reapreciação das provas. Tem por escopo a uniformização da jurisprudência e assegurar a supremacia da norma federal violada, o que ficou evidente com a edição da Lei 13.015/2014. Isto porque o art. 896, § 3º (com redação da Lei 13.015/2014) obrigava a uniformização de jurisprudência no âmbito dos Tribunais Regionais do Trabalho aplicando, no que coubesse, o incidente de uniformização de jurisprudência disciplinado no Código de Processo Civil.

Dispunha o art. 896, § 4º, CLT (com redação da Lei 13.015/2014) que, ao constatar a existência de decisões atuais e conflitantes no âmbito do Tribunal Regional do Trabalho sobre o tema que é objeto do recurso de revista, o ministro relator determinaria o retorno dos autos ao tribunal de origem para que procedesse à uniformização da jurisprudência no tema respectivo. E também poderia fazê-lo o próprio presidente do Tribunal Regional do Trabalho, ao exercer o juízo de admissibilidade sobre o recurso de revista, antes do envio ao Tribunal Superior do Trabalho, cumprindo assinalar que a decisão que determinaria a uniformização da jurisprudência, fosse pelo ministro relator ou pelo presidente do Tribunal Regional do Trabalho, era irrecorrível (art. 896, § 5º, CLT, com redação da Lei 13.015/2014).

Contudo, os §§ 3º, 4º, 5º e 6º do art. 896 da CLT foram revogados pela Reforma Trabalhista, pelo que não existe mais o incidente de uniformização de jurisprudência no âmbito do processo do trabalho. Não obstante, não vemos óbice para aplicação do incidente de assunção de competência (IAC, art. 947 do CPC) e do incidente de resolução de demandas repetitivas (IRDR, arts. 976 a 987 do CPC).

Por meio do IAC, poderá o relator do recurso, da remessa necessária ou do processo de competência originária, propor a assunção de competência para julgá-lo por órgão colegiado que o regimento interno do tribunal indicar, quando estiver em julgamento relevante questão de direito, com grande repercussão social e sem repetição em múltiplos processos. Nota-se que a propositura do IAC é mera faculdade do relator pela utilização do verbo "poderá". O objetivo do IAC é o de prevenir ou dirimir controvérsia a respeito de determinada matéria, vinculando os membros do tribunal e os juízes a ele submetidos mediante a publicação do respectivo acórdão.

Quando houver múltipla repetição de processos, o incidente adequado será o IRDR, que tem como objetivo a proteção da isonomia e da segurança jurídica, estando legitimados para a propositura do incidente o juiz ou o relator, por ofício, e as partes e o Ministério Público, por petição. A instauração desse incidente deve ser divulgada por registro eletrônico em cadastro criado pelo CNJ, cabendo o julgamento ao órgão indicado pelo regimento interno do Tribunal.

Particularmente, mais uma vez concordamos com Manuel Antônio Teixeira Filho[21] que o requisito da transcendência, previsto com as alterações da Reforma Trabalhista, dificultam a evolução da jurisprudência. Não obstante, sempre foi objetivo do legislador que a jurisprudência fosse uniformizada, de forma a propiciar segurança jurídica aos jurisdicionados. Por isso, entendemos correta a aplicação do IAC e do IRDR.

Quanto à hipótese do art. 896, "c", da CLT, que faz menção às decisões proferidas com violação a dispositivo de lei federal ou da própria Constituição, observamos que já se tornou assente jurisprudencialmente que a interpretação razoável da norma não justifica o recurso. Vale dizer, a violação de lei federal ou da Constituição, justificadora do recurso de revista, deve ser contra a literalidade do texto[22] – aspecto que deixou de apresentar dúvidas com o advento da Lei 9.756, de 1998, já que produziu pequenas alterações no aspecto gramatical do referido dispositivo, reforçando a ideia de que *literal* deve ser a violação ou afronta ao dispositivo legal ou constitucional:[23] "proferidas com violação literal de disposição de lei federal ou afronta direta e literal à Constituição Federal".

A prova da divergência jurisprudencial deve ser feita pelo recorrente, com estrita observância da Súmula 337 do Tribunal Superior do Trabalho.[24]

---

21. Idem, ibidem, p. 227.

22. *Súmula 221 do Tribunal Superior do Trabalho*: "A admissibilidade do recurso de revista e de embargos por violação tem como pressuposto a indicação expressa do dispositivo de lei ou da Constituição tido como violado", com redação determinada pela Resolução 185, de 14.9.2012.

23. O texto anterior era o seguinte: "c) proferidas com violação de literal dispositivo de lei federal, ou da Constituição da República".

24. *Súmula 337*: "Comprovação de divergência jurisprudencial. Recursos de revista e de embargos" (Revisão da Súmula 38 – Res. 35/1994, *DJ* 18.11.1994 – Republicada *DJ* 30.11.1994. Redação alterada – Res 121/2003, *DJ* 19.11.2003. Nova redação em decorrência da incorporação da Orientação Jurisprudencial 317 da SDI-1 – Res. 129/2005, *DJ* 20.4.2005 – Nova redação – Res. 173/2010, *DEJT* 19.11.2010 – Redação do item IV alterada na sessão do Tribunal Pleno realizada em 14.9.2012 pela Res. 185/2012, *DEJT* 25.9.2012. Item V inserido pela Res. 220/2017, *DEJT* 21.9.2017).

Também se traduz em pressuposto de admissibilidade do recurso de revista o prequestionamento dos fundamentos ensejadores de sua interposição, considerando-se prequestionada a matéria aventada no julgado e rejeitada. Na hipótese de não se encontrar prequestionada a matéria a parte interessada deverá ofertar embargos declaratórios, sob pena de preclusão.[25]

Em princípio, não cabe recurso de revista das decisões proferidas em execução de sentença, a menos que haja violação direta e literal da Constituição Federal, inclusive nos embargos de terceiro (art. 896, § 2º, da CLT).

Finalmente, lembramos que, diante das alterações introduzidas pela Lei 9.756, de 1998, o recurso de revista jamais terá efeito suspensivo. Vale dizer, terá efeito meramente devolutivo, estando revogada tacitamente a alteração que havia sido introduzida pela Lei 7.701, de 1988, e que determinava à autoridade recorrida a declaração do efeito em que recebia o recurso.

"I – Para comprovação da divergência justificadora do recurso, é necessário que o recorrente: a) Junte certidão ou cópia autenticada do acórdão paradigma ou cite a fonte oficial ou o repositório autorizado em que foi publicado; e b) Transcreva, nas razões recursais, as ementas e/ou trechos dos acórdãos trazidos à configuração do dissídio, demonstrando o conflito de teses que justifique o conhecimento do recurso, ainda que os acórdãos já se encontrem nos autos ou venham a ser juntados com o recurso (ex-Súmula 337 – alterada pela Res. 121/2003, *DJ* 21.11.2003). II – A concessão de registro de publicação como repositório autorizado de jurisprudência do TST torna válidas todas as suas edições anteriores (ex-OJ 317 da SBDI-I, *DJ* 11.8.2003). III – A mera indicação da data de publicação, em fonte oficial, de aresto paradigma é inválida para comprovação de divergência jurisprudencial, nos termos do item I, "a", desta súmula, quando a parte pretende demonstrar o conflito de teses mediante a transcrição de trechos que integram a fundamentação do acórdão divergente, uma vez que só se publicam o dispositivo e a ementa dos acórdãos. IV – É válida para a comprovação da divergência jurisprudencial justificadora do recurso a indicação de aresto extraído de repositório oficial na internet, desde que o recorrente: a) transcreva o trecho divergente; b) aponte o sítio de onde foi extraído; e c) decline o número do processo, o órgão prolator do acórdão e a data da respectiva publicação no Diário Eletrônico da Justiça do Trabalho. V – A existência do código de autenticidade na cópia, em formato *pdf*, do inteiro teor do aresto paradigma, juntada aos autos, torna-a equivalente ao documento original e também supre a ausência de indicação da fonte oficial de publicação."

25. *Súmula 297 do Tribunal Superior do Trabalho*: "1. Diz-se prequestionada a matéria ou questão quando na decisão impugnada haja sido adotada, explicitamente, tese a respeito. 2. Incumbe à parte interessada, desde que a matéria haja sido invocada no recurso principal, opor embargos declaratórios objetivando o pronunciamento sobre o tema, sob pena de preclusão. 3. Considera-se prequestionada a questão jurídica invocada no recurso principal sobre a qual se omite o Tribunal de pronunciar tese, não obstante opostos embargos de declaração".

5.3 Recurso de embargos

Trata-se de recurso cabível contra decisão não unânime, em dissídio coletivo que exceda a competência territorial dos TRTs, que estender ou rever sentenças normativa do TST nos casos previstos em lei (art. 894, I, "a", da CLT), e também das decisões proferidas no julgamento do recurso de revista em que as turmas divirjam entre si, ou haja divergência entre Turmas do TST e a Seção de Dissídios Individuais, ou decisões contrárias a súmula ou orientação jurisprudencial do Tribunal Superior do Trabalho ou súmula vinculante do Supremo Tribunal Federal.

Se a decisão recorrida estiver em consonância com súmula da jurisprudência do Tribunal Superior do Trabalho ou do Supremo Tribunal Federal, ou com iterativa, notória e atual jurisprudência do Tribunal Superior do Trabalho, o ministro relator denegará seguimento aos embargos (art. 894, § 3º, I, da CLT, acrescentado pela Lei 13.015/2014); e o mesmo se diga do recurso intempestivo, deserto, em que haja irregularidade de representação ou ausência de qualquer pressuposto extrínseco de admissibilidade (art. 894, § 3º, II, da CLT, acrescentado pela Lei 13.015/2014), cabendo sempre o agravo de instrumento contra a decisão denegatória do seguimento (art. 894, § 4º, da CLT, acrescentado pela Lei 13.015/2014).[26]

O recurso de embargos é julgado pela Seção Especializada em Dissídios Individuais ou pela Seção Especializada em Dissídios Coletivos do Tribunal Superior do Trabalho, em que pese aos termos do art. 894 do diploma consolidado (*caput*), tendo em vista o disposto nos arts. 2º, II, e 3º, III, ambos da Lei 7.701, de 1988.

A doutrina classifica a hipótese do art. 894, I, "a", da CLT como embargos infringentes, enquanto aquela do art. 894, II, da CLT é tratada como embargos de divergência. A redação anterior do art. 894 da CLT consagrava a possibilidade dos embargos de nulidade quando a decisão de turma do TST fosse contrária à literalidade da lei federal (e, por interpretação extensiva, da própria Constituição da República), hipótese que deixou de existir com a nova redação da Lei 11.496, de 25.6.2007.

Assim, quando houver violação da Constituição da República na decisão proferida no recurso de revista, poderá ser interposto o recurso

---

26. Consideramos desnecessário o acréscimo do mencionado parágrafo pela Lei 13.015/2014, pois o art. 897, "b", da CLT, já seria capaz de assegurar o direito à interposição do agravo de instrumento também nesta situação.

extraordinário para o Supremo Tribunal Federal, simultaneamente com o recurso de embargos na parte da decisão em que houver, por exemplo, a divergência jurisprudencial prevista no art. 894, II, da CLT, o que se traduz em exceção ao princípio da unirrecorribilidade.

O Tribunal Superior do Trabalho não admitia o recurso de embargos contra acórdãos proferidos em agravo de instrumento (Súmula 335), a menos que a controvérsia estivesse relacionada com os pressupostos extrínsecos do próprio agravo – ressalva que inexistia na redação da antiga Súmula 183; e o mesmo se diga dos acórdãos proferidos em agravo regimental (Súmula 195). Contudo, referidas Súmulas foram canceladas pela Resolução 121, de 28.10.2003.

O cancelamento das Súmulas 195 e 335 revelou decisão acertada do Tribunal Superior do Trabalho, pois sempre pareceu-nos equivocada a negação do recurso de embargos contra acórdãos proferidos em agravos de instrumento e regimental, eis que o próprio art. 894 da CLT não fazia qualquer distinção no particular.

5.4 Agravo de instrumento

No processo do trabalho o agravo de instrumento só se presta à impugnação de decisão que nega seguimento a outros recursos.[27] Ao contrário, pois, do processo comum, não se presta à impugnação de decisões interlocutórias.

Aliás, não se admite, sequer, o agravo retido, fato que deu azo à criatividade daqueles que militam na Justiça do Trabalho e que já conta com o beneplácito da jurisprudência. Trata-se da consignação de "protestos" em audiência ou logo após a ciência de um ato judicial que possa causar gravame à parte, o qual no processo comum seria agravável, tudo para se evitar a preclusão, haja vista o disposto no art. 795 da Consolidação das Leis do Trabalho.

Com o advento da Lei 9.756, de 1998, tornou-se desnecessária a aplicação subsidiária da legislação processual comum no que respeita às peças que deveriam formar o instrumento. Atualmente a disciplina encontra-se nos §§ 5º, 6º e 7º do art. 897 da Consolidação das Leis do Trabalho, todos acrescidos pela lei indicada.

27. O art. 897, "b", possui redação pouco técnica ("... dos despachos que denegarem a interposição de recursos"), vez que não se trata de despacho, e sim de verdadeira decisão – se fosse despacho não seria recorrível –, e não denega a interposição de recursos. Afinal de contas, o que o juiz denega é o processamento do recurso, recurso que já se encontra interposto.

Com efeito, o instrumento do agravo deverá conter todas as peças indicadas no inciso I do § 5º do art. 897 do diploma consolidado (peças obrigatórias) e ainda peças que os litigantes reputem necessárias ao deslinde da matéria de mérito controvertida (inciso II e § 6º),[28] já que o provimento do agravo de instrumento implicará o imediato julgamento do recurso cujo seguimento foi denegado pelo juízo *a quo* (§ 7º do art. 897).

Em que pese ao silêncio do legislador, entendemos que a juntada de documentos pelo agravado, à guisa de instrução para julgamento de ambos os recursos, deve acarretar a oportunidade de manifestação do agravante antes da remessa dos autos ao tribunal competente, já que sua inobservância importaria flagrante violação do princípio do contraditório. E não se diga que as peças ofertadas pelo agravado já seriam de conhecimento do agravante, vez que acostadas aos autos principais, já que a oportunidade de vista ao agravante se prestará, exatamente, a que se certifique de que peças processuais não foram adulteradas nem forjadas e que as fotocópias ofertadas pelo agravado foram extraídas daquelas constantes dos autos principais.

Quanto ao procedimento no agravo de instrumento, o Tribunal Superior do Trabalho editou a Instrução Normativa 16, de 26.8.1999, objetivando uniformizar a "interpretação da Lei n. 9.756, de 17 de dezembro de 1998", determinando o processamento sempre em autos apartados, ficando inviabilizado o processamento nos autos principais, mesmo quando os pedidos forem julgados improcedentes, eis que os §§ 1º e 2º da referida instrução foram revogados pelo Ato GDGCJ 162/2003.

Finalmente, digna de nota é a inovação do § 7º do art. 899 da Consolidação das Leis do Trabalho, acrescentado pela Lei 12.275, de 29.6.2010, que passou a exigir o depósito recursal no agravo de instrumento quando houver idêntica exigência no recurso principal que se pretende destrancar. Nesta situação, o valor do depósito corresponderá a 50% do valor correspondente ao depósito do recurso trancado.

---

28. Entendemos que os comandos dos incisos I e II do § 5º do art. 897 se destinam ao agravante, já que a inobservância de juntada das peças obrigatórias acarretará o não conhecimento do agravo de instrumento (inciso I) e o disposto no inciso II se destina expressamente ao agravante. O agravado, por sua vez, terá a oportunidade de juntar as peças que entender cabíveis (trata-se de uma faculdade, portanto) após a intimação para ofertar contrarrazões ao agravo de instrumento e recurso principal (§ 6º do art. 897 da CLT).

5.5 Agravo de petição

Nos termos do art. 897, "a", da Consolidação das Leis do Trabalho, cabe agravo de petição contra as decisões do juiz ou presidente nas execuções.

No entanto, é importante registrar que não cabe o referido recurso contra as decisões exaradas em liquidação de sentença – uma fase preparatória da execução – quando se trata de sentença condenatória ilíquida.[29]

No mais, a exemplo do recurso de revista, o agravo de petição apresenta um pressuposto de admissibilidade específico e que deve ser observado, sob pena de não processamento do recurso. Trata-se do disposto no art. 897, § 1º, da Consolidação das Leis do Trabalho ("O agravo de petição só será recebido quando o agravante delimitar, justificadamente, as matérias e valores impugnados, permitida a execução imediata da parte remanescente até o final, nos próprios autos ou por carta de sentença").

Com efeito, o § 1º do art. 897 da Consolidação das Leis do Trabalho foi acrescentado pela Lei 8.432, de 11.6.1992, e se trata de um dispositivo legal salutar, que objetiva coibir os recursos meramente protelatórios.

5.6 Recursos previstos na legislação processual civil e aplicáveis ao processo do trabalho

Diante da aplicação subsidiária do processo civil (art. 769 da CLT), são admitidos no processo do trabalho o *recurso extraordinário* (art. 102, III, da CF, c/c o art. 1.029 do CPC/2015) e o *recurso adesivo* (art. 997, § 1º, do CPC/2015). O prazo para interposição do recurso extraordinário deve seguir o prazo padrão para qualquer recurso cível (15 dias), e o recurso adesivo deverá ser interposto no prazo das contrarrazões ao recurso ao qual se pretende aderir (8 dias), ficando excepcionada a situação da Fazenda Pública, cujo prazo é dobrado.

5.6.1 Recurso extraordinário

O recurso extraordinário está reservado às hipóteses de contrariedade à Constituição Federal bem como aos casos em que se nega vigência a tratado ou lei federal em face de reconhecimento de sua in-

---

29. Nem mesmo é cabível recurso contra a sentença de liquidação, decisão interlocutória que não se encontra em fase de execução.

constitucionalidade, haja vista o controle difuso da constitucionalidade das normas.

O cabimento do recurso extraordinário em ação trabalhista justifica-se na medida em que os juízos do trabalho também são passíveis de má interpretação da Constituição Federal e de *error in judicando* no exercício do controle difuso da constitucionalidade, e o art. 102, III, da Constituição Federal[30] não excepciona as demandas oriundas da Justiça do Trabalho.

Assim, mesmo na hipótese de decisões em princípio irrecorríveis, a exemplo das sentenças proferidas em demandas cujo valor não supera dois salários-mínimos, será possível a interposição do recurso extraordinário, diretamente ao Supremo Tribunal Federal (art. 102, III, CF e Súmula 640 do STF), não se justificando nosso entendimento manifestado em edições anteriores, que estava fundado na CF/1967.[31] A propósito, a própria Lei 5.584, de 1970, estabelece que a regra da irrecorribilidade das causas cujo valor não excede dois salários-mínimos não se aplica quando existe matéria constitucional (art. 2º, § 4º).

5.6.2 Recurso adesivo

Por último, registramos o cabimento do recurso adesivo no processo trabalhista, por força do art. 769 da Consolidação das Leis do Trabalho, entendimento cristalizado na Súmula 196 do Tribunal Superior do Trabalho,[32] segundo a qual cabe esta modalidade recursal no recurso ordinário, no recurso de revista, nos embargos para o Pleno e no agravo

---

30. "Art. 102. Compete ao Supremo Tribunal Federal, precipuamente, a guarda da Constituição, cabendo-lhe: (...); III – julgar, mediante recurso extraordinário, as causas decididas em única ou última instância, quando a decisão recorrida: a) contrariar dispositivo desta Constituição; b) declarar a inconstitucionalidade de tratado ou lei federal; c) julgar válida lei ou ato de governo local contestado em face desta Constituição."

31. Neste mesmo sentido, Vicente Greco Filho: "O art. 102, III, da Constituição não mais exige que a decisão recorrida, para fins de recurso extraordinário, tenha sido proferida por tribunal. Basta que tenha sido a única ou última instância, de modo que caberá o recurso no caso dos embargos infringentes da Lei n. 6.830, de 1980, bem como nas decisões irrecorríveis da Justiça do Trabalho, se presente um dos permissivos constitucionais" (*Direito Processual Civil Brasileiro*, 5ª ed., v. II, p. 327).

32. *Súmula 196 do Tribunal Superior do Trabalho*: "O recurso adesivo é compatível com o processo do trabalho, onde cabe, no prazo de 8 (oito) dias, no recurso ordinário, na revista, nos embargos para o Pleno e no agravo de petição" (cancelada pela Resolução 121, de 28.10.2003).

de petição, sempre no prazo de oito dias, superada pela Súmula 283 da mesma Corte Trabalhista.[33]

Quanto aos pressupostos de admissibilidade do recurso adesivo, temos a acrescentar a sucumbência parcial e existência de um recurso principal, ao qual estará sempre subordinado. Vale dizer, a desistência ou o não conhecimento do recurso principal implicam o não conhecimento do recurso adesivo, à luz do art. 997, III, do atual Código de Processo Civil. Igualmente, não será conhecido o recurso adesivo se o pretenso recorrente tiver sido totalmente vencedor na ação, e o mesmo raciocínio se aplica na hipótese de ter sido totalmente vencido.

Questão intrigante, e que vem desafiando pronunciamentos da jurisprudência, é aquela que diz respeito à matéria que pode ser ventilada em recurso adesivo, e que passamos a examinar.

A dúvida reside, basicamente, na aplicação desta modalidade recursal no processo trabalhista tendo em vista a pluralidade de pedidos numa única demanda. No processo civil, ao contrário, o próprio art. 997 do CPC/2015 estabelece que "§ 1º. Sendo vencidos autor e réu, ao recurso interposto por qualquer deles poderá aderir o outro. § 2º. O recurso adesivo fica subordinado ao recurso independente, sendo-lhe aplicáveis as mesmas regras deste quanto aos requisitos de admissibilidade e julgamento no tribunal, salvo disposição legal diversa, observado, ainda, o seguinte (...)".

Ora, diante dos termos em que o recurso está consagrado na lei processual civil, torna-se imperioso concluir que não se trata propriamente de recurso adesivo, e sim de um recurso dependente ou subordinado ao recurso principal. E, obviamente, jamais poderia ventilar pretensões que não foram objeto de discussão no recurso principal, sob pena de afronta à *res judicata* verificada por ocasião da não interposição do recurso principal pela parte que pretende se valer do adesivo.

Concluímos, pois, que a pretensão em recurso adesivo deveria ser conexa com aquela do recurso principal, sob pena de se vislumbrar no recurso adesivo um sucedâneo da ação rescisória, único remédio capaz de desconstituir a coisa julgada. No entanto, é importante lembrar que este não é o entendimento do Tribunal Superior do Trabalho, haja vista a Súmula 283, já transcrita em nota de rodapé.

33. *Súmula 283 do Tribunal Superior do Trabalho*: "O recurso adesivo é compatível com o processo do trabalho, onde cabe, no prazo de 8 (oito) dias, nas hipóteses de interposição de recurso ordinário, de agravo de petição, de revista e de embargos, sendo desnecessário que a matéria nele veiculada esteja relacionada com a do recurso interposto pela parte contrária".

5.7 Embargos de declaração

Entendemos que no âmbito do processo civil revela-se praticamente inquestionável a natureza recursal dos embargos de declaração, tendo em vista a redação do art. 994 do CPC/2015, que reproduz o art. 496 do Código revogado, que são cabíveis nas hipóteses do art. 1.022 do CPC/2015, vale dizer, quando houver necessidade de suprir contradição, obscuridade ou omissão na sentença ou acórdão, e também na decisão interlocutória, prestando-se também para corrigir erro material, sempre no prazo de cinco dias após a intimação da decisão (art. 1.023 do CPC/2015).

Contudo, o processo trabalhista conta com o disposto no art. 897-A da Consolidação das Leis do Trabalho, dispositivo introduzido pela Lei 9.957, de 2000, que assim está redigido: "Caberão embargos de declaração da sentença ou acórdão, no prazo de 5 (cinco) dias, devendo seu julgamento ocorrer na primeira audiência ou sessão subsequente à sua apresentação, registrado na certidão, admitido efeito modificativo da decisão nos casos de omissão e contradição no julgado e manifesto equívoco no exame dos pressupostos extrínsecos do recurso".

Trata-se de dispositivo legal aplicável a todo o processo trabalhista, não se destinando, como se poderia imaginar à primeira vista, exclusivamente ao rito sumaríssimo.

Observa-se, pois, que a Consolidação das Leis do Trabalho não atribui aos embargos de declaração a natureza recursal, eis que não se confundem com os embargos indicados no seu art. 893, I, e, além disso, destoam do prazo destinado a todos os recursos trabalhistas. Contudo, não se olvida a omissão da Consolidação das Leis do Trabalho quanto aos efeitos da interposição, e daí a afirmação de que os embargos de declaração interrompem o prazo para interposição de outros recursos – vale dizer, após a intimação da decisão dos embargos as partes têm a devolução integral do prazo para outros recursos (recurso ordinário ou de revista, por exemplo), e não apenas o prazo que remanesce entre a data de intimação da decisão embargada e aquele utilizado para oferta de embargos, o que se dá em manifesto prejuízo da celeridade processual.

Finalmente, assinalamos que, a exemplo do que ocorre no processo civil, os embargos de declaração no processo trabalhista não têm caráter modificativo, mas não se ignora que no ato de supressão da omissão ou contradição poderá surgir o efeito modificativo, aspecto lembrado no art. 897-A da Consolidação das Leis do Trabalho, não obstante sempre tivesse existido na realidade prática. Verificando a possibilidade de se atribuir efeito modificativo aos embargos de declaração, o desembargador relator deve dar vista à parte contrária, para manifestação em 5 dias, nos termos do art. 897-A, § 2º, da CLT, acrescentado pela Lei 13.015/2014. A solução legislativa quanto ao efeito modificativo do julgado já era adotada pela jurisprudência trabalhista, conforme Orientação Jurisprudencial 142 da SDI-1 (TST): "É passível de nulidade decisão que acolhe embargos de declaração com efeito modificativo sem que seja concedida oportunidade de manifestação prévia à parte contrária", com redação determinada pela Resolução 214, de 28.11.2016.

Finalmente, torna-se oportuno mencionar que os erros materiais podem ser corrigidos a qualquer momento, por iniciativa do próprio magistrado ou a requerimento de qualquer interessado, conforme art. 897-A, § 1º, da CLT, acrescentado pela Lei 13.015/2014. Contudo, somos de opinião que a possibilidade de correção de erros materiais já estava contemplada no art. 833 da CLT, parecendo-nos desnecessária a inovação legislativa.

6. Considerações finais

O processo do trabalho sempre se pautou por princípios que lhe são peculiares, objetivando a maior celeridade, tendo em vista o direito material que visa a tutelar. E daí o fato de que inspirou algumas transformações no processo comum (a mediação e a conciliação, por exemplo) e também inspirou o advento dos Juizados Especiais de Pequenas Causas, conforme a Lei 7.244, de 1984, revogada pela Lei 9.099, de 1995, a qual também veio disciplinar os Juizados Especiais Criminais.

Assim, não podemos deixar de reconhecer que o processo civil evoluiu, e a criação dos Juizados Especiais foi um grande marco.

Observamos, pois, que já é chegado o momento da edição de um *Código de Processo do Trabalho*, que possa resgatar todos os princípios que sempre nortearam o processo trabalhista, que disponha de um sistema recursal eficiente e que dificulte a marcha daqueles que vislumbram na relação jurídica processual um meio hábil ao retardamento do cumprimento das obrigações que decorrem das relações de trabalho.

XX
A LIQUIDAÇÃO DE SENTENÇA

1. Conceito e natureza jurídica. 2. Modalidades de liquidação de sentença: 2.1 Liquidação por cálculos – 2.2 Liquidação por artigos – 2.3 Liquidação por arbitramento – 2.4 Liquidação mista. 3. A sentença de liquidação.

1. Conceito e natureza jurídica

A sentença ilíquida requer prévia liquidação "antes dos atos de constrangimento patrimonial do devedor".[1] Contudo, devemos observar que são consideradas sentenças ilíquidas aquelas que não prefixam o valor da condenação ou não estabelecem o objeto da obrigação de fazer ou não fazer, a cargo do réu.[2]

Iêdo Batista Neves afirma que a liquidação de sentença "é o processo pelo qual se torna líquido o objeto ilíquido do pedido de condenação".[3] Trata-se de definição que nos parece equivocada, na medida em que a liquidação de sentença não objetiva a solução da lide, não obstante estejamos de acordo em que se realiza por meio de um conjunto de atos coordenados.

Em verdade, a liquidação objetiva a integração da sentença condenatória, e jamais poderá inová-la ou modificá-la; e também não poderá ser promovida, em sede de liquidação, discussão de matéria relativa ao processo de conhecimento (art. 879, § 1º, da CLT).

1. Amauri Mascaro Nascimento, *Curso de Direito Processual do Trabalho*, 18ª ed., p. 531.
2. Cf. Amaro Barreto, *Execução Cível e Trabalhista*, p. 52.
3. *O Processo Civil na Doutrina e na Prática dos Tribunais*, 8ª ed., v. V, p. 185.

Todavia, é certo que no Código de Processo Civil de 1939 a liquidação de sentença possuía o *status* de processo incidente dentro do processo de execução,[4] situação que não persiste na atual legislação processual, mas continua provocando alguma confusão.

Sergio Pinto Martins, ao tratar do tema, afirma que "a liquidação de sentença é uma fase de execução, que irá preparar a execução, quantificando o valor devido ao empregado, pois o que é devido já foi estabelecido na sentença, (...)".[5] Referida definição tem o mérito de reconhecer que o objeto da liquidação não é a sentença, e sim a obrigação nela contida, mas se revela contraditória (afirma que se trata de uma fase de execução e que irá preparar a execução) e incorre no equívoco de não admitir que é possível a liquidação de valores devidos ao empregador pelo empregado nas hipóteses em que este último sofre a condenação.

Ora, a sentença condenatória estabelece a obrigação, mas seu cumprimento (espontâneo ou na fase de execução) pressupõe a liquidação prévia. E, segundo o art. 1.533 do Código Civil revogado, "considera-se líquida a obrigação certa, quanto à sua existência, e determinada, quanto ao seu objeto", dispositivo não repetido no Código Civil de 2002.

Manoel Antônio Teixeira Filho, examinando com percuciência a questão, propôs a seguinte definição para a liquidação de sentença: "a) a fase preparatória da execução; b) em que um ou mais atos são praticados; c) por uma ou por ambas as partes; d) com a finalidade de determinar o valor da condenação; e) ou de individuar o seu objeto; f) mediante a utilização, quando necessária, dos meios de prova admitidos em lei".[6]

Trata-se de definição que bem elucida a questão. Não se questiona que a liquidação de sentença traduz uma fase ou procedimento preparatório da execução, mais se aproximando de um pressuposto objetivo da fase de execução nas situações em que se faz necessária. E, neste particular, é oportuno lembrar que a liquidez da obrigação indicada no título executivo judicial decorre do art. 783 do CPC/2015, segundo o qual a execução pressupõe título de obrigação líquida, certa e exigível, sob pena de nulidade (art. 803, I, do CPC/2015).

Em síntese, a liquidação de sentença não se constitui num processo incidente da execução, nem é processo preparatório. Trata-se, na verdade, de um procedimento preparatório da execução e que, a exemplo

---

4. Cf.: Iêdo Batista Neves, *O Processo...*, 8ª ed., v. V, p. 185; Manoel Antônio Teixeira Filho, *Liquidação da Sentença no Processo do Trabalho*, 3ª ed., p. 169.
5. *Direito Processual do Trabalho*, 10ª ed., p. 520.
6. *Liquidação...*, 3ª ed., p. 168.

do processo, se externa sob a forma de atos coordenados praticados pelas partes, por terceiros e também pelo juiz objetivando estabelecer o *quantum debeatur* (quanto é devido).

Ainda, à guisa de considerações iniciais, não podemos olvidar que a liquidação de sentença abrange o cálculo das contribuições previdenciárias devidas, tendo em vista o disposto no art. 879, § 1º-A, da Consolidação das Leis do Trabalho, acrescentado pela Lei 10.035, de 25.10.2000. Vale dizer, a liquidação de sentença no processo do trabalho também se presta ao aparelhamento de uma execução fiscal que se faz concomitantemente à execução do crédito trabalhista.

2. Modalidades de liquidação de sentença

A sentença ilíquida torna-se exequível após a liquidação. Sem este procedimento prévio as partes não têm condições de saber o alcance da *res judicata*; vale dizer, o devedor não sabe quanto deve e o credor não sabe quanto lhe é devido.

Como já afirmamos no tópico anterior, a ausência da liquidação de sentença, quando necessária, importa a inexigibilidade da obrigação, e daí a nulidade da execução (art. 803, I, do CPC/2015).

O art. 879 da Consolidação das Leis do Trabalho estabelece três modalidades de liquidação de sentença: a) por cálculo; b) por artigos; c) por arbitramento.[7] Contudo, o diploma consolidado não se ocupa das situações em que será utilizada uma e outra modalidade, e daí a necessidade da aplicação subsidiária da legislação processual civil, a teor do art. 769 do diploma consolidado.

2.1 Liquidação por cálculos

A liquidação opera-se por cálculos quando todos os elementos necessários se encontrarem nos autos e a quantificação depender de simples cálculos aritméticos.[8]

De acordo com a sistemática da Consolidação das Leis do Trabalho, o cálculo da liquidação deverá ser apresentado previamente pelas

---

7. Amauri Mascaro Nascimento entende que a Lei 8.432, de 11.6.1992, ao acrescentar o § 2º ao art. 879 da Consolidação das Leis do Trabalho, revogou tacitamente a disposição consolidada acerca da possibilidade de liquidação por arbitramento e artigos (*Curso...*, 18ª ed., p. 531).

8. Amaro Barreto, *Execução...*, p. 53.

partes (art. 879, § 1º-B, da CLT) ou por órgão auxiliar do juízo (setor de cálculos) – afirmação que se infere do disposto no art. 879, § 3º.

Apresentados os cálculos por uma das partes, o juiz *deverá* abrir vistas à parte contrária, pelo prazo de oito dias, para impugnação fundamentada, com os itens e valores que são objeto de discordância, sob pena de preclusão. É a dicção do art. 879, § 2º, da Consolidação das Leis do Trabalho, com redação da Lei 13.467/2017. Mas a União deverá ser necessariamente intimada para manifestação em 10 dias, sob pena de preclusão (art. 879, § 3º, da CLT).

Após a impugnação dos cálculos o juiz proferirá a sentença de liquidação se tiver condições de fazê-lo, determinará a realização de novos cálculos pela parte interessada ou até mesmo nomeará "perito" para realização dos cálculos, possibilidade que, atualmente, se encontra expressamente indicada no § 6º do art. 879 da CLT, acrescentado pela Lei 12.405, de 16.5.2011, que faculta ao juiz a possibilidade de nomear perito para a elaboração dos cálculos de liquidação complexos, com direito à fixação de honorários em favor do profissional, segundo critérios de razoabilidade e proporcionalidade – possibilidade que sempre existiu, sem maiores controvérsias, por interpretação do disposto no art. 879, §§ 2º e 3º, da CLT.

E se a controvérsia residir em critérios de cálculo é de todo aconselhável que o juiz estabeleça os parâmetros a serem observados, a fim de que as partes não fiquem se digladiando desnecessariamente. Quanto à atualização monetária, a Reforma Trabalhista acrescentou o § 7º ao art. 879 da CLT, determinando que o índice de correção aplicável é a Taxa Referencial (TR).

Em síntese, o juiz irá proferir a sentença de liquidação quando estiver suficientemente esclarecido e convencido do acerto dos cálculos de uma das partes ou dos cálculos ofertados pelo terceiro nomeado.

Observe-se que o prazo de oito dias para manifestação da parte contrária ou de ambas as partes (nesta hipótese, quando o cálculo é feito por terceiro) é dever judicial, remanescendo o direito às impugnações após a garantia do juízo, por ocasião da execução.

2.2 Liquidação por artigos

O atual Código de Processo Civil se refere à liquidação por artigos como "liquidação pelo procedimento comum" (art. 509, II, do CPC/

2015), que se aplica às situações em que há necessidade de alegar e provar fato novo.

Não obstante a alteração terminológica, continuaremos a mencionar "liquidação por artigos", em face do art. 879 da CLT, e também porque se encontra consagrada no art.475-E do CPC revogado, além de encontrar ressonância na doutrina.

A título exemplificativo, podemos afirmar que enseja liquidação por artigos a sentença condenatória no pagamento de horas extras quando não existem elementos suficientes nos autos para se apurar a quantidade de horas extras laboradas ou quando o juiz do trabalho determina a integração das comissões pagas "por fora" dos recibos de pagamento nos demais consectários legais, mas não fixa a média de referidas comissões.

Registre-se, no entanto, que a decisão que julga não provados os artigos de liquidação não comporta recurso, eis que interlocutória, e desafia a apresentação de novos artigos.

2.3 Liquidação por arbitramento

Nos termos do art. 509, I, CPC/2015, a liquidação por arbitramento terá lugar quando: a) for determinada pela sentença ou convencionado pelas partes; b) o exigir a natureza do objeto da liquidação.

Raramente vamos encontrar sentença que determine a liquidação por arbitramento. E, ainda que o faça, a doutrina é praticamente unânime em afirmar que referida determinação não transita em julgado. Vale dizer, nada obsta a que o juízo da execução possa reconsiderar e determinar que a liquidação se faça por cálculos ou por artigos, se houver possibilidade.

Sérgio Pinto Martins afirma que a convenção das partes para liquidação por arbitramento pode ser tolhida pelo juiz, o qual poderá determinar que a liquidação se faça por cálculos, se esta for mais viável.[9] E com esta observação estamos de pleno acordo, mormente quando se verificar economia processual.

Amaro Barreto define o arbitramento "como estimação pericial do valor da quantia, ou do fato, objeto da condenação".[10]

Assim, trata-se de modalidade de liquidação de sentença que não se confunde com arbitragem, nem com arbitrariedade. O arbitramento é

9. *Direito...*, 10ª ed., p. 523.
10. *Execução...*, p. 54.

realizado por perito nomeado pelo juiz, com base em critérios estabelecidos pelo próprio magistrado.

Em resumo, a liquidação por arbitramento se fará quando não existirem nos autos os elementos necessários à liquidação por cálculos e não houver necessidade de provar fato novo, estando nos autos do processo elementos que possibilitam a avaliação pericial da condenação.[11] Entendemos, ainda, que o arbitramento poderá ser determinado pelo juiz quando não for possível a liquidação por cálculos ou artigos.

2.4 Liquidação mista

A sentença condenatória pode conter uma parte líquida e outra ilíquida. E nesta hipótese é possível a execução imediata da primeira e a liquidação da segunda.

Em tese, também é possível a liquidação de uma parte da sentença por cálculos (todos os elementos necessários se encontram nos autos) e outra parte por artigos ou arbitramento, inexistindo vedação legal quanto a esse procedimento.[12]

3. A sentença de liquidação

O objetivo da liquidação reside na prolação de uma *sentença* de liquidação, decisão que tem natureza declaratória e integra a sentença condenatória da fase de conhecimento.

Não obstante a denominação, é certo que não tem natureza jurídica de sentença. Trata-se de verdadeira decisão interlocutória, a qual não desafia, imediatamente, qualquer recurso trabalhista. A impugnação da sentença de liquidação poderá ser feita pelo devedor nos embargos à execução ou pelo credor, ambos no prazo de cinco dias após a garantia do juízo.

De qualquer sorte, não podemos deixar de reconhecer que a sentença de liquidação comporta embargos de declaração nos casos de omissão, contradição e obscuridade. Contudo, é oportuno assinalar que raramente as partes são intimadas da sentença de liquidação antes do início da execução, e nesta hipótese não se pode supor que os embargos de declaração se prestem a interromper o prazo para apresentação da impugnação à sentença de liquidação ou da apresentação de embargos

---

11. Cf. Amaro Barreto, *Execução*..., p. 54.
12. Cf. Manoel Antônio Teixeira Filho, *Liquidação*..., 3ª ed., pp. 176-177.

à execução, já que estes dois remédios processuais não têm natureza recursal.

Há controvérsia acerca da possibilidade de correção dos erros de cálculo na sentença de liquidação, ou mesmo da possibilidade de impugnação dos cálculos nos embargos quando há violação da coisa julgada e preclusão nos termos do art. 879, § 2º, da Consolidação das Leis do Trabalho. Pessoalmente, inclinamo-nos pela resposta positiva em ambas as questões.

Se a própria sentença condenatória comporta correção *ex officio* dos erros de cálculo e de escrita (art. 833 da CLT), não vemos por que não prestigiar idêntico procedimento na sentença de liquidação. Os cálculos que violam a coisa julgada não podem se beneficiar com a preclusão insculpida no art. 879, § 2º, da Consolidação das Leis do Trabalho[13] – motivo pelo qual acreditamos que referido vício pode ser alegado na impugnação à sentença de liquidação ou nos embargos à execução, independentemente de impugnação no prazo ofertado anteriormente, mesmo porque trata-se de vício que pode e deve ser afastado de ofício pelo magistrado, quiçá o maior interessado na prevalência da autoridade da coisa julgada, já que se trata de questão de ordem pública.

---

13. Sérgio Pinto Martins lembra que referida preclusão se destina às partes, e não ao juiz (*Direito...*, 10ª ed., pp. 527-528).

XXI
A EXECUÇÃO TRABALHISTA

1. Conceito e natureza jurídica da execução. 2. Modalidades de execução. 3. Fontes formais do processo de execução trabalhista. 4. Competência para a execução. 5. Princípios informativos da execução: 5.1 Igualdade – 5.2 Natureza real – 5.3 Limitação expropriativa – 5.4 Utilidade para o credor – 5.5 Não prejudicialidade do devedor – 5.6 Especificidade – 5.7 Responsabilidade pelas despesas processuais – 5.8 Não aviltamento do devedor – 5.9 Livre disponibilidade do processo pelo credor. 6. Legitimidade de partes na execução trabalhista: 6.1 Legitimidade ativa – 6.2 Legitimidade passiva: 6.2.1 A responsabilização dos sócios. 7. A execução por quantia certa contra devedor solvente: 7.1 Citação – 7.2 Penhora: 7.2.1 Bens penhoráveis e bens impenhoráveis – 7.3 Avaliação dos bens penhorados – 7.4 Fraude à execução e fraude contra credores. 8. Embargos à execução. 9. Invalidação da arrematação e da adjudicação. 10. Embargos de terceiro: 10.1 Conceito e natureza jurídica – 10.2 Legitimação ativa – 10.3 Prazo – 10.4 Competência – 10.5 A petição inicial dos embargos de terceiro. 11. Exceção de pré-executividade. 12. Execução contra a Fazenda Pública: 12.1 Execução por quantia certa – 12.2 Embargos à execução ou impugnação à execução opostos pela Fazenda Pública – 12.3 A expedição do precatório – 12.4 O cumprimento do precatório – 12.5. Execução de obrigações de pequeno valor contra a Fazenda Pública. 13. A execução das contribuições previdenciárias: 13.1 Breve histórico das contribuições previdenciárias perante a Justiça do Trabalho – 13.2 As contribuições previdenciárias e a Lei 10.035/2000 – 13.3 Contribuições previdenciárias e sentença trabalhista – 13.4 Contribuições previdenciárias e acordo judicial. 14. Execução das multas administrativas. 15. Suspensão e extinção da execução.

1. Conceito e natureza jurídica da execução

José Frederico Marques[1] alude à execução forçada como sinônimo de processo de execução e processo executivo e a define como sendo

1. *Manual de Direito Processual Civil*, 5ª ed., v. IV, p. 1.

"um conjunto de atos, processualmente aglutinados, que se destinam a fazer cumprir, coativamente, prestação a que a lei concede pronta e imediata exigibilidade". Trata-se, pois, de um processo que pressupõe a existência de um título executivo judicial ou extrajudicial.

Até o advento da Lei 9.958, de 2000, existiu no processo trabalhista uma certa resistência ao reconhecimento da possibilidade de execução de títulos executivos extrajudiciais, tais como cheques, notas promissórias, dados em pagamento de verbas trabalhistas, vez que o diploma consolidado não previa, de forma expressa, a possibilidade de execução de títulos extrajudiciais. Contudo, a lei supramencionada atribuiu nova redação ao art. 876 da Consolidação das Leis do Trabalho: "Art. 876. As decisões passadas em julgado ou das quais não tenha havido recurso com efeito suspensivo; os acordos, quando não cumpridos; os termos de ajuste de conduta firmados perante o Ministério Público do Trabalho e os termos de conciliação firmados perante as comissões de conciliação prévia serão executados pela forma estabelecida neste Capítulo".

Observa-se, desde logo, que está contemplada a possibilidade de execução, no processo do trabalho, de dois títulos executivos extrajudiciais, quais sejam, os termos de ajuste de conduta firmados perante o Ministério Público do Trabalho no inquérito civil e os termos de conciliação firmados perante as comissões de conciliação prévia de que tratam os arts. 625-A e ss. da Consolidação das Leis do Trabalho, todos acrescentados pela Lei 9.958, de 2000.

Atentamos, ainda, para o fato que as sentenças condenatórias são exequíveis independentemente do trânsito em julgado. Isto porque os recursos trabalhistas comportam apenas o efeito devolutivo.

Igualmente poderão ser executadas as custas fixadas no processo de conhecimento (art. 789 da CLT), cuja execução se fará com observância do Capítulo V do Título X do diploma consolidado, motivo pelo qual nos parece desacertado eventual entendimento de que a Justiça do Trabalho não possa executar as custas processuais.

Finalmente, será considerado título executivo judicial o acordo não cumprido, vez que a lei atribuiu à conciliação trabalhista o efeito de sentença irrecorrível em relação às partes litigantes (art. 831, parágrafo único, da CLT).

Em resumo, são títulos executivos que ensejam a execução trabalhista, nos termos do art. 876 da CLT: 1) sentença condenatória; 2) acordo não cumprido; 3) custas fixadas no acordo ou sentença; 4) despesas processuais do processo de execução; 5) termo de ajuste de conduta firmado perante o Ministério Público do Trabalho; 6) termo de conciliação firmado perante a comissão de conciliação prévia. Além dos mencionados, por força da ampliação da competência trabalhista (Emenda Constitucional 45/2004), precisamos acrescentar a certidão da dívida ativa da União (Lei 6.830/1980), que decorre da imposição de multas administrativas (art. 641 da CLT), em face do art. 114, VII, da CF, bem como notas promissórias ou cheques dados em pagamento por trabalho prestado fora do âmbito da relação de emprego, não havendo razão lógica para que se continue resistindo à possibilidade de execução, perante a Justiça do Trabalho, de referidos títulos executivos extrajudiciais.

A Lei 13.467/2017 acrescentou o art. 883-A à CLT prevendo a possibilidade de a decisão judicial transitada em julgado ser levada a protesto, gerar inscrição do nome do executado em órgãos de proteção ao crédito ou no Banco Nacional de Devedores Trabalhistas (BNDT), depois de transcorrido o prazo de 45 dias a contar de sua citação, se não houver garantia do juízo.

2. Modalidades de execução

As sentenças que comportam execução são as condenatórias (em obrigações de dar,[2] fazer ou não fazer). As sentenças declaratórias têm valor como preceito, eis que declaram a existência ou inexistência de uma relação jurídica; e o mesmo se diga das sentenças constitutivas, as quais objetivam criar, modificar ou extinguir uma relação jurídica, já que independem de execução propriamente dita.

No que respeita à definitividade da execução, podemos classificar as execuções em definitivas ou provisórias.

As *execuções definitivas* são aquelas que pressupõem o trânsito em julgado da sentença ou do acórdão, o inadimplemento do acordo homologado em juízo ou, ainda, a existência de algum título executivo extrajudicial.[3]

As *execuções provisórias* são aquelas promovidas com base em sentença ou acórdão não transitado em julgado e decorrem do efeito meramente devolutivo dos recursos trabalhistas. No entanto, o próprio

---

2. Entendemos que a obrigação de pagar quantia certa é espécie do gênero *obrigação de dar*.
3. Diante da ampliação da competência da Justiça do Trabalho, acreditamos que já não existe óbice à execução da nota promissória ou cheque dados em pagamento de verbas rescisórias ou de qualquer tipo de trabalho prestado; e para aqueles que preferem a solução mais ortodoxa, continuam com a possibilidade de ajuizar a ação monitória.

diploma consolidado estabelece que a execução provisória não vai além da penhora (art. 899 da CLT); vale dizer, o juízo da execução não está legitimado a promover quaisquer atos de expropriação de bens do executado e entrega de numerário ao exequente antes do trânsito em julgado da decisão de conhecimento.

Por outro lado, o fato de o art. 899 do diploma consolidado estabelecer que a execução provisória só vai até a penhora não significa que o executado não fica obrigado a ofertar os embargos à execução (ou à penhora). Isto porque o ato de constrição judicial (penhora) é seguido da intimação do executado para apresentar os embargos cabíveis, no prazo de cinco dias.[4] O juízo da execução é que deverá se acautelar para não julgar os embargos antes do trânsito em julgado da decisão proferida na fase de conhecimento, pois se assim não o fizer viabilizará a interposição de agravo de petição e a existência inevitável de dois recursos pendentes de julgamento no Tribunal Regional do Trabalho. E não se olvida que a atividade jurisdicional poderá restar inútil se houver modificação da sentença de conhecimento.

A execução provisória é feita mediante extração de carta de sentença, com observância dos requisitos do art. 520 do CPC/2015,[5] não se exigindo do empregado a caução de que trata o inciso III do referido artigo, eis que incompatível com o processo do trabalho.

A doutrina não é unânime acerca da possibilidade de execução provisória das obrigações de fazer, a exemplo da obrigação de reintegrar o empregado.

Manoel Antônio Teixeira Filho lembra-nos que a lei não impede – e até parece autorizar – a execução provisória de uma obrigação de fazer, diante dos expressos termos do Código de Processo Civil, eis que

4. "No processo do trabalho, a execução provisória se paralisa na penhora (art. 899 da CLT). Penhora aí se entende como a que é julgada, com embargos interpostos e impugnados, ou com os respectivos prazos decorridos e tudo decidido.

"Isso porque só torna eficaz a execução provisória a penhora subsistente, vinculando os bens penhorados à ação executória; se a penhora for julgada insubsistente, outra subsistente se impõe, para eficiência da execução preliminar" (Amaro Barreto, *Execução Cível e Trabalhista*, p. 48).

5. Art. 522, parágrafo único, CPC/2015: "Não sendo eletrônicos os autos, a petição será acompanhada de cópias das seguintes peças do processo, cuja autenticidade poderá ser certificada pelo próprio advogado, sob sua responsabilidade pessoal: I – decisão exequenda; II – certidão de interposição do recurso não dotado de efeito suspensivo: III – procurações outorgadas pelas partes; IV – decisão de habilitação, se for o caso; V – facultativamente, outras peças processuais consideradas necessárias para demonstrar a existência do crédito".

não faz distinção entre as diversas obrigações passíveis de execução (dar, fazer e não fazer); mas entende desaconselhável a execução provisória das obrigações de fazer.[6]

Assinale-se, ainda, que expedição de mandado judicial para cumprimento de execução provisória de obrigação de fazer (reintegrar o empregado, por exemplo) desafia mandado de segurança, uma vez que se trata de decisão interlocutória e não comporta qualquer espécie de recurso no processo trabalhista. E se é discutível o direito líquido e certo do empregador em aguardar o trânsito em julgado da sentença condenatória na obrigação de reintegrar o empregado, parece-nos que a discussão não subsistiria no caso de a obrigação corresponder à emissão de carta de boas referências. Na hipótese em que a determinação para reintegração do empregado consta da própria sentença, independentemente do trânsito em julgado, a impugnação não será feita por mandado de segurança, mas caberá o pedido de efeito suspensivo ao recurso, nos termos da Súmula 414, I, TST.

3. Fontes formais do processo de execução trabalhista

O processo de execução trabalhista rege-se pela Consolidação das Leis do Trabalho (arts. 876-892) ou lei trabalhista fora do bojo do diploma consolidado. Na hipótese de omissão da Consolidação das Leis do Trabalho socorremo-nos da lei dos executivos fiscais,[7] desde que não seja incompatível com os preceitos da execução no processo do trabalho, diante dos expressos termos do art. 889 consolidado.

Finalmente, na hipótese de a Lei 6.830, de 1980, se revelar incompatível com a execução trabalhista ou revelar omissão, poderemos nos socorrer do Código de Processo Civil, diante da autorização contida no art. 769 da Consolidação das Leis do Trabalho.

Registramos, todavia, que o art. 882 consolidado traduz exceção à regra que acabamos de emitir. Vale dizer, a indicação de bens à penhora pelo executado deve observar a ordem preferencial do art. 835 do CPC/2015, e não aquela da Lei 6.830, de 1980.

4. Competência para a execução

No processo trabalhista a execução é procedida perante o próprio órgão em que o título executivo foi constituído originariamente, ou seja,

---

6. *Execução no Processo do Trabalho*, 2ª ed., p. 160.
7. Atualmente a Lei 6.830, de 1980.

a Vara do Trabalho ou juízo de direito investido na jurisdição trabalhista. E mesmo os acordos celebrados na segunda instância são exequíveis perante o juízo de primeiro grau.

A competência funcional para a execução de títulos extrajudiciais reconhecidos na Justiça do Trabalho (art. 876 da CLT) também é dos órgãos de primeira instância.

5. Princípios informativos da execução

Ao discorrer sobre o tema, Manoel Antônio Teixeira Filho[8] relaciona os seguintes princípios que norteiam a execução trabalhista:

5.1 Igualdade

Decorre do *caput* do art. 5º da Constituição Federal, segundo o qual "todos são iguais perante a lei"; mas não se pode olvidar que o credor tem posição de superioridade em relação ao devedor, já que possui um título executivo. Vale dizer, o executado encontra-se em estado de sujeição em relação ao exequente, não se podendo cogitar da mesma igualdade existente no processo de conhecimento.

5.2 Natureza real

Os bens do executado, presentes e futuros (art. 789 do CPC/2015), é que respondem pela dívida, inexistindo atos executórios sobre a pessoa física do devedor. A restrição aos bens impenhoráveis (por exemplo, bem de família) não atenta contra o art. 789 do CPC/2015, que os excepciona ao aludir às "restrições estabelecidas em lei".

5.3 Limitação expropriativa

O débito exequendo não pode servir de pretexto para uma alienação total do patrimônio do devedor desde que a constrição de parte dos bens seja suficiente à satisfação do exequente. Vale dizer, a expropriação está limitada pelo valor do crédito, com os acréscimos de juros e correção monetária, além das despesas com editais.

5.4 Utilidade para o credor

A execução deve ser útil ao credor, estabelecendo a legislação processual que a penhora não será efetuada "quando evidente que o pro-

8. *Execução...*, 2ª ed., pp. 87-90.

duto da execução dos bens encontrados será totalmente absorvido pelo pagamento das custas da execução" (art. 836, do CPC/2015).

5.5 Não prejudicialidade do devedor

Não se permite que o exequente tripudie sobre o executado, não obstante o estado de sujeição deste último. Assim, o art. 805 do CPC/2015 estabelece que a execução será promovida pelo modo menos gravoso ao devedor quando puder ser realizada por diversos meios.

Por força deste princípio, não temos dúvidas em afirmar que ao executado assiste o direito de parcelar o débito exequendo, desde que observada a correção monetária e juros devidos, quando se verificar que a execução forçada poderia não surtir os efeitos desejados. Entendemos que referida solução deve ser analisada no caso concreto, pois o número de parcelas vai depender do valor do débito e do poder aquisitivo do executado, com observância do bom senso, e nunca se permitindo que o interesse exclusivamente pessoal do devedor se sobreponha ao interesse do exequente e da execução. Neste sentido, temos o art. 916 do CPC/2015, aplicável ao processo do trabalho (art. 769 da CLT), e que permite o parcelamento do crédito exequendo em até seis meses, desde que o executado reconheça o crédito e haja o depósito de 30% no prazo dos embargos do devedor.

5.6 Especificidade

Trata-se de princípio que diz respeito apenas às execuções para entrega de coisa, de fazer e de não fazer. É o que dispõem o art. 809 ("O exequente tem o direito a receber, além de perdas e danos, o valor da coisa, quando essa se deteriorar, não lhe for entregue, não for encontrada ou não for reclamada do poder de terceiro adquirente") e art. 816, ambos do CPC/2015 ("Se o executado não satisfizer a obrigação no prazo designado, é lícito ao exequente, nos próprios autos do processo, requerer a satisfação da obrigação à custa do executado ou perdas e danos, hipótese em que se converterá em indenização").

5.7 Responsabilidade pelas despesas processuais

Incumbe ao devedor o pagamento do crédito exequendo, além das despesas com publicações de editais, honorários periciais supervenientes à sentença condenatória (no caso de liquidação de sentença, por exemplo) e demais despesas processuais, conforme art. 789-A da CLT. Entendemos que, excepcionalmente, as despesas com honorários periciais poderão ser suportadas pelo próprio exequente. São as hipóteses em que a nomeação de perito para realização dos cálculos de liquidação tenha sido motivada por grande disparidade entre os cálculos das partes litigantes e, a final, se verificar que os cálculos do executado muito se aproximaram daqueles apresentados pelo auxiliar do juízo, enquanto os cálculos do exequente se apresentaram completamente divorciados da coisa julgada, com valores muito superiores ao devido.

5.8 Não aviltamento do devedor

Não obstante a posição mais confortável do credor em relação ao devedor, é certo que a execução não deve afrontar a condição humana deste último. E por este motivo a legislação processual colocou a salvo da penhora alguns bens, tais como aqueles indicados no art. 833 do CPC/2015 e o bem de família, nos termos da Lei 8.009, de 1990, e que veremos mais adiante. Contudo, alguns exageros decorrentes das inovações da Lei 11.382/2005 acabaram se verificando, em benefício do executado, a exemplo da impenhorabilidade dos depósitos em caderneta de poupança, até o limite de 40 salários-mínimos (art. 649, X, do CPC revogado, também está consagrado no art. 833, X, do CPC vigente), e que consideramos de constitucionalidade duvidosa e incompatível com o processo do trabalho, pois prestigia o acúmulo de riqueza em detrimento da satisfação do crédito trabalhista, que é, via de regra, alimentar.

5.9 Livre disponibilidade do processo pelo credor

O credor pode desistir da execução ou de algumas medidas executivas independentemente da concordância do devedor. É o que dispõe o art. 775 do CPC/2015 ("O exequente tem o direito de desistir de toda a execução ou de apenas alguma medida executiva"), mas só produzirá efeito após a homologação por sentença (art. 200, parágrafo único, do CPC/2015), eis que a execução é instaurada após o exercício da uma ação executória. Contudo, se já houver interposição de embargos à execução (ou à penhora) parece-nos que a desistência deve contar com a aquiescência do devedor embargante, mormente porque poderá ter interesse no pronunciamento de mérito acerca dos embargos ofertados.⁹

6. Legitimidade de partes na execução trabalhista

6.1 Legitimidade ativa

A execução poderá ser promovida pelo credor, que é o legitimado ordinário, e não é necessariamente titular do direito material reconhecido na sentença condenatória, já que não se podem olvidar as hipóteses de substituição processual pelo sindicato da categoria profissional ou Ministério Público do Trabalho.

O diploma consolidado atribui a legitimação ativa "às partes" (art. 878, *caput*), e, embora não mencione expressamente, a expressão deve abarcar a legitimação ordinária superveniente, nos termos do art. 778, § 1º, do CPC/2015. Assim, poderão estar legitimados a promover a execução o espólio, herdeiros ou sucessores, os cessionários ou os sub-rogados.

O falecimento do empregado-exequente não extingue a execução, de sorte que seu espólio, seus herdeiros ou sucessores poderão promover a execução. Trata-se de hipótese de alteração subjetiva e que pressupõe o procedimento de habilitação incidental. Em princípio, a sucessão processual se dá em favor dos dependentes habilitados perante a Previdência Social (Lei 6.858, de 1980), e somente na falta destes é que a sucessão se defere em favor dos herdeiros nos termos da legislação civil.

Também é possível a existência de cessionários, quando ocorre a cessão de crédito disciplinada nos arts. 286 e ss. do Código Civil, desde que a disciplina civilista seja amoldada às peculiaridades do processo do trabalho.

Igualmente, podemos reconhecer legitimidade para promover a execução trabalhista ao sub-rogado, ou seja, ao terceiro que tenha satisfeito a obrigação junto ao credor, e que terá interesse na execução em face do devedor.

Assinale-se que tanto cessionário quanto sub-rogados não estão obrigados a ingressar na execução, podendo o credor-cedente ou sub-rogatário continuar na condição de substituto processual.

É possível, também, abarcar a hipótese do devedor, que poderá ter interesse no desfecho rápido da execução, e daí o pedido para que o cre-

---

9. Ísis de Almeida entende que a homologação da desistência da execução deve se operar após a concordância do executado, independentemente da interposição de embargos (*Manual de Direito Processual do Trabalho*, 8ª ed., pp. 440-444).

dor, por exemplo, seja intimado a reassumir o emprego, no caso de ter sido condenado a reintegrá-lo.

Finalmente, o próprio art. 878 da Consolidação das Leis do Trabalho aludia à possibilidade de execução *ex officio* pelo juiz do trabalho ou juiz de direito investido na jurisdição trabalhista. No entanto, parece-nos acertado o posicionamento de Wilson de Souza Campos Batalha quando afirma que, "obviamente, esse tipo de execução é inadmissível quando o exequente estiver representado nos autos, por advogado legitimamente constituído"[10] – admitindo, *a contrario sensu*, que a execução seja promovida *ex officio* sempre que as partes estiverem exercendo o *jus postulandi*,[11] entendimento que foi positivado a partir da Lei 13.467/2017 que, alterando a redação do art. 878 da CLT, determina que a execução *ex officio* pelo juiz se dará "apenas nos casos em que as partes não estiverem representadas por advogado".

6.2 Legitimidade passiva

O devedor (assim reconhecido no título executivo – art. 779 do CPC/2015) é o sujeito passivo da execução e, eventualmente, o sucessor (arts. 10, 448 e 448-A da CLT), independentemente de este último integrar o polo passivo na fase de conhecimento, incluindo o sócio retirante, nos termos do art. 10-A da CLT, acrescentado pela Lei 13.467/2017.

Ísis de Almeida menciona, inclusive, a possibilidade de o sucessor ser chamado a integrar a execução ao lado do sucedido, o que seria "uma dupla garantia que o pragmatismo do processo trabalhista, acompanhando a índole tutelar do direito do trabalho, deve adotar, desde que a sucessão se tenha configurado plena e insofismavelmente dentro das especulações doutrinárias e jurisprudenciais a respeito".[12]

O posicionamento de Isis de Almeida também se coaduna com as lições de Valentin Carrion, para quem "o legislador, ao redigir os arts. 10 e 448, não pretendeu eximir de responsabilidade o empregador anterior liberando-o de suas obrigações, de forma imoral".[13]

10. *Tratado de Direito Judiciário do Trabalho*, 1977, p. 851.
11. Christóvão Piragibe Tostes Malta entende que a Lei 5.584, de 1970, restringiu a possibilidade de os juízes promoverem a execução *ex officio*, eis que o art. 4º estabelece que, "nos dissídios de alçada exclusiva das Juntas e naqueles em que os empregados ou empregadores reclamarem pessoalmente, o processo poderá ser impulsionado de ofício pelo juiz" (*Prática do Processo Trabalhista*, 23ª ed.).
12. *Manual...*, 8ª ed., p. 437.
13. *Comentários à Consolidação das Leis do Trabalho*, 25ª ed., 2000, p. 278.

É possível, ainda, atribuir a legitimação passiva ao espólio ou herdeiros do devedor,[14] bem como a um novo devedor que tenha assumido a obrigação decorrente do título executivo, com a concordância do credor.

Finalmente, a execução poderá se voltar contra o devedor solidário integrante do mesmo grupo econômico do empregador (art. 2º, § 2º, da CLT), desde que esteja indicado no título executivo judicial, a menos que decorra da desconsideração da personalidade jurídica, hipótese em que os sócios da executada (pessoas físicas ou jurídicas) sofrem os efeitos da execução.

No mais, diante do cancelamento da Súmula 205 do TST, torna-se plenamente defensável a possibilidade de integrar as empresas do mesmo grupo econômico à execução nos casos em que o devedor se encontre à beira da falência ou insolvência civil,[15] mormente quando há indícios de fraude ou má gestão do negócio, e ainda nas situações em que a empresa integrante do grupo é sócia da falida, hipótese que demanda a instauração do correspondente incidente para desconsideração da personalidade jurídica (art. 855-A da CLT).

E não nos sensibilizamos com o argumento de que referido posicionamento implica violação da coisa julgada, impondo a terceiros estranhos à lide uma obrigação contraída por outrem, já que desmoralização maior seria vislumbrar-se a inexequibilidade da obrigação em face da insolvência do executado, enquanto outras empresas do mesmo grupo econômico estivessem arrogando a condição de partes ilegítimas para a execução. Contudo, a solução do caso concreto depende de análise específica, e desde que a condição de empresas integrantes do mesmo grupo econômico seja inquestionável.

6.2.1 A responsabilização dos sócios

Os sócios da empresa reclamada poderão ser chamados a adimplir a obrigação contida no título executivo, sob pena de terem os bens pessoais expropriados pelo juízo trabalhista se constarem na condenação – hipótese que não oferece maiores dificuldades.

14. Lembre-se que é o patrimônio do devedor que responde pela dívida. Assim, a execução não avança no patrimônio dos herdeiros, salvo a ocorrência de fraude à execução.

15. Ísis de Almeida adota idêntico posicionamento, afirmando que a execução pode "instaurar-se contra a empresa principal ou qualquer subsidiária, ainda que estranhas à relação processual até ali estabelecida, se a reclamada não tem condições seguras de responder pela obrigação resultante da condenação, não sendo necessário que tenha havido insolvência declarada ou não dela" (*Manual...*, 3ª ed., v. II, p. 412).

No entanto, revelava-se tormentosa a possibilidade de a execução recair em bens pessoais dos sócios nas hipóteses em que não constam do título executivo judicial, notadamente quando se examinasse o disposto no art. 20 do Código Civil de 1916, que dispunha: "As pessoas jurídicas têm existência distinta da dos seus membros".

Por outro lado, ao contrário do que supunham alguns civilistas, o art. 20 do Código Civil de 1916 não consagrava a irresponsabilidade dos sócios da pessoa jurídica pelas obrigações contraídas por esta última. E quando se trata de crédito trabalhista, não podemos olvidar as situações em que os sócios se beneficiaram com a prestação laboral do empregado. Afinal de contas, em última análise, os lucros da pessoa jurídica revertem em favor dos sócios, e para a ocorrência de lucros muito contribuem os empregados.

Feitas estas considerações, torna-se plenamente defensável a responsabilização pessoal dos sócios de executada que é pessoa jurídica, sempre levando em consideração o tipo de sociedade existente e o fato de que o atual Código Civil consagra a possibilidade de desconsideração da pessoa jurídica em caso de abuso ou desvio de finalidade,[16] e a própria Lei 8.078, de 1990 (Código de Defesa do Consumidor), consagra a teoria objetiva da desconsideração da pessoa jurídica, a teor de seu art. 28, § 5º: "Também poderá ser desconsiderada a pessoa jurídica sempre que sua personalidade for, de alguma forma, obstáculo ao ressarcimento de prejuízos causados aos consumidores", cuja aplicação subsidiária no âmbito trabalhista é mais do que necessária pois, a exemplo das relações de consumo, as relações de trabalho costumam envolver uma relação desigual, nas quais a proteção do trabalhador é imperativo de ordem social.

Nas sociedades em comandita[17] os sócios comanditários são obrigados apenas pelos fundos com que ingressaram na sociedade, enquanto os comanditados respondem solidária e ilimitadamente pelas obrigações sociais (art. 1.045 do Código Civil), aí incluídas as trabalhistas.

16. *Código Civil*: "Art. 50. Em caso de abuso da personalidade jurídica, caracterizado pelo desvio de finalidade, ou pela confusão patrimonial, pode o juiz decidir, a requerimento da parte, ou do Ministério Público quando lhe couber intervir no processo, que os efeitos de certas e determinadas relações de obrigações sejam estendidos aos bens particulares dos administradores ou sócios da pessoa jurídica".

17. *Código Civil*: "Art. 1.045. Na sociedade em comandita simples tomam parte sócios de duas categorias: os comanditados, pessoas físicas, responsáveis solidária e ilimitadamente pelas obrigações sociais; e os comanditários, obrigados somente pelo valor de sua quota".

Nas sociedades em nome coletivo[18] todos os sócios são solidária e ilimitadamente responsáveis pelas obrigações trabalhistas.

Quando se tratar de sociedades em conta de participação[19] apenas o sócio ostensivo responderá pelas obrigações da sociedade, enquanto o sócio oculto ficará responsável tão somente perante o primeiro (art. 991 do Código Civil).

Nas sociedades limitadas, cada sócio é responsável até o limite de suas quotas, mas todos respondem solidariamente pela integralização do capital social, sendo possível a responsabilização solidária dos administradores perante a sociedade e terceiros.[20]

Nas companhias ou sociedades anônimas a responsabilidade dos sócios ou acionistas será limitada ao preço da emissão das ações subscritas ou adquiridas, conforme o art. 1º da Lei 6.404, de 1976 e art. 1.088 do Código Civil. No entanto se poderá cogitar da responsabilidade solidária dos membros do Conselho de Administração e Diretoria nas hipóteses de fraude à execução (art. 792 do CPC/2015), por força do art. 18 da Lei 8.884, de 1994 (desconsideração da pessoa jurídica), nas hipóteses de configuração do abuso de direito, excesso de poder, infração da lei ou violação dos estatutos ou contrato social, independentemente da decretação de falência, encerramento ou inatividade da pessoa jurídica, a menos que indiquem bens livres e desembargados da sociedade (art. 795, § 2º, do CPC/2015[21]).

18. *Código Civil*: "Art. 1.039. Somente pessoas físicas podem tomar parte na sociedade em nome coletivo, respondendo todos os sócios, solidária e ilimitadamente, pelas obrigações sociais. Parágrafo único. Sem prejuízo da responsabilidade perante terceiros, podem os sócios, no ato constitutivo, ou por unânime convenção posterior, limitar entre si a responsabilidade de cada um".

19. *Código Civil*: "Art. 991. Na sociedade em conta de participação, a atividade constitutiva do objeto social é exercida unicamente pelo sócio ostensivo, em seu nome individual e sob sua própria e exclusiva responsabilidade, participando os demais dos resultados correspondentes. Parágrafo único. Obriga-se perante terceiros tão somente o sócio ostensivo; e, exclusivamente perante este, o sócio participante, nos termos do contrato social".

20. *Código Civil*: "Art. 1.016. Os administradores respondem solidariamente perante a sociedade e os terceiros prejudicados, por culpa no desempenho de suas funções".

21. "Art. 795. Os bens particulares dos sócios não respondem pelas dívidas da sociedade, senão nos casos previstos em lei. § 1º. O sócio réu, quando responsável pelo pagamento da dívida da sociedade, tem o direito de exigir que primeiro sejam excutidos os bens da sociedade. 2º. Incumbe ao sócio que alegar o benefício do § 1º nomear quantos bens da sociedade situados na mesma comarca, livres e desembargados, bastem para pagar o débito."

Impõe-se, destarte, observar que a responsabilização dos sócios que não constam expressamente do título executivo judicial demanda a necessidade de instauração do incidente de desconsideração da personalidade jurídica, nos termos do art. 855-A da CLT, acrescentado pela Lei 13.467/2017, com observância dos arts. 133 a 137 do CPC, amplamente tratado no item 7.7 do Capitulo XII desta obra.

7. A execução por quantia certa contra devedor solvente

7.1 Citação

Proferida a sentença de liquidação, inicia-se a execução com a expedição de mandado de citação[22] (via de regra, também de penhora e avaliação), diante dos expressos termos do art. 880 consolidado, para que o executado pague ou indique bens à penhora para garantia da execução, no prazo de 48 horas. Por este motivo, consideramos absolutamente incompatível com o processo do trabalho as disposições do art. 523 do CPC/2015; vale dizer, não se verifica omissão na legislação processual trabalhista (lacuna normativa) quanto ao procedimento de citação, penhora e avaliação, o que afasta a aplicação da cominação de multa de 10% sobre o montante da condenação e honorários advocatícios (com idêntico percentual), caso não ocorra o pagamento em 15 dias.

Observamos que a autorização para aplicação subsidiária do processo comum ao processo do trabalho depende de omissão e compatibilidade com o processo do trabalho, carecendo de relevância a alegação de maior efetividade da norma do processo comum, notadamente em face do caráter de subjetividade que se reveste referida afirmação. Neste sentido, ousamos afirmar que as disposições do processo do trabalho, ao determinar o depósito ou indicação de bens no prazo de 48 horas (art. 880 da CLT) se revelam mais efetivas e não parece razoável que o reclamado seja obrigado a suportar a multa de 10% sobre o montante da condenação e honorários advocatícios para que lhe seja permitido discutir o acerto dos cálculos de liquidação. E não ignoramos o fato de que o art. 523 do CPC/2015 inovou ao possibilitar a mesma prática para os casos de decisão sobre parcela incontroversa, pois, como já afirmamos, a legislação processual trabalhista não é omissa.

---

22. Não se trata, propriamente, de citação, e sim de intimação. Neste mesmo sentido Manoel Antônio Teixeira Filho, *Execução...*, 2ª ed., p. 318.

Referida citação é promovida por oficial de justiça (e nunca pelo Correio ou imprensa oficial), sendo unânime a doutrina no sentido de que não necessita ser pessoal, a exemplo do que ocorre com a citação na fase de conhecimento. Basta que seja efetuada no endereço do executado, carecendo de relevância se este último concordou em assinar a citação e receber a contrafé.

A citação será promovida por edital se o executado, procurado por duas vezes no espaço de 48 horas, não for encontrado (art. 880, § 3º, da CLT). No entanto, atente-se para o fato de que a citação se dá por edital quando o endereço do executado é conhecido mas este não é encontrado pelo oficial de justiça (por estar tentando se ocultar, por exemplo).[23]

No prazo de 48 horas o executado poderá indicar bens à penhora, com observância da ordem preferencial do art. 835 do CPC/2015, haja vista os expressos termos do art. 882 consolidado, garantir a execução com depósito em dinheiro ou apresentação de seguro-garantia judicial.

Com efeito, o art. 835 do CPC/2015 estabelece a seguinte ordem de preferência para indicação de bens à penhora pelo executado: a) dinheiro, em espécie ou em depósito ou aplicação em instituição financeira; b) títulos da dívida pública da União, dos Estados e do Distrito Federal com cotação em mercado; c) títulos e valores mobiliários com cotação em mercado; d) veículos de via terrestre; e) bens imóveis; f) bens móveis em geral; g) semoventes; h) navios e aeronaves; i) ações e quotas de sociedades simples e empresárias; j) percentual do faturamento de empresa devedora; k) pedras e metais preciosos; l) direitos aquisitivos derivados de promessa de compra e venda e de alienação fiduciária em garantia; m) outros direitos.

Feita a nomeação pelo devedor, o credor é instado a se manifestar, podendo ou não aceitá-la. Se aceitar, a penhora é formalizada sobre os bens indicados; se não concordar, a penhora é feita livremente pelo oficial de justiça. Observe-se que a ordem preferencial do art. 835 do diploma processual civil se destina ao devedor que pretender nomear bens à penhora, mas não vincula o exequente, o oficial de justiça, nem o juiz.

23. "A *citação por edital* é um mal necessário para obstar a que o executado, escondendo-se, impeça o cumprimento da sentença; entretanto, pela sua evidente imperfeição, pode constituir um ato de violência contra o réu; o juiz tem o dever de fiscalizar os atos dos auxiliares, determinando novas diligências e anulando os atos que prejudiquem a plena defesa sempre que se vislumbrar possibilidade de citar-se o executado pessoalmente" (Valentin Carrion, *Comentários à Consolidação das Leis do Trabalho*, 19ª ed., p. 675).

7.2 Penhora

Nas lições de Amaro Barreto, "a penhora é ato da execução por quantia certa que consiste em se separarem do patrimônio do executado e em se depositarem bens que bastem à satisfação do julgado".[24] Segundo José Carlos Barbosa Moreira denomina-se penhora "o ato pelo qual se apreendem bens para empregá-los, de maneira direta ou indireta, na satisfação do crédito exequendo".[25] Trata-se, pois, de um ato de constrição judicial do patrimônio do devedor, com vistas a satisfazer a obrigação que se extrai do título executivo. E, por este motivo, retira do devedor a livre disponibilidade do bem penhorado.[26] Assinale-se, ainda, que o Provimento 06/2005 da Corregedoria-Geral da Justiça do Trabalho (*DJU* 3.11.2005) recomenda que a constrição judicial de numerário do executado seja observada com prioridade, por meio do convênio mantido entre o TST e o Banco Central do Brasil, conhecido como "Bacen-Jud", e que costuma ser lembrado como penhora *on line*, apesar de não passar de uma determinação judicial para que os valores, eventualmente encontrados em contas correntes e aplicações do devedor (em qualquer Banco no País), sejam bloqueados e colocados à disposição do juízo da execução. A penhora deve recair em tantos bens quantos bastem à satisfação do crédito exequendo, com acréscimo de juros, correção monetária e despesas processuais (art. 883 da CLT), e a continuidade na utilização dos bens penhorados é assegurada pela nomeação de fiel depositário (normalmente o próprio devedor pessoa física, ou representante legal do devedor pessoa jurídica).[27]

O depositário será reputado infiel se não entregar os bens ao arrematante, ao adjudicante ou qualquer outra pessoa que o juiz determinar, ou se não apresentar os bens quando solicitados pelo magistrado, hipótese que enseja a conclusão de que o bem se perdeu por sua culpa.

---

24. *Execução...*, p. 121.
25. *O Novo Processo Civil Brasileiro*, 11ª ed., p. 276.
26. "(...) a despeito da apreensão judicial de seus bens, o devedor conserva a propriedade sobre os mesmos; a posse passa a ser indireta. Estamos afirmando, com isso, que o devedor não perde, com a apreensão de seus bens, o seu direito dominial, conquanto sofram restrições os seus poderes diretos pertinentes à utilização dos bens (...). Não se pode falar, portanto, na espécie *sub examine*, em nulidade ou mesmo em anulabilidade da alienação dos bens, pelo devedor; o que há, nítida, é ineficácia, do ponto de vista da execução. É verdade que dita alienação constitui ato jurídico perfeito, no âmbito das relações estabelecidas entre o devedor e o adquirente dos bens" (Manoel Antônio Teixeira Filho, *Execução...*, 2ª ed., pp. 327-328).
27. Incumbem ao depositário a guarda e conservação dos bens penhorados, nos termos do art. 148 do Código de Processo Civil.

E, neste caso, o juiz poderia decretar sua prisão, com fundamento no art. 5º, LXVII, da Constituição Federal, nos próprios autos da execução trabalhista, com supedâneo na Súmula 619 do Supremo Tribunal Federal ("A prisão do depositário judicial pode ser decretada no próprio processo em que se constituiu o encargo, independentemente da propositura da ação de depósito"),[28] por prazo não superior a um ano, a teor do art. 652 do Código Civil. Contudo, a Súmula Vinculante 25 (STF) inviabilizou a possibilidade, ao afirmar que "é ilícita a prisão civil de depositário infiel, qualquer que seja a modalidade do depósito", motivando a afirmação de que o depositário infiel responderá apenas por perdas e danos, mas não suportará o ônus da prisão civil – entendimento que se compatibiliza com os Decretos 592, de 6.7.92 (Pacto Internacional sobre Direitos Civis e Políticos), e 678, de 6.11.92 (Pacto de São Jose da Costa Rica, que dispõe, em seu art. 7º, item 7, que ninguém deve ser preso por dívida, exceto no caso de inadimplemento de obrigação alimentar).

7.2.1 Bens penhoráveis e bens impenhoráveis

Como bem observa José Carlos Barbosa Moreira,[29] são impenhoráveis, tão somente, aqueles bens que a lei taxativamente enumera. Isto porque a penhorabilidade é a regra, e a impenhorabilidade a exceção. E, assim, não são impenhoráveis os bens gravados por penhor, hipoteca ou usufruto, com a única ressalva de que seja intimado o credor pignoratício, hipotecário ou usufrutuário, sob pena de eventual alienação judicial não produzir efeitos em relação a estes (art. 804 do CPC/2015).

Feitas estas considerações, impõe-se afirmar que, excetuadas as hipóteses de impenhorabilidade expressamente indicadas na lei, todos os bens do devedor são penhoráveis, inclusive aqueles que se encontram em poder de terceiros (legitimamente – art. 790, III, do CPC/2015 – ou em fraude de execução – art. 792 do CPC/2015), e também os bens dos sócios, nos termos da lei (art. 790, II, do CPC/2015).

Nos termos do art. 833 do CPC/2015 são impenhoráveis: I – os bens inalienáveis e os declarados, por ato voluntário, não sujeitos à execução; II – os móveis, os pertences e as utilidades domésticas que guarnecem a residência do executado, salvo os de elevado valor ou os que ultra-

---

28. Contudo, já é possível encontrarmos jurisprudência de Tribunais Regionais do Trabalho na qual se considerou ilegal a prisão de depositário infiel sem observância da ação de depósito, por violação do devido processo legal.

29. *O Novo Processo...*, 11ª ed., p. 277.

passem as necessidades comuns correspondentes a um médio padrão de vida; III – os vestuários, bem como os pertences de uso pessoal do executado, salvo se de elevado valor: IV – os vencimentos, os subsídios, os soldos, os salários, as remunerações, os proventos de aposentadoria, as pensões, os pecúlios e os montepios, bem como as quantias recebidas por liberalidade de terceiro e destinadas ao sustento do devedor e de sua família, os ganhos de trabalhador autônomo e os honorários de profissional liberal, ressalvado o § 2º; V – os livros, as máquinas, os utensílios, os instrumentos ou outros bens móveis necessários ou úteis ao exercício da profissão do executado; VI – o seguro de vida; VII – os materiais necessários para obras em andamento, salvo se essas forem penhoradas; VIII – a pequena propriedade rural, assim definida em lei, desde que trabalhada pela família; IX – os recursos públicos recebidos por instituições privadas para aplicação compulsória em educação, saúde ou assistência social; X – a quantia depositada em caderneta de poupança, até o limite de 40 (quarenta) salários-mínimos; XI – os recursos públicos do fundo partidário recebidos por partido político, nos termos da lei; XII – os créditos oriundos de alienação de unidades imobiliárias, sob regime de incorporação imobiliária, vinculados à execução da obra.

A impenhorabilidade que emerge do art. 833, V, CPC/2015 ("os livros, as máquinas, os utensílios, os instrumentos ou outros bens móveis necessários ou úteis ao exercício da profissão do executado") abrange os equipamentos, os implementos e as máquinas agrícolas pertencentes a pessoa física ou a empresa individual produtora rural, salvo para quitação de dívida de natureza alimentar, trabalhista ou previdenciária, bem como nas hipóteses em que estejam vinculados em garantia de financiamento para sua aquisição, conforme art. 833, § 3º, CPC/2015, não militando em favor de outras formas de pessoa jurídica.[30]

Entendemos que o disposto no art. 833, X, do CPC/2015, que assegura a impenhorabilidade do montante aplicado em caderneta de poupança até 40 salários-mínimos, é de constitucionalidade mais do que duvidosa, pois viola o disposto no art. 7º, IV, da CF, que veda a vinculação do salário-mínimo para qualquer finalidade. Superada a discus-

---

30. E neste mesmo sentido Amauri Mascaro Nascimento: "Não são impenhoráveis as máquinas de uma indústria, porque a proteção da lei com a impenhorabilidade das máquinas e instrumentos de trabalho restringe-se aos profissionais e tem em conta a necessidade de uma fonte de rendimento para a subsistência da pessoa e de sua família. É claro que um profissional que vive do trabalho autônomo com uma máquina, impedido de fazê-lo, pela penhora sobre a máquina, veria prejudicada a sua sobrevivência" (*Curso de Direito Processual do Trabalho*, 18ª ed., pp. 536-537).

são, entendemos que referido dispositivo legal não é compatível com o processo do trabalho, pois atribui injustificável privilégio ao devedor em detrimento do crédito trabalhista, o que justifica sua inaplicabilidade (art. 769 da CLT).

Quanto à impenhorabilidade dos salários, na vigência do Código de Processo Civil anterior já era possível destacar julgados que, fazendo uma interpretação ampliativa do então vigente art. 649, § 2º, do CPC/1973 ("O disposto no inciso IV do *caput* deste artigo não se aplica no caso de penhora para pagamento de prestação alimentícia"), estendia referido benefício aos créditos reconhecidos em sentença trabalhista, a exemplo da seguinte ementa: "Impenhorabilidade do crédito trabalhista. O CPC 649-II a IX estatui o *beneficum competentatiae*, ou seja, a impenhorabilidade processual absoluta dos bens ali enumerados. É norma de ordem pública, das quais as partes não podem dispor, pouco importando haja a própria executada os oferecido. Os direitos da executada provenientes de reclamação trabalhista são impenhoráveis pois decorrem de remuneração, salário a qualquer título" (1º TACivSP, AI 536.051, Rodrigues de Carvalho, j. 7.4.1993).[31]

Contudo, o atual Código de Processo Civil evoluiu na questão, permitindo a penhora da quantia que superar 50 salários-mínimos mensais, persistindo a autorização de outrora quanto à penhora para satisfação de prestação alimentícia (art. 833, § 2º, CPC/2015).

A Lei 8.009, de 1990, instituiu o bem de família, consagrando a impenhorabilidade do único imóvel de propriedade do devedor e que se presta à residência da entidade familiar (art. 1º). Contudo, não se trata de impenhorabilidade absoluta, eis que o art. 3º de referida lei autoriza a penhora nas seguintes hipóteses: a) em razão dos créditos trabalhistas dos trabalhadores domésticos e das respectivas contribuições previdenciárias; b) para garantir o crédito daquele que financiou a aquisição ou construção do imóvel, nos limites do contrato celebrado; c) para pagamento de pensão alimentícia; d) para cobrança de impostos (predial ou territorial), taxas e contribuições devidas em função do imóvel; e) para execução de hipoteca sobre o imóvel oferecido como garantia real; f) nos casos de o imóvel ter sido adquirido com produto de crime ou para execução de sentença penal condenatória a ressarcimento, indenização ou perda de bens; g) nas hipóteses de fiança concedida em contrato de locação.

31. In Nélson Nery Júnior e Rosa Maria Andrade Nery, *Código de Processo Civil Comentado*, 3ª ed., p. 853.

Se o devedor possuir mais de um imóvel destinado à residência, a impenhorabilidade recairá sobre o de menor valor, salvo se o de maior valor estiver registrado no Cartório de Registro de Imóveis nos moldes do art. 1.711 do Código Civil (art. 5º, parágrafo único, da Lei 8.009, de 1990). E quando se tratar de imóvel rural a impenhorabilidade abarcará tão somente a sede de moradia, com os respectivos bens móveis, ou a área limitada como pequena propriedade rural, nos termos do art. 5º, XXVI, da Constituição Federal (art. 4º, § 2º, da Lei 8.009, de 1990).

A impenhorabilidade de que estamos tratando abrange os móveis que guarnecem a casa (desde que quitados), as plantações, as benfeitorias de qualquer natureza e todos os equipamentos (inclusive de uso profissional), nos termos do art. 1º, parágrafo único, da Lei 8.009, de 1990.

Permite-se a penhora dos veículos, obras de arte e adornos suntuosos, nos termos do art. 2º da lei mencionada. No entanto, a jurisprudência já vinha entendendo que a penhora pode envolver os bens que não são essenciais e destinados ao lazer da família, tais como aparelhos de DVD, TV de LED, aparelhagem de som, equipamentos eletrônicos, e que encontra amparo no próprio art. 833, II, do CPC/2015, ao permitir a penhora de móveis, utensílios e utilidades domésticas que guarnecem a residência do executado, desde que sejam de "elevado valor ou os que ultrapassem as necessidades comuns correspondentes a um médio padrão de vida".

Inexiste óbice legal a mais de uma penhora sobre o mesmo bem, assegurando o art. 797, parágrafo único, CPC/2015 que cada credor conserva seu título de preferência. Assim, realiza-se a execução no interesse do credor que adquiriu o direito de preferência, e se remanescer algum crédito poderá ser transferido para os autos da execução da segunda penhora, em vez de reverter ao devedor.

Não se olvide, ainda, que a execução contra os entes de direito público indicados no Decreto-lei 779, de 1969 (União Federal, Fazenda Pública dos Estados e Municípios, fundações públicas e autarquias), se faz na forma dos arts. 534 e 910 do diploma processual civil, mesmo porque os bens públicos são impenhoráveis.

Finalmente, algumas leis esparsas disciplinam casos especiais de impenhorabilidade. É o caso dos direitos autorais dos artistas (art. 76 da Lei 9.610, de 1998) e dos valores depositados em contas vinculadas do FGTS (art. 2º, § 2º, da Lei 8.036, de 1990).

7.3 Avaliação dos bens penhorados

A avaliação dos bens penhorados é promovida pelo próprio oficial de justiça (art. 721, § 3º, da CLT), e não mais por peritos avaliadores escolhidos pelas partes,[32] e os valores são lançados no próprio auto de penhora. Nada obsta a que o oficial de justiça avaliador promova a penhora e realize a avaliação no prazo de 10 dias, de que trata o art. 888 da norma consolidada, na hipótese de não ter elementos que possibilitem a avaliação dos bens na mesma diligência.

7.4 Fraude à execução e fraude contra credores

Tanto a fraude de execução quanto a fraude contra credores são figuras de alienação fraudulenta. Com efeito, o art. 1.228 do Código Civil assegura ao proprietário o direito de dispor de seus bens; e, mesmo sendo o proprietário devedor, tem a liberdade para alienar seus bens, transferindo-os ou onerando-os a terceiros.

Todavia, não se pode olvidar que os bens do devedor são a garantia do credor, motivo pelo qual em determinadas situações a legislação limita o direito do devedor de dispor de seu patrimônio.

A fraude contra credores traduz instituto de direito material, regulado nos arts. 158 a 165 do Código Civil,[33] enquanto a fraude à exe-

32. O art. 887 da Consolidação das Leis do Trabalho está revogado tacitamente.
33. "Art. 158. Os negócios de transmissão gratuita de bens ou remissão de dívida, se os praticar o devedor já insolvente, ou por eles reduzido à insolvência, ainda quando o ignore, poderão ser anulados pelos credores quirografários, como lesivos dos seus direitos. § 1º. Igual direito assiste aos credores cuja garantia se tornar insuficiente. § 2º. Só os credores que já o eram ao tempo daqueles atos podem pleitear a anulação deles."
"Art. 159. Serão igualmente anuláveis os contratos onerosos do devedor insolvente, quando a insolvência for notória, ou houver motivo para ser conhecida do outro contratante."
"Art. 160. Se o adquirente dos bens do devedor insolvente ainda não tiver pago o preço e este for, aproximadamente, o corrente, desobrigar-se-á depositando--o em juízo, com a citação de todos os interessados. Parágrafo único. Se inferior, o adquirente, para conservar os bens, poderá depositar o preço que lhes corresponda ao valor real."
"Art. 161. A ação, nos casos dos arts. 158 e 159, poderá ser intentada contra o devedor insolvente, a pessoa que com ele celebrou a estipulação considerada fraudulenta, ou terceiros adquirentes que hajam procedido de má-fé."
"Art. 162. O credor quirografário, que receber do devedor insolvente o pagamento da dívida ainda não vencida, ficará obrigado a repor, em proveito do acervo sobre que se tenha de efetuar o concurso de credores, aquilo que recebeu."

cução é regulada pelo direito público e se encontra disciplinada no art. 792 do atual Código de Processo Civil.[34]

Na primeira "há apenas meras providências do devedor, que seja proprietário, para lesar o direito do credor que ainda não agiu em juízo, pois a obrigação pode estar em curso, sem poder ser exigido seu cumprimento";[35] mas a lei protege o credor, possibilitando a revogação dos atos de alienação (a título gratuito ou oneroso) em fraude contra credores, mediante o ajuizamento de ação revogatória (também denominada *pauliana*). Não se configura fraude contra credores quando o devedor possui outros bens que garantam a obrigação. E na ação pauliana o credor deve alegar e provar a má-fé do terceiro adquirente se o contrato for oneroso.[36]

Por outro lado, na fraude de execução a alienação de bens se verifica quando já existe demanda do credor contra o devedor, na qual o primeiro exige o cumprimento de obrigação insatisfeita, e a configuração independe da prolação de sentença.[37] Neste caso é irrelevante a boa-fé do terceiro adquirente, e o juiz do trabalho poderá reconhecer

"Art. 163. Presumem-se fraudatórias dos direitos dos outros credores as garantias de dívidas que o devedor insolvente tiver dado a algum credor."
"Art. 164. Presumem-se, porém de boa-fé e valem os negócios ordinários indispensáveis à manutenção de estabelecimento mercantil, rural, ou industrial, ou à subsistência do devedor e de sua família."
"Art. 165. Anulados os negócios jurídicos fraudulentos, a vantagem resultante reverterá em proveito do acervo sobre que se tenha de efetuar o concurso de credores. Parágrafo único. Se esses negócios tinham por único objeto atribuir direitos preferenciais, mediante hipoteca, penhor ou anticrese, sua invalidade importará somente na anulação da preferência ajustada."
34. "Art. 792. A alienação ou a oneração de bem é considerada fraude à execução: I – quando sobre o bem pender ação fundada em direito real ou com pretensão reipersecutória, desde que a pendência do processo tenha sido averbada no respectivo registro público, se houver; II – quando tiver sido averbada, no registro do bem, a pendência do processo de execução, na forma do art. 828; III – quando tiver sido averbado, no registro do bem, hipoteca judiciária ou outro ato de constrição judicial originário do processo onde foi arguida a fraude; IV – quando, ao tempo da alienação ou da oneração, tramitava contra o devedor ação capaz de reduzi-lo à insolvência; V – nos demais casos expressos em lei."
35. Alcides de Mendonça Lima, *Comentários ao Código de Processo Civil*, 7ª ed., v. VI, pp. 437-438.
36. "Exige-se primeiro a ação de anulação do ato fraudatório, chamada *pauliana*, em que há mister se provem o *consilium fraudis* e o *eventus damni*. Não é suficiente a prova da fraude no processo executório, como sucede na fraude à execução, eis que esta torna ineficaz o ato, enquanto que aquela o torna anulável" (Amaro Barreto, *Execução...*, p. 69).
37. Alcides de Mendonça Lima, *Comentários...*, 7ª ed., v. VI, p. 438.

sua ocorrência nos próprios autos da execução, reputando sem efeito a alienação, até mesmo *ex officio*.[38]

Finalmente, assinalamos que nas hipóteses de fraude de execução a alienação é ineficaz e o juízo promove a constrição dos bens onde quer que estejam, e se trata de artifício mais grave do que a fraude contra credores, tanto que tipifica ilícito penal, nos termos do art. 179 do Código Penal, que merece transcrição:

"Art. 179. Fraudar execução, alienando, desviando, destruindo ou danificando bens, ou simulando dívidas:

"Pena – detenção, de 6 (seis) meses a 2 (dois) anos, ou multa.

"Parágrafo único. Somente se procede mediante queixa."

Trata-se, como se vê, de ação penal privada, motivo pelo qual não compete ao juiz do trabalho a iniciativa de oficiar ao Ministério Público, a menos que o crime seja cometido em detrimento do patrimônio ou interesse da União, Estado e Município, hipótese em que a ação penal será pública (art. 24, § 2º, do CPP).

8. Embargos à execução

Após a garantia do juízo faculta-se ao executado a possibilidade oferecer embargos à execução (e que poderão também atacar a penhora), no prazo de cinco dias, nos termos do art. 884 da Consolidação das Leis do Trabalho.[39] No caso específico da Fazenda Pública, poderá opor embargos à execução quando se tratar da execução de título extrajudicial (art. 910, do CPC/2015) ou impugnação à execução quando se tratar de execução da sentença condenatória (art. 535, do CPC/2015), sempre no prazo de 30 dias, conforme detalharemos no tópico específico. A exigência da garantia ou penhora não se aplica às entidades filantrópicas e/ou àqueles que compõem ou compuseram a diretoria dessas instituições (art. 884, § 6º, da CLT, acrescentado pela Lei 13.467/2017).

Trata-se de remédio processual que não tem natureza recursal, e sim de ação incidental constitutiva,[40] na medida em que objetiva modificar ou extinguir a execução.

---

38. Cf. Manoel Antônio Teixeira Filho, *Execução...*, 2ª ed., p. 189.

39. O prazo conta-se a partir da intimação da penhora ou a partir da data em que foi efetuado o depósito para garantia do juízo. E quanto à massa falida prevalece o entendimento jurisprudencial cristalizado na Súmula 86 do Tribunal Superior do Trabalho, segundo o qual não haverá a garantia do juízo e o prazo para embargos se conta a partir da citação.

40. "Ação do devedor, ajuizada em face do credor, no prazo e forma legais, com o objetivo de extinguir, no todo ou em parte, a execução, desconstituindo, ou

No mesmo prazo que o executado tem para ofertar embargos à execução (ou à penhora) o exequente poderá impugnar a sentença de liquidação. No entanto, torna-se imperiosa a intimação do exequente acerca da penhora realizada, providência que não é adotada na maioria das Secretarias de Varas do Trabalho.

Assim, naquelas Varas em que o exequente não é intimado da penhora seu prazo para impugnar a sentença de liquidação começa a ser contado da sua efetiva ciência de referido ato de constrição judicial, o que normalmente ocorre por ocasião da intimação para impugnar os embargos do executado.

Questão interessante diz respeito às matérias alegáveis nos embargos à execução. O § 1º do art. 884 consolidado indica que os embargos versarão sobre "cumprimento da decisão ou do acordo, quitação ou prescrição da dívida", mas a doutrina é unânime em afirmar que as alegações não se resumem ao disposto no diploma consolidado, merecendo aplicação subsidiária os arts. 525, § 1º, 535 e 917, todos do Código de Processo Civil, sendo os dois últimos correspondentes à execução em face da Fazenda Pública.

No que respeita às matérias indicadas no dispositivo consolidado residia controvérsia em torno da prescrição que poderia ser alegada, já que a prescrição dos direitos trabalhistas deve ser alegada na fase de conhecimento, motivo pelo qual parte da doutrina entendia que a prescrição alegável seria a intercorrente.

Neste particular, destacamos a lição de Amaro Barreto: "A prescrição da execução não se identifica com a da ação, qual se evidenciou em capítulo anterior. A única identidade existente entre ambas é de prazo, que numa e noutra é o mesmo. Por isso, a prescrição arguível nos embargos à execução é a do julgado, ou seja, a da ação executória, pois que a da ação já está coberta pela coisa julgada, ou por deduzida, ou por deduzível, na fase da cognição".[41]

O posicionamento de Amaro Barreto foi aquele adotado pelo Supremo Tribunal Federal. Com efeito, a Súmula 159 do Supremo Tribunal Federal estabelece que "prescreve a execução no mesmo prazo da prescrição da ação"; e a Súmula 327 dispõe que "o direito trabalhista admite a prescrição intercorrente". Vale dizer, se o vencedor na decisão de conhecimento não promover o início da execução no prazo de dois

não, o título em que esta se funda" (Manoel Antônio Teixeira Filho, *Execução...*, 2ª ed., p. 424).

41. *Execução...*, p. 261.

anos após o trânsito em julgado ou abandoná-la por igual prazo, por sua culpa exclusiva, poderá ser arguida a prescrição.

Contudo, o posicionamento adotado pelo Supremo Tribunal Federal não encontrou eco no próprio Tribunal Superior do Trabalho, o qual editou a Súmula 114 ("É inaplicável na Justiça do Trabalho a prescrição intercorrente").

Sérgio Pinto Martins[42] menciona que a orientação do Tribunal Superior do Trabalho se originou do art. 40 da Lei 6.830, de 1980, aplicável subsidiariamente ao processo do trabalho, e que disciplina a possibilidade de suspensão da execução enquanto não forem encontrados bens do devedor. Com a devida vênia do consagrado autor, entendemos que a suspensão da execução, nos termos da legislação indicada, nada tem a ver com a aplicação da prescrição intercorrente no processo do trabalho.

Estamos de pleno acordo em que o credor não pode sofrer prejuízos na hipótese de inexistência de bens do devedor, motivo pelo qual é plenamente justificável a suspensão da execução, nos termos do art. 40 da Lei 6.830, de 1980, enquanto a prescrição intercorrente só incidiria no caso de inexecução por culpa do próprio credor.

De qualquer sorte, a Lei 13.467/2017 acrescentou o art. 11-A à CLT, prevendo a prescrição intercorrente no processo do trabalho no prazo de dois anos, prazo este que se inicia quando o exequente deixa de cumprir determinação judicial no curso da execução. A declaração da prescrição intercorrente pode ser requerida ou declarada de ofício em qualquer grau de jurisdição.

Com a alteração legislativa, fica fortalecido o argumento de que a prescrição do § 1º do art. 884 consolidado faz menção à prescrição intercorrente, devendo ser cancelada a Súmula 114 do Tribunal Superior do Trabalho.

Quanto à alegação de quitação da dívida, é certo que se trata de ato que tenha desobrigado o devedor após a sentença condenatória. Afinal de contas, não se poderá inovar a sentença do processo de conhecimento, nem se permitirá a juntada de recibos de pagamento que seriam pertinentes àquela fase processual.

A doutrina não se encontra pacificada em relação à possibilidade de alegação de nulidade de citação do revel, nos termos do inciso I do art. art. 525, § 1º, do atual diploma processual civil (que se encontrava no art. 475-L, I, do CPC revogado). Isto porque no processo do trabalho, ao

---

42. *Direito...*, 10ª ed., p. 558.

contrário do cível, o revel é intimado da sentença, a teor do art. 852 da norma consolidada.

Contudo, parece-nos perfeitamente defensável a possibilidade de arguir nos embargos à execução, na Justiça do Trabalho, a nulidade de citação se o processo tiver corrido à revelia, mas desde que se demonstre que nula também o foi a intimação da sentença e que o reclamado só teve ciência da sentença de conhecimento no momento em que foi citado na execução.

Igualmente defensável é a possibilidade de interpor o recurso ordinário após a citação para a execução se apenas nesta oportunidade é que o reclamado teve ciência da existência do processo e consequente condenação no processo de conhecimento.

Por ocasião de embargos à execução em face de título executivo extrajudicial na Justiça do Trabalho (art. 876 da CLT) deve ser reconhecido ao embargante o direito de alegar as matérias do art. 884 do diploma consolidado, bem como todas as matérias que seriam passíveis de arguição no processo de conhecimento, consoante se infere do art. 745 do mesmo diploma processual, inclusive a prescrição da execução, vez que será a primeira oportunidade para o devedor argui-la.

Registre-se, ainda, que os embargos à execução comportam a rejeição liminar quando ofertados fora do prazo legal, não estiverem fundados em algum dos fatos indicados em lei (art. 884, § 1º, da CLT, art. 525, § 1º, art. 535 ou art. 917 do CPC/2015), ou quando ocorrer uma das hipóteses do art. 330 do Código de Processo Civil.

Finalmente, devemos atentar para o fato de que a decisão dos embargos à execução pode ser atacada mediante agravo de petição, desde que observados os pressupostos de admissibilidade indicados no art. 897, § 1º, da Consolidação das Leis do Trabalho (delimitação justificada das matérias e valores impugnados para possibilitar a execução definitiva da parte incontroversa), além dos requisitos de admissibilidade inerentes aos demais recursos (subjetivos e objetivos), cumprindo assinalar a inexigibilidade do preparo, em face de entendimento do próprio Tribunal Superior do Trabalho (Instrução Normativa TST-3, de 1993).

9. Invalidação da arrematação e da adjudicação

Os embargos à arrematação, previstos no art. 746 do Código revogado, foram abandonados pelo atual Código de Processo Civil, preferindo o legislador um mecanismo mais simples para a impugnação. Atualmente, a disciplina da matéria está condensada no art. 903 do CPC/2015 que, a exemplo do art. 746 do Código anterior, se revela compatível com o processo do trabalho, e merece aplicação subsidiária.

Com efeito, o art. 903 do CPC/2015 estabelece que após a assinatura do auto pelo juiz, a arrematação será "considerada perfeita, acabada e irretratável, ainda que venham a ser julgados procedentes os embargos do executado ou a ação autônoma de que trata o § 4º deste artigo, assegurada a possibilidade de reparação pelos prejuízos sofridos".

Além disso, o § 1º do art. 903 do CPC/2015 consagra a possibilidade de invalidação da arrematação, quando realizada por preço vil ou com outro vício; a possibilidade de ser considerada ineficaz em relação ao credor pignoratício, hipotecário ou anticrético, nos termos do art. 804 do CPC/2015; e resolvida se não for pago o preço ou se não for prestada a caução. Em qualquer das três situações mencionadas, o juiz deverá ser provocado no prazo de 10 dias após o aperfeiçoamento da arrematação, nos próprios autos da execução (art. 903, § 2º, CPC/2015); e após o prazo mencionado será expedida a carta de arrematação, a ordem de entrega ou o mandado de imissão na posse, e eventual invalidade deverá ser pleiteada em ação autônoma, tendo o arrematante como litisconsorte necessário (art. 903, § 4º, CPC/2015).

Neste mesmo sentido, o atual Código de Processo Civil deixou de abrigar os embargos à adjudicação, que também se encontravam previstos no art. 746 do Código revogado, mas obriga a intimação do executado quando houver pedido do exequente para adjudicação do bem penhorado (art. 876, § 1º, CPC/2015), a fim de que possa alegar eventual nulidade no prazo de cinco dias, após os quais será lavrado o auto de adjudicação, com expedição da carta de adjudicação e o mandado de imissão na posse, quando se tratar de bem imóvel, ou ordem de entrega ao adjudicatário, quando se tratar de bem móvel.

10. Embargos de terceiro

10.1 Conceito e natureza jurídica

Os embargos de terceiro traduzem remédio processual idôneo à defesa de terceiro no processo de execução, inexistindo controvérsia acerca de sua compatibilidade com o processo do trabalho, a despeito da omissão do diploma consolidado.

O atual Código de Processo Civil, ao contrário do anterior, não contempla a possibilidade de ajuizamento dos embargos de terceiro por quem é parte.[43] Assim, o executado não poderá ajuizar embargos de terceiro para desconstituir a penhora sobre bem que possui em face de um contrato de locação, por exemplo.

A natureza jurídica de referido remédio processual é a de ação incidental constitutiva. Encontra-se disciplinado nos arts. 674 e ss. do atual Código de Processo Civil e se presta à defesa de terceiro contra constrição ou ameaça de constrição sobre bens que possua ou sobre os quais tenha direito incompatível com a constrição por ato de apreensão judicial, tais como penhora, arresto, sequestro, alienação judicial, os quais são compatíveis com o processo do trabalho, e também os casos de arrecadação, arrolamento, inventário e partilha, hipóteses absolutamente incompatíveis com o processo laboral. Trata-se, pois, de remédio processual que não se restringe ao âmbito das execuções.

10.2 Legitimação ativa

Estão legitimados ativamente os terceiros propriamente ditos, não sendo exigido que tenham o domínio do bem. Basta a posse (art. 674, § 1º, CPC/2015).

Igualmente, poderão ajuizar embargos de terceiro, nos termos do art. 674, § 2º, CPC: I – o cônjuge ou companheiro, quando defende a posse de bens próprios ou de sua meação, ressalvada situação de bem indivisível, em que lhe terá preferência na arrematação do bem, sendo-lhe assegurada a sua quota-parte do produto da alienação do bem (art. 843, CPC/2015); II – o adquirente de bens cuja constrição decorreu de decisão que declara a ineficácia da alienação realizada em fraude à execução; III – quem sofre constrição judicial de seus bens por força de desconsideração da personalidade jurídica, de cujo incidente não fez parte;[44] IV – o credor com garantia real para obstar expropriação judicial

---

43. O art. 1.046, § 2º, do CPC revogado estabelecia que "equipara-se a terceiro a parte que, posto figure no processo, defende bens que, pelo título de sua aquisição ou pela qualidade em que os possuir, não podem ser atingidos pela apreensão judicial".

44. Já mencionamos no capítulo XII (tópico 7.7) que referido incidente não é compatível com o processo do trabalho, ficando reservada ao sócio atingido pelo ato de constrição judicial, após a desconsideração da personalidade jurídica, a possibilidade de ajuizar embargos à execução desde que seja regularmente incluído no polo passivo da execução e citado para indicar bens no prazo de 48 horas, conforme art. 78 da Consolidação dos Provimentos da Corregedoria Geral da Justiça do Trabalho. Na hipótese de ausência de citação e regular inclusão, os embargos de terceiro deverão ser plenamente aceitos, conforme indicado no Código de Processo Civil.

do objeto de direito real de garantia, caso não tenha sido intimado, nos termos legais dos atos expropriatórios respectivos.

10.3 Prazo

Os embargos de terceiro serão ofertados até cinco dias depois da arrematação, adjudicação ou alienação por iniciativa particular, mas sempre antes da assinatura da respectiva carta (art. 675 do CPC/2015), e na fase de conhecimento, a qualquer tempo, enquanto não transitada em julgado a sentença.

10.4 Competência

Os embargos de terceiro são distribuídos por dependência ao juízo que ordenou a constrição, sendo do juízo da execução a competência para instrução e julgamento, salvo a hipótese de execução por carta precatória, em que a competência será do juízo deprecado, a menos que o bem tenha sido indicado pelo juízo deprecante. A regra geral é no sentido de que a competência para julgamento dos embargos é do juízo que ordenou a apreensão (art. 676 do CPC/2015).

10.5 A petição inicial dos embargos de terceiro

A petição inicial deverá ser acompanhada de todos os documentos necessários à prova das alegações, permitindo-se a oitiva de testemunha para a prova da posse dos bens, ou de seu domínio, e da qualidade de terceiro.

Se o juiz entender que os documentos ofertados com a petição inicial são suficientes à prova do domínio ou da posse. Determinará a suspensão das medidas constritivas sobre os bens litigiosos objeto dos embargos, bem como a manutenção ou a reintegração provisória da posse, se houver requerimento neste sentido, a teor do art. 678 do CPC/2015.

11. Exceção de pré-executividade

Trata-se da possibilidade de defesa no processo de execução sem a garantia do juízo, nas hipóteses de vícios ou ausência de algum pressuposto processual.

Referidos vícios podem dizer respeito às próprias condições da ação. Imagine-se o executado que é parte manifestamente ilegítima de uma execução milionária. Seria razoável exigir-lhe a garantia do juízo para que pudesse arguir ilegitimidade de parte nos embargos à execução?

Sergio Pinto Martins entende que a exceção de pré-executividade é incompatível com o processo do trabalho,[45] mas reconhece que o prazo para referida exceção seria o de 48 horas, em que o executado deveria nomear bens à penhora (art. 880 da CLT).

Pessoalmente, entendemos perfeitamente compatível a exceção de pré-executividade com o processo do trabalho, a menos que haja a necessidade de dilação probatória, hipótese em que deverá ser exigida a garantia do juízo. E neste sentido transcrevemos o pronunciamento de Eduardo Gabriel Saad:

"De qualquer modo, mesmo no processo trabalhista é de se admitir a exceção em tela desde que fundada em prova sólida que exclua qualquer possibilidade de manobra procrastinatória, pois, na dicção de Araken de Assis (*Manual de Processo de Execução*, Ed. RT, 3ª ed., 1996, p. 427), 'a utilização ampla da exceção de executividade, deduzida de má-fé, gera distorções dignas de nota. Existe o curial risco de dissipação ou ocultamento de bens na pendência de exceção incondicionada ao depósito e à penhora'.

"Tratando-se de fato ou circunstância que demande produção de prova ou perícia, não merece acolhida a exceção em causa."[46]

Assinalamos, ainda, que não se trata de uma novidade. Há muito tempo se cogita da defesa, na execução, sem a garantia do juízo, muito embora se omita a denominação atual.

Pontes de Miranda, citado por Amaro Barreto,[47] enumera hipóteses atípicas em que seria possível ao executado, desde logo, arguir incidentes da execução, tais como: a) nulidade absoluta ou inexistência da sentença exequenda; b) se o pagamento puder ser provado incontinenti; c) se houve compromisso arbitral julgado por sentença e no juízo arbitral, para se evitar duplicidade de execução; d) se em outro processo foi determinada a compensação; e) a impenhorabilidade absoluta alegada e decidida antes da penhora – entre outras hipóteses.

Dentre as hipóteses indicadas parece-nos incompatível com o processo trabalhista aquela constante do item "c", quando se tratar de execução de título executivo judicial oriundo de um processo individual de trabalho em que foram deferidas verbas decorrentes da relação de emprego.

45. *Direito...*, 10ª ed., p. 550.
46. *Direito...*, 2ª ed., p. 707.
47. *Execução...*, p. 243.

Como bem observa Eduardo Gabriel Saad,[48] é no título extrajudicial que se encontra um terreno fértil à exceção de pré-executividade, o qual comporta duas hipóteses na Justiça do Trabalho (acordo firmado perante as comissões de conciliação prévia e termo de ajuste de condutas firmados perante o Ministério Público do Trabalho), além de outras que emergem da ampliação da competência da Justiça do Trabalho em face da Emenda Constitucional 45/2004.

Em síntese, a exceção de pré-executividade, utilizada com a devida parcimônia no processo do trabalho, poderá colaborar na busca da justiça, evitando constrangimentos e injustiças ainda maiores, em situações que devem ser sopesadas pelo juízo trabalhista.

12. Execução contra a Fazenda Pública

12.1 Execução por quantia certa

Quando se tratar de Fazenda Pública, a execução por quantia certa observa algumas peculiaridades que decorrem da impenhorabilidade de seus bens. Isto porque os arts. 100 e 101 do Código Civil consagram a inalienabilidade dos bens públicos de uso comum do povo e os de uso especial, salvo as hipóteses expressamente previstas em lei, e o art. 833, I, do CPC/2015, estabelece a impenhorabilidade dos bens inalienáveis nos termos da Lei.

Por este motivo, tornada líquida a conta, a Fazenda Pública não será citada para pagar ou garantir a execução, e, sim, para impugnar a execução (art. 535 do CPC/2015), ou para opor embargos à execução quando se tratar e título extrajudicial (art. 910 do CPC/2015), sempre no prazo de 30 dias.

12.2 Embargos à execução ou impugnação à execução opostos pela Fazenda Pública

Diante dos fundamentos já expendidos anteriormente, a Fazenda Pública jamais poderá sofrer a constrição de seus bens. E se isso ocorrer, não temos dúvidas de que poderá valer-se da impetração de mandado de segurança para ver resguardado o direito líquido e certo que decorre da impenhorabilidade de seus bens e o fato de que a execução deve seguir os trâmites específicos da execução por quantia certa contra entes de direito público interno.

---

48. *Direito...*, 2ª ed., p. 707.

Conforme dissemos alhures, a Fazenda Pública não é citada para pagar ou garantir a execução, e sim para eventual oposição de embargos à execução (art. 910 do CPC/2015) quando se tratar de título extrajudicial ou para impugnar a execução (art. 535, CPC/2015) quando se tratar da execução de sentença.

Na questão do prazo para oferta dos mencionados embargos, sempre imperou cizânia doutrinária, já que alguns permaneciam na defesa do prazo de cinco dias (art. 884 da CLT) e outros não abdicavam do prazo de dez dias (art. 730 do CPC revogado), não havendo controvérsia no sentido de que a contagem do prazo se dá a partir da citação e não da juntada do mandado aos autos do processo.

Entendíamos que o prazo para oferta dos embargos à execução era de dez dias, nos exatos termos do art. 730 do CPC revogado, haja vista a omissão da CLT quanto à execução contra a Fazenda Pública.[49] Sempre pareceu-nos pouco defensável o prazo previsto no art. 884 do diploma consolidado, pois, como se sabe, referido dispositivo legal alude ao prazo de cinco dias após a garantia da execução ou penhora de bens; vale dizer, destina-se à execução contra pessoa jurídica de direito privado ou pessoa física.

Assim, com a devida vênia, sempre entendemos equivocado o raciocínio empreendido por Manoel Antônio Teixeira Filho[50] no sentido de que a natureza jurídica dos embargos à execução impediria a aplicação da prerrogativa insculpida no Decreto-lei 779/1969, qual seja, prazo em quádruplo (hipóteses de contestação) ou em duplo (hipóteses de recurso).[51] Com efeito, os embargos à execução têm natureza de ação constitutiva incidental, afirmação que encontra ampla aceitação na doutrina. Contudo, o aspecto mencionado nunca foi relevante na solução da questão do prazo para sua oferta pela Fazenda Pública.

Não se tratava de aplicar o prazo do art. 884 consolidado, nem mesmo de forma dobrada ou quadruplicada, mas importava reconhecer a omissão da CLT (art. 769) e a consequente necessidade de invocação

---

49. E nesse sentido temos a companhia de Eduardo Gabriel Saad (*Direito Processual do Trabalho*, p. 683) e Bolívar Viégas Peixoto (*Iniciação ao Processo Individual do Trabalho*, p. 330).

50. Ob. cit., p. 266.

51. O mesmo raciocínio de Manoel Antônio Teixeira Filho vem sendo adotado por Sérgio Pinto Martins (*Direito Processual do Trabalho*, p. 604, e *Comentários à CLT*, p. 861) e Francisco Antonio de Oliveira (*Consolidação das Leis do Trabalho*, p. 783).

do processo comum – tese abraçada pela jurisprudência, cumprindo assinalar a seguinte ementa de jurisprudência:

• *Embargos à execução – Fazenda Pública – Art. 730 do CPC – Aplicação subsidiária ao Processo do Trabalho – Violação do art. 5º, LV, da CF – Configuração.* O art. 884 da CLT, ao prover o prazo de cinco dias destinado à oposição dos embargos à execução (redação anterior à Medida Provisória n. 2.102), tem aplicação apenas às pessoas de direito privado, na medida em que alude à garantia da execução e à penhora de bens como pressupostos para a prática do ato. Realmente, considerando que os bens pertencentes à União, Estados, Municípios e Distrito Federal são impenhoráveis, não há como se proceder à sua expropriação mediante aplicação do rito comum de execução previsto na legislação consolidada. Nesse contexto, por força da inequívoca omissão da CLT, no tocante ao regramento da matéria, devem ser aplicadas, de forma subsidiária, as disposições pertinentes ao CPC (art. 730), que fixam, em dez dias, o prazo para a Fazenda Pública apresentar embargos à execução, sem qualquer cominação de penhora. Recurso de revista provido. (**TST, rel. Min. Milton de Moura Franca,** *DJ* **24.5.2001, p. 681**)

De qualquer sorte, todas as discussões relativas ao prazo para oposição de embargos à execução pela Fazenda Pública foram dirimidas com a edição da Medida Provisória 2.180-35, de 24.8.2001 (oriunda de renumeração e reedições da Medida Provisória 1.798), objetivando premiar a Fazenda Pública, com várias alterações na legislação ordinária, inclusive no próprio Código de Processo Civil revogado e Consolidação das Leis do Trabalho, numa redação apressada que gerou controvérsias acerca da própria vigência do prazo de cinco dias para embargos à execução nas situações que não envolviam a Fazenda Pública.[52]

Diante dos expressos termos do art. 769 da CLT e do art. 15 do CPC/2015, somos levados a concluir que a Fazenda Pública (União, Estados, Municípios, Distrito Federal, autarquias e fundações públicas) possui o prazo de 30 dias para opor embargos à execução no processo do trabalho. É mais uma "prerrogativa" no meio de tantas já conhecidas, e cuja pecha de inconstitucionalidade poderá ser afastada com os

---

52. Referida Medida Provisória foi editada com o número 1.798 e, após cinco reedições, sofreu modificações com a edição da MP 1.906-6, e mais cinco reedições, seguida da edição da MP 1.984-12 e suas treze reedições. Pela MP 1.984-16 foi acrescentado o art. 1º-B à Lei 9.494/1997, com a seguinte redação: "O prazo a que se refere o *caput* do art. 730 do Código de Processo Civil passa a ser de trinta dias", o que ficou bem ao gosto daqueles que sempre defenderam o prazo de cinco dias para oposição de embargos à execução pela Fazenda Pública em sede trabalhista. Contudo na 25ª reedição (MP 1.984-25, de 21.12.2000) foi atribuída nova redação ao art. 1º-B da Lei 9.494, de 10.9.1997, a fim de ampliar o prazo para trinta dias, também no art. 884 da CLT, redação que persistiu nas sucessivas reedições – e que perdurou até o início de vigência do atual Código de Processo Civil.

mesmos argumentos já utilizados na defesa do prazo em dobro para recorrer ou em quádruplo para contestar uma demanda.

Na hipótese de oposição dos embargos à execução, o exequente será instado a respondê-los. E, por força do próprio art. 535 do CPC combinado com a dicção do art. 884 da CLT, entendemos que o prazo será idêntico àquele conferido à Fazenda Pública, ou seja 30 dias.[53] E idêntico raciocínio deve ser adotado quando se tratar de impugnação à execução (art. 910 do CPC/2015).

Expirado o prazo mencionado, com ou sem a manifestação do exequente, o juiz do trabalho deverá julgar os embargos ou a impugnação à execução. Dessa decisão caberá o agravo de petição (art. 897, "a", da CLT) pela parte que tiver sucumbido, ainda que parcialmente. Ao exequente o prazo será de oito dias (art. 897 da CLT) e à executada será franqueado o prazo em dobro (Decreto-lei 779/1969, art. 1º, III).

Jamais se cogitará de remessa *ex officio*, pois o Decreto-lei 779/1969 alude ao "recurso ordinário *ex officio* (art. 1º, V), o que evidencia aplicabilidade, tão somente, na fase de conhecimento e nunca na execução.

12.3 A expedição do precatório

Não havendo oposição de embargos ou impugnação à execução ou transitando em julgado a decisão proferida naqueles eventualmente opostos, inicia-se a preocupação com a efetiva satisfação do julgado.

Conforme disciplina o art. 100 da Constituição Federal "à exceção dos créditos de natureza alimentícia, os pagamentos devidos pela Fazenda Federal, Estadual ou Municipal, em virtude de sentença judiciária, far-se-ão exclusivamente na ordem cronológica de apresentação dos precatórios e à conta dos créditos respectivos, proibida a designação de casos ou de pessoas nas dotações orçamentárias e nos créditos adicionais abertos para este fim".

Com a promulgação da atual Constituição, inúmeras foram as discussões em torno da necessidade do precatório para a satisfação do crédito trabalhista, já que restaram excepcionados os "créditos de natureza alimentícia" no dispositivo constitucional transcrito anteriormente. No

---

53. Assinale-se que o próprio artigo 884 da CLT alude ao prazo para oposição de embargos e idêntico prazo para impugnação. E não se diga que nosso posicionamento atenta contra a celeridade processual, porquanto milita em favor do credor-exequente, que poderá ofertar sua impugnação em prazo inferior se entender oportuno.

entanto, o entendimento restou pacificado no sentido de que é necessária a expedição do precatório, com a ressalva de que devem existir duas classes de precatórios, sendo um destinado à satisfação de crédito alimentar e outro aos créditos de natureza não alimentar. Vale dizer, devem existir dois controles de precatórios, sendo os créditos trabalhistas incluídos entre aqueles que devem ser satisfeitos antes dos demais, ficando assegurada a observância da ordem cronológica de apresentação dos precatórios.

Com efeito, parece-nos pouco defensável solução diversa da indicada no parágrafo anterior, mormente quando se considera a impossibilidade de penhora dos bens públicos, fato que, por si só, inviabiliza a execução forçada prevista na CLT.

Por seu turno, o precatório traduz uma solicitação ou requisição do juiz da execução ao presidente do Tribunal Regional do Trabalho ao qual estiver vinculado, a fim de que determine à Fazenda Pública a inclusão do crédito exequendo no orçamento do ano seguinte e promova o depósito na conta do juízo. Para que seja exigível a inclusão do crédito no orçamento do ano subsequente, o precatório deve ser apresentado até 1º de julho.

Por outro lado, o precatório deve observar alguns requisitos formais, e que se encontram estampados na Instrução Normativa 11, de 10.4.1997, do Tribunal Superior do Trabalho, quais sejam: 1) petição inicial da demanda trabalhista; 2) decisão exequenda; 3) conta de liquidação; 4) sentença de liquidação; 5) certidão de trânsito em julgado da decisão exequenda e da sentença de liquidação; 6) indicação da pessoa ou pessoas a quem deve ser paga a importância requisitada; 7) citação da entidade devedora; 8) procuração com poderes expressos para receber e dar quitação, no caso de pedido de pagamento a procurador; 9) manifestação do representante legal da União, atestando que o precatório está conforme os autos originais, há hipótese específica de execução contra a União Federal; 10) número da conta, exclusiva, na qual deverão ser efetuados os depósitos; 11) inteiro teor do despacho que ordenou a formação do precatório.

Além de cópias das peças processuais expressamente enumeradas, outras poderão ser anexadas a critério do juiz da execução ou por indicação das partes.

No Tribunal Regional do Trabalho, o setor competente receberá os precatórios e promoverá as respectivas autuações e numerações, com observância da ordem cronológica de chegada, com vistas à precedência no cumprimento.

Após a providência supramencionada, o precatório é submetido ao presidente do tribunal, para exame dos requisitos exigidos à respectiva formação. Eventuais irregularidades serão certificadas e comunicadas ao juízo da execução para que sejam sanadas.

A correção de erros materiais ou de cálculo pode ser promovida pelo presidente do tribunal, *ex officio* ou a requerimento das partes, por força da própria Instrução Normativa já mencionada, fato que não deve causar estranheza, já que erros materiais não transitam em julgado e são passíveis de correção até mesmo em execução contra pessoas físicas ou pessoas jurídicas de direito privado (art. 833 da CLT). Neste sentido, o STF já se pronunciou por ocasião do julgamento da ADI 1.662-8, com a única ressalva de que "as diferenças agasalhadas são resultantes de erros materiais ou aritméticos, ou de inexatidão dos cálculos dos precatórios, não podendo, porém, dizer respeito ao critério adotado para a elaboração do cálculo ou índices de atualização diversos dos que foram utilizados em primeira instância, salvo na hipótese de substituição por força de lei do índice aplicado".

12.4 O cumprimento do precatório

Os pagamentos deverão ser feitos nos autos do processo de execução, e na medida em que ocorrer a liberação, as importâncias respectivas serão depositadas, na conta indicada pelo Juiz requisitante, à sua disposição, considerado nos depósitos e levantamentos o que dispõe o art. 100 da Constituição da República.

Na hipótese de preterição no direito de precedência, o credor poderá requerer ao presidente do Tribunal Regional do Trabalho que promova a ordem de sequestro da quantia necessária à satisfação do crédito exequendo (art. 100, § 2º, da CF) depois da oitiva do Ministério Público do Trabalho (art. 83, XIII, da Lei Complementar 75/1993). Assinale-se, contudo, que o "sequestro" de que trata o art. 100, § 2º, da CF não se confunde com a tutela de urgência disciplinada no art. 301 do CPC/2015. A providência assegurada pela Constituição não tem natureza cautelar, e objetiva a efetiva satisfação do crédito exequendo.

Por outro lado, revela-se tormentosa a situação em que a pessoa jurídica de direito público interno não inclui, no respectivo orçamento, a verba necessária à satisfação do precatório apresentado até 1º de julho, e também quando o pagamento é realizado sem a devida atualização monetária ou fora do prazo legal.

O TST, através da Instrução Normativa 11, de 10.4.1997 (publicada no *DJ* de 2.5.1997) havia estabelecido, nos seus itens III e XII, respectivamente, que "o não cumprimento da ordem judicial relativa à inclusão, no respectivo orçamento, pela pessoa jurídica de direito público condenada, de verba necessária ao pagamento do débito constante de precatório regularmente apresentado até 1º de julho, importará na preterição de que tratam os §§ 1º e 2º do art. 100 da Constituição da República e autorizará o Presidente do Tribunal Regional do Trabalho, a requerimento do credor, expedir, após ouvido o Ministério Público, ordem de sequestro nos limites do valor requisitado" e que "caso efetivado o pagamento por meio inidôneo, a menor, sem a devida atualização ou fora do prazo legal, poderá o Juiz da Execução, a requerimento da parte interessada, requisitar ao Presidente do Tribunal o sequestro da quantia necessária à satisfação do crédito, após a atualização do débito e oficiada a entidade devedora com prazo para pagamento", numa verdadeira tentativa de moralização no cumprimento de precatórios oriundos da Justiça do Trabalho, já que a antiga redação do § 1º do art. 100 da Constituição Federal dava margem ao entendimento de que a atualização monetária pudesse ficar restrita ao dia 1º de julho do ano anterior ao efetivo pagamento da dívida. Confira-se a redação: "É obrigatória a inclusão, no orçamento das entidades de direito público, de verba necessária ao pagamento de seus débitos constantes de precatórios judiciários, *apresentados até 1º de julho, data em que terão atualizados seus valores*, fazendo-se o pagamento até o final do exercício seguinte"[54] (grifamos).

Ocorre, porém, que em ação direta de inconstitucionalidade (ADI 1.662-8) ajuizada pelo Governador do Estado de São Paulo (art. 103, V, da CF), houve a concessão de medida liminar para suspender, com eficácia *ex nunc*, a vigência dos itens III e XII da Instrução Normativa 11/1997 do TST, decisão que foi publicada no *Diário da Justiça* de 20.3.1998.

Diante da concessão da medida liminar pelo Supremo Tribunal Federal, a Corregedoria-Geral da Justiça do Trabalho publicou o Provimento 03/98 (*DJ* 7.10.1998), objetivando regulamentar "o pedido

---

54. A Constituição do Estado de São Paulo (art. 57, § 3º) tem disciplina mais favorável quanto ao pagamento de créditos de "natureza alimentícia", fato que foi ressalvado na instrução normativa do Tribunal Superior do Trabalho: "os créditos de natureza alimentícia, nesta incluídos, entre outros, vencimentos, pensões e suas complementações, indenizações por acidente de trabalho, por morte ou invalidez fundadas na responsabilidade civil, serão pagos de uma só vez, devidamente atualizados até a data do efetivo pagamento.

de intervenção nos Estados-membros e Municípios, por desrespeito às decisões da Justiça do Trabalho", à luz dos arts. 34, VI, e 35, IV, da Constituição Federal, reservando a ordem de sequestro para a hipótese específica de preterição do direito de precedência, com o que não estariam equiparadas as hipóteses de ausência de inclusão das verbas no orçamento ou de pagamento sem as atualizações devidas.

A promulgação da Emenda Constitucional 30, de 13.9.2000, revelou novo ânimo ao estabelecer nova redação ao § 1º do art. 100 da Constituição Federal, não permitindo dúvidas em torno da obrigatoriedade de atualização do crédito exequendo à época do efetivo pagamento. A nova redação é a seguinte: "É obrigatória a inclusão, no orçamento das entidades de direito público, de verba necessária ao pagamento de seus débitos oriundos de sentenças transitadas em julgado, constantes de precatórios judiciários, apresentados até 1º de julho, *fazendo-se o pagamento até o final do exercício seguinte, quando terão seus valores atualizados monetariamente*" (grifamos).

A nova redação do § 1º art. 100 da Constituição Federal inspirou algumas decisões do Tribunal Superior do Trabalho, inclusive com vistas à possibilidade de sequestro no caso de omissão do orçamento, com o consequente resgate das disposições da Instrução Normativa 11/1997, a exemplo das seguintes ementas de jurisprudência:

• *Precatório. Atualização*. Rezando a Constituição Federal que os precatórios serão pagos "até o final do exercício seguinte", quando terão seus valores atualizados monetariamente (art. 100, § 1º, da CF/1988, com a redação dada pela Emenda Constitucional n. 30/2000), inequívoco que se impõe a atualização do crédito trabalhista junto à Fazenda Pública até a data do efetivo pagamento, sob pena de satisfação incompleta. Embargos não conhecidos". (**rel. Min. José Luiz Vasconcellos, *DJ* 24.8.2001, p. 731**)

• *Precatório. Atualização monetária*. O pagamento atualizado do débito trabalhista junto à Fazenda Pública é hoje imperativo constitucional expresso (nova redação ao art. 100, § 1º, da Constituição da República, introduzida pela Emenda Constitucional n. 30, de 13 de setembro de 2000). A atualização do crédito trabalhista junto à Fazenda Pública até a data do efetivo pagamento, se impõe, sob pena de satisfação incompleta. Violação de dispositivo constitucional não evidenciada. Recurso de revista não conhecido". (**rel. Juíza convocada Beatriz Goldschmidt, *DJ* 10.8.2001, p. 809**)

• *Sequestro de verba pública. Precatório judicial. Hipótese de inclusão no orçamento. Ausência de pagamento. Legalidade. Emenda Constitucional n. 30/2000.* 1. Após a promulgação da Emenda Constitucional n. 30/2000, pela qual foi acrescido o artigo 78 ao Ato das Disposições Constitucionais Transitórias, fixou-se o entendimento jurisprudencial no âmbito desta Corte no sentido de que, vencido o prazo, em caso de omissão do orçamento ou caracterizada a preterição ao direito de precedência do credor, deve o Presidente do Tribunal Regional do Trabalho, a requerimento do credor, determinar o sequestro de recursos financeiros da entidade pública devedora suficientes à quitação de precatório judicial trabalhista, devendo se observar, entretanto, que o ato constritivo se limitará ao percentual percebido a título de Fundo de Participação dos Municípios. 2. Agravo Regimental desprovido". (rel. Min. Francisco Fausto, *DJ* 28.9.2001, p. 510)

O mérito da Ação Direta de Inconstitucionalidade promovida pelo Governador do Estado de São Paulo (ADI 1.662-8) foi julgado na data de 30.8.2001, tendo o STF ignorado os novos apelos de interpretação que poderiam decorrer da nova redação do § 1º do art. 100 da Constituição Federal, por força da Emenda Constitucional 30/2000, eis que restou confirmada a decisão liminar, restringindo o alcance da expressão "preterimento de seu direito de precedência". Vale dizer, a não inclusão de verba no orçamento para quitação de precatório apresentado até 1º de julho ou a satisfação sem atualização monetária deverá autorizar a intervenção federal no Estado-membro (art. 34, VI, da CF) ou a intervenção estadual no Município (art. 35, IV, da CF), desde que haja requerimento do credor, permanecendo incólume o Provimento 03/1998 da Corregedoria-Geral da Justiça do Trabalho. A intervenção no Estado-membro deve ser requerida pelo presidente do Tribunal Regional do Trabalho ao Supremo Tribunal Federal, por intermédio da Corregedoria-Geral da Justiça do Trabalho e a intervenção no Município deve ser requerida pelo presidente do Tribunal Regional do Trabalho diretamente ao Tribunal de Justiça estadual.

Em síntese, o sequestro da quantia necessária à satisfação do débito fica restrito à hipótese de preterição (o legislador preferiu "preterimento") do direito de precedência do credor, quando o crédito se encontra devidamente incluído no orçamento. Ao que parece, diante do resultado do julgamento da ADI 1.662-8, não configurará preterição ao direito do credor a não inclusão da verba no orçamento, ainda que haja a inclusão de verba para satisfação de outro crédito cujo precatório tenha sido apresentado posteriormente, tudo levando à convicção de que a hipótese de sequestro torna-se praticamente inexistente.[55]

---

55. Christovão Piragibe Tostes Malta chega a defender que o sequestro não se volta contra a Fazenda Pública e sim contra o credor que tenha sido beneficiado com a inobservância da ordem de precedência: "No que concerne ao sequestro, não é voltado contra a Fazenda, porque, sendo seus bens impenhoráveis, são também insequestráveis. Dirige-se contra o credor que tenha recebido pagamento fora da ordem legal, atingindo as importâncias irregularmente embolsadas" (*Prática do Processo Trabalhista*, p. 847). Com a devida vênia, não concordamos com referido pronunciamento. Ao que parece, o autor supõe que o sequestro de que trata o diploma

12.5 Execução de obrigações de pequeno valor contra a Fazenda Pública

A Emenda Constitucional 20, de 15.12.1998, acrescentou o § 3º ao art. 100 da Constituição, segundo o qual não se exige a expedição de precatórios para "pagamentos de obrigações definidas em lei como de pequeno valor que a Fazenda Federal, Estadual ou Municipal deva fazer em virtude de sentença judicial transitada em julgado", cuja nova redação atribuída pela Emenda Constitucional 30, de 13.9.2000, incluiu a expressão "Distrital", numa alusão à Fazenda do Distrito Federal.

O mencionado dispositivo constitucional não se revelava autoaplicável, só restando viabilizado por meio da Lei 10.259/2001. Por força de referida lei, considera-se de pequeno valor a obrigação não superior a 60 salários-mínimos da União, suas autarquias e fundações; e, quanto aos Estados e Municípios, socorremo-nos do art. 87 do Ato das Disposições Constitucionais Transitórias, acrescentado pela Emenda Constitucional 37, de 12.6.2002, que estabelece a importância não superior a 40 salários-mínimos em relação à Fazenda do Estado, suas autarquias e fundações (art. 87, I, do ADCT) e, finalmente, aquela não superior a trinta salários-mínimos devida pela Fazenda Municipal, suas autarquias e fundações (art. 87, II, do ADCT).

Nesta nova modalidade de execução, o precatório é substituído por uma Requisição de Pequeno Valor do juízo da execução, após o trânsito em julgado da decisão que fixou o crédito exequendo. Dentro do montante da obrigação de pequeno valor se incluem os juros, correção monetária, despesas processuais (incluindo eventuais honorários advocatícios e periciais, encargos fiscais e previdenciários), podendo o exequente, se lhe for conveniente, renunciar ao crédito remanescente para se beneficiar com a maior celeridade que decorre da Lei 10.259, de 2001.

Por último, assinalamos que a Emenda Constitucional 30/2000, acrescentou o § 5º ao art. 100 da Constituição ("O Presidente do Tribunal competente que, por ato comissivo ou omissivo, retardar ou tentar frustrar a liquidação regular de precatório incorrerá em crime de responsabilidade"), que foi renumerado pela Emenda Constitucional 37, de 12.6.2002, e atualmente coincide com o § 6º.

constitucional tenha alguma relação com o sequestro cautelar previsto no Código de Processo Civil.

13. A execução das contribuições previdenciárias

13.1 Breve histórico das contribuições previdenciárias perante a Justiça do Trabalho

A discussão em torno do assunto foi iniciada pelo art. 43 da Lei 8.212/1991, com a exigência de que: "Em caso de extinção de processos trabalhistas de qualquer natureza, inclusive a decorrente de acordo entre as partes, de que resultar pagamento de remuneração ao segurado, o recolhimento das contribuições devidas à Seguridade Social será efetuado incontinenti" – redação que se encontra superada pela atual, por força da Lei 8.620, de 5.1.1993, inclusive com o acréscimo do parágrafo único:

"Art. 43. Nas ações trabalhistas de que resultar o pagamento de direitos sujeitos à incidência de contribuição previdenciária, o juiz, sob pena de responsabilidade, determinará o imediato recolhimento das importâncias devidas à Seguridade Social.

"Parágrafo único. Nas sentenças judiciais ou nos acordos homologados em que não figurarem, discriminadamente, as parcelas legais relativas à contribuição previdenciária, esta incidirá sobre o valor total apurado em liquidação de sentença ou sobre o valor do acordo homologado."

Diante da circunstância mencionada, e considerando a intenção do legislador de aumentar a arrecadação para o custeio do sistema de Seguridade Social, a Emenda 20/1998 impôs o acréscimo do § 3º ao art. 114 da CF, estabelecendo que "compete ainda à Justiça do Trabalho executar, de ofício, as contribuições sociais previstas no art. 195, I, 'a', e II, e seus acréscimos legais, decorrentes das sentenças que proferir" – e que foi mantida com a Emenda Constitucional 45/2004, no inciso VIII do mesmo art. 114 da CF ("a execução, de ofício, das contribuições sociais previstas no art. 195, I, 'a', e II, e seus acréscimos legais, decorrentes das sentenças que proferir").

13.2 As contribuições previdenciárias e a Lei 10.035/2000

A Lei 10.035/2000 modificou a redação do parágrafo único do art. 831 da CLT, ao consagrar que, "no caso de conciliação, o termo que for lavrado valerá como decisão irrecorrível, salvo para a Previdência Social quanto às contribuições que lhe forem devidas". Trata-se de inovação causadora de perplexidade, pois há mais de 50 anos se afirmava que o termo de conciliação era insuscetível de recurso, pois valia como decisão irrecorrível, sem restrições.

Entendemos que o art. 832, § 4º, da CLT não alude a recurso específico e inominado, mas reclama a utilização do sistema recursal trabalhista existente, e não a criação de novo recurso para atender à realidade da ampliação da competência da Justiça do Trabalho.

O disposto no art. 831, parágrafo único, da CLT foi completado com a exigência do § 3º do art. 832 do mesmo diploma legal (também acrescentado pela Lei 10.035/2000), segundo o qual "as decisões cognitivas ou homologatórias deverão sempre indicar a natureza jurídica das parcelas constantes da condenação ou do acordo homologado, inclusive o limite de responsabilidade de cada parte pelo recolhimento da contribuição previdenciária, se for o caso".

Curiosamente, não há exigência legal para que o órgão responsável pela arrecadação previdenciária (União) seja intimado da sentença, apesar da determinação legal no sentido de que deve ser indicada a natureza jurídica das parcelas constantes da condenação. Ora, se a União não é intimada quanto ao teor da sentença, revela-se acertada a conclusão de que poderá discutir a natureza jurídica das parcelas na fase de liquidação de sentença, quando for intimada para manifestação (art. 879, 3º, da CLT).[56]

Não adianta afirmar, na sentença, que o direito à reintegração foi convertido em indenização e que, portanto, não há incidência de contribuição previdenciária, já que o trânsito em julgado não inibirá a discussão na fase de liquidação de sentença, a menos que seja, a critério do juiz, intimada da sentença de conhecimento e permaneça silente. Trata-se, com certeza, de uma hipótese de relativização da coisa julgada, que resta abrigada no processo do trabalho.

Outra questão tormentosa é o alcance que se deve atribuir à competência da Justiça do Trabalho para a execução de contribuições previdenciárias, pois tanto a Emenda Constitucional 20/1998 quanto a de n. 45/2004 aludem "a execução de ofício das contribuições sociais previstas no art. 195, I, 'a', e II, e seus acréscimos legais, decorrentes das sentenças que proferir", enquanto o art. 832, § 3º, da CLT (acrescentado pela Lei 10.035/2000) menciona "parcelas constantes da condenação".

---

56. Impõe-se reiterar, também em relação a este dispositivo, que a intimação deve ser pessoal e dirigida à União, representada pela Procuradoria da Fazenda Nacional (art. 14, § 3º, da MP 258/2005). O disposto no § 5º do art. 832 da CLT, acrescentado pela Lei 11.457/2007, apenas estabelece que a União poderá recorrer da discriminação quando intimada da sentença.

Em síntese, compete à Justiça do Trabalho executar as contribuições previdenciárias decorrentes de uma sentença meramente declaratória da existência do vínculo de emprego, ou estaria restrita àquelas parcelas que têm natureza remuneratória e foram objeto de condenação?

13.3 Contribuições previdenciárias e sentença trabalhista

A Emenda Constitucional 20/1998 estabeleceu a competência da Justiça do Trabalho para a execução de contribuições previdenciárias "decorrentes das sentenças que proferir", sem qualquer adjetivação; o que foi repetido na Emenda Constitucional 45/2004, conforme o inciso VIII do art. 114. Vale dizer, o texto constitucional não distinguiu entre sentenças de natureza constitutiva, declaratória ou condenatória – o que se verifica no art. 832, § 3º, da CLT, acrescentado pela Lei 10.035/2000; e daí as discussões em torno do cabimento de referida execução em face de sentenças declaratórias do vínculo de emprego ou em relação ao período laborado sem o registro em Carteira de Trabalho e Previdência Social – CTPS quando a sentença também tem natureza condenatória.

O próprio Tribunal Superior do Trabalho, após muita reflexão, acabou recuando de entendimento anterior, consagrado na Súmula 368, alterando a redação do inciso I, em decisão plenária de 10.11.2005. Com efeito, a atual redação da Súmula 368, I, do TST (Resolução 138/2005, publicada no *DJU* 23.11.2005) consagra que "a competência da Justiça do Trabalho, quanto à execução das contribuições previdenciárias, limita-se às sentenças condenatórias em pecúnia que proferir e sobre os valores objeto de acordo homologado ou que integrem o salário de contribuição". Não há, portanto, segundo o entendimento atual da mais alta Corte Trabalhista, a possibilidade de execução, perante a Justiça do Trabalho, de contribuições previdenciárias referentes a todo o período contratual ou de período trabalhado sem registro que seja reconhecido em sentença trabalhista, ainda que haja a determinação para anotação da CTPS. Contudo, trata-se de entendimento contrário à interpretação literal do disposto no art. 876, parágrafo único, da CLT (com redação da Lei 13.467/2017).

13.4 Contribuições previdenciárias e acordo judicial

Nos casos de homologação de acordo há a necessidade de indicação da natureza jurídica das parcelas que o compõem, com vistas à tributação previdenciária (art. 832, § 3º, da CLT), sob pena de o valor total acordado ser considerado de natureza salarial – e, portanto, sujeito ao recolhimento em favor do órgão previdenciário (art. 43, parágrafo único, da Lei 8.212/1991).

Entendemos que a discriminação das parcelas deve levar em consideração se o acordo está sendo celebrado antes ou depois da prolação de sentença de conhecimento, e também o momento em que o negócio se verifica na fase de execução, pois a coisa julgada material não pode ser ignorada, em face do interesse do terceiro interessado.

No acordo celebrado antes da sentença do processo de conhecimento não se pode negar às partes a liberdade mais ampla na discriminação das parcelas que são objeto de acordo, inclusive com a indicação de que a totalidade corresponde a verbas indenizatórias, desde que se trate de parcelas constantes do pedido inicial e que sejam respeitados os valores máximos atribuídos pelo reclamante na sua postulação. Nesta situação, não vemos como prestigiar o argumento de que se deverá observar a proporcionalidade entre verbas indenizatórias e salariais, à luz da petição inicial, diante da natureza de transação de que se reveste a maioria dos acordos na fase de conhecimento, já que há incerteza quanto ao direito vindicado (*res dubia*).

Neste contexto, destaca-se uma posição amplamente favorável da própria Advocacia Geral da União, por meio da Súmula 67, de 3.12.2012 (publicada no *DOU*, Seção I, de 4, 5 e 6.12.2012): "Na Reclamação Trabalhista, até o trânsito em julgado, as partes são livres para discriminar a natureza das verbas objeto do acordo judicial para efeito do cálculo da contribuição previdenciária, mesmo que tais valores não correspondam aos pedidos ou à proporção das verbas salariais constantes da petição inicial".

Quanto aos acordos celebrados sem o reconhecimento do vínculo de emprego não vemos óbice à indicação de que o valor ostenta natureza totalmente indenizatória, desde que celebrados antes da sentença declaratória de sua existência e que haja efetiva controvérsia entre as partes neste particular. A tentativa de elisão fiscal deve ser obstada pelo magistrado quando o próprio vínculo de emprego se revela incontroverso após a formação da *litiscontestatio*. Jamais ficamos sensibilizados com o argumento da União, em vários recursos ordinários, no sentido de que as contribuições seriam sempre devidas sobre o total pactuado, por força do art. 195, I, "a", da CF. Isso porque o acordo celebrado sem o reconhecimento do vínculo de emprego não desobriga as partes da discriminação das parcelas (art. 832, § 3º, da CLT), sob as penas do art. 43, parágrafo único, da Lei 8.212/1991; mas não se pode presumir a ocorrência de fraude ou tentativa de elisão fiscal em todas as hipóteses em que há declaração de que o acordo se dá por mera liberalidade, tampouco nos casos em que as partes declaram que o total do valor acordado terá, por exemplo, natureza de indenização por perdas e danos (art. 389 do CC), principalmente quando não há pedido de pagamento de salários atrasados, e sim das verbas rescisórias e outras parcelas de natureza remuneratória (horas extras, adicional de insalubridade etc.), que jamais beneficiariam o reclamante na ausência de reconhecimento da relação de emprego. Neste sentido, também se revela plenamente aplicável a Súmula 67 da Advocacia Geral da União, que mencionamos alhures.

Por outro lado, somos de opinião que as partes perdem, gradativamente, a liberdade para estipulação da natureza jurídica das parcelas do acordo a partir da prolação da sentença, quando já existe reconhecimento judicial dos direitos vindicados. Após uma sentença declaratória do vínculo de emprego não tem cabimento a homologação de acordo "por mera liberalidade", pois é flagrante a tentativa de elisão fiscal, independentemente do trânsito em julgado; e quando já existe sentença de liquidação entendemos que o acordo deve respeitar a proporcionalidade das diversas parcelas que já foram contempladas no julgado (salários e indenizações).

Sempre repudiamos, no entanto, o argumento de que após a fixação do *quantum debeatur* as contribuições previdenciárias seriam exigíveis com base na mencionada importância, independentemente do acordo celebrado em valor inferior, na medida em que o fato gerador do tributo correspondia ao pagamento de parcelas com natureza salarial.[57] Trata-se de conclusão que, em nosso entendimento, não violava o disposto no art. 832, § 6º, da CLT (com redação da Lei 11.457/2007). Atualmente, nos termos do art. 43, § 2º, da Lei 8.212/1991, acrescentado pela Lei 11.941/2009: "considera-se ocorrido o fato gerador das contribuições sociais na data da prestação do serviço". Referida alteração legislativa impôs modificação na Súmula 368 do Tribunal Superior do Trabalho, estabelecendo que até 4.3.2009 deve ser considerado fato gerador o pagamento das verbas trabalhistas, configurando-se a mora a partir do dia

---

57. Em sentido contrário, João Oreste Dalazen afirma que "o pagamento de parcelas salariais definidas em sentença somente não se consuma exatamente porque as partes frustram mediante a transação posterior, decerto no afã deliberado de provocar elisão do crédito do INSS por contribuição previdenciária" (ob. cit., p. 408).

dois do mês seguinte ao da liquidação (item IV da Súmula 368), sendo que para o labor realizado a partir de 5. 3.2009 deve ser considerado fato gerador das contribuições previdenciárias, incidentes sobre créditos reconhecidos ou homologados pela Justiça do Trabalho, a da data da prestação dos serviços (item V da Súmula 368).

14. Execução das multas administrativas

A competência da Justiça do Trabalho para processar e julgar "as ações relativas às penalidades administrativas impostas aos empregadores pelos órgãos de fiscalização das relações de trabalho" (art. 114, VII, da CF) foi umas das inovações da Emenda Constitucional 45/2004.

Diante do texto constitucional (art. 114, VII), ampliou-se o rol de possibilidades do mandado de segurança perante a Justiça do Trabalho em face de eventuais abusos e violações a direito líquido e certo por parte das autoridades fiscalizadoras e administrativas do Ministério do Trabalho e Emprego, e fica também viabilizada a ação anulatória do débito fiscal.

Para o objetivo deste nosso trabalho, interessa uma breve digressão em torno das execuções fiscais das multas aplicadas pelos auditores fiscais do Ministério do Trabalho e Emprego, nos termos do art. 642 da CLT e da Lei 6.830/1980, também abrigada no texto constitucional.

A execução fiscal das multas administrativas do Ministério do Trabalho e Emprego justifica-se tão somente quando o empregador autuado não tiver utilizado a faculdade de interpor o recurso administrativo disciplinado nos arts. 635 e 636 da CLT, pois o recurso mencionado só será conhecido se houver a prova do depósito da multa (art. 636, § 1º, da CLT), e na hipótese de não provimento o depósito se converte em pagamento (art. 639 da CLT).

Após a autuação, e superadas as fases de defesa e recurso (arts. 629-636 da CLT) sem sucesso para o infrator, a cobrança amigável pode ser realizada, nos termos do art. 640 da CLT; e, no caso de restar infrutífera referida via administrativa, ocorre a inscrição da dívida, nos termos do art. 641 da CLT, e cópia autêntica dessa inscrição é encaminhada à Procuradoria da Fazenda Nacional, para a cobrança judicial perante a Justiça do Trabalho, com observância da Lei 6.830/1980, que rege a cobrança judicial da dívida ativa da Fazenda Pública, e, subsidiariamente, do Código de Processo Civil (art. 1º da Lei 6.830/1980). Não há espaço para aplicação da Consolidação das Leis do Trabalho, mesmo porque não se trata de processo tipicamente trabalhista, e para o qual se pudesse reclamar a aplicação dos princípios e peculiaridades que objetivam a efetividade do provimento jurisdicional, ficando ressalvado o uso do sistema recursal trabalhista, a exemplo do que sempre ocorreu com o mandado de segurança e outras demandas previstas no Código de Processo Civil (consignação em pagamento e tutelas cautelares, por exemplo), em homenagem ao art. 763 da CLT.[58]

A ação de execução fiscal deverá ser instruída com cópia autenticada, pela autoridade do Ministério do Trabalho e Emprego, da certidão de dívida ativa (art. 641 da CLT, c/c o art. 2º, § 6º, da Lei 6.830/1980), e os requisitos da petição inicial se encontram indicados no art. 6º da lei já mencionada (indicação do juiz a quem é dirigida, pedido e requerimento para a citação), sendo desnecessária a causa de pedir. O valor da causa deve corresponder ao valor da dívida certificada com acréscimo dos juros e correção monetária (art. 6º, § 2º, da Lei 6.830/1980).

A citação para pagamento ou garantia do juízo, no prazo de cinco dias (art. 8º da Lei 6.830/1980), pode ser feita pelo Correio, com aviso de recebimento, salvo se a Fazenda Pública o requerer de outra forma (art. 8º, I, da Lei 6.830/1980), devendo ser realizada por oficial de justiça se o aviso de recebimento não retornar no prazo de 15 dias após a postagem (art. 8º, III, da Lei 6.830/1980).

Na hipótese de ausência de pagamento ou indicação de bens para garantia do juízo, haverá a penhora de bens segundo a ordem estabelecida no art. 11 da Lei 6.830/1980, nada obstando à utilização da constrição por meio do "Bacen-Jud", conforme Provimento 06/2005 da Corregedoria-Geral da Justiça do Trabalho, que corresponde à penhora em dinheiro, que se encontra em primeiro lugar na ordem legal.

O prazo para embargos à execução será de 30 dias, contados do depósito, da juntada da prova da fiança bancária ou da intimação da penhora, nos termos do art. 16 da Lei 6.830/1980, tendo a Fazenda Pública igual prazo para impugnação, permitindo-se ampla dilação probatória, com a possibilidade de oitiva de testemunhas arroladas (no máximo três

---

58. Neste mesmo sentido as conclusões de Marcos Neves Fava in "As ações relativas às penalidades administrativas impostas aos empregadores pelos órgãos de fiscalização das relações de trabalho – Primeira leitura do art. 114, VII, da Constituição da República" (pp. 345-361), publicado no livro *Justiça do Trabalho: Competência Ampliada*, São Paulo, LTr, 2005.

e, a critério do juiz, até seis), desde que a prova não seja exclusivamente documental (arts. 16, § 2º, e 17, parágrafo único, da Lei 6.830/1980). Eventual acolhimento integral dos embargos à execução equivale à improcedência da execução da dívida ativa de que trata o art. 496, II, do CPC/2015, e daí a existência do duplo grau de jurisdição obrigatório.

15. Suspensão e extinção da execução

As hipóteses de suspensão da execução se encontram arroladas nos arts. 921 e 922 do CPC/2015, e se resumem, basicamente, aos casos de apresentação de embargos à execução (art. 921, II), inexistência de bens penhoráveis (art. 921, III), ocorrências dos arts. 313 e 315 do CPC/2015 (art. 791, I), se o exequente não requerer a adjudicação nem indicar outros bens penhoráveis na hipótese de alienação frustrada (art. 921, IV), quando for concedido o parcelamento de que trata o art. 916 (art. 921, V) e a requerimento das partes (art. 922 do CPC/2015), quando o credor concede um prazo para que o devedor cumpra voluntariamente a obrigação.

A extinção da execução ocorre, basicamente, em cinco situações, à luz do art. 924 do CPC/2015 I – quando a petição inicial for indeferida; II – quando a obrigação for satisfeita; III – quando o executado obtiver, por qualquer outro meio, a extinção total da dívida; IV – quando o exequente renunciar ao crédito; V – quando ocorrer a prescrição intercorrente.

A hipótese do inciso II, por óbvio, inclui a satisfação espontânea e também a provocada pela execução, com a constrição de bens e satisfação do crédito exequendo que, não raro, também abrange verbas previdenciárias e despesas processuais, além do crédito trabalhista *stricto sensu*.

Quanto à previsão do inciso III, entendemos que abrange a hipótese de transação, que representa uma novação que, infelizmente, pode dar ensejo a nova e futura execução. Basta o inadimplemento do devedor. No entanto, digna de elogio foi a substituição da expressão "remissão total da dívida" (art. 794, II, do CPC revogado) por "extinção total da dívida", pois aquela era alvo de críticas na doutrina, entendendo alguns que o correto seria "remição" (que tem sentido de resgate) e não "remissão" (que tem sentido de perdão).

Contudo, a extinção da execução só produz efeito quando declarada por sentença (art. 925 do CPC/2015). A simples e lacônica determinação "Ao arquivo" não vincula as partes, pois, a qualquer momento poderá haver a solicitação de desarquivamento para cobrança de alguma diferença de correção monetária e juros que possa ter ficado pendente. O ideal é que o magistrado trabalhista julgue extinta a execução por sentença (basta algo do tipo: "Vistos, examinados etc. Cumprida a obrigação (art. 924, II, do CPC/2015), julgo extinta a execução, nos termos do art. 925 do CPC/2015. Intimem-se"), sendo facultada a interposição de agravo de petição no prazo de 8 (oito) dias (art. 897, "a", da CLT).

XXII
INQUÉRITO JUDICIAL PARA APURAÇÃO DE FALTA GRAVE

1. Antecedentes históricos. 2. Natureza jurídica. 3. Procedimento. 4. Provas. 5. Pagamento de custas. 6. Julgamento do inquérito.

1. Antecedentes históricos

A Lei Eloy Chaves (Lei 4.682, de 24.1.1923) consagrou a existência de uma caixa de aposentadoria e pensões para os empregados das empresas de estradas de ferro, e pela primeira vez assegurou a estabilidade no emprego.

Com o efeito, o art. 42 da Lei 4.682, de 1923, estabelecia que: "Depois de 10 (dez) anos de serviços efetivos, o empregado das empresas a que se refere a presente Lei só poderá ser demitido no caso de falta grave constatada em inquérito administrativo, presidido por um engenheiro da Inspetoria e Fiscalização das Estradas de Ferro".

Trata-se de norma legal que contou com inúmeras críticas, na medida em que beneficiava uma parcela restrita de trabalhadores. Contudo, o próprio Eloy Chaves assegurou que os benefícios ali consagrados deveriam se estender gradualmente a outros setores. E foi o que ocorreu.

Observamos que a Lei Eloy Chaves aludia a "inquérito administrativo", não se cogitando de "inquérito judicial", mesmo porque a Justiça do Trabalho ainda não existia, tendo sido organizada pelo Decreto 1.237, de 2.5.1939, e integrada ao Poder Judiciário com a Constituição de 1946.

Com a promulgação da Consolidação das Leis do Trabalho de forma acidental apareceu a expressão "inquérito administrativo" no art. 821, o que foi corrigido com o Decreto-lei 8.737/46.[1]

2. Natureza jurídica

Trata-se de ação de natureza constitutiva[2] do empregador em face do empregado, que objetiva a desconstituição do vínculo de emprego do empregado que tenha adquirido a estabilidade definitiva prevista na Consolidação das Leis do Trabalho (art. 494) antes da Constituição Federal de 1988, do dirigente sindical (art. 543, § 3º, da CLT, c/c o art. 8º, VIII, da CF), dos membros representantes dos empregados perante as comissões de conciliação prévia (art. 625-B, § 1º, da CLT), empregados que sejam eleitos diretores de sociedades cooperativas, por eles próprios criadas, nos termos do art. 55 da Lei 5.764/1971 ou quando a estabilidade definitiva tenha se dado por força de convenções coletivas, acordos coletivos ou sentença normativa. Isto porque referidos empregados só podem ter o contrato de trabalho rescindido por motivo de falta grave devidamente comprovada e reconhecida pela Justiça do Trabalho em inquérito judicial.

Igualmente, não se pode negar o direito do empregado de solicitar demissão ou pedir a rescisão indireta do contrato de trabalho; mas quanto à primeira hipótese precisamos atentar para o disposto no art. 500 da Consolidação das Leis do Trabalho – vale dizer, o pedido de demissão tem que contar com a assistência do sindicato da categoria e, se não houver, deve ser feito perante o órgão do Ministério do Trabalho ou da própria Justiça do Trabalho.[3]

É desnecessário o ajuizamento do inquérito para a despedida do membro eleito para comissão interna de prevenção de acidentes e da empregada gestante, já que referidos empregados estão protegidos contra a despedida arbitrária ou sem justa causa, enquanto nas hipóteses mencionadas anteriormente a perda da garantia de emprego decorre da

---

1. Cf. Wilson de Souza Campos Batalha, *Tratado de Direito Judiciário do Trabalho*, 2ª ed., p. 571.
2. Costuma-se afirmar que se trata de ação constitutiva negativa ou desconstitutiva.
3. Eis uma hipótese de jurisdição voluntária perante a Justiça do Trabalho, de rara ocorrência, já que pressupõe a inexistência do sindicato, e cujo procedimento não está detalhado.

prática de falta grave nos termos do art. 493 do diploma consolidado, o que só pode ser apurado em inquérito judicial (art. 494 da CLT).

3. Procedimento

Nos termos do art. 853 da Consolidação das Leis do Trabalho, não se permite a "reclamação verbal" na hipótese de inquérito judicial para apuração de falta grave. Faculta-se o *jus postulandi* das partes (art. 791 da CLT), mas o ajuizamento deve ser por escrito.

É facultado ao empregador suspender o empregado dos serviços tão logo seja constatada a falta grave, mas ficará obrigado a ajuizar o inquérito no prazo de 30 dias a contar da suspensão (art. 853 da CLT), sob pena de decadência, conforme entendimento jurisprudencial dominante.[4]

E, por se tratar de mera faculdade do empregador, não se cogita de decadência se não houver a suspensão do empregado, hipótese em que será observado o prazo prescricional de que trata o art. 11 da Consolidação das Leis do Trabalho. Contudo, será defensável a ocorrência de perdão tácito na hipótese de o empregador não ter diligenciado imediatamente após a prática da falta grave.[5]

Por outro lado, parecem-nos acertadas as ponderações de Eduardo Gabriel Saad quando afirma:

"Dentro dessa linha de raciocínio, entendemos, ainda, que o inquérito deve ser, sempre, precedido da suspensão do empregado. Em verdade, se o empregado é acusado de uma falta que, por sua natureza, é suscetível de provocar a dissolução do contrato de trabalho, presume-se que, em razão desse mesmo fato, não pode ele continuar trabalhando.

Se a empresa ajuíza a reclamação, para instauração do inquérito em debate, sem afastar preventivamente o empregado do serviço, então é de se acreditar que a falta a este imputada não é muito grave."[6]

A exemplo do que ocorre na reclamação trabalhista, o inquérito judicial será arquivado se o empregador (requerente) não comparecer à audiência inicial, e será julgado à revelia (com aplicação da cominação de confissão) se a ausência for do empregado (requerido).

---

4. *Súmula 403 do Supremo Tribunal Federal*: "É de decadência o prazo de 30 dias para instauração de inquérito judicial, a contar da suspensão, por falta grave, de empregado estável".

5. Cf. Sérgio Pinto Martins, *Direito Processual do Trabalho*, 10ª ed., p. 396.

6. *Direito Processual do Trabalho*, 2ª ed., p. 515.

4. Provas

Presentes as partes à audiência, será feita a primeira proposta de conciliação (art. 846 da CLT) e, não havendo acordo, a defesa poderá ser ofertada pelo empregado-requerido, por escrito ou oralmente (20 minutos), a teor do art. 847 da Consolidação das Leis do Trabalho.

São admissíveis todas as provas previstas na legislação processual, aplicando-se ao inquérito judicial para apuração de falta grave, *mutatis mutandis*, tudo o que foi dito no capítulo em que discutimos a produção de provas no processo do trabalho.

Quanto às testemunhas, faculta-se a oitiva de até seis para cada parte (art. 821 da CLT).

5. Pagamento de custas

Ao contrário do que ocorria com as reclamações trabalhistas, as custas processuais não eram pagas ao final, e sim antes do julgamento pela Vara do Trabalho ou juízo de direito, e eram calculadas sobre seis vezes o último salário mensal do empregado-requerido.[7]

Contudo, a Lei 10.537/2002 rompeu com a exceção supramencionada, atribuindo nova redação ao *caput* e parágrafos do art. 789 da CLT, estabelecendo pagamento de custas após o trânsito em julgado da decisão ou dentro do prazo para interposição do recurso (art. 789, § 1º, da CLT), sempre no percentual de 2% sobre o valor da causa, do acordo ou do valor arbitrado à condenação, conforme o caso. Atualmente, diante da nova redação do *caput* art. 789 da CLT, atribuída pela Lei 13.467/2017, "as custas relativas ao processo de conhecimento incidirão à base de 2% (dois por cento), observado o mínimo de R$10,64 (dez reais e sessenta e quatro centavos) e o máximo de quatro vezes o limite máximo dos benefícios do Regime Geral de Previdência Social". No caso específico do inquérito judicial para apuração de falta grave, serão calculadas sobre o valor da causa (incisos II e III do art. 789, CLT) ou, na hipótese de acordo, sobre o respectivo valor (art. 789, I, CLT).

---

7. Valentin Carrion adverte que "julgar-se improcedente o *inquérito judicial* para apuração de falta grave de empregado estável por não ter o autor pagos as custas é ignomínia, que não tem apoio em lei" (*Comentários à Consolidação das Leis do Trabalho*, 19ª ed., p. 561). Em verdade, o inquérito deve ser extinto sem julgamento do mérito, eis que ausente um pressuposto processual; e neste sentido já se pronunciou o Tribunal Superior do Trabalho ("Enunciado 49. No inquérito judicial, contadas e não pagas as custas no prazo fixado pelo juízo, será determinado o arquivamento do processo").

6. Julgamento do inquérito

Observadas as condições da ação e pressupostos processuais, e após a regular instrução do feito, haverá apreciação de mérito. Neste caso a sentença será de rejeição, procedência ou, até mesmo, procedência parcial do pedido.

A sentença que acolher o pedido do inquérito judicial para apuração de falta grave decretará a rescisão do contrato de trabalho e legitimará a suspensão do empregado, que antecedera o inquérito. Assim, não se cogita de pagamento de salários em relação ao período de suspensão, eis que o efeito da sentença é *ex tunc*.

A sentença que rejeitar o pedido do inquérito determinará a reintegração no emprego e pagamento dos salários do período de suspensão ou converterá a reintegração em indenização nos termos do art. 496 da Consolidação das Leis do Trabalho.

XXIII
A AÇÃO RESCISÓRIA NA JUSTIÇA DO TRABALHO

1. Natureza jurídica. 2. Cabimento no processo do trabalho: 2.1 Admissibilidade que decorre de dolo ou fraude à lei – 2.2 Admissibilidade decorrente das questões de direito – 2.3 Admissibilidade decorrente da figura do juiz: 2.3.1 Prevaricação – 2.3.2 Concussão – 2.3.3 Corrupção – 2.3.4 Impedimentos do juiz – 2.3.5 Incompetência absoluta do juiz – 2.4 Admissibilidade decorrente das questões de fato. 3. Cumulação do juízo rescindente com o juízo rescisório. 4. Prazo para ajuizamento da ação rescisória. 5. Efeitos da propositura da ação rescisória.

1. Natureza jurídica

A exemplo do inquérito judicial para apuração de falta grave, trata-se de ação constitutiva negativa, na medida em que objetiva a desconstituição da coisa julgada material.

E, como não se trata de recurso, está subordinada ao preenchimento das condições da ação e pressupostos processuais.

2. Cabimento no processo do trabalho

A ação rescisória é compatível com o processo do trabalho, consoante se infere do art. 836 da Consolidação das Leis do Trabalho, com a redação da Lei 11.495, de 22.6.2007, o qual faz remição expressa ao procedimento consagrado no Código de Processo Civil.

Assim, as hipóteses de cabimento da ação rescisória no processo do trabalho coincidem com aquelas indicadas no art. 966 do atual Código de Processo Civil, que merece transcrição:

"Art. 966. A decisão de mérito, transitada em julgado, pode ser rescindida quanto: I – se verificar que foi proferida por força de prevaricação, concussão ou corrupção do juiz; II – for proferida por juiz impedido ou por juízo absolutamente incompetente; III – resultar de dolo ou coação da parte vencedora em detrimento da parte vencida ou, ainda, de simulação ou colusão entre as partes, a fim de fraudar a lei; IV – ofender a coisa julgada: V – violar manifestamente norma jurídica; VI – for fundada em prova cuja falsidade tenha sido apurada em processo criminal ou venha a ser demonstrada na própria ação rescisória; VII – obtiver o autor, posteriormente ao trânsito em julgado, prova nova cuja existência ignorava ou de que não pôde fazer uso, capaz, por si só, de lhe assegurar pronunciamento favorável; VIII – for fundada em erro de fato verificável do exame dos autos. § 1º. Há erro de fato quando a decisão rescindenda admitir fato inexistente ou quando considerar inexistente fato efetivamente ocorrido, sendo indispensável, em ambos os casos, que o fato não represente ponto controvertido sobre o qual o juiz deveria ter se pronunciado. § 2º. Nas hipóteses previstas nos incisos do *caput*, será rescindível a decisão transitada em julgado que, embora não seja de mérito, impeça: I – nova propositura da demanda; ou II – admissibilidade do recurso correspondente. § 3º. A ação rescisória pode ter por objeto apenas 1 (um) capítulo da decisão; § 4º. Os atos de disposição de direitos, praticados pelas partes ou por outros participantes do processo e homologado pelo juízo, bem como os atos homologatórios praticados no curso da execução, estão sujeitos à anulação, nos termos da lei."

2.1 Admissibilidade que decorre de dolo ou fraude à lei

É cabível a rescisória quando a sentença resultar de dolo da parte vencedora em detrimento da parte vencida, ou de colusão entre as partes, a fim de fraudar a lei. Contudo, em relação à última hipótese (colusão entre as partes) será cabível desde que o juiz não tenha proferido sentença nos termos do art. 142 do CP/2015 ("Convencendo-se, pelas circunstâncias, de que autor e réu se serviram do processo para praticar ato simulado ou conseguir fim vedado por lei, o juiz proferirá decisão que impeça os objetivos das partes, aplicando, de ofício, as penalidades da litigância de má-fé").

2.2 Admissibilidade decorrente das questões de direito

São as hipóteses dos incisos IV e V do art. 966 do atual Código de Processo Civil, vale dizer, quando houver ofensa à coisa julgada ou de manifesta violação de norma jurídica. No entanto, devemos atentar para o disposto na Súmula 83, I do Tribunal Superior do Trabalho: "Não procede o pedido formulado na ação rescisória por violação literal de lei se a decisão rescindenda estiver baseada em texto legal infraconstitucional de interpretação controvertida nos tribunais". Trata-se de entendimento sumulado com base na redação do art. 485, V, do CPC revogado, mas que continua atual e deve ser adaptado aos contornos mais amplos do CPC/2015, que alude a violação da norma jurídica

Além disso, não obstante tenha se inspirado na redação do art. 485, V, do Código revogado, o entendimento da Orientação Jurisprudencial 41 da Subseção II Especializada em Dissídios Individuais do Tribunal Superior do Trabalho (SDI-II) recebeu nova redação para se adaptar ao art. 966, V, do CPC/2015, pois consagra a possibilidade de ação rescisória contra sentença *citra petita*: "Ação rescisória – Sentença *citra petita* – Cabimento. Revelando-se a sentença *citra petita*, o vício processual vulnera os arts. 141 e 492 do CPC de 2015 (128 e 460 do CPC de 1973), tornando-a passível de desconstituição, ainda que não interpostos embargos de declaração". Assinale-se, ainda, que a ação rescisória não se presta à discussão acerca da justiça ou injustiça da decisão que se pretende ver desconstituída.

2.3 Admissibilidade decorrente da figura do juiz

Os incisos I e II do art. 966 do Código de Processo Civil consagram as hipóteses de rescisão da sentença em face de circunstâncias pessoais pertinentes à figura do juiz.

Com efeito, a decisão de mérito poderá ser rescindida quando for prolatada por prevaricação, concussão ou corrupção do juiz. E o mesmo se diga quando tenha havido impedimento ou incompetência absoluta do juiz.

Vejamos cada uma das situações.

2.3.1 Prevaricação

O juiz, agente político e funcionário público *lato sensu*, pode incorrer no crime consagrado no art. 319 do Código Penal: "Art. 319. Retardar ou deixar de praticar, indevidamente, ato de ofício, ou praticá-lo contra disposição expressa de lei, para satisfazer interesse ou sentimento pessoal".

Assim, a verificação da hipótese requer a ocorrência de omissão injustificada ou retardamento na prática de ato de ofício ou sua realização contrária à lei, motivada pela satisfação de interesse ou sentimento pessoal, e que traduz o dolo específico.

2.3.2 Concussão

A exemplo do anterior, traduz ilícito penal, cujo agente ativo é o funcionário público ou pessoa a ele equiparada. Abrange, igualmente, a figura do juiz.

O art. 326 do Código Penal tipifica o crime de concussão: "Art. 326. Exigir, para si ou para outrem, direta ou indiretamente, ainda que fora da função ou antes de assumi-la, mas em razão dela, vantagem indevida".

Damásio E. de Jesus[1] ensina que se trata de uma forma especial de extorsão cometida por funcionário público, com abuso de autoridade.

A sentença viciada com os ingredientes do tipo penal supramencionado poderá ser rescindida, cumprindo assinalar que a vantagem indevida a que alude o art. 326 do Código Penal não precisa, necessariamente, ser econômica ou patrimonial, eis que o dispositivo legal não faz ressalva alguma no particular. Basta que a vantagem, presente ou futura, beneficie o próprio juiz ou terceiro.

2.3.3 Corrupção

A corrupção que dá ensejo à rescisão da sentença do juiz é a passiva, não obstante a ausência de distinção no diploma processual civil. Isto porque a corrupção ativa é aquela praticada pelo particular contra a administração da justiça.

Traduz ilícito penal consubstanciado no art. 317 do Código Penal: "Art. 317. Solicitar ou receber, para si ou para outrem, direta ou indiretamente, ainda que fora da função ou antes de assumi-la, mas em razão dela, vantagem indevida, ou aceitar promessa de tal vantagem".

2.3.4 Impedimentos do juiz

A Consolidação das Leis do Trabalho não faz distinção entre suspeição e impedimento, consoante se infere de seu art. 801. E daí a neces-

---

1. *Direito Penal*, v. IV, p. 125.

sidade da aplicação subsidiária do Código de Processo Civil – o que não apresenta resistência alguma na doutrina e na jurisprudência.

O art. 144 do CPC/2015 estabelece que é vedado ao juiz "exercer suas funções no processo: I – em que interveio como mandatário da parte, oficiou como perito, funcionou como membro do Ministério Público ou prestou depoimento como testemunha; II – de que conheceu em outro grau de jurisdição, tendo proferido decisão; III – quando nele estiver postulando, como defensor público, advogado ou membro do Ministério Público, seu cônjuge ou companheiro, ou qualquer parente, consanguíneo ou afim, em linha reta ou colateral, até o terceiro grau, inclusive; IV – quando for parte no processo ele próprio, seu cônjuge ou companheiro, ou parente, consanguíneo ou afim, em linha reta ou colateral, até o terceiro grau, inclusive; V – quando for sócio ou membro de direção ou de administração de pessoa jurídica parte no processo; VI – quando for herdeiro presuntivo, donatário ou empregador de qualquer das partes; VII – em que figure como parte instituição de ensino com a qual tenha relação de emprego ou decorrente de contrato de prestação de serviços; VIII – em que figure como parte cliente do escritório de advocacia de seu cônjuge, companheiro ou parente, consanguíneo ou afim, em linha reta ou colateral, até o terceiro grau, inclusive, mesmo que patrocinado por advogado de outro escritório; IX – quando promover ação contra a parte ou seu advogado".

Observamos que as hipóteses de impedimento traduzem veto legal ao exercício da jurisdição pelo magistrado em determinadas demandas. Vale dizer, são hipóteses de presunção absoluta em torno da parcialidade do juiz, e daí a vedação legal à sua atuação.

O impedimento é verificável objetivamente, e a sentença prolatada por juiz impedido é passível de ação rescisória, independentemente da oferta de exceção de impedimento por uma das partes; vale dizer, não ocorre a preclusão no particular. Por outro lado, as hipóteses de suspeição do magistrado (art. 145 do CPC/2015) não comportam ação rescisória e requerem a alegação, por meio de exceção, na audiência inicial, ou na primeira oportunidade que tiver para falar nos autos (art. 795 da CLT), a partir da ciência do fato que tornou o juiz suspeito, sob pena de preclusão.

2.3.5 Incompetência absoluta do juiz

A competência absoluta, como já tivemos a oportunidade de estudar no capítulo próprio, abrange a competência em razão da matéria, da pessoa e a funcional. E sua ausência poderá ser alegada a qualquer momento e de qualquer maneira (e até mesmo reconhecida *ex officio*), desde que não tenha havido a coisa julgada material.

Após o trânsito em julgado de sentença de mérito proferida por juiz absolutamente incompetente ainda haverá a possibilidade de ajuizamento da ação rescisória, com fundamento no art. 966, II, do CPC/2015.

2.4 Admissibilidade decorrente das questões de fato

São as hipóteses indicadas nos incisos VI-VIII do art. 966 do Código de Processo Civil. Vale dizer, admite-se a rescisória quando: 1) a sentença se fundar em prova cuja falsidade tenha sido apurada em processo criminal ou seja provada na própria ação rescisória; 2) quando após o trânsito em julgado da decisão o autor obtiver documento novo, cuja existência ignorava, ou de que não pôde fazer uso, capaz, por si só, de lhe assegurar pronunciamento favorável; 3) a decisão se fundar em erro de fato, causa que possa ser verificado pelo exame dos autos.

E – como bem lembra Campos Batalha[2] – a admissão da rescisória, decorrente das questões de fato, requer a ausência de prequestionamento da matéria, lição de que continua atual, sob a égide do art. 966, § 1º, do CPC/2015. Se a matéria foi prequestionada não se cogita de rescisória.

Igualmente, não se poderá cogitar de rescisória em face da errônea interpretação dos fatos atribuída pelo juiz, desde que não lhes tenha negado a existência. Vale dizer, a ação rescisória não admite o reexame de fatos e provas do processo que originou a decisão que se pretende desconstituir (Súmula 410 do TST).

Finalmente, assinale-se que a falsa prova apta a ensejar a rescisória deve ter sido decisiva no julgamento da lide.

3. Cumulação do juízo rescindente com o juízo rescisório

Em relação a este particular não mais subsiste a dúvida do Código de Processo Civil de 1939. O próprio art. 968, I, do atual diploma processual estabelece que na petição inicial o autor deverá "cumular ao pedido de rescisão, se for o caso, o de novo julgamento do processo".[3]

---

2. *Tratado de Direito Judiciário do Trabalho*, 2ª ed., p. 629.

3. Manoel Antônio Teixeira Filho assevera que a cumulação do juízo rescindente com o rescisório, nas hipóteses em que houver necessidade, não traduz mera faculdade do autor da ação rescisória, já que o dispositivo legal alude a "dever". As-

Vale dizer, é perfeitamente possível a cumulação do juízo rescindente (*judicium rescindens*) e do juízo rescisório (*judicium rescisorium*). Assim, na ação rescisória o pedido não precisa se restringir à desconstituição do julgado (juízo rescindente), mas poderá ser requerida também a revisão do processo cujo julgado foi considerado nulo.

Como bem lembra Wilson de Souza Campos Batalha,[4] existem situações em que o juízo rescindente é exauriente. É o caso do acórdão que reconhece a coisa julgada, prescrição ou decadência negada na sentença rescindenda.

4. Prazo para ajuizamento da ação rescisória

O prazo para propositura da ação rescisória é de dois anos a contar do trânsito em julgado da última decisão (art. 975 do CPC); e, não obstante tratar-se de prazo decadencial, a jurisprudência cristalizada na Súmula 100, IX, do TST, sob a égide do art. 495 do CPC revogado, já admitia a prorrogação até o primeiro dia útil imediatamente subsequente quando expirar em férias forenses, feriados, finais de semana ou dia em que não há expediente forense, o que foi plenamente consagrado no § 1º do art. 975 do CPC/2015. E o trânsito em julgado conta-se a partir do escoamento de todas as possibilidades de recurso, mesmo que julgadas incabíveis.[5] Ressalvem-se, contudo, as hipóteses em que o recurso não conhecido é manifestamente intempestivo, situação em que o trânsito em julgado deve ser contado a partir do termo final do prazo de recurso.

Quanto ao prazo para ajuizamento da ação rescisória, impõe-se atentar para o fato de que as demandas trabalhistas, via de regra, apresentam cumulação de pedidos. E, teoricamente, a cada pedido corresponde uma demanda, motivo pelo qual são cabíveis, em tese, tantas rescisórias quantos forem os pedidos julgados; vale dizer, o prazo para a ação rescisória começa a fluir a partir do trânsito em julgado da decisão que julgou o pedido, porquanto aquilo que não é objeto de recurso transita em julgado e comporta execução definitiva.

---

sim, na hipótese de o autor apenas promover o pedido de desconstituição do julgado o juiz deverá determinar que emende a petição inicial (art. 284 do CPC), sob pena de indeferimento (*Ação Rescisória no Processo do Trabalho*, p. 192).

4. *Tratado...*, 2ª ed., p. 622.

5. Nesse sentido a Súmula 100 do TST, com redação atribuída pela Resolução 137/2005 (*DJU* 22.8.2005).

Não pairam dúvidas de que se trata de prazo decadencial, na medida em que o direito potestativo coincide com a própria ação de natureza constitutiva negativa.

Atente-se, ainda, para o fato de que não se exige no processo do trabalho o depósito de que trata o art. 968, II, do atual Código de Processo Civil (5% sobre o valor da causa, a título de multa, na hipótese de a ação ser julgada improcedente ou inadmissível, por unanimidade de votos), e sim o depósito prévio de 20% do valor da causa, nos termos do art. 836 da CLT, com redação da Lei 11.457/2007, salvo prova de miserabilidade jurídica do autor da rescisória. Trata-se de inovação legislativa que dificulta a propositura de ação rescisória no âmbito trabalhista, se revelando mais severa do que as disposições do Código de Processo Civil.

5. Efeitos da propositura da ação rescisória

O art. 969 do CPC/2015, a exemplo do dispositivo análogo do Código revogado (art. 489) assegura que a propositura da ação rescisória não impede o cumprimento da decisão rescindenda, ressalvada a concessão de tutela provisória. Vale dizer, a atual disciplina legal sobre o tema acabou consagrando a solução da jurisprudência, na vigência do Código anterior, que admitia, excepcionalmente, a suspensão da execução mediante tutela cautelar ou tutela antecipada.

Em princípio, o acolhimento da ação rescisória terá efeito *ex nunc*, eis que se trata de ação constitutiva. No entanto, o juízo rescisório poderá dispor de forma diversa no julgamento que deverá substituir a sentença rescindenda.

XXIV
O MANDADO DE SEGURANÇA NA JUSTIÇA DO TRABALHO

1. Origem e evolução histórica. 2. Natureza jurídica. 3. Cabimento na Justiça do Trabalho e competência funcional. 4. Petição inicial. 5. Possibilidade de concessão de liminar. 6. O problema das informações da autoridade coatora. 7. Recurso cabível. 8. Mandado de segurança coletivo na Justiça do Trabalho. 9. Prazo para impetração.

1. Origem e evolução histórica

O mandado de segurança foi introduzido no ordenamento jurídico brasileiro por meio da Constituição de 1934, para proteger direito líquido e certo que deixou de ser amparado por *habeas corpus* após a Reforma Constitucional de 1926. O preceito constitucional inserido no art. 113, inciso 33, da Constituição de 1934[1] foi regulado pela Lei 191, de 16.1.1936.

A Constituição outorgada em 10 de novembro de 1937 não consagrou o mandado de segurança, mas o Decreto-lei 6, de 16.11.1937, estabeleceu que continuava em vigor o remédio jurídico mencionado, nos termos da Lei 191, exceto quanto aos atos do Presidente da República e dos ministros de Estado, o que evidenciava o autoritarismo do Estado e um resquício do Estado Absolutista.

1. "Dar-se-á mandado de segurança para a defesa de direito, certo e incontestável, ameaçado ou violado por ato manifestamente inconstitucional ou ilegal de qualquer autoridade. O processo será o mesmo do *habeas corpus*, devendo ser sempre ouvida a pessoa de direito público interessada. O mandado não prejudicará as ações petitórias competentes."

A Constituição promulgada em 18 de setembro de 1946 voltou a contemplar o mandado de segurança com a amplitude da Constituição de 1934, consoante se infere do art. 141, § 24: "Para proteger direito líquido e certo não amparado por *habeas corpus*, conceder-se-á mandado de segurança, seja qual for a autoridade responsável pela ilegalidade ou abuso de poder" – disposição que se manteve, com pequenas alterações, nas Constituições de 1967 e 1969.

Por último, a Constituição Federal de 1988 consagrou o mandado de segurança no art. 5º, LXIX, com a seguinte redação: "Conceder-se-á mandado de segurança para proteger direito líquido e certo, não amparado por *habeas corpus* ou *habeas data*, quando o responsável pela ilegalidade ou abuso de poder for autoridade pública ou agente de pessoa jurídica no exercício de atribuições do Poder Público". E também instituiu o mandado de segurança coletivo (art. 5º, LXX): "O mandado de segurança coletivo pode ser impetrado por: a) partido político com representação no Congresso Nacional; b) organização sindical, entidade de classe ou associação legalmente constituída e em funcionamento há pelo menos um ano, em defesa dos interesses de seus membros ou associados".

Atualmente, o mandado de segurança está regulado pela Lei 12.016, de 7.8.2009, a qual revogou a Lei 1.533, de 31.12.1951, disciplinando o mandado de segurança individual e coletivo.

2. *Natureza jurídica*

Segundo Campos Batalha "o mandado de segurança constitui remédio processual simples e rápido para a proteção de direito líquido e certo, ou seja, independente de provas e oriundo de fatos incontroversos, violado ou ameaçado por ato de autoridade".[2]

E, diante do art. 5º, LXIX, da Constituição Federal, podemos afirmar que se trata de remédio processual que objetiva a proteção de "direito líquido e certo, não amparado por *habeas corpus* ou *habeas data*, quando o responsável pela ilegalidade ou abuso de poder for autoridade pública ou agente de pessoa jurídica no exercício de atribuições do Poder Público".

Trata-se, pois, de remédio processual com natureza de ação de conhecimento, cuja cognição é restrita à prova documental que deve acompanhar a petição inicial[3] (art. 6º da Lei 12.016/2009).

2. *Tratado de Direito Judiciário do Trabalho*, 2ª ed., p. 598.
3. Manoel Antônio Teixeira Filho, *Mandado de Segurança na Justiça do Trabalho*, p. 94.

3. Cabimento na Justiça do Trabalho e competência funcional

Na Justiça do Trabalho sempre se afirmou que só cabe mandado de segurança contra atos de autoridade do referido órgão, não se concebendo mandado de segurança contra atos de empregadores, ainda que sejam autoridades públicas, eis que os atos com violação a direito líquido e certo de seus empregados não são praticados na condição de autoridades públicas, e sim na de empregadores. Isto porque o Poder Público, ao contratar empregados, despe-se da sua condição de autoridade, assumindo as vestes de um empregador, nos moldes do art. 2º da Consolidação das Leis do Trabalho.

No entanto, referido cenário sofreu ligeira modificação com a promulgação da EC 45/2004, e consequente ampliação da competência desta Justiça Especializada. Em síntese, o art. 114, VII, da CF, acrescentado pela Emenda Constitucional mencionada, atribui à Justiça do Trabalho a competência para processar e julgar as "ações relativas às penalidades administrativas impostas aos empregadores pelos órgãos de fiscalização das relações de trabalho" e, por óbvio, abarca as hipóteses de mandado de segurança (art. 114, IV, da CF), com observância do rito processual específico desta modalidade jurídica (Lei 12.016/2009).

Além disso, em tese, é possível o mandado de segurança contra atos do diretor de Secretaria, do oficial de justiça ou de qualquer servidor da Justiça do Trabalho. Na prática referido remédio processual se tem restringido a atos do juiz do trabalho, órgão da Justiça do Trabalho que exerce a correição natural dos atos dos servidores da Vara respectiva.

Revela-se extremamente vasto o rol de atos judiciais que comportam discussão em mandado de segurança na Justiça do Trabalho, principalmente pelo fato de que inexiste recurso autônomo contra as decisões interlocutórias. É comum o mandado de segurança em face do indeferimento ou concessão de tutela antecipada; deferimento ou indeferimento de penhora na conta corrente; deferimento ou indeferimento de execução provisória de obrigação de fazer (reintegração, por exemplo); porque o juiz se recusou a homologar acordo que, no seu entender, violaria a coisa julgada – entre outras hipóteses.

Sabemos que é cabível mandado de segurança contra atos de autoridade violadores de direito líquido e certo, desde que não seja cabível recurso administrativo com efeito suspensivo, independentemente de caução, de decisão judicial da qual não caiba recurso com efeito suspensivo e que não se trate de uma decisão judicial transitada em julgado, à luz do art. 5º da Lei 12.016, de 7.8.2009. Assim, a decisão do mandado de segurança sempre girará em torno da questão da violação a *direito líquido e certo*, sendo imprescindível estabelecer o alcance da expressão.

Segundo Hely Lopes Meirelles "direito líquido e certo é o que se apresenta manifesto na sua existência, delimitado na sua extensão e apto a ser exercitado no momento da impetração".[4] Manoel Antônio Teixeira Filho assegura que líquido e certo é aquele cujo "fato que dá origem ao direito alegado possa ser provado documentalmente".[5]

Para nós, do ponto de vista prático, direito líquido e certo é aquele que o órgão judicante diz que é. E assim afirmamos porque são inúmeras as decisões divergentes em casos semelhantes, a exemplo das seguintes ementas.

Recusa do juiz em homologar acordo

• A concessão da segurança não se sustenta apenas na existência de direito líquido e certo a ser protegido, mas, ainda, na prática de ato, pela autoridade responsável, ilegal ou com abuso de poder. Não é ilegal ou abusivo o despacho do juiz indeferindo petição de acordo celebrado pelas partes, pois, ainda que a conciliação seja a ideia-força que norteia toda a organização da Justiça Trabalhista, cabe ao juiz, no exame da pretensão em transacionar, sobretudo quando há sentença com trânsito em julgado, proceder ao controle da conveniência do ato, e não apenas fiscalizar a sua regularidade formal. **(TRT/MG, Proc. 21/94, Ac. SE, Deoclécia Amorelli Dias, *DJMG* 22.7.1994, *Synthesis* 20/265, órgão oficial do TRT-2ª R., São Paulo, 1995)**

• Mandado de segurança – Pedido de liminar – Ato de juiz que deixou de homologar acordo entendendo que o vínculo empregatício já havia sido reconhecido em sentença transitada em julgado – Mandado de segurança conhecido por estarem preenchidos os pressupostos processuais de admissibilidade. As partes podem se conciliar a qualquer tempo, mesmo após o trânsito em julgado da decisão, conforme disposto no art. 764, § 3º, da CLT. Não há por que impedir as partes de celebrarem acordo, já que são elas que podem transigir, recusar o acordo ou mesmo renunciar ao direito (teoria da vontade). O que pode e deve o juiz é tomar cautela para que não se faça um acordo prejudicial ao trabalhador ou que contenha qualquer vício de vontade. Configurada a violação de direito líquido e certo da impetrante à homologação do acordo noticiado pelas partes, impõe-se a *concessão* definitiva da segurança. **(TRT/SP, MS 1.325/94-4, Ac. SE 5.4.1999, Victório Moro, *LTr* 10-63/1.395, outubro de 1999)**

Penhora em conta corrente

• Penhora em conta corrente. A ordem estabelecida no art. 655 do Código de Processo Civil não é meramente enunciativa, só podendo ser alterada com a concordância expressa do credor, não havendo cogitar de direito líquido e certo à impetrante que deseja substituir garantia em dinheiro por penhora de bem imóvel. **(TRT/SP, Proc. 641/95-P, Ac. SDI 758/95-P, Nélson Nazar, *DJSP* 10.11.1995)**

4. Hely Lopes Meirelles, Arnoldo Wald e Gilmar Ferreira Mendes, *Mandado de Segurança e Ações Constitucionais*, 35ª ed., 2013, p. 37.
5. *Mandado de Segurança...*, p. 91.

• Mandado de segurança – Execução de sentença – Penhora em direito de crédito da impetrante, ex-empregadora, junto a terceiro, cliente, tomador de serviços – Diante da não observância da ordem (art. 655/CPC) de nomeação de bens pelo devedor, o exequente está autorizado, pelo legislador, a indicar crédito do devedor junto a terceiro – Nomeação ineficaz (art. 656) – Constatada a disponibilidade do crédito, é irrelevante a invocação do art. 620/CPC em face do direito do credor, resultante do trânsito em julgado da r. sentença – Direito líquido e certo inexistente. **(TRT/SP, Oric. 138/98, Ac. SDI 1.130/98, Carlos Francisco Berardo,** *Revista Trimestral de Jurisprudência do TRT de São Paulo* **15/95, São Paulo, LTr, dezembro de 1998)**
• A ordem de nomeação de bens à penhora, estabelecida no art. 655 do CPC, não é aleatória e deve ser respeitada pelo devedor. Eventual desobediência à referida ordem implica em passar ao credor o direito à indicação do bem a ser penhorado, caso discorde da oferta do devedor. Há que se ressaltar que o crédito relativo ao movimento de vendas da reclamada com cartões de crédito, em termos de liquidez, equivale a dinheiro, primeiro bem na lista preferencial do art. 655. **(TST, ROMS-360800/97.6, Ac. SBDI 2, José Carlos Perret Schulte, 10.5.1999,** *LTr* **10-63/1.367, outubro de 1999)**

Execução de obrigação de fazer

• Estabilidade ou garantia de emprego – Reintegração – Mandado de segurança – Dano irreparável. A reintegração de empregado não ocasiona dano irreparável porquanto qualquer pagamento que vier a ser feito será em contraprestação aos serviços do obreiro. **(TRT/SP, Proc. 559/94-P, Ac. SDI 230/95-P, João Carlos de Araújo,** *Revista Trimestral de Jurisprudência do TRT de São Paulo* **1/63, São Paulo, LTr, junho de 1995)**
• A execução provisória ficará sem efeito sobrevindo sentença que modifique ou anule a que foi objeto de execução, restituindo-se as coisas no estado anterior (CPC, art. 588, III) – Correto o despacho que negou a reintegração, em execução provisória, pela impossibilidade de restituição da força de trabalho ao *statu quo ante* – Direito líquido e certo inexistente – Segurança denegada. **(TRT/PB, Proc. 41/93, Ac. 17/94, Geraldo Teixeira de Carvalho,** *DJPB* **20.10.1994,** *Synthesis* **20/265, órgão oficial do TRT-2ª R., São Paulo, IMESP, 1995)**
• Execução – Obrigação de fazer – Mandado de segurança – Reintegração de empregado acometido de doença profissional. Não há direito líquido e certo da empresa em sobrestar reintegração de empregado estável, mesmo que se trate de execução provisória de obrigação de fazer. Com o advento da tutela antecipada, sofreu o direito processual importante evolução, que admite antecipação do resultado útil do processo, ficando na regra da verossimilhança. Ressalte-se inexistir maior expressão de tal juízo do que a própria sentença proferida, ainda que submetida a recurso. Em suma: não há falar mais em trânsito em julgado para cumprimento das obrigações de fazer, em face da relevância do bem jurídico expressado pela relação de trabalho, especialmente se o obreiro foi acometido de diminuição de sua capacidade laboral. Inclui-se na função social da empresa o dever de proteção a essa relação jurídica. **(TRT/SP, Proc. 1.925/98-2, Ac. SDI 459/99-3, Nélson Nazar,** *Revista Trimestral de Jurisprudência do TRT de São Paulo* **18/66, São Paulo, LTr, setembro de 1999)**

Concessão de tutela antecipada

• Mandado de segurança – Cabimento – Antecipação de tutela. Não há direito líquido e certo contra a concessão da antecipação dos efeitos da tutela nos moldes do art. 273 do Código de Processo Civil, se aos olhos do magistrado que preside o processo restou formado o chamado "juízo de verossimilhança". A tutela antecipada é condição especial subjugada ao livre convencimento do magistrado, que não pode ser substituído, salvo casos excepcionais. Por outro lado, o mandado de segurança, segundo os ditames do art. 5º, II, da Lei n. 1.533/51, em regra, somente pode ser utilizado quando inexiste previsão de recurso a impugnar o ato pretensamente violador do direito. O elasticimento das hipóteses de mandado de segurança contra decisões passíveis de recurso é indesejável e só pode ser deferido em situações excepcionais em que haja possibilidade de dano iminente. **(TRT/SP, Proc. 1.884/96-P, Ac. SDI 912/97- P, Nélson Nazar,** *Revista Trimestral de Jurisprudência do TRT de São Paulo* **11/61, São Paulo, LTr, dezembro de 1997)**

Outras questões

• Não é ilegal a decisão que, apreciando pedido liminar, determina a imediata entrega do atestado liberatório do passe ao atleta, quando evidenciada a mora contumaz a que se refere o art. 31 da Lei n. 9.615/98, configuradora da rescisão indireta. Esse dispositivo inclui como motivo ensejador da mora não só o atraso no pagamento de salários por três meses, mas também a ausência de recolhimento das contribuições para o FGTS e para a Previdência Social. O ajuizamento de ação de consignação em pagamento após a consumação do prazo nele previsto não tem o condão de descaracterizar a mora contumaz, caindo no vazio o argumento de que o atraso no pagamento dos salários deu-se por culpa do empregado. De outro lado, evidenciada a mora contumaz, o atleta faz jus ao atestado liberatório do passe, de acordo como o disposto no art. 31 da Lei n. 9.615/98. Embora a extinção definitiva do passe somente tenha lugar a partir do ano de 2001, quando o art. 28, § 2º, da referida lei passará a vigorar, é certo que o legislador acrescentou ao ordenamento, atualmente em vigor, uma nova hipótese de liberação do passe, decorrente da rescisão indireta. **(TRT-3ª R., MS 43/99, Ac. SE 18.5.1999, Alice Monteiro de Barros,** *LTr* **10-63/1.367, outubro de 1999)**

• Ação cautelar e medidas – Liminar – Seu deferimento, ou não, não comporta a interferência em sede de mandado de segurança, exceto se o juiz ferir direito líquido e certo, amparado por texto legal expresso – Trata-se de atividade jurisdicional calcada no livre convencimento e há indicação legislativa de que deve ser mantida até julgamento final – Inteligência dos arts. 804 e 520, IV, do CPC e 157 do Regimento Interno do TRT-2ª Região.

Mandado de segurança. O deferimento, ou não, de liminar em sede de ação cautelar somente caracteriza violação a direito líquido e certo se afronta texto legal expresso, pois se trata de provimento calcado em cognição prévia, que a lei relega ao prudente arbítrio do juiz. **(TRT/SP, Proc. 171/95-P, Ac. SDI 509/95-P, Cátia Lungov Fontana,** *Revista Trimestral de Jurisprudência do TRT de São Paulo* **3/39, São Paulo, LTr, dezembro de 1995)**

Além disso, várias orientações jurisprudenciais da Subseção II Especializada em Dissídios Individuais do Tribunal Superior do Trabalho

(SDI-II) que disciplinam questões passíveis de discussão em mandado de segurança foram transformadas nas Súmulas 414 a 418 do TST pela Resolução 137/2005 (*DJU* 22.8.2005), e resumem o entendimento da mais alta Corte Trabalhista quanto ao cabimento da referida medida judicial no processo do trabalho.

O mandado de segurança pode ter caráter suspensivo (quando ataca a violação do direito) ou preventivo (objetiva evitar a violação do direito que está sendo ameaçado).

A competência funcional para processamento e julgamento dos mandados de segurança será dos tribunais (art. 678, I, "b", n. 3, da CLT – TRTs; e arts. 2º, I, "d", e 3º, I, "b", ambos da Lei 7.701, de 1988 – SDC e SDI do TST, respectivamente), quando se tratar de atos praticados pelas próprias autoridades judiciárias (inclusive juízes), cumprindo assinalar que o Ministério Público deverá funcionar na condição de fiscal da lei, sob pena de nulidade; e será das Varas do Trabalho quando se tratar de mandado de segurança contra atos de autoridades do Ministério do Trabalho, nos termos do art. 114, VII, da CF.

4. Petição inicial

A petição inicial do mandado de segurança deve observar os requisitos do art. 319 do atual Código de Processo Civil, inclusive valor da causa, e deverá estar acompanhada dos documentos necessários à prova do direito violado ou da ameaça de violação, já que a prova deve ser pré-constituída. Não se concebe a aplicação do art. 321 do CPC/2015, no sentido de ofertar prazo para a juntada de documento indispensável à propositura da ação (Súmula 415 do TST).

Contudo, existe a possibilidade de o julgador requisitar as provas que se encontrem em repartição ou estabelecimento público, bem como em poder de autoridade que se recuse a fornecer certidão – providência que se fará antes da expedição de ofício à autoridade coatora para que preste as informações que julgar necessárias.

5. Possibilidade de concessão de liminar

O impetrante poderá requerer, na petição inicial, a concessão de medida liminar, que poderá ser deferida antes ou após as informações da autoridade coatora, desde que presentes dois requisitos fundamentais: o *fumus boni iuris* (fumaça do bom direito), que se traduz na plausibilidade, e o *periculum in mora* (possibilidade do prejuízo), a exemplo do que se exige para a concessão da tutela antecipada.

O *fumus boni iuris* traduz-se na relevância do fundamento do pedido, a ser verificado pelo juiz com certa margem de discricionariedade. E o *periculum in mora* coincide com a possibilidade de ineficácia da medida, ou seja, a possibilidade de o ato impugnado tornar ineficaz o objeto do *mandamus* no caso de a decisão definitiva ser favorável ao autor.

6. O problema das informações da autoridade coatora

O art. 7º, I, da Lei 1.533, de 31.12.1951, estabelecia que: "Art. 7º. Ao despachar a inicial, o juiz ordenará: I – que se notifique o coator do conteúdo da petição, entregando-lhe a segunda via apresentada pelo requerente com as cópias dos documentos a fim de que, no prazo de 10 (dez) dias, preste as informações que achar necessárias; (...)" – redação ligeiramente alterada no art. 7º, I, da Lei 12.016, de 7.8.2009, com a supressão da expressão "que achar necessárias".

Inicialmente, torna-se imperioso assinalar que a autoridade coatora terá ciência da impetração do mandado de segurança por meio de uma notificação. Na vigência do Código anterior, afirmávamos que não se tratava de intimação ("ato pelo qual se dá ciência a alguém dos atos e termos do processo, para que faça ou deixe de fazer alguma coisa" – art. 234 do CPC revogado), nem de citação ("o ato pelo qual se chama a juízo o réu ou o interessado a fim de se defender" – art. 213 do CPC revogado). Contudo, diante da nova definição de intimação, trazida pelo art. 269 do CPC/2015 ("Intimação é o ato pelo qual se dá ciência a alguém dos atos e dos termos do processo"), não temos dúvidas em considerar a notificação disciplinada no art. 7º, I, da Lei 12.016/2009, como intimação.

O legislador preferiu a notificação em relação à autoridade apontada como coatora, em mandado de segurança. Contudo, ao contrário do que dispunha a lei anterior, em que as informações não eram obrigatórias, conforme as lições de Manoel Antônio Teixeira Filho[6] e Carlos

---

6. "O que deve ser esclarecido é que a autoridade coatora, mesmo sendo agente da Administração, não está obrigada a prestar informações, motivo por que o seu silêncio não deve ser interpretado como afronta à autoridade do juiz ou desacato a uma ordem sua; deixando de remeter essas informações, a autoridade coatora será revel, mas não confessa. Se coator for um magistrado, nem revelia haverá" (Manoel Antônio Teixeira Filho, *Mandado de Segurança...*, p. 224).

Henrique Bezerra Leite,[7] a autoridade coatora deverá prestar as informações, no prazo de 10 dias.

Em relação às informações entendemos que devem ser prestadas com absoluta serenidade, objetivando a defesa do ato, salvo se a autoridade se convenceu do equívoco e resolveu revogar o próprio ato, o que também deve ser informado, já que nesta hipótese existe a perda do objeto do mandado de segurança.

É totalmente dispensável a formulação de juízos de valor, prejulgamentos, adjetivações ou afirmações de caráter depreciativo em relação à figura do impetrante. Muitas vezes será necessária uma retrospectiva sobre todo o processado até se chegar ao ato impugnado, a fim de possibilitar o conhecimento de toda a situação pelo órgão julgador da demanda.

Finalmente, é importante ressaltar que o mandado de segurança objetiva a desconstituição de ato considerado violador de direito líquido e certo. Não se trata de medida de caráter pessoal em relação à autoridade, motivo pelo qual as informações podem ser prestadas pelo juiz do trabalho que estiver substituindo ou auxiliando na Vara do Trabalho, ainda que o ato tenha sido praticado pelo juiz titular, e o mesmo se diga em relação àquele que, por exemplo, estiver respondendo pela Superintendência Regional do Trabalho, nas hipóteses de mandado de segurança contra a autoridade local do Ministério do Trabalho.

7. Recurso cabível

Contra as decisões em mandado de segurança cabe recurso ordinário. Trata-se do recurso ordinário previsto na Consolidação das Leis do Trabalho (art. 895) nas hipóteses de competência originária das Varas do Trabalho ou dos Tribunais Regionais do Trabalho ou do recurso ordinário constitucional para o Supremo Tribunal Federal (art. 1.027, I, do CPC/2015), na hipótese de denegação da segurança (art. 18 da Lei 12.016/2009), nos casos de competência originária do Tribunal Superior do Trabalho. Na primeira hipótese o prazo será de 8 dias; e na segunda se deve observar o prazo de 15 dias (art. 1.003, § 5º, do CPC/2015).

Dispõe o art. 7º, § 1º, da Lei 12.016, de 7.8.2009, que da decisão do juiz de primeiro grau que conceder ou denegar a liminar caberá agravo

---

7. "Aliás, nenhuma sanção sofrerá o juiz que deixar de prestar as informações. Mais, a falta das informações não caracteriza sequer ato tumultuário do procedimento" (Carlos Henrique Bezerra Leite, *Mandado de Segurança no Processo do Trabalho*, p. 66).

de instrumento, observado o disposto na Lei 5.869, de 11.1.1973 (Código de Processo Civil) – dispositivo que não se revela compatível com o processo de mandado de segurança na Justiça do Trabalho, em que não se admite o recurso contra decisões interlocutórias (art. 893, § 1º, da CLT), ficando ressalvadas as hipóteses da Súmula 214 do TST e do art. 855-A, incisos II e III, CLT (decisão que acolhe ou rejeita o incidente de desconsideração da personalidade jurídica na fase de execução ou quando referido incidente é instaurado no tribunal).

8. Mandado de segurança coletivo na Justiça do Trabalho

O mandado de segurança coletivo traduz novidade na Constituição Federal de 1988. Encontra-se consagrado no art. 5º, LXX, "a" e "b", da atual Carta Magna: "LXX – o mandado de segurança coletivo pode ser impetrado por: a) partido político com representação no Congresso Nacional; b) organização sindical, entidade de classe ou associação legalmente constituída e em funcionamento há pelo menos um ano, em defesa dos interesses de seus membros ou associados".

O objeto do mandado de segurança coletivo foi definido pelo art. 21, parágrafo único, da Lei 12.016, de 7.8.2009, destinando-se à defesa dos direitos coletivos, assim considerados os transindividuais, de natureza indivisível, de que seja titular grupo ou categoria de pessoas ligadas entre si ou com a parte contrária por uma relação jurídica base, e também dos direitos individuais homogêneos, que são decorrentes de origem comum e da atividade ou situação específica da totalidade ou de parte dos associados ou membros do impetrante.

No que respeita à Justiça do Trabalho o interesse restringe-se à legitimação dos sindicatos e também das associações, nos termos da alínea "b" do dispositivo constitucional transcrito.

Estamos concordes com Carlos Henrique Bezerra Leite[8] quando afirma que o requisito de funcionamento há pelo menos um ano se aplica tão somente à "associação legalmente constituída".

Quanto ao cabimento do mandado de segurança coletivo na Justiça do Trabalho, entendemos que a hipótese é remota, e jamais decorrerá de atos praticados pelo magistrado em reclamação trabalhista, afirmação que tentaremos esclarecer pelos exemplos que empreenderemos nas linhas seguintes.

8. *Mandado de Segurança...*, p. 73.

Carlos Henrique Bezerra Leite arrola o exemplo de um presidente de Tribunal Regional do Trabalho que resolve, por ato administrativo, suprimir determinada gratificação judiciária devida por lei a todos os servidores do mesmo Tribunal, hipótese que comportaria impetração de mandado de segurança coletivo pelo sindicato dos servidores, na condição de substituto processual (atuando em nome próprio, na defesa de direitos alheios), objetivando impugnar a violação do direito líquido e certo da categoria e restabelecer o pagamento da gratificação extinta por ato administrativo.

Alguns poderiam argumentar que a competência não seria da Justiça do Trabalho – o que representaria um equívoco decorrente da negação da vigência do art. 21 da Lei Complementar 35, de 1979 (Lei Orgânica da Magistratura Nacional): "Art. 21. Compete aos tribunais privativamente: (...); VI – julgar, originariamente, os mandados de segurança contra seus atos, os dos respectivos presidentes e os de suas câmaras, turmas ou seções".

É certo que o art. 96 da Constituição Federal silenciou sobre a competência dos tribunais para julgamento de mandado de segurança contra atos de seus membros, mas isso não significa que o dispositivo consagrado na Lei Orgânica da Magistratura Nacional tenha sido revogado tacitamente. Esta nossa conclusão é reforçada pelos arts. 108, I, "c", e 109, VIII, ambos da própria Constituição, e que transcrevemos a seguir:

"Art. 108. Compete aos Tribunais Regionais Federais:

"I – processar e julgar, originariamente: (...);

"c) os mandados de segurança e os *habeas data* contra ato do próprio Tribunal ou de juiz federal;

"(...).

"Art. 109. Aos juízes federais compete processar e julgar: (...);

"VIII – os mandados de segurança e os *habeas data* contra ato de autoridade federal, excetuados os casos de competência dos tribunais federais;

"(...)."

Diante dos expressos termos do art. 108, I, "c", da Constituição Federal, os Tribunais Regionais Federais não são competentes para processar e julgar mandados de segurança contra atos de juiz do trabalho, mas, tão somente, contra atos do próprio Tribunal e de juiz federal, enquanto o art. 109, VIII, do mesmo diploma constitucional deixa inequívoca a recepção do art. 21, VI, da Lei Complementar 35, de 1979. Vale dizer, os Tribunais Regionais do Trabalho têm competência para processar e julgar, originariamente, os mandados de segurança contra atos de seus membros, aí incluído o próprio presidente do Tribunal.

O exemplo do mandado de segurança coletivo impetrado perante o Tribunal Regional do Trabalho pelo sindicato dos servidores do Poder Judiciário poderia ser estendido para as associações de magistrados da Justiça do Trabalho em hipótese idêntica.

Contudo, não estamos convencidos da possibilidade do mandado de segurança coletivo contra ato jurisdicional que tenha sido praticado em processo trabalhista, e arriscamos afirmar que não existe a possibilidade.

Parece-nos, com a devida vênia de Carlos Henrique Bezerra Leite,[9] que o exemplo do sindicato que impetra mandado de segurança para ver assegurado seu direito de produzir prova pericial indeferida pelo juiz do trabalho em reclamação na qual pleiteia adicional de insalubridade para um grupo de associados não é hipótese de mandado de segurança coletivo. Trata-se de mandado de segurança individual, no qual o sindicato objetiva assegurar seu direito líquido e certo de produzir a prova pericial que é determinada por lei, e não o faz em nome de seus associados, e, sim, em nome próprio. A substituição processual está restrita ao dissídio individual e não abarca o mandado de segurança, já que neste último a entidade sindical defende seu próprio interesse, na condição de titular da relação jurídica processual.

9. Prazo para impetração

A Lei 12.016, de 7.8.2009, a exemplo da revogada Lei 1.533, de 1951, consagra o prazo decadencial de 120 dias para impetração do mandado de segurança. Com efeito, o art. 23 da Lei 12.016/2009 indica, expressamente, que "o direito de requerer mandado de segurança extinguir-se-á decorridos 120 (cento e vinte) dias, contados da ciência, pelo interessado, do ato impugnado, não havendo previsão de prorrogação, suspensão ou interrupção", revelando-se aplicável a regra do art. 207 do Código Civil, segundo o qual, "salvo disposição legal em contrário, não se aplicam à decadência as normas que impedem, suspendem ou interrompem a prescrição".

9. *Mandado de Segurança...*, p. 76.

XXV
O "HABEAS CORPUS" NA JUSTIÇA DO TRABALHO

1. Origem e evolução histórica no Brasil. 2. Natureza jurídica. 3. O "habeas corpus" contra atos de juízes do trabalho: 3.1 Prisão de testemunha – 3.2 Prisão por desacato a autoridade – 3.3 Prisão do depositário infiel. 4. A questão da competência.

1. Origem e evolução histórica no Brasil

Trata-se do primeiro remédio jurídico que assegurou as liberdades públicas. A Constituição Inglesa, de 1215,[1] foi a primeira a apresentar formulação escrita do *habeas corpus*.

No Brasil o *habeas corpus* foi regulado pela primeira vez por Decreto de 23.5.1821. Posteriormente foi inserido no Código de Processo Criminal de 1832 e passou a integrar o texto constitucional com a Constituição outorgada pelo Decreto 510, de 22.6.1890, do Governo Provisório da República,[2] e que persistiu na Constituição promulgada em 1891.[3]

<small>1. *Magna Charta Libertatum*, outorgada por João-sem-Terra, em 15.6.1215, e que dispunha em seu art. 48: "Ninguém poderá ser detido, preso ou despojado de seus bens, costumes e liberdades, senão em virtude de julgamento de seus pares, de acordo com as leis do país" (cf. Michel Temer, *Elementos de Direito Constitucional*, 23ª ed., p. 207).

2. *Constituição de 1890*, art. 72: "§ 22. Dar-se-á o *habeas corpus* sempre que o indivíduo sofrer violência, ou coação, por ilegalidade, ou abuso de poder, ou se sentir vexado pela iminência evidente desse perigo".

3. *Constituição de 1891*, art. 72: "§ 22. Dar-se-á o *habeas corpus* sempre que o indivíduo sofrer ou se achar em iminente perigo de sofrer violência ou coação por ilegalidade ou abuso de poder".</small>

Diante dos dispositivos constitucionais mencionados, verificamos que a concessão do *habeas corpus* não encontrava limites, fato que foi constatado, primeiramente, por Rui Barbosa, não obstante a oposição de Pedro Lessa.[4] E desta controvérsia surgiu a Revisão Constitucional que deu nova redação ao art. 72, § 22: "Dar-se-á *habeas corpus* sempre que alguém sofrer violência por meio de prisão ou constrangimento ilegal na sua liberdade de locomoção" – restando afastados os demais direitos subjetivos do âmbito de proteção deste remédio jurídico.

Posteriormente, com a Constituição Federal de 1934 foi suprimida a expressão "locomoção", tendo o art. 113, n. 23, estabelecido que: "Dar-se-á *habeas corpus* sempre que alguém sofrer, ou se achar ameaçado de sofrer violência ou coação em sua liberdade, por ilegalidade ou abuso de poder" – e consagrou o instituto do mandado de segurança para amparar outros direitos subjetivos, o que será tratado oportunamente.

O *habeas corpus* foi mantido nas Constituições subsequentes,[5] e a Constituição Federal de 1988 assim dispõe, em seu art. 5º, LXVIII: "Conceder-se-á *habeas corpus* sempre que alguém sofrer ou se achar ameaçado de sofrer violência ou coação em sua liberdade de locomoção, por ilegalidade ou abuso de poder"; mas não será cabível contra as punições disciplinares militares (art. 142, § 2º, da CF).

2. *Natureza jurídica*

Costuma-se afirmar que o *habeas corpus*, ao lado do mandado de segurança, *habeas data* e mandado de injunção, é um *writ* – expressão extraída do Direito Inglês e que significa "mandado", "ordem a ser cumprida".[6]

Na literalidade da expressão, *habeas corpus* significa "tome o corpo"; e se presta a designar a ordem para que a pessoa seja transportada ao tribunal, o qual pretende certificar-se de que está livre e desembaraçada.[7]

Quanto à natureza jurídica do *habeas corpus* a doutrina majoritária inclina-se no sentido de que se trata de uma *ação* de rito especial ou

---

4. Cf. Michel Temer, *Elementos*..., 24ª ed., p. 207.

5. *Constituição de 1946*, art. 141: "§ 23. Dar-se-á *habeas corpus* sempre que alguém sofrer ou se achar ameaçado de sofrer violência ou coação em sua liberdade de locomoção, por ilegalidade ou abuso de poder. Nas transgressões disciplinares não caberá *habeas corpus*" – texto mantido nas Constituições de 1967 e 1969.

6. Cf. Diomar Ackel Filho, *"Writs" Constitucionais*, p. 7.

7. Cf. José Cretella Júnior, *Os "Writs" na Constituição de 1988*, 1ª ed., p. 143.

especialíssimo e que pressupõe um processo sumário,[8] não obstante o atual Código de Processo Penal, aparentemente e de forma contraditória, o trate como recurso (já que insere referido instituto no Capítulo X do Título II – "Dos Recursos em Geral").[9]

É certo que muitos autores afirmam tratar-se de um remédio heroico ou remédio jurídico constitucional,[10] do que não discordamos. No entanto, mencionadas afirmações não enfrentam a questão da natureza jurídica do instituto de que estamos a cuidar.

Trata-se, pois, de ação que dispensa a observância de formalidades processuais (endereçamento, por exemplo), bastando que contenha os dados necessários a que o juízo competente possa se inteirar sobre a possibilidade de violação ou ameaça de violação ilegal ou arbitrária da liberdade de locomoção de alguém – requisitos que se encontram no art. 654, § 1º, do Código de Processo Penal: "A petição inicial de *habeas corpus* conterá: a) o nome da pessoa que sofre ou está ameaçada de sofrer a violência, coação ou ameaça; b) a declaração da espécie de constrangimento ou, em caso de simples ameaça de coação, as razões em que funda o seu temor; c) a assinatura do impetrante, ou de alguém a seu rogo, quando não souber ou não puder escrever, e a designação das respectivas residências".

3. O *"habeas corpus"* contra atos de juízes do trabalho

Conforme já verificamos anteriormente, o *habeas corpus* pressupõe violência (ou coação) bem como a simples ameaça de violência ou coação à liberdade de locomoção de alguém, por ilegalidade ou abuso de poder.

O art. 648 do Código de Processo Penal arrola as hipóteses em que a coação é considerada ilegal, quais sejam: a) quando não houver justa causa;[11] b) quando alguém estiver preso por mais tempo do que determi-

---

8. Diomar Ackel Filho, *"Writs" Constitucionais*, p. 11; Celso Ribeiro Bastos, *Comentários à Constituição do Brasil*, v. II, p. 315; José Afonso da Silva, *Curso de Direito Constitucional Positivo*, 37ª ed., p. 447: "Tem natureza de *ação constitucional penal*".

9. A contradição reside no fato de que o Capítulo X do Título II do Código de Processo Penal alude a "Do *Habeas Corpus* e seu Processo", e sabemos que o processo pressupõe o direito de ação.

10. Cf. Cláudio Armando Couce de Menezes e Leonardo Dias Borges, "Depósito, depositário infiel e *habeas corpus* na Justiça do Trabalho", *LTr* 63-06/757, n. 6, junho de 1999.

11. "Justa causa é a causa legítima, fundada na persecução inquisitória ou acusatória desencadeada por motivo legal corretamente contemplado, que autoriza a

na a lei;[12] c) quando aquele que ordenou a coação não tinha competência para fazê-lo;[13] d) quando houver cessado o motivo que autorizou a coação;[14] e) quando não foi alguém admitido a prestar fiança, nos casos em que a lei a autoriza;[15] f) quando o processo for manifestamente nulo; g) quando extinta a punibilidade.[16]

Quanto ao *habeas corpus* nas hipóteses de abuso de poder impõe-se observar as disposições da Lei 4.898, de 9.12.1965, que trata do processo de responsabilidade administrativa civil e penal nos casos de abuso de autoridade.

Segundo a Lei 4.898, de 1965, considera-se abuso de autoridade o atentado à liberdade de locomoção e ordenar ou executar medida privativa de liberdade individual sem as formalidades legais ou com abuso de poder,[17] entre outras hipóteses, igualmente indicadas nos arts. 3º e 4º.

Feitas estas considerações, é possível afirmar que os atos praticados por juiz do trabalho no exercício da jurisdição[18] são passíveis de impug-

coação. Tornaghi registra, a propósito, que '*justa causa* é a causa suficientemente baseada em lei', aduzindo que 'não é justa a causa da prisão se o fato não constitui crime em tese'" (Diomar Ackel Filho, *"Writs" Constitucionais*, pp. 31-32).

12. Neste item a preocupação do legislador residiu nas hipóteses de instrução criminal que perdura por tempo superior ao estabelecido (81 dias a contar da prisão do agente), muito embora haja entendimentos no sentido de que o *habeas corpus* não é cabível quando a procrastinação parte da defesa.

13. A expressão "competência" não foi utilizada com o sentido de medida da jurisdição, e abarca também a autoridade policial e membros do Ministério Público que participam da atividade coatora.

14. A cessação dos motivos da coação ocorre, por exemplo, quando o juiz revoga o decreto de prisão.

15. A própria Constituição Federal, em seu art. 5º, LXVI, assegura que "ninguém será levado à prisão, ou nela mantido, quando a lei admitir a liberdade provisória, com ou sem fiança".

16. As hipóteses "f" e "g" dizem respeito ao processo criminal, no qual se verifica manifesta nulidade nos casos em que o réu foi sentenciado ou a punibilidade do agente foi extinta por uma das causas arroladas no art. 107 do Código Penal, entre outras.

17. O abuso de autoridade ocorre quando se pratica algum excesso utilizando-se da autoridade que se tem sobre algo ou alguém; e o abuso de poder ocorre quando alguém pratica ato prevalecendo-se do cargo ou ofício.

18. A referência ao exercício da jurisdição faz-se necessária porque não estamos preocupados com os atos que o magistrado possa praticar como simples particular, os quais, em tese, também são passíveis de *habeas corpus*. "Verifica-se que, diferentemente do mandado de segurança, qualquer pessoa pode ser sujeito passivo na relação do *habeas corpus*. Não se cuida de *autoridade* e nem de ato com a *força de autoridade*. Cogita-se, na impetração, da ocorrência de constrangimento que

nação e reforma em *habeas corpus* desde que importem ameaça, violação ou coação à liberdade de locomoção de alguém e estejam maculados de ilegalidade ou abuso de poder.

Wilson de Souza Campos Batalha[19] menciona três hipóteses em que se pode verificar a impetração de *habeas corpus* contra atos de juiz do trabalho: a) determinação de prisão de testemunhas; b) determinação de prisão por desacato a autoridade; c) determinação de prisão de depositário infiel.

Vejamos, pois, de forma detalhada, cada uma das hipóteses mencionadas.

3.1 Prisão de testemunha

Dispõe o art. 342 do Código Penal:

"Art. 342. Fazer afirmação falsa, ou negar ou calar a verdade como testemunha, perito, contador, tradutor ou intérprete em processo judicial ou administrativo, inquérito policial, ou em juízo arbitral:

"Pena – reclusão, de 2 (dois) a 4 (quatro) anos, e multa.

"§ 1º. As penas aumentam-se de um sexto a um terço, se o crime é praticado mediante suborno ou se cometido com o fim de obter prova destinada a produzir efeito em processo penal, ou em processo civil em que for parte entidade da administração pública direta ou indireta.

"§ 2º. O fato deixa de ser punível se, antes da sentença no processo em que ocorreu o ilícito, o agente se retrata ou declara a verdade."

Observamos, inicialmente, que o tipo penal não abarca tão somente a figura da testemunha. Os peritos, os contadores, os tradutores e os intérpretes também podem incidir no mesmo crime.

Devemos, ainda, atentar para o fato de que não se configura o delito se a testemunha mente para não se incriminar (autodefesa), eis que, neste caso, não é exigível conduta diversa;[20] que não existe a modalidade culposa; e que o esquecimento ou engano exclui o dolo, e, consequentemente, o ilícito.

Deve, pois, o magistrado trabalhista estar atento para o fato de que nossos sentidos falham e nos enganam. Magalhães Noronha,[21] após afir-

---

impeça a locomoção, parta de autoridade pública ou de particular" (Michel Temer, *Elementos...*, 24ª ed., p. 209).

19. *Tratado de Direito Judiciário do Trabalho*, 3ª ed., v. II, p. 302.

20. Celso Delmanto, *Código Penal Comentado*, 1ª ed., 6ª tir., p. 531; E. Magalhães Noronha, *Direito Penal*, 11ª ed., v. IV, pp. 380-381.

21. *Direito Penal*, 11ª ed., v. IV, pp. 381-382.

mar que nem sempre o testemunho que se opõe à verdade é falso, cita as conclusões de Mira y López, segundo as quais o testemunho de um determinado acontecimento depende de cinco fatores relativos à testemunha: 1) da maneira como percebeu referido acontecimento; 2) da maneira como conservou referido acontecimento em sua memória; 3) da maneira como é capaz de trazê-lo à lembrança; 4) da maneira como quer expressá-lo; 5) da maneira como pode expressá-lo.

A consumação do crime dá-se após o encerramento do depoimento e assinatura da ata correspondente. Contudo, não se pode olvidar o direito de retratação, insculpido no art. 342, § 2º, do Código Penal; vale dizer, a testemunha pode se retratar, desde que o faça antes da sentença a ser proferida no processo em que o falso testemunho se verificou. Por este motivo, entendemos que age com abuso de poder o magistrado que determina a prisão em flagrante da testemunha, logo após o interrogatório, por entender que restou configurado o delito mencionado, hipótese que comporta *habeas corpus*.

3.2 Prisão por desacato a autoridade

O crime de desacato encontra-se tipificado no art. 331 do Código Penal:

"Desacatar funcionário público no exercício da função ou em razão dela:

"Pena – detenção, de 6 (seis) meses a 2 (dois) anos, ou multa."

Referido delito configura-se em relação ao magistrado quando é ofendido, humilhado, menosprezado, no exercício de suas funções, mas também em situações nas quais não esteja propriamente no exercício da função, mas a ofensa se dá em razão da função pública.[22] A crítica ou censura, mesmo veemente, não configura o delito, a menos que seja acompanhada de expressões injuriosas.

Atente-se, ainda, para o fato de que não haverá crime se o magistrado tiver dado causa ao desacato, hipótese que consistirá em retorsão ou justa repulsa. Igualmente, não se pode olvidar que o magistrado trabalhista tem contato diário com inúmeras pessoas, provenientes de diversas classes sociais, não se podendo cogitar de desacato em vista da simples falta de cordialidade ou informalidade no tratamento dado ao juiz, entre outras situações.

---

22. Cf. Celso Delmanto, Código..., 1ª ed., 6ª tir., p. 507.

A prisão decretada pelo magistrado trabalhista à guisa de desacato é passível de revogação por meio de *habeas corpus* se estiver revestida de abuso de poder.

Contudo, trata-se de determinação de prisão extremamente tormentosa e que não se tem verificado no dia a dia, principalmente porque já saiu do folclore e entrou para a realidade a situação do advogado que dá voz de prisão ao juiz (por abuso de poder) logo após o primeiro dar voz de prisão por desacato à autoridade.

Assim, como se trata de ação penal pública incondicionada, talvez a solução mais sensata seja a expedição de ofício ao Ministério Público Federal para as providências cabíveis, mesmo porque o crime de desacato é afiançável, carecendo de interesse prático a prisão em flagrante, salvo melhor juízo.

3.3 Prisão do depositário infiel

A hipótese mais comum de *habeas corpus* contra atos de juiz do trabalho sempre ocorreu em face da determinação de prisão do depositário infiel, providência autorizada pelo art. 5º, LXVII, da Constituição Federal ("não haverá prisão civil por dívida, salvo a do responsável pelo inadimplemento voluntário e inescusável de obrigação alimentícia e a do depositário infiel"), cujo prazo não pode exceder um ano, a teor do art. 652 do Código Civil. Contudo, o entendimento atual do Supremo Tribunal Federal tem obstado à prática de referida prisão civil, sendo inquestionável o direito ao salvo-conduto, conforme a Súmula Vinculante 25: "É ilícita a prisão civil de depositário infiel, qualquer que seja a modalidade do depósito". Trata-se de entendimento fundado no Decreto 678, de 6.11.1992 (Pacto de São José da Costa Rica), que dispõe, em seu art. 7º, item 7, que impede a prisão por dívida, excetuando apenas a hipótese de inadimplemento de obrigação alimentar.

Assim, já não têm relevância as diversas outras alegações formuladas em *habeas corpus* que era interposto antes da publicação da Súmula Vinculante 25, tais como falta de observância do devido processo legal, conforme o art. 5º, LIV, da Constituição Federal ("ninguém será privado da liberdade ou de seus bens sem o devido processo legal"), determinação de prisão por prazo superior a um ano, ou que os bens se perderam sem culpa do depositário (caso fortuito ou força maior – art. 642 do CC) – entre outras.

Para que não reste vulnerado o devido processo legal, entendemos que, uma vez comunicada ao juízo a recusa de entrega do bem (em cumprimento a carta de arrematação ou adjudicação), o depositário deve ser intimado pessoalmente (por oficial de justiça), para que indique o paradeiro de referido bem, colocando-o à disposição de quem de direito, no prazo que for assinalado pelo juiz, sob as penas da lei. E, diante da impossibilidade de prisão, o depositário infiel responderá por perdas e danos nos próprios autos da execução trabalhista.

4. A questão da competência

Durante muitos anos, a questão da competência se revelou tormentosa, tendo desafiado doutrina e jurisprudência.

Muitos autores que se ocuparam do tema já afirmavam a competência da Justiça do Trabalho para processar e julgar *habeas corpus* contra ato de juiz do trabalho que atenta contra a liberdade de locomoção de alguém. É o caso de Ísis de Almeida,[23] Sergio Pinto Martins[24] e Wilson de Souza Campos Batalha.[25]

Wilson de Souza Campos Batalha[26] defendia a competência da Justiça do Trabalho em tais hipóteses, a exemplo do que ocorre com o mandado de segurança, sob o argumento de que o art. 109, VII, da Constituição Federal estabelecia competência da Justiça Federal nos seguintes termos: "Aos juízes federais compete processar e julgar: (...); VII – os *habeas corpus*, em matéria criminal de sua competência ou quando o constrangimento provier de autoridade cujos atos não estejam diretamente sujeitos a outra jurisdição".

E, assim, os atos dos juízes do trabalho excluiriam os correspondentes *habeas corpus* da competência dos juízes federais.

O Supremo Tribunal Federal não chegou a sumular a matéria, mas os autores costumavam citar o acórdão proferido nos autos do conflito de competência entre o Tribunal Regional Federal da 4ª Região e o Tribunal Superior do Trabalho, cuja ementa é a seguinte: "Sendo o *habeas corpus*, desenganadamente, uma ação de natureza penal, a competência para seu processamento e julgamento será sempre de juízo criminal, ainda que a questão material subjacente seja de natureza civil, como no caso de infidelidade de depositário, em execução de sentença. Não possuindo a Justiça do Trabalho, onde se verificou o incidente, competência crimi-

---

23. *Manual de Direito Processual do Trabalho*, 3ª ed., v. I, p. 368.
24. *Direito Processual do Trabalho*, 10ª ed., p. 434.
25. *Tratado...*, 3ª ed., v. II, pp. 302-303.
26. *Tratado...*, 3ª ed., v. II, p. 302.

nal, impõe-se reconhecer a competência do Tribunal Regional Federal para o feito" (STF, TP, CComp 6.979-1-DF, Ilmar Galvão, 15.8.1991, *LTr* 57-04/440, abril de 1993).

Felizmente, a controvérsia restou superada com a promulgação da Emenda Constitucional 45/2004, já que houve o acréscimo do inciso IV ao art. 114 da Constituição Federal, consagrando a competência da Justiça do Trabalho para processar e julgar os "mandados de segurança, *habeas corpus* e *habeas data*, quando o ato questionado envolver matéria sujeita a sua jurisdição" (grifos nossos). É a hipótese da prisão ilegal do depositário infiel; mas pensamos que o texto constitucional não consagra a competência da Justiça do Trabalho para processar e julgar *habeas corpus* que decorram da discussão acerca de ilícitos penais.

Em síntese, o juiz do trabalho poderá decretar a prisão daquele que comete falso testemunho no processo trabalhista ou incide no crime de desacato, mas a Justiça Federal comum é que será competente para processar e julgar eventual *habeas corpus*.

XXVI
A AÇÃO DE CONSIGNAÇÃO EM PAGAMENTO NA JUSTIÇA DO TRABALHO

1. Conceito e natureza jurídica. 2. Cabimento na Justiça do Trabalho. 3. Contestação.

1. Conceito e natureza jurídica

Trata-se de remédio processual que traduz forma de extinção das obrigações, nos termos dos arts. 334 a 345 do Código Civil.

Pontes de Miranda afirma que a ação de consignação em pagamento evidencia "judicialização do ato de cumprimento da obrigação, se não incidem as regras jurídicas dos §§ 1º e 2º do art. 539 do atual Código de Processo Civil".[1]

Consiste na ação do devedor em face do credor para que este último receba o que lhe é devido ou lhe seja entregue determinada coisa, nas hipóteses legalmente cabíveis. É uma ação declaratória, na qual se objetiva a declaração de que o valor ou objeto consignado é devido e que a recusa do credor é injusta.

2. Cabimento na Justiça do Trabalho

O art. 335 do Código Civil estabelece as hipóteses em que será cabível a ação de consignação em pagamento: "Art. 335. A consignação tem lugar: I – se o credor não puder, ou, sem justa causa, recusar receber o pagamento, ou dar quitação na devida forma; II – se o credor não for,

---

1. *Tratado das Ações*, 1ª ed., t. II, p. 169.

nem mandar receber a coisa no lugar, tempo e condição devidos; III – se o credor for incapaz de receber, for desconhecido, declarado ausente, ou residir em lugar incerto ou de acesso perigoso ou difícil; IV – se ocorrer dúvida sobre quem deva legitimamente receber o objeto do pagamento; V – se pender litígio sobre o objeto do pagamento".

Quanto ao cabimento no processo do trabalho não há mais controvérsias, eis que perfeitamente compatível com seus princípios (art. 769 da CLT). Impõe-se, destarte, a observância do procedimento insculpido nos arts. 539-549 do atual Código de Processo Civil. Assim, a ação de consignação em pagamento prestar-se-á, entre outras, às seguintes situações: a) evitar a mora do empregador, e consequente pagamento da multa prevista no art. 477, § 8º, da Consolidação das Leis do Trabalho, quando o empregado não comparece ou, comparecendo, se recusa a receber as verbas rescisórias; b) se o empregado se recusar a gozar e receber suas férias, estando o prazo concessório na iminência de expirar-se; c) se o empregado falecer e compareçam interessados ao recebimento dos direitos trabalhistas sem comprovar a condição de dependentes habilitados perante a Previdência Social (Lei 6.858, de 1980).

3. Contestação

No processo do trabalho a contestação da ação de consignação em pagamento deve ser feita em audiência. A ausência do consignante importará arquivamento da ação; e a do consignado importará revelia e confissão quanto à matéria de fato (art. 844 da CLT).

Nos termos do art. 544 do CPC/2015, em defesa o consignado poderá alegar que: 1) não houve recusa ou mora em receber a quantia ou coisa devida; 2) foi justa a recusa; 3) o depósito não se efetuou no prazo ou no lugar do pagamento; 4) o depósito não é integral.

E no caso de alegar insuficiência de depósito o consignado fica obrigado a indicar o montante devido (art. 544, parágrafo único, do CPC/2015).

Todavia, é certo que as matérias do art. 544 do atual Código de Processo Civil não resumem as alegações possíveis em contestação na ação de consignação em pagamento. O réu poderá alegar, por exemplo, que jamais esteve em local incerto e não sabido, não se justificando o ajuizamento da ação.

Impõe-se, ainda, observar que, na hipótese de o réu entender que o valor depositado é insuficiente, nada obsta ao levantamento da importância depositada, prosseguindo a ação em relação ao valor remanescente. E se, a final, o juiz entender que razão assiste ao consignado, declarará, por sentença, o valor devido, e o saldo remanescente poderá ser executado nos próprios autos da consignação.

Por todo o exposto, é possível concluir que a sentença da ação de consignação em pagamento poderá ser declaratória ou até mesmo condenatória. A última residiria na hipótese de o juízo reconhecer a insuficiência de depósito e condenar o consignante na satisfação de saldo remanescente – aspecto que traduziu inovação da Lei 8.951, de 1994, ao acrescentar o § 2º ao art. 899 do Código de Processo Civil revogado, e que foi reproduzido no art. 545, § 2º, do CPC/2015. Assim, torna-se desnecessária a oferta de reconvenção pelo consignado.

No entanto, conforme já mencionado no capítulo destinado à defesa no processo trabalhista, haverá a necessidade de reconvenção se o consignado pretender o recebimento de parcela não consignada, desde que se verifique o requisito da conexão. Exemplificamos com a possibilidade de a empresa pretender consignar o valor correspondente ao saldo salarial e férias vencidas, tendo em vista a despedida por justa causa, enquanto o consignado afirma que não deu causa à ruptura do pacto laboral.

XXVII
A AÇÃO MONITÓRIA NA JUSTIÇA DO TRABALHO

1. Antecedentes históricos. 2. A ação monitória: objeto e natureza jurídica. 3. Cabimento da ação monitória na Justiça do Trabalho. 4. Fases do procedimento monitório: 4.1 Fase monitória: 4.1.1 Competência funcional – 4.1.2 Natureza jurídica da decisão que determina a expedição do mandado monitório – 4.2 Fase executória. 5. A ação monitória e as contribuições previdenciárias. 6. Jurisprudência.

1. Antecedentes históricos

O direito romano antigo já dispunha de procedimentos sumários semelhantes à ação monitória.

As Ordenações do Reino de Portugal consagravam a ação decendiária ou assinação de 10 dias, que "poderia ser ajuizada pelo credor para haver do devedor quantia certa ou coisa determinada, conforme provasse escritura pública ou alvará feito e assinado". Referida ação foi contemplada nas Ordenações Manoelinas e, posteriormente, nas Ordenações Filipinas, que regularam a vida no Brasil-Colônia e também no Império.

Com o advento do Regulamento 737, de 1850, a ação decendiária ficou restrita às causas comerciais, passando a ser aplicada às causas cíveis por força do Decreto 763, de 1890.

A ação decendiária também persistiu nos Códigos de Processo Civil de São Paulo (arts. 767-771) e da Bahia (arts. 340-354), e se destinava "ao credor por obrigação líquida e certa a que não tenha a lei atribuído ação executiva", cujo procedimento consistia em intimar o devedor para comparecer à audiência de citação, na qual lhe era atribuído o prazo de

10 dias para pagar ou alegar e provar sua defesa por meio de embargos. Apresentados os embargos, a ação decendiária deixava de ser sumária e se tornava ordinária.

Com a unificação legislativa em matéria processual, veio a lume o Código de Processo Civil de 1939, e o instituto processual da ação decendiária não foi contemplado; situação mantida com o Código de Processo Civil de 1973 (Lei 5.869, de 11.1.1973).

2. A ação monitória: objeto e natureza jurídica

A ação monitória tem semelhança com a ação decendiária, que já existiu em nosso ordenamento jurídico, e foi introduzida pela Lei 9.079, de 14.7.1995, a qual entrou em vigor no dia 15 de setembro de 1995, após uma *vacatio legis* de 60 dias (contada de sua publicação, ocorrida no dia 17 de julho de 1995).

A referida lei acrescentou os arts. 1.102a, 1.102b e 1.102c ao Código de Processo Civil de 1973, dando sequência às Reformas iniciadas em 1994, com a Lei 8.952,[1] e que decorreram de uma tendência do processo moderno, sempre preocupado com a efetividade da tutela jurisdicional, e que se manifesta por meio da criação de tutelas diferenciadas, a par daquelas já existentes e que integram o procedimento ordinário. É o fenômeno da *sumarização do procedimento*.

Por outro lado, como já tivemos a oportunidade de mencionar, a ação monitória traduz a restauração de formas antigas de processo sumário. Mas não podemos deixar de mencionar que a Lei 9.079, de 1995, inaugurou em nosso ordenamento jurídico a técnica legislativa de promover o acréscimo de letras a artigos de um corpo sistematizado de normas (no caso, o CPC), o que evita os inconvenientes de uma renumeração de vários artigos.

Quanto ao objeto da ação monitória, que esteve restrito ao pagamento de soma em dinheiro, entrega de coisa fungível ou de determinado bem móvel (art. 1.102-A do CPC revogado), verifica-se significativa ampliação com o CPC/2015.

No atual Código de Processo Civil, a ação monitória foi tratada nos arts. 700-702, e agora também pode ser utilizada para obter a entrega de coisa infungível, bem imóvel e também o adimplemento de obrigações

---

1. A Lei 8.952, de 1994, introduziu modificações no Código de Processo Civil, sendo a mais comentada a tutela antecipada.

de fazer ou de não fazer, além das hipóteses originariamente consagradas no Código anterior.

Observa-se, pois, que, por se tratar de instrumento jurídico com natureza de ação, todas as condições e pressupostos processuais deverão ser observados. Vale dizer, além das condições da ação e observância dos pressupostos processuais típicos, alguns requisitos específicos devem ser observados: 1) a existência de prova escrita sem eficácia de título executivo; 2) a pretensão de pagamento de quantia em dinheiro; ou a entrega de coisa fungível ou infungível ou de bem móvel ou imóvel; ou a pretensão de adimplemento de obrigação de dar fazer ou de não fazer. E nem mesmo a Fazenda Pública está excluída de referida demanda, consoante se infere do art. 700, § 6º, do CPC/2015.

A expressão "prova escrita" não se confunde com prova documental, eis que fitas cassetes, fitas de vídeo, arquivos de imagem em CD, DVD e outras mídias digitais são considerados documentos. Igualmente, não se admite o mero "começo de prova por escrito", de que trata o art. 444, do atual Código de Processo Civil.

Por óbvio, sob pena de configurar a inutilidade do próprio dispositivo legal, não se pode aceitar como "prova escrita" a transcrição do conteúdo de uma fita cassete ou de vídeo, ou mesmo a transcrição de um testemunho.

O documento escrito deve se originar do próprio devedor (documento particular), inclusive prepostos do empregador, e, ocasionalmente, de um terceiro (no caso, um documento público, como é o caso de uma ata de audiência em reclamação anterior, e na qual o empregador confirma o direito do empregado).

Por último, devemos mencionar que o documento escrito não pode ter eficácia de título executivo. Se tiver (é o caso do cheque ou nota promissória dados em pagamento de uma prestação de serviços autônomos etc.), o autor será carecedor da ação monitória (ausência de interesse de agir), e o processo será extinto sem resolução do mérito (art. 485, VI, do CPC/2015), tendo em vista a inadequação do instrumento processual. Isto porque deveria ter ajuizado ação de execução.

Igualmente, entendemos que a ausência do documento escrito deve importar, desde logo, o indeferimento da petição inicial (art. 485, I, do CPC/2015), nada justificando a concessão do prazo de 15 dias de que trata o art. 321 do atual Código de Processo Civil, já que a irregularidade não será da petição inicial e a juntada do mencionado documento é requisito indispensável à propositura da ação monitória.

No que respeita à natureza jurídica da ação monitória a doutrina não é uníssona. O que se tem como certo é que o nosso legislador incluiu a ação monitória no rol de procedimentos especiais de jurisdição contenciosa. Não se trata, propriamente, de processo de conhecimento nem de execução.

No entanto, Nélson Nery Júnior afirma que "a ação monitória é ação de conhecimento, condenatória, com procedimento especial de cognição sumária e de execução sem título".[2]

3. Cabimento da ação monitória na Justiça do Trabalho

O cabimento da ação monitória na Justiça do Trabalho não traduz entendimento pacífico, e sim majoritário.

O argumento daqueles que defendem a inadequação da ação monitória na Justiça do Trabalho resume-se, basicamente, ao fato de que o processo do trabalho não comporta a execução de títulos extrajudiciais e, portanto, não se cogitaria da execução de algo que nem sequer é título. Contudo, referido argumento revela-se inconsistente quando se observa o elasticimento do rol de títulos executivos passíveis de execução na Justiça do Trabalho, tendo em vista a alteração do art. 876 consolidado, promovida pela Lei 9.958, de 12.1.2000. Isto porque hodiernamente se admite a execução de dois títulos executivos extrajudiciais em sede trabalhista: a) os termos de ajuste de conduta firmados perante o Ministério Público do Trabalho; b) os termos de conciliação firmados perante as comissões de conciliação prévia.

Outro argumento que costuma ser lançado em apoio ao não cabimento da ação monitória na Justiça do Trabalho é o fato de que inviabiliza a possibilidade de conciliação, aspecto que pode ser superado com a simples designação de audiência em vez da citação para pagamento em 15 dias.

Enfim, parece-nos que o disposto no art. 769 do diploma consolidado é o melhor argumento em defesa do cabimento da ação monitória na Justiça do Trabalho. É possível admitir algumas hipóteses efetivas de seu cabimento, quais sejam: a) pagamento de verbas rescisórias com cheque sem fundos (já que o cheque, nesta situação, não pode ser executado perante a Justiça do Trabalho); b) homologação de rescisão contratual com expressa ressalva de que os valores não foram colocados à

---

2. Nélson Nery Júnior e Rosa Maria Andrade Nery, *Código de Processo Civil Comentado*, 3ª ed., p. 1.032.

disposição do empregado, e que a homologação se destina, tão somente, ao levantamento do FGTS e recebimento do seguro-desemprego, etc.

Por último, não se pode olvidar que o ajuizamento da ação monitória constitui mera faculdade do credor. O empregado, por exemplo, pode optar pela segurança do ajuizamento de uma reclamação trabalhista, até mesmo pelo procedimento sumaríssimo, onde obterá título judicial após uma cognição completa.

4. Fases do procedimento monitório

4.1 Fase monitória

O art. 701 do CPC/2015 dispõe que: "Sendo evidente o direito do autor, o juiz deferirá a expedição de mandado de pagamento, de entrega de coisa ou para execução de obrigação de fazer ou de não fazer, concedendo ao réu prazo de 15 (quinze) dias para o cumprimento e o pagamento de honorários advocatícios de cinco por cento do valor atribuído à causa".

O dispositivo legal mencionado indica que a expedição do mandado monitório pressupõe *cognição incompleta e formal*. Isto porque o juiz deverá verificar se a petição inicial preenche os requisitos do art. 840 do diploma consolidado e aqueles próprios da ação monitória, notadamente a existência do documento escrito sem eficácia de título executivo e a constatação de que não se pretende algo não contemplado no objeto da ação monitória, nos termos da lei.

Pensamos que também é imprescindível a atribuição do valor da causa, haja vista os expressos termos da Lei 5.584, de 1970. E ainda que seja inferior a 40 salários-mínimos não se pode afirmar que se tratará de rito sumaríssimo, já que a ação monitória envolve procedimento especial.

Se a petição inicial não estiver devidamente instruída ou não se tratar de hipótese de ação monitória o processo será extinto sem resolução do mérito, com fundamento no art. 485, I ou VI, do atual Código de Processo Civil. Observa-se, pois, que o art. 701 do CPC/2015 repete o deslize do art.1.102b do CPC revogado, que aparentemente condicionava a expedição do mandado ao fato de que a petição inicial estivesse devidamente instruída. Na verdade, ao contrário do que consta no atual art. 701 do CPC, a expressão "sendo evidente o direito do autor" não deve ser entendida como a simples·análise de mérito, em cognição exauriente.

Com efeito, a expedição do mandado monitório pressupõe o exame sumário das condições da ação, requisitos da petição inicial e exame dos pressupostos processuais, fato que motiva pronunciamentos uníssonos no sentido de que a decisão que determina a expedição do mandado monitório seja fundamentada (art. 93, IX, da CF), não podendo ser substituída por mero despacho do tipo "Cite-se" ou "Expeça-se o mandado monitório".[3]

Igualmente, é defensável a designação de audiência desde que seja a primeira desimpedida depois de 15 dias, oportunidade em que o réu poderá efetuar o pagamento reclamado ou até poderá ser realizada a conciliação. De nossa parte, acreditamos que o melhor é observar a regra do Código de Processo Civil, no sentido de expedir o mandado monitório para pagamento em 15 dias sem a designação prévia de audiência, já que esta última restringe a ocasião de pagamento ou oferta de embargos para um único momento, sujeitando o devedor aos imprevistos que geram as revelias e suas consequências.

Não obstante o silêncio da lei, entendemos que a citação do devedor, por meio do mandado monitório, deve ser feita por oficial de justiça e deve ser acrescentado que a ausência de pagamento ou defesa importará as consequências do art. 701, § 2º, do CP/2015 ("Constituir-se-á de pleno direito o título executivo judicial, independentemente de qualquer formalidade, se não realizado o pagamento e não apresentados os embargos previstos no art. 702 (...)"). Se o juízo optar pela designação prévia de audiência deverão constar as disposições do art. 844 da Consolidação das Leis do Trabalho (arquivamento no caso de ausência do autor e revelia e confissão na hipótese de ausência do réu) no mandado monitório.

O cumprimento do mandado monitório por oficial de justiça é aconselhável, por dois motivos. Primeiro porque induz maior segurança no ato processual. Segundo porque se torna desnecessária nova citação na hipótese de convolação do mandado monitório em mandado executivo, já que foi observado o disposto no art. 721 da Consolidação das Leis do Trabalho.

4.1.1 Competência funcional

No que respeita à competência funcional para a decisão que determina a expedição do mandado monitório, reputamos despicienda a discussão em torno da necessidade ou desnecessidade da participação dos juízes classistas, tendo em vista sua extinção com a Emenda Constitu-

---

3. Cf. Nélson Nery Júnior e Rosa Maria Andrade Nery, *Código...*, 3ª ed., p. 1.034.

cional 24, de 9.12.1999. E, por óbvio, a ação monitória não integra o rol da competência originária dos tribunais, devendo ser ajuizada perante a primeira instância da Justiça do Trabalho (Varas do Trabalho).

4.1.2 Natureza jurídica da decisão que determina a expedição do mandado monitório

Igualmente controvertida é a natureza jurídica da decisão que determina a expedição do mandado monitório. Não é sentença, porque não põe termo a nenhuma fase do procedimento nem extingue a execução. Não é propriamente decisão interlocutória, porque não resolve incidente algum. Nas palavras de José Eduardo Carreira Alvim "essa decisão tem, sob o aspecto processual, forma de interlocutória e conteúdo de decisão definitiva, podendo *modus in rebus* ser 'equiparada' a uma interlocutória mista".[4] Neste sentido também se posiciona Nélson Nery Júnior[5] quando afirma que a decisão que determina a expedição do mandado monitório tem eficácia de sentença condenatória. No entanto, transita em julgado, tão somente, com a ausência de oposição de embargos.

4.2 Fase executória

Após a citação do réu podemos vislumbrar, basicamente, a ocorrência de uma das três situações seguintes: 1) o réu cumpre o mandado, pagando a dívida, entregando a coisa reclamada ou cumprindo a obrigação de fazer ou de não fazer; 2) o réu não se manifesta no prazo de 15 dias; 3) o réu opõe embargos monitórios.

O pagamento, ou a entrega da coisa, ou o cumprimento da obrigação (de fazer ou de não fazer) traduzem submissão do réu à pretensão do autor, hipótese típica de solução dos conflitos de interesses, ao lado da transação, que também poderá ocorrer, notadamente se houver a designação de audiência. Na hipótese, o réu fica isento das custas processuais. Quanto aos honorários advocatícios de sucumbência, por se tratar de demanda em curso na Justiça do Trabalho, comporta aplicação do art.791-A da CLT, acrescentado pela Lei 13.467/2017, que passou a reger a matéria no âmbito desta Justiça Especializada.

Se o réu não se manifestar no prazo de 15 dias constitui-se de pleno direito o título executivo judicial, independentemente de qualquer

---

4. *Ação Monitória e Temas Polêmicos da Reforma Processual*, p. 43.
5. Nélson Nery Júnior e Rosa Maria Andrade Nery, *Código...*, 3ª ed., p. 1.034.

formalidade, conforme expressão do art. 701, § 2º, do CPC/2015, mas entendemos que os trâmites futuros devem observar as disposições da Consolidação das Leis do Trabalho referentes à execução do julgado (arts. 876-892), subsidiariamente a Lei das Execuções Fiscais (Lei 6.830/1980, conforme o art. 889 da CLT) e, apenas se persistir a necessidade de complementação (aplicação supletiva), devemos nos socorrer do Código de Processo Civil.

De qualquer maneira, nada obsta que o juiz se convença da existência de nulidade da citação ou da inexistência de algum requisito da ação monitória, não observado por ocasião da expedição do mandado inicial e, por este motivo, impeça a constituição do título executivo. Apesar da menção ao fato de que a constituição do título executivo ocorre "independentemente de qualquer formalidade" (art. 701, § 2º, CPC/2015), não é razoável a interpretação de que o magistrado assume a condição de mero expectador.

Por último, o réu pode ofertar embargos monitórios, hipótese em que a demanda deverá seguir o rito comum da Consolidação das Leis do Trabalho mesmo que o valor da causa seja inferior a 40 salários-mínimos. Isto porque o art. 702 do atual Código de Processo Civil assevera que: "Independentemente de prévia segurança do juízo, o réu poderá opor, nos próprios autos, no prazo previsto no art. 701, embargos à ação monitória".

Os embargos monitórios, ao contrário dos embargos à execução ou embargos do devedor, não têm natureza jurídica de ação, e sim de defesa do réu, algo semelhante à própria contestação. A semelhança com os embargos do devedor é meramente terminológica. Contudo, é possível encontrar autores que defendem a natureza jurídica de ação, já que objetivam desconstituir a carga monitória, impedir a força executória e negar a pretensão de direito material.[6]

A apresentação dos embargos monitórios faz desaparecer o sentido da ação monitória, vez que assegura a dilação probatória plena, com vistas a futura cognição completa do juízo, a ser feita por ocasião da sentença. Em verdade, a partir da oposição dos embargos monitórios a ação monitória assume as vestes de uma reclamação trabalhista comum, motivo pelo qual caberá recurso ordinário da sentença que julgar os embargos monitórios, sendo passível de execução provisória se favorável ao autor, ao menos parcialmente.

6. Cf. Carlos Alberto Reis de Paula, "Ação monitória", in Alice Monteiro de Barros (coord.), *Compêndio de Direito Processual do Trabalho*, 1998.

5. A ação monitória e as contribuições previdenciárias

Nos termos da Lei 10.035, de 2000, que introduziu dispositivos à Consolidação das Leis do Trabalho, a liquidação de sentença e eventual execução trabalhista devem abranger as contribuições previdenciárias.

Entendemos que na hipótese da ação monitória deve-se cogitar de contribuições previdenciárias tão somente no caso de sentença condenatória após a dilação probatória em face da apresentação de embargos monitórios. Isto porque a oposição de referidos embargos transforma o procedimento monitório em procedimento comum da Consolidação das Leis do Trabalho, equiparando a ação monitória a uma típica reclamação trabalhista.

Por outro lado, a decisão que determina a expedição de mandado monitório e a própria constituição em título executivo – na hipótese de inércia do réu – não comportam a inclusão do crédito previdenciário, em face de absoluta incompatibilidade.

A incompatibilidade decorre da inadequação da liquidação de sentença ao procedimento monitório e do fato de que não é exigível o cálculo de contribuições previdenciárias na petição inicial trabalhista. Mesmo na hipótese de conciliação, pensamos que as contribuições previdenciárias não serão exigíveis, desde que a conciliação seja anterior à eventual oposição de embargos monitórios.

6. Jurisprudência

• Ação monitória – Processo do trabalho – Reconhecimento de dívida líquida e certa na TRCT – Cabimento. Não obstante o disposto no art. 876 da CLT, no sentido de somente serem executadas as decisões transitadas em julgado, bem como os acordos, perfeitamente cabível, via ação monitória, pretender, o empregado, pagamento de direitos trabalhistas nos casos de prova escrita sem eficácia de título executivo, sendo tal procedimento compatível com o processo trabalhista, em razão do disposto no art. 8º da CLT. Recurso da reclamada a que se nega provimento. **(TRT-15ª R., Proc. 24.361/00, Ac. 4ª T. 96/01, Levi Ceregato, *DJSP* 15.1.2901, p. 3)**

BIBLIOGRAFIA

ACKEL FILHO, Diomar. *"Writs" Constitucionais*. São Paulo, Saraiva, 1988.
ALMEIDA, Cleber Lúcio de. *Direito Processual do Trabalho*. Belo Horizonte, Del Rey, 2006.
ALMEIDA, Ísis de. *Manual das Provas no Processo Trabalhista*. São Paulo, LTr, 1999.
_____. *Manual de Direito Processual do Trabalho*. 3ª ed., vs. I e II. São Paulo, LTr, 1991.
AMARAL SANTOS, Moacyr. *Comentários ao Código de Processo Civil*. 5ª ed., v. IV. Rio de Janeiro, Forense, 1989.
_____. *Primeiras Linhas de Direito Processual Civil*. 4ª ed., v. II. São Paulo, Saraiva, 1979; 6ª ed., v. I. São Paulo, Saraiva, 1978; 8ª ed., v. III. São Paulo, Saraiva, 1985.

BARBOSA MOREIRA, José Carlos. *O Novo Processo Civil Brasileiro*. 11ª ed. Rio de Janeiro, Forense, 1991.
BARRETO, Amaro. *Execução Cível e Trabalhista*. Rio de Janeiro, Edições Trabalhistas, 1962.
BARROS, Alice Monteiro de (coord.). *Compêndio de Direito Processual do Trabalho*. São Paulo, LTr, 1998.
BARROS MONTEIRO, Washington de. *Curso de Direito Civil*. 14ª ed., v. I. São Paulo, Saraiva, 1976.
BASTOS, Celso Ribeiro. *Comentários à Constituição do Brasil*. v. II. São Paulo, Saraiva, 1989.
_____. *Curso de Direito Constitucional*. 17ª ed. São Paulo, Saraiva, 1996.
_____, e MARTINS, Ives Gandra da Silva. *Comentários à Constituição do Brasil (Promulgada em 5 de Outubro de 1988)*. v. II. São Paulo, Saraiva, 1990.
BEVILÁQUA, Clóvis. *Theoria Geral do Direito Civil*. Rio de Janeiro, Livraria Francisco Alves, 1908.

BORGES, Leonardo Dias, e MENEZES, Cláudio Armando Couce de. "Depósito, depositário infiel e *habeas corpus* na Justiça do Trabalho". *LTr* 63-06/757. N. 6. Junho de 1999.

BUENO, Cassio Scarpinella. *Novo Código de Processo Civil Anotado*. São Paulo, Saraiva, 2015.

CAMPOS BATALHA, Wilson de Souza. *Tratado de Direito Judiciário do Trabalho*. São Paulo, LTr, 1977; 2ª ed. São Paulo, LTr, 1985; 3ª ed., vs. I e II. São Paulo, LTr, 1995.

CARREIRA ALVIM, José Eduardo. *Ação Monitória e Temas Polêmicos da Reforma Processual*. Belo Horizonte, Del Rey, 1995.

CARRION, Valentin. *Comentários à Consolidação das Leis do Trabalho*. 19ª ed. São Paulo, Saraiva, 1995; 23ª ed. São Paulo, Saraiva, 1998; 25ª ed. São Paulo, Saraiva, 2000.

_____. *Nova Jurisprudência em Direito do Trabalho*. São Paulo, Ed. RT, 1993; São Paulo, Saraiva, 1995 (1º semestre).

CASSAR, Vólia Bomfim e BORGES, Leonardo Dias. *Comentários à Reforma Trabalhista – De acordo com a Lei 13.467/2017 e a MP 808/2017*. 2ª ed. Rio de Janeiro, Forense/São Paulo, Método, 2018.

CASTELLS, Manuel. *A galáxia Internet – Reflexões sobre Internet, negócios e sociedade*. Lisboa, Fundação Calouste Gulbenkian, 2004.

CHIOVENDA, Giuseppe. *Instituições de Direito Processual Civil*. 1ª ed., vs. II e III. Campinas/SP, Bookseller, 1998.

CINTRA, Antônio Carlos de Araújo, GRINOVER, Ada Pellegrini, e DINAMARCO, Cândido Rangel. *Teoria Geral do Processo*. 29ª ed. São Paulo, Malheiros Editores, 2013; 31ª ed., 2015.

Constituições do Brasil (1824, 1891, 1934, 1946 e 1967 e suas alterações). v. I. Brasília, Subsecretaria de Edições Técnicas do Senado Federal, 1986.

COSTA, Armando Casimiro, FERRARI, Irany, e MARTINS, Melchíades Rodrigues. *CLT-LTr*. 28ª ed. São Paulo, LTr, 2001.

COSTA, Coqueijo. *Direito Judiciário do Trabalho*. Rio de Janeiro, Forense, 1978.

_____. *Direito Processual do Trabalho*. 4ª ed. revista, atualizada e adaptada por Washington Luiz da Trindade. Rio de Janeiro, Forense, 1995.

COSTA, José de Ribamar da. *Direito Processual do Trabalho*. 5ª ed. São Paulo, LTr, 1992.

COUTURE, Eduardo J. *Fundamentos de Direito Processual Civil*. Trad. de Benedicto Giaccobini. Campinas/SP, Red Livros, 1999.

CRETELLA JÚNIOR, José. *Os "Writs" na Constituição de 1988*. 1ª ed. São Paulo, Forense Universitária, 1989.

CURIA, Luiz Roberto, CÉSPEDES, Lívia, e ROCHA, Fabiana Dias da (colaboradores). *Novo Código de Processo Civil*. Obra coletiva. São Paulo, Saraiva, 2015.

DELMANTO, Celso. *Código Penal Comentado*. 1ª ed., 6ª tir. Rio de Janeiro, Renovar, 1986.

DINAMARCO, Cândido Rangel, e LOPES, Bruno Vasconcelos Carrilho. *Teoria Geral do Novo Processo Civil*. São Paulo, Malheiros Editores, 2016.

DINAMARCO, Cândido Rangel, CINTRA, Antônio Carlos de Araújo, e GRINOVER, Ada Pellegrini. *Teoria Geral do Processo*, 29ª ed. São Paulo, Malheiros Editores, 2013; 31ª ed., 2015.

FEÓLA, Luis Fernando. *Prática jurídica no PJe/JT – Processo Judicial Eletrônico na Justiça do Trabalho*. São Paulo, LTr, 2014.

FERNANDES, Anníbal. *Consolidação das Leis do Trabalho*. 2ª ed. São Paulo, Ed. RT, 1998.

FERRARI, Irany, COSTA, Armando Casimiro, e MARTINS, Melchíades Rodrigues. *CLT-LTr*. 28ª ed. São Paulo, LTr, 2001.

FERREIRA, Aurélio Buarque de Holanda. *Novo Dicionário da Língua Portuguesa*. 2ª ed. Rio de Janeiro, Nova Fronteira, 1986.

GARCIA, Gustavo Filipe Barbosa. *Terceira fase da reforma do Código de Processo Civil*, vol. 2. São Paulo, Método, 2006.

GIGLIO, Wagner. *Direito Processual do Trabalho*. 7ª ed. São Paulo, LTr, 1993.

GOMES, Orlando. *Introdução ao Direito Civil*. 10ª ed. Rio de Janeiro, Forense, 1990.

GONÇALVES, Emílio. "A irrecorribilidade das decisões interlocutórias e o 'protesto' no processo trabalhista". Resumo de artigo, conforme publicação na revista *Synthesis* 19 (órgão oficial do TRT-2ª R.). São Paulo, 1994.

_____. *Da Reconvenção no Processo Trabalhista*. São Paulo, LTr, 1991.

GRECO FILHO, Vicente. *Direito Processual Civil Brasileiro*. 5ª ed., v. II. São Paulo, Saraiva, 1992; 7ª ed., v. I. São Paulo, Saraiva, 1992.

GRINOVER, Ada Pellegrini, CINTRA, Antônio Carlos de Araújo, e DINAMARCO, Cândido Rangel. *Teoria Geral do Processo*. 29ª ed. São Paulo, Malheiros Editores, 2013; 31ª ed., 2015.

JESUS, Damásio E. de. *Direito Penal*. 11ª ed., v. I. São Paulo, Saraiva, 1986; v. IV. São Paulo, Saraiva, 1988.

LEITE, Carlos Henrique Bezerra. *Mandado de Segurança no Processo do Trabalho*. São Paulo, LTr, 1999.

LOPES, Bruno Vasconcelos Carrilho, e DINAMARCO, Cândido Rangel. *Teoria Geral do Novo Processo Civil*. Malheiros Editores, 2016

LOPES DA COSTA, Alfredo de Araújo. *Direito Processual Civil Brasileiro*. 2ª ed., v. I. Rio de Janeiro, Forense, 1959.

MAGALHÃES NORONHA, E. *Direito Penal*. 11ª ed., v. IV. São Paulo, Saraiva, 1979.

MALLET, Estêvão. *Antecipação da Tutela no Processo do Trabalho*. São Paulo, LTr, 1998.

———. "O Processo do Trabalho e as recentes modificações do Código de Processo Civil". *Revista LTr*, ano 70, São Paulo, n. 6, junho/2006, pp. 668-675.

———, e ROBORTELLA, Luiz Carlos Amorim. *Direito e Processo do Trabalho. Estudos em Homenagem ao Prof. Octávio Bueno Magano*. São Paulo, LTr, 1996.

MARQUES, José Frederico. *Manual de Direito Processual Civil*. 5ª ed., v. IV. São Paulo, Saraiva, 1983; 12ª ed., v. I. São Paulo, Saraiva, 1987.

MARTINS, Adalberto. "Justiça do Trabalho: uma visão atualizada". *Revista do curso de Direito do Centro Universitário das Faculdades Metropolitanas Unidas*. São Paulo, ano 19, n. 27, 2005, pp. 58-64.

———. "A penhora *on line* no processo do trabalho". In: PAESANI, Liliana Minardi (coord.). *O Direito na Sociedade da Informação*. São Paulo, Atlas, 2007, pp. 317-333.

———. "A legislação processual trabalhista e o uso da Internet". *Revista Mestrado em Direito – Direitos humanos fundamentais*, do Centro Universitário FIEO, Osasco, ano 7, n. 1, Osasco, jan./jun. 2007, pp. 185-193.

MARTINS, Ives Gandra da Silva, e BASTOS, Celso Ribeiro. *Comentários à Constituição do Brasil (Promulgada em 5 de Outubro de 1988)*. v. II. São Paulo, Saraiva, 1990.

MARTINS, Melchíades Rodrigues, COSTA, Armando Casimiro, e FERRARI, Irany. *CLT-LTr*. 28ª ed. São Paulo, LTr, 2001.

MARTINS, Sergio Pinto. *Direito Processual do Trabalho*. 5ª ed. São Paulo, Atlas, 1997; 10ª ed. São Paulo, Atlas, 1999; 13ª ed. São Paulo, Atlas, 2000; 16ª ed. São Paulo, Atlas, 2001.

———. *Comentários à CLT*. 4ª ed. São Paulo, Atlas, 2001.

MAXIMILIANO, Carlos. *Hermenêutica e Aplicação do Direito*, 10ª ed. Rio de Janeiro, Forense, 1988.

MEIRELLES, Hely Lopes. *Direito Administrativo Brasileiro*. 40ª ed. São Paulo, Malheiros Editores, 2014; 42ª ed., 2016.

———, WALD, Arnoldo, e MENDES, Gilmar Ferreira. *Mandado de Segurança e Ações Constitucionais*. 35ª ed. SãoPaulo, Malheiros Editores, 2013; 36ª ed., 2014.

MENDONÇA LIMA, Alcides de. *Comentários ao Código de Processo Civil*. 7ª ed., v. VI. Rio de Janeiro, Forense, 1991.

———. *Processo Civil no Processo Trabalhista*. 3ª ed. São Paulo, LTr, 1991.

MENEZES, Cláudio Armando Couce de, e BORGES, Leonardo Dias. "Depósito, depositário infiel e *habeas corpus* na Justiça do Trabalho". *LTr* 63-06/757. N. 6. Junho de 1999.

MILHOMENS, Jônatas. *Dos Prazos e do Tempo no Código de Processo Civil*. 2ª ed. Rio de Janeiro, Forense, 1981.

MONTESQUIEU. *O Espírito das Leis*. Introdução, tradução e notas de Pedro Vieira Mota. São Paulo, Saraiva, 1987.

MOURA ROCHA, José de. *Processo de Conhecimento*. v. I. Rio de Janeiro, Forense, 1989.

NASCIMENTO, Amauri Mascaro. *Curso de Direito Processual do Trabalho*. 11ª ed. São Paulo, Saraiva, 1990; 18ª ed. São Paulo, Saraiva, 1998.

NEGRÃO, Theotonio. *Código de Processo Civil e Legislação Processual em Vigor*. 20ª ed. (atualizada até 8.1.1990), São Paulo, Ed. RT, 1990.

NERY JÚNIOR, Nélson, e NERY, Rosa Maria Andrade. *Código de Processo Civil Comentado*. 3ª ed. São Paulo, Ed. RT, 1997.

NEVES, Iêdo Batista. *O Processo Civil na Doutrina e na Prática dos Tribunais*. 8ª ed., v. V. Rio de Janeiro, Freitas Bastos, 1995.

NOGUEIRA, Paulo Lúcio. *Curso Completo de Processo Civil*. São Paulo, Saraiva, 1990.

NORONHA, E. Magalhães. *Direito Penal*. 11ª ed., v. IV. São Paulo, Saraiva, 1983.

OLIVEIRA, Francisco Antônio de. *A Execução na Justiça do Trabalho*. 2ª ed. São Paulo, Ed. RT, 1991.

_____. *O Processo na Justiça do Trabalho*. São Paulo, Ed. RT, 1990.

_____. *Consolidação das Leis do Trabalho*. 2ª ed. São Paulo, Ed. RT, 2000.

PARMEGGINI, Eduardo Antunes. "Intervenção de terceiros no processo do trabalho". *Revista LTr* 55, 11/1.345-9.

PAULA, Alexandre de. *O Processo Civil à Luz da Jurisprudência* (com a colaboração de Carlos Vaz Gomes Corrêa). v. I. Rio de Janeiro, Forense, 1987.

PAULA, Carlos Alberto Reis de. "Ação monitória". In: BARROS, Alice Monteiro de (coord.). *Compêndio de Direito Processual do Trabalho*. São Paulo, LTr, 1998.

PEIXOTO, Bolívar Viégas. *Iniciação ao Processo Individual do Trabalho*. 3ª ed. Rio de Janeiro, Forense, 1998.

PONTES DE MIRANDA, F. C. *Comentários ao Código de Processo Civil*. ts. I e III. Rio de Janeiro, Forense, 1974.

_____. *Tratado das Ações*. 1ª ed., atualizada por Vílson Rodrigues Alves, t. II. Campinas/SP, Bookseller, 1998.

RIBEIRO, Rafael E. Pugliese. *Reforma Trabalhista Comentada*. Curitiba, Juruá, 2018.

ROBORTELLA, Luiz Carlos Amorim, e MALLET, Estêvão. *Direito e Processo do Trabalho. Estudos em Homenagem ao Prof. Octávio Bueno Magano*. São Paulo, LTr, 1996.

RUGGIERO, Roberto de. *Instituições de Direito Civil*. v. I, trad. da 6ª ed. italiana, com notas remissivas aos Códigos Civis Brasileiro e Português por Ary dos Santos. São Paulo, Saraiva, 1934; 39ª ed., 2016.

SAAD, Eduardo Gabriel. *Direito Processual do Trabalho*. 2ª ed. São Paulo, LTr, 1998.

SILVA, De Plácido e. *Vocabulário Jurídico*. v. III. Rio de Janeiro, Forense, 1978.

SILVA, José Afonso da. *Curso de Direito Constitucional Positivo*. 37ª ed. São Paulo, Malheiros Editores, 2014; 39ª ed., 2016.

TEIXEIRA FILHO, Manoel Antônio. *A Prova no Processo do Trabalho*. 5ª ed. São Paulo, LTr, 1991.

—————. *A Sentença no Processo do Trabalho*. São Paulo, LTr, 1994.

—————. *Ação Rescisória no Processo do Trabalho*. São Paulo, LTr, 1991.

—————. *Execução no Processo do Trabalho*. 2ª ed. São Paulo, LTr, 1991.

—————. *Liquidação da Sentença no Processo Trabalhista*. 3ª ed. São Paulo, LTr, 1991.

—————. *Mandado de Segurança na Justiça do Trabalho (Individual e Coletivo)*. 2ª tir. São Paulo, LTr, 1993.

—————. *O Processo do Trabalho e a Reforma Trabalhista: as alterações introduzidas no processo do trabalho pela Lei n. 13.467/2017*. São Paulo, LTr, 2017.

—————. *Sistema dos Recursos Trabalhistas*. 4ª ed. São Paulo, LTr, 1991.

TEMER, Michel. *Elementos de Direito Constitucional*. 24ª ed., 3ª tir. São Paulo, Malheiros Editores, 2015.

THEODORO JÚNIOR, Humberto. *Curso de Direito Processual Civil*. 19ª ed., v. I. Rio de Janeiro, Forense, 1997.

TOSTES MALTA, Christóvão Piragibe. *A Prova no Processo Trabalhista*. São Paulo, LTr, 1997.

—————. *Prática do Processo Trabalhista*. 23ª ed. São Paulo, LTr, 1992; 28ª ed. São Paulo, LTr, 1997.

—————. *Prova Documental*. Rio de Janeiro, Edições Trabalhistas, 1991.

Tribuna da Magistratura 99. Órgão oficial da Associação Paulista de Magistrados. Ano XI. Outubro de 1999.

VELOSO, Carlos. "O que reformar no Judiciário?". *Folha de S.Paulo* 8.11.1999. Caderno 1 (p. 3).

* * *

GRÁFICA PAYM
Tel. [11] 4392-3344
paym@graficapaym.com.br